中国中观经济发展的政治经济学

Political Economics of China's Mesoeconomic Development

高煜　林建华　赵麦茹◎等著

发展的政治经济学与新中国70年

任保平　何爱平　师　博／主编

西北大学『双一流』建设项目资助

Sponsored by First-class Universities and Academic Programs of Northwest University

教育部人文社会科学重点研究基地重大项目：

『丝绸之路经济带战略背景下西部地区产业结构调整与升级研究』（项目编号：16JJD790049）

国家社会科学基金项目：

『西部地区资源型经济绿色发展转型研究』（项目编号：17BJL047）

国家社科基金项目：

『中国传统经济思想的政治经济学智慧及其现代价值研究』（项目编号：17BJL027）

中国经济出版社

CHINA ECONOMIC PUBLISHING HOUSE

北京

图书在版编目（CIP）数据

中国中观经济发展的政治经济学/高煜等著. --北京：中国经济出版社，2019.8

ISBN 978-7-5136-5791-4

Ⅰ.①中… Ⅱ.①高… Ⅲ.①中国特色社会主义-社会主义政治经济学-研究 Ⅳ.①F120.2

中国版本图书馆CIP数据核字（2019）第166149号

责任编辑　贺　静
责任印制　巢新强
封面设计　华子设计

出版发行　中国经济出版社
印 刷 者　北京艾普海德印刷有限公司
经 销 者　各地新华书店
开　　本　710mm×1000mm　1/16
印　　张　25
字　　数　358千字
版　　次　2019年8月第1版
印　　次　2019年8月第1次
定　　价　89.00元
广告经营许可证　京西工商广字第8179号

中国经济出版社　**网址** www.economyph.com　**社址** 北京市东城区安定门外大街58号　**邮编** 100011
本版图书如存在印装质量问题，请与本社销售中心联系调换（联系电话：010-57512564）

总　序

发展经济学是第二次世界大战以后产生的研究发展中国家经济发展的经济学科，20 世纪 40 年代后期在西方国家逐步形成，主要探讨贫困落后的发展中国家如何实现现代化和工业化、摆脱贫困、走向富裕等问题。但是西方发展经济学以西方经济学的理论与方法为指导，并没有为中国经济发展提供有效的理论指导。进入新时代，中国面临的重大发展问题是现代化发展问题，经济发展的主要任务是现代化强国建设。西方发展经济学不可能指导中国经济的现代化发展，中国经济发展的实践亟须构建具有新时代特征和中国特色的中国发展经济学。新时代中国特色社会主义政治经济学的创新要以马克思主义经济发展理论为指导，以新时代中国经济发展的经验、事实和材料为基础，把发展经济学与政治经济学相结合，构建发展的政治经济学理论体系，探讨新时代中国现代化发展的特殊规律。

一、中国特色发展的政治经济学的理论定位

随着中国特色社会主义进入新时代，中国发展经济学的研究对象不再是如何解决贫穷落后的问题，而是应该研究中国独特的现代化发展道路，探索新时代中国现代化发展的特殊规律。概言之，主要包括两个方面的内容：一是我国如何由落后国家变为一个经济大国，研究如何由计划经济转型为社会主义市场经济大国的道路。改革开放 40 年来中国经济快速发展，实现了由计划经济体制向社会主义市场经济体

制的转型、由封闭经济体系向开放经济的转型，成功进入了中等收入国家行列，这一阶段的发展道路为世界其他发展中国家提供了新的范本，需要在理论上加以系统总结和研究，进而形成系统化的中国特色发展的政治经济学的理论学说。二是进入新时代，我国如何从一个经济大国变为现代化经济强国。就经济总量而言，目前我国已经成为世界第二大经济体，但还不是经济强国，作为发展中大国的国际地位没有变，仍然面临现代化发展问题。传统增长方式亟待转型，“中等收入陷阱”必须尽快跨越，社会矛盾不断加剧，发展的不平衡、不协调、不充分、不可持续问题更加突出，亟须建立新时代中国特色发展的政治经济学，为解决这些问题提供理论指导，从而使中国从经济大国转向现代化的经济强国。新时代中国特色发展的政治经济学以中国现代化强国发展道路为研究对象，回答的是“什么是新时代的现代化发展”“在新时代如何实现现代化发展”“新阶段的现代化发展为了什么”这三个根本问题。既要解释中国从低收入国家发展成为中等收入国家所走过的发展道路，又要研究进入中等收入国家发展阶段后走向现代化的发展道路。易言之，既要对中国过去的发展道路进行理论总结，又要对中国新时代的现代化强国建设的道路进行研究。

习近平总书记在主持中共中央政治局第二十八次集体学习时强调，要立足我国国情和发展实践，揭示新特点、新规律，提炼和总结我国经济发展实践的规律性成果，把实践经验上升为系统化的经济学说。这不仅是对中国特色社会主义政治经济学的要求，而且是中国特色发展的政治经济学构建要坚持的基本原则。因此，中国特色社会主义政治经济学为中国特色发展的政治经济学提供了基本理论和方法，中国特色发展的政治经济学要坚持以人民为中心的发展思想，把增进人民福祉、促进人的全面发展作为出发点和落脚点，体现中国特色社会主义共同富裕的本质特征。同时也“要按照立足中国、借鉴国外、挖掘历史、把握当代、关怀人类、面向未来的思路，着力构建中国特色哲学社会科学，在指导思想、学科体系、学术体系、话语体系等方面充分体现中国特色、中国风格、中国气派[①]”。新时代中国特色发展的政治经济学要在中国特色社会主义政治经济学所揭示的内在本质的经济必然性的基础上，研究新时代中国特色的现代化强国建设的道路，总结我国现代化发展的规律，指导新时代现代化强国建设。

中国特色发展的政治经济学的核心是促进生产力的发展，继续坚持解放、发展和保护生产力。其基本立场在于实现以人民为核心的经济发展，坚持人民主体地位，一切为了人民、一切相信人民、一切依靠人民是新时代中国特色发展的政治经济学始终要坚持的核心立场。

二、中国特色发展的政治经济学的实践定位

新时代中国特色发展的政治经济学的实践定位应该是立足于新时代中国发展的实践、中国经济改革的实践和中国新时代现代化发展的实践，研究中国现代化发展的重大理论问题、重大实践问题，总结概括中国经济以及世界经济现代化发展的重大历史经验教训，提炼升华，探索其中的经济规律，进而上升为系统化的经济学说，这样才能促进中国特色发展的政治经济学的理论创新，才能从学理上阐释中国道路的成功，才能指引新时代中国现代化发展的道路。

从这一实践定位出发，中国特色发展的政治经济学创新的内容应大致包括：一是中国由传统农业国转变为工业国的发展道路。中国的农业工业化与其他国家不一样，改革开放之前通过国家工业化，奠定了工业化的基础。改革开放以后，发挥市场机制的作用，利用民间资本的力量，通过乡镇企业促进了农村工业化，加速了中国工业化的进程。二是中国特色的城乡一体化发展道路。作为发展中国家，中国具有发展中国家二元经济结构的典型特征，因而城乡问题是中国现代化

① 习近平．在哲学社会科学工作座谈会上的讲话［EB/OL］．新华网，2016－05－18.

发展的核心问题之一。“党的十八大提出的‘走中国特色社会主义农业现代化道路，建立以工促农、以城带乡、工农互促的新型工农、城乡关系，形成城乡经济社会发展的新格局’是中国特色社会主义城乡一体化的伟大社会实践。”[①] 三是中国特色的社会主义市场经济道路。改革开放以来，我国成功地实现了从高度集中的计划经济体制向市场经济体制的转型，建立了社会主义市场经济体制的基本框架，走出了一条中国特色的社会主义市场经济发展道路。中国特色社会主义经济体制把市场经济的一般理论与中国的社会主义制度相结合，既具有市场经济的一般特征，又是与社会主义基本制度相结合的市场经济，是在积极有效的国家宏观调控下，市场对资源配置起基础性作用，能够实现效率与公平均衡发展的经济体制。中国特色社会主义市场经济道路的形成，是采用双轨过渡，从局部到总体，体制内改革与体制外推进相结合，改革、发展与稳定相协调，经济的市场化与政治的多元化相分离等方式建立起来的，因此，中国特色发展的政治经济学必须研究中国特色社会主义市场经济道路，总结其发展规律。四是中国特色的扶贫道路。作为最大的发展中国家，新中国成立以来，特别是改革开放以来，我国消除的贫困人数在世界范围内是最多的，据统计，改革开放以来我国的贫困发生率已由1978年的30.7%下降至2015年的5.7%[②]。中国的反贫困为人类做出了卓越的贡献，中国特色发展的政治经济学的理论创新必须总结这一经验。

三、中国特色发展的政治经济学的理论基础

马克思主义经济发展理论和中国特色社会主义政治经济学是新时代中国特色发展的政治经济学创新的理论基础。新时代中国特色发展

---

① 彭国昌．分离与融合：中国特色社会主义城乡一体化发展趋势与路径选择［J］．湖南社会科学，2014（1）．

② 孙久文，唐泽地．中国特色的扶贫战略与政策［J］．西北师范大学学报，2017（2）．

的政治经济学是在马克思主义经济发展理论和中国特色社会主义政治经济学所揭示的内在的、本质的经济必然性的基础上进行理论创新，研究中国特色社会主义现代化发展的道路。

（1）马克思主义经济发展理论是中国特色发展的政治经济学的理论基础。马克思主义经典作家在研究资本主义经济的过程中，也研究了经济发展的一般规律，形成了系统的马克思主义经济发展理论。这一理论核心包括：①经济发展的终极目标是人的全面发展。马克思主义经济发展理论认为经济发展的目标是人的全面发展，物质资料的生产是人全面发展的基础。马克思的人的全面发展理论体现在马克思和恩格斯于1845—1846年合作完成的《德意志意识形态》一书中，马克思认为人的全面发展是指人的智力和体力的统一，精神劳动、物质劳动和享受的统一，生存和发展的统一，并使人的潜能和天资、兴趣和才能得到空前未有的充分发展，使人的身心、精神（道德）、才能、个性全面而丰富地发展。人的全面发展是在社会发展中不断得到实现的，马克思把这一点总结为“社会发展的普遍规律”，同时，人的全面发展又推动了社会的全面进步[①]。②经济发展的动力在于生产力的发展。马克思主义经济发展理论认为生产力是经济发展的动力和最终决定因素。要素生产力和协作生产力是马克思生产理论体系的两个维度。马克思在其生产力理论中，首先论述了要素生产力对经济发展的作用，他在《资本论》第一卷中论述资本主义劳动过程时，就分析了生产要素对生产过程的影响，指出：“在劳动过程中，人的活动借助于劳动资料使劳动对象发生预定的变化。”[②] 经济发展中的生产要素包括劳动者、生产资料、劳动对象三个部分，其中人是经济发展的主体，也是经济发展的最活跃的要素。生产资料、劳动对象是经济发展的物质要素，是人的劳动借以进行的社会关系的指示器。同时，科学技术

① 戴跃侬．人的全面发展理论与马克思主义中国化［J］．马克思主义与现实，2007（5）．

② ［德］马克思．资本论（第一卷）［M］．北京：人民出版社，2004：205.

也是生产力，科学技术决定着生产力要素中劳动者的素质，也决定着生产工具和劳动资料的水平。马克思在《资本论》的分工与协作中，还分析了协作生产力对经济发展的作用，协作生产力实际上通过劳动者与生产资料相结合的社会形式对经济发展产生影响。马克思分别研究了简单协作、工场手工业和机器大工业三种协作形式对经济发展的作用。③经济发展的持续性在于按比例协调发展。马克思主义经济发展理论中强调的按比例协调发展包括两个方面：一是国民经济各部门和各个生产环节按比例发展；二是人与自然协调发展。在再生产理论中他把社会生产划分为两大部类，认为两大部类之间相互影响、互为条件、相互制约，两大部类之间只有按比例协调发展，社会再生产才能顺利进行。同时，资本循环依次要经过三个阶段、变换三种职能形式，它们在时间上前后相继，在空间上同时并存，只有这样，资本循环才能顺利进行，这表明国民经济的各个环节必须保持协调关系。同时，马克思主义经济发展理论还论述了人与自然的协调关系，认为人与自然之间存在物质变换关系，在这个物质变换关系中，人与自然之间必须保持协调关系，在经济发展中既要遵循经济规律，又要遵循自然规律。④经济发展的效果取决于经济发展方式。马克思认为生产方式包括外延的扩大再生产和内涵的扩大再生产，前者是指生产场所的扩大，后者则是指生产资料效率的提高，同时，在地租理论中论述了粗放经营和集约化耕作两种方式。这实际上是分析了经济发展的两种方式：一是要素投入驱动型的发展；二是要素使用效率提高型的发展。如果经济发展主要靠要素投入来推动，就是粗放型经济发展方式；如果经济发展主要依靠要素效率的提高，则是集约型经济发展方式。马克思认为提高劳动生产率的途径是变革劳动过程的技术条件和社会条件，从而改变经济发展方式。

（2）中国特色社会主义政治经济学是中国特色发展的政治经济学的理论基础。中国特色社会主义政治经济学与中国特色发展的政治经济学之间既有联系，又有区别。中国特色社会主义政治经济学是对中国经济改革发展的实践经验进行系统总结而形成的系统化学说，是研究和揭示中国经济发展和运行规律的科学，是最高层次的经济理论。中国特色社会主义政治经济学在方向性、基础性、战略性层面研究中国生产力、生产关系以及生产方式的发展规律和趋势，为新时代中国特色发展的政治经济学的创新提供理论指导。例如，新时代理论，解放、发展和保护生产力理论，创新驱动理论，共同富裕理论，社会主义市场经济理论，新常态理论，供给侧结构性改革理论，五大发展理念理论等，这些都是新时代中国特色发展的政治经济学创新要坚持的基本原则。而新时代中国特色发展的政治经济学是中国特色政治经济学的重要组成部分，新时代中国特色发展的政治经济学的创新可以深化中国特色社会主义政治经济学中经济发展理论的研究。新时代中国特色发展的政治经济学要依据中国特色社会主义政治经济学，研究“什么是现代化发展”“现代化发展为了什么”“为谁实现现代化发展”等问题。进入新时代，中国经济发展面临一系列的新问题，需要从理论上加以阐释，包括中国特色的市场经济道路、中国的现代化道路、中国特色的工业化道路、中国特色的市场经济道路、中国特色的城镇化道路、中国特色的“三农”现代化道路等，对这些问题的研究既要以中国特色社会主义政治经济学为指导，其研究成果又可以丰富和发展中国特色社会主义政治经济学。

四、中国特色发展的政治经济学的新境界

习近平总书记在全国哲学社会科学工作座谈会上的讲话中指出，构建中国特色哲学社会科学体系应该从我国改革发展的实践中挖掘新材料、发现新问题、提出新观点、构建新理论。同时，应该从学理上“系统总结改革开放以来中国社会主义现代化建设的丰富实践经验，回应我国进入中等收入发展阶段面临的重大发展问题挑战”[①]。因此，

---

① 洪银兴. 以创新的经济发展理论阐释中国经济发展 [J]. 中国社会科学，2016（11）.

中国特色发展的政治经济学必须开拓新的境界。

（1）发展观的新境界。五大发展理念是中国特色发展的政治经济学的发展观，开拓了中国特色发展的政治经济学中发展观的新境界，是发展观的一次重大创新。具体表现在：①创新发展体现了发展动力理论的新境界，创新是引领发展的第一动力，发展动力决定了经济发展的速度、效能以及可持续性。②协调发展的理念开拓了发展结构理论的新境界。我国进入中等收入阶段后，经济发展中的不平衡问题更加突出，需要转向协调发展，以增强新时代发展的整体性，使新时代的产业结构、供求结构、区域空间结构以及相应的发展战略趋向均衡。③绿色发展理念开拓了新时代经济发展财富理论的新境界，传统发展经济学的财富仅是指物质财富，绿色发展理念依据人—自然—社会复合生态系统的整体性观点形成新的财富论，进一步强调了自然资源的重要性。④开放发展的理念开拓了经济全球化理论的新境界，开放发展强调从融入全球化到主导全球化的转变，使我国由经济全球化的从属地位转变为主导地位。⑤共享发展的理念开拓了发展目的理论的新境界，体现了人的全面发展思想，要在新时代实现改革和发展成果全民共享。由此可见，五大发展理念开拓了中国特色发展的政治经济学中发展观的新境界，是发展观的一次重大创新。

（2）发展目标的新境界。党的十九大报告中指出，我国经济已经由高速发展阶段向高质量发展阶段转变，新时代中国特色发展的政治经济学要开拓发展目标的新境界，研究高质量发展。高质量发展要求以提高全要素生产率为目标，通过质量变革、效率变革、动力变革打造中国经济发展的升级版。质量变革是高质量发展的前提和基础，是高质量发展的环境保障。质量变革是指实现产品质量、生产质量和生活质量的提升，其关键是提升生产质量，增加有效供给，减少无效供给，提高供给体系的质量。效率变革主要包括生产效率、市场效率和协调效率三个方面。其中，生产效率强调要素配置效率、企业运行效率和生产组织效率；市场效率关注市场准入效率、市场匹配效率和市场交易效率；协同效率是经济与社会、经济与生态之间的协同运行效率。动力变革是指经济发展动力的调整，包括创新发展动力和结构发展动力。创新发展是高质量发展的第一驱动力，是提升生产能力、提高市场效率、增强企业竞争、实现协调发展的第一支撑力。结构发展动力是高质量发展的战略支撑，须通过产业结构、动力结构和要素结构的全面优化实现高质量的经济发展。

（3）经济发展任务的新境界。新中国成立之后，中国经济发展的目标是实现国家的繁荣富强，也就是实现国家富裕。进入新时代以后，国家富裕的任务已经基本完成，无论是经济发展、经济改革，还是现代化都应当考虑“富民”，即能不能给人民带来利益，能否使人民群众分享经济发展的成果，这既是新时代中国特色发展的政治经济学的任务，又是新时代中国特色发展的政治经济学经济发展任务的新境界。中国特色发展的政治经济学以“富民”为目标，不仅涉及加快经济发展问题，还涉及经济发展成果如何分配，才能使人民群众得到最大收益、最大社会福利的问题①。即一方面要实现经济又好又快发展，“快”是指速度，“好”是指质量，“好”放在前面，是发展观的新境界，也就是经济发展由数量型、速度型转向高质量发展型；另一方面让人民富裕，不但要扩大中等收入者的比重，还要在收入普遍提高的基础上缩小收入差距，让居民生活质量普遍得到提高。

（4）经济发展模式的新境界。进入新时代意味着我们必须摒弃过去数量型的经济发展模式，探索质量型的发展路径，以提高经济发展质量为核心，把质量当成基础性和关键性的变量，通过转方式、调结构、创新发展，将中国经济引入高质量发展的轨道。实现从高速增长向高质量发展阶段的转型，必须进行发展模式的创新，开拓经济发展

---

① 洪银兴．以人为本的发展观及其理论和实践意义［J］．经济理论与经济管理，2007（5）．

模式的新境界。新时代背景下的经济发展与过去发展模式最大的区别就是要建立在质量效益的基础上，强调经济结构在诸多领域的全面升级，同时，经济发展方式逐步由粗放型向集约型转变，提高经济发展质量，实现高质量发展。新时代中国经济发展要从单纯的速度提升变为速度与质量效益的同步提升，不能仅以 GDP 为标准，更重要的是要着力解决发展的不平衡和不充分问题，提高居民生活质量，满足人民对美好生活的需求，让居民共同享受经济增长的成果，减少贫富差距和城乡差距。

（5）经济发展动力的新境界。处于低收入发展阶段时，经济发展的主要任务是摆脱贫困和实现快速经济增长，因此经济发展的目标是以规模扩张和要素驱动为动力追求经济发展的规模和数量。进入中等收入国家行列并成为世界第二大经济体以后，我国经济发展的目标由摆脱贫困转向基本实现现代化，由建设经济大国转向建设经济强国，为此，必须实现经济发展动力的转换，从要素驱动彻底转向创新驱动。因此，新时代中国特色发展的政治经济学需要强调经济发展动力的创新，不断强化创新引领新时代发展的动力作用。科技创新是全面创新的引领，应大力推动科技创新成为产业创新的动力，在提升自身在全球价值链上地位的基础上，实现知识创新与技术创新、科技创新与产业创新、产业创新与产品创新的深层次对接。

（6）经济发展动能的新境界。经济发展不同阶段的动能是不同的，当前中国经济正处于新旧动能转换的关键时期，培育经济发展的新动能是适应和引领中国经济新常态的必然要求。培育和发展经济新动能就是要给经济增长注入新的活力、新的动力、新的能量。新动能不仅是经济发展的新引擎，而且是改造提升传统动能、促进质量效益型经济发展的动力。新动能的形成需要供需双侧协调发力。供给方面，通过创新驱动、结构调整、制度变革等手段培育供给侧新动力；需求方面，通过消费、投资、出口需求协同拉动重振需求侧动力。由于新时代经济矛盾的主要方面集中在供给侧，应将供给侧动力作为新时代现代化发展新动能的核心。概言之，中国特色发展的政治经济学要适应世界新产业革命的趋势，以科技创新为核心，以产业创新为抓手，以制度创新为保障，坚定走创新型经济发展的道路，以创新为抓手实现新动能的培育。

（7）发展战略的新境界。经过新中国70年，特别是40多年的改革开放，中国经济发展进入了新时代，我们面对的已经不再是单纯的发展问题，而是发展起来以后的现代化问题，相应地，中国特色发展的政治经济学必须进行发展战略的创新，开拓发展战略的新境界。具体而言，在战略思路上，新时代中国特色发展的政治经济学要以促进经济增长转向高质量发展为目标，以知识、技术、信息和人力资本等为先进生产要素，以创新为第一驱动力，构建现代化经济体系，实现以新型工业化为核心的新时代经济现代化，以追求效率、秩序、民主为核心的新时代政治现代化，以城市化和城镇化为特征的新时代社会结构现代化，以人的素质提高和生活方式变革为主体的新时代人的现代化。在战略目标上，新时代中国特色发展的政治经济学要由高速增长目标转向高质量发展目标，要由过去的制度创新转向以建设创新国家和现代化强国为内容的综合创新。战略措施上，新时代中国特色发展的政治经济学要由单一市场化路径转向市场化、工业化、城市化和生态化的协调同步发展，以“强起来”为目标构建新时代对外开放新格局，全面提高对外开放水平。

（8）发展型式的新境界。美国发展经济学家钱纳里提出了“发展型式”的概念，他认为“发展型式”就是经济发展过程中在重要领域的系统变化。中国过去的发展型式围绕解决贫穷落后问题而形成，这种发展型式以速度为目标，以要素投入为动力，以规模扩张为方式实现经济发展。进入新时代，我国社会的主要矛盾已经转化为人民日益增长的美好生活需要和不平衡不充分的发展之间的矛盾，中国经济面临的不再是发展问题，而是发展起来以后的现代化问题，此时就要依据变化了的问题和主要矛盾，开拓发展型式的新境界。要以发展质量为目标，以创新为驱动力，以效率提升为主要方式，以满足人民对美好生活的需要为终极目的，以现代化为主线进行发展型式的变革。

五、中国特色发展的政治经济学的理论体系创新

“中国是世界上最大的发展中国家，现在也是经济发展最快、最成功的国家，面临的发展问题最多、困难最大，实践经验和可供研究的资料最丰富，是最能够出发展经济学理论的地方，也是发展经济学研究条件最好、最有利的地方。”① 新中国成立以来，特别是改革开放以来，我国取得了巨大的发展成绩，有许多成功的经验需要总结，并从学理上上升为系统化的经济学说。因此，新时代中国特色发展的政治经济学创新的任务具有二重性：一是总结研究改革开放以来的新问题、新材料，形成系统化的学说以指导新时代的中国经济发展；二是形成系统化的学说，为世界发展经济学贡献中国方案和中国智慧。依据发展经济学的一般范式，中国特色发展的政治经济学理论体系的创新应该包括以下几个层次。

（1）中国特色发展的政治经济学的“中国特色”。这主要包括两个方面：一是新时代中国经济发展的特殊性。从新时代中国经济发展初始条件和主要矛盾的变化出发，从发展目标、发展模式、发展主题、发展道路等方面研究新时代中国经济发展的特殊性。二是在新时代中国经济发展特殊性分析的基础上，研究新时代中国特色发展的政治经济学的“中国特色”。

（2）中国特色的发展条件。经济发展的条件决定了经济发展的方式和模式，以及经济发展的道路。这一层次主要研究四个方面的问题：

① 简新华．创建中国特色发展经济学［J］．生产力研究，2008（18）．

一是中国发展条件与发达国家的比较；二是中国发展条件与其他发展中国家初始条件的比较；三是在比较的基础上研究中国经济发展的特殊禀赋条件、制度条件、市场条件、技术条件、基础设施条件、经济基础条件、文化条件等方面的中国特色；四是中国经济发展面临的特殊问题，从人口、资源、环境、就业、“三农”、贫穷、地区、城乡、工农差别等方面研究中国新常态经济发展面临的特殊问题。

(3) 中国特色的发展道路。在中国特色发展初始条件研究的基础上，研究中国特色的发展道路，包括：中国特色的市场化道路、中国特色的改革发展道路、中国特色的工业化道路、中国特色的城市化（城镇化）道路、中国特色的信息化道路、中国特色的“三农”现代化道路、中国特色的开放发展道路，并进一步研究中国经济发展在上述“七化”中的特殊规律。

(4) 中国特色的发展过程。这一层次主要研究如何实现新时代现代化发展的问题，依据五大发展理念和新时代主要矛盾的变化，研究五大发展理念的理论贡献，以及在实践上如何推进五大发展。重点研究如何在新时代中国经济发展中落实创新、协调、绿色、开放和共享发展，从而推动中国经济实现高质量发展。

(5) 中国特色的发展模式。这一部分主要研究新中国成立以来以及改革开放以来我国所选择的不同于西方但又适合本国国情的经济发展模式。具体而言，一是中国发展模式的演变，包括计划经济时期的经济发展模式、改革开放以来的发展模式和新常态下的经济发展模式。二是中国发展模式的同质性与异质性，比较研究中国较其他国家发展模式的特殊性。三是中国发展模式的转型，依据世界经济发展的趋势，以及中国进入中等收入国家的现实状况，研究新常态下中国经济发展模式的转型。

(6) 中国特色的发展战略。经济发展战略是指在一定时期内，国家关于国民经济发展的带有全局性、长远性、根本性的总体构想，及其为此实施的总体规划和方针政策。这一层次主要研究：一是中国经济发展战略的历史演变。主要包括：计划经济时期的赶超战略、改革开放时期的追赶战略、新时代的质量效益战略。二是发展战略的中国特色。从具体国情和发展阶段性特征出发，研究中国发展战略在选择、实施等方面的中国特色。三是新时代中国经济发展战略的转型，如何从长期的追赶战略转向质量效益战略。

（7）中国经济发展的前景。这一层次主要研究：一是中国经济发展对人类的贡献。总结大国发展的经验，总结中国发展模式、道路、体制等方面对世界的贡献。二是中国特色发展的政治经济学对世界发展经济学的贡献。总结概括中国经济发展的实践经验及可在发展中国家推广的理论。三是中国经济发展前景的估计。在对世界上各种关于中国经济发展前景分析的观点进行评价的基础上，估计新时代中国经济发展的未来前景。

六、“发展的政治经济学与新中国70年”丛书简介

“发展的政治经济学与新中国70年”丛书是教育部人文社会科学重点研究基地——西北大学中国西部经济发展研究中心和西北大学经济管理学院理论经济学科共同完成的一套系列丛书，也是我们在理论经济学建设方面的新成果。

西北大学理论经济学科过去以政治经济学的教学与研究见长，后来何炼成教授又提出了中国发展经济学的构想，政治经济学与中国发展经济学成为西北大学理论经济学科的主要研究领域。近年来，我们在研究理论经济学，特别是习近平总书记提出的中国特色社会主义发展政治经济学的过程中，逐渐形成了一个新的思想认识，即中国的问题是发展问题，而发展问题需要运用政治经济学的理论与方法来研究。在这种思想认识的基础上，我们把政治经济学与发展经济学相结合，提出了建立“发展的政治经济学”理论体系的思想认识。

在这一认识的指导下，我们首先开始写文章逐步阐释这一思想。2012 年，我和我的学生钞小静在 2012 年第 11 期《经济学家》上发表了《从数量型增长向质量型增长转变的政治经济学分析》，逐渐通过经济增长问题来研究发展的政治经济学。在 2013 年第 5 期《经济学家》上，何爱平教授发表了《发展的政治经济学：一个理论分析框架》，阐释了发展的政治经济学的基本框架。2015 年，我和我的博士生马强文又写了《经济发展方式转变的政治经济学分析》，在云南召开的第一届公共经济学论坛上我讲了这篇文章，阐释了发展的政治经济学的基本思想。在 2015 年第 3 期《黑龙江社会科学》上，我发表了《学好用好政治经济学 把握时代发展规律》的文章，指出“中国改革开放所面临的很多问题都是政治经济学问题，都需要用现代政治经济学予以回答。学好用好政治经济学对把握中国经济发展和改革的规律意义重大”。

2016 年，《西部论坛》杂志主编黄志亮教授专访孟捷、周文和我三人，专访稿发表在《西部论坛》2016 年第 5 期上，在我的专访稿《中国经济学的形成基础与体系构建》中，我提出中国特色社会主义政治经济学理论体系构建要抓住“发展”这个主题，中国经济学首先应研究中国发展的经济学，甚至可以称之为中国发展的政治经济学。

我在 2016 年第 6 期《中国高校社会科学》上发表了《“中国发展的政治经济学”理论体系构建研究》的文章，系统阐释了发展的政治经济学的思想，文中指出“当代中国马克思主义政治经济学的构建应该以中国特色经济发展道路为研究对象，主线是发展经济学与马克思主义政治经济学结合而形成的‘中国发展的政治经济学’。在理论逻辑上，‘中国发展的政治经济学’以马克思主义政治经济学为理论基础，既反映人类经济发展的一般规律，又反映中国经济发展的特殊规律，还能有效解释当代中国经济发展现象、指导中国经济发展实践。在实践逻辑上，‘中国发展的政治经济学’要有效解释中国特色的发展道路，抓住‘经济发展’这个主题，并直面中国经济发展的大问题、大矛盾。在发展经济学和政治经济学的结合中构建的‘中国发展的政治经济学’理论体系，应该研究中国经济发展的初始条件、中国宏观经济发展的政治经济学、中国中观经济发展的政治经济学、中国微观经济发展的政治经济学、中国与世界合作发展的政治经济学五个层次问题”。我在2018年第3期《天津社会科学》上发表了《创新中国特色社会主义发展经济学 阐释新时代中国高质量的发展》的文章，阐释了发展经济学与政治经济学相结合的问题，同时我多次在全国性的学术研讨会上介绍了我的这篇文章的思路。2018年，我们给本科生开设了一门课程“中国特色社会主义政治经济学18讲”，组织大家把讲授内容写成文章，在《西北大学学报》连续发表，我的文章和师博教授的文章都体现了发展的政治经济学的思想，文章发表后先后被人大报刊复印资料和中国社会科学文摘转载。

围绕这些文章的思路，我们经过认真研究，提出了组织这套丛书的研究设想，恰好2019年是新中国成立70周年，所以我们把这套丛书的名称定位于“发展的政治经济学与新中国70年”，一方面，这套书是发展经济学与政治经济学相结合的产物；另一方面，这套书是新中国70年的经验总结和概括。

这套丛书包括：《中国特色发展的政治经济学》《发展的政治经济学：理论框架与分析范式》《中国宏观经济发展的政治经济学》《中国中观经济发展的政治经济学》《中国微观经济发展的政治经济学》《中国与世界合作发展的政治经济学》《中国特色发展道路的政治经济学》《中国特色生态文明建设的政治经济学》《中国特色绿色发展的政治经济学》《中国特色的企业发展理论》。

本套丛书得到了西北大学社科处的高度重视，同时，教育部人文社会科学重点研究基地——西北大学中国西部经济发展研究中心和经济管理学院共同完成了这套丛书。在丛书写作的过程中，我从经济管理学院院长转任到了西北大学研究生院院长的位置，但是我仍然担任教育部人文社会科学重点研究基地——西北大学中国西部经济发展研究中心主任，利用中心平台，在西北大学经济管理学院副院长师博教授的协助下，我们继续完成了这套丛书。本丛书的出版感谢西北大学各级校领导的支持，感谢社科处、学科办和研究生院的支持。感谢我的老师南京大学洪银兴教授等师长的支持，我的思路得到了老师们的支持和鼓励。同时，这套丛书的出版也得到了中国经济出版社霍宏涛副总编辑和贺静副编审的大力支持，在书稿修改、封面设计等方面他们也做了大量的工作。

“发展的政治经济学”是我们的一个新的构想，我们期待着学术界同人的关注和批评，我们将在这个领域中不断开拓，争取多出高质量的研究成果。

西北大学研究生院院长

教育部人文社会科学重点研究基地

——西北大学中国西部经济发展研究中心主任

任保平敬序

2019 年 1 月于缥缃居

目　录

第二篇　区域发展的政治经济学

第三篇 地方经济发展的政治经济学

1 中国中观经济发展的政治经济学：出发点、逻辑与研究架构

中国中观经济发展的政治经济学是中国特色发展的政治经济学的重要组成部分，它在遵循中国特色发展的政治经济学的总体理论定位、实践定位、理论基础等的基础上，具有自身明确的出发点、逻辑与研究架构。

1.1 中国中观经济发展的政治经济学的出发点

确定中国中观经济发展的政治经济学的出发点，我们遵循了三个基本导向：一是学科导向。中观经济学是以中观经济组织与主体的行为方式、运行规律等为对象，深入研究经济社会的运行方式。按照已有的观点，中观经济学是以“某一区域和某一部门的经济活动”为研究对象（王慎之，1992），中观经济学的基本范畴包括“空间、结构、环境、效益、公益、发展、规划和管理等”（饶会林、崔卫华、张明贵，2002）。因而，中国中观经济发展的政治经济学以产业、区域、地方政府等中观经济组织与主体为出发点，研究新时代中国现代化发展的特殊规律。二是目标导向。中国中观经济发展的政治经济学不是以发展的政治经济学的一般原理与理论为出发点，而是以当前中国经济发展的现实目标与需要为出发点。在中国特色社会主义新时代新的历史方位下，中国中观经济发展的政治经济学必须，也只能以建设现代化经济强国为目标，研究中国从富起来走向强起来的特色化道路。在此基础上，逐步提炼理论学说，形成对发展的政治经济的学科贡献。三是问题导向。中国中观经济发展的政治经济学不是以发展的政治经济学的一般理论问题为出发点，而是以当前中国经济发展的现实

问题为出发点。在中国特色社会主义新时代新的历史方位下，中国中观经济发展的政治经济学必须，也只能以经济高质量发展为核心研究问题，研究中国产业、区域、地方政府等中观经济组织与主体的高质量发展问题，以及在高质量发展中的作用及规律等亟待解决的现实重大、关键问题。因此，按照学科导向、目标导向、问题导向等三个基本原则，中国中观经济发展的政治经济学遵循以建设现代化经济强国为目标，以经济高质量发展为核心，以研究中国产业、区域、地方政府等中观经济组织与主体的高质量发展问题，以及在高质量发展中的作用及规律等亟待解决的现实重大、关键问题为出发点。

1.2 中国中观经济发展的政治经济学的基本逻辑

中国中观经济发展的政治经济学研究中国产业、区域、地方政府等中观经济组织与主体的高质量发展问题，以及在高质量发展中的作用及规律。其基本逻辑是：作为发展中大国，产业低端化与区域发展不均衡是中国经济发展中面临的重大问题，又是经济高质量发展亟待解决的重大问题，还是中国经济发展中，在中观经济层面存在的独特的现实重大问题。同时，作为转型的发展中大国，地方政府在经济增长以及今后的经济高质量发展中已经以及必将发挥重要作用，因此，对地方政府在经济高质量发展中的作用研究是一项重要内容。以产业与区域高质量发展为指向，以地方政府在经济高质量发展中的作用为基础，构成了中国中观经济发展的政治经济学的基本逻辑。

其中，产业高质量发展问题的基本逻辑是，首先明确在新时代中国特色社会主义中，产业高质量发展的核心问题是以产业迈向中高端为核心的产业结构升级问题。因此，结构升级是中国产业高质量发展的核心。围绕这一核心问题，我们遵循“发展质量回顾与考察—发展质量效果评价—高质量发展路径与方向—高质量发展具体方式”的基本逻辑展开相关研究。首先，对中国产业发展质量进行回顾与考察；其次，就中国产业发展对经济高质量发展的效果进行评价；再次，在明确产业高质量发展目标的基础上，研究“一带一路”在产业高水平开放发展的路径与方向中的作用；最后，具体研究以迈向全球价值链中高端为内涵的产业高质量发展具体方式。其中，在经济高质量发展的新时代，中国产业发展的推动力将由以往的市场化改革推动的制度红利、逐步深化的开放红利，以及基于自身资源禀赋的人口红利等“三重红利”，转变为全面深化改革的新制度红利、全面对外开放的新开放红利，以及基于技术创新的创新红利等“新三重红利”。因此，全面对外开放是新时代中国产业高质量发展的关键路径。为此，我们深入分析了全面对外开放下产业高质量发展的路径与具体方式。

区域经济高质量发展问题的基本逻辑是，首先明确在新时代中国特色社会主义中，均衡与协调发展是区域经济高质量发展的核心问题。围绕这一核心问题，我们遵循“区域发展战略回顾—区域发展现状考察—区域均衡与协调发展中的问题研究—区域发展的政治经济学解释—新时代区域协调发展的路径选择和政策建议”的基本逻辑展开相关研究。首先，系统梳理了新中国成立至今我国区域发展战略的演变历程，从区域均衡发展战略、区域非均衡发展战略、跨世纪的区域协调发展战略到新时代区域协调发展战略。其次，考察区域发展现状。在此基础上，从区域间和城乡间区域收支差距、产业结构不协调、社会保障不协调、环境与发展不协调等方面考察区域均衡与协调发展中的问题。再次，针对这些突出问题，从政治经济学视角展开理论解析。最后，提出新时代区域协调发展的路径选择和政策建议。

地方政府行为问题的基本逻辑是，以新时代中国特色发展经济学视角来分析地方政府行为。围绕这一核心问题，我们遵循“理论梳理—历史梳理—行为解析—价值与影响”的基本逻辑展开相关研究。首先，进行理论梳理，以经济思想史视阈分析各种流派的地方政府行为理论，为后文的分析奠定理论基础；其次，进行历史梳理，基于行为的民族性、同质性、继承性等特质，以大历史视野对中国历代地方政府行为进行剖析，分析其历史演化、影响因素、行为逻辑及其本质特征，此章重在厘清历史脉络；再次，对中国当代地方政府行为的中国特色发展经济学阐释，在清楚界定什么是中国特色发展经济学的基础上，分析新中国成立至今中国当代地方政府机构及其行为的演化脉络，从多个维度对中国当代地方政府行为进行解析；最后，分析中国当代地方政府行为的实践价值、理论贡献及世界影响。

1.3 中国中观经济发展的政治经济学的研究架构

第 1 章提出了中国中观经济发展政治经济学的出发点、基本逻辑与整体研究框架。在中国中观经济发展的政治经济学中，我们的研究主要包括产业、区域、地方政府三部分。其基本架构与内容如下：

第一部分为产业高质量发展。

第 2 章是从质量视角对中国产业发展的全面回顾。本章从产业发展总体规模与增速、产业结构优化、产业发展效率、产业发展效益、产业外向化发展、产业所有制结构、产业投入产出结构等方面，全方位地对中国产业发展质量进行分析与比较。

第 3 章是产业发展对经济发展质量推动作用的研究。本章借助1950—2017 年的统计数据，通过构建五大发展理念与产业发展质量各自的指标体系框架，运用熵值法对各评价指标进行赋值，得到各指标的综合评价指数，利用协调发展度模型测度各系统与产业发展质量的耦合关系，从而从创新发展、协调发展、绿色发展、开放发展和共享发展五个方面来评价新中国成立至今的产业发展质量和探讨未来产业发展质量提升模式。研究结果表明：第一，虽然产业发展质量的趋势整体向好，但发展程度还远远不够；第二，新发展理念与产业发展质量之间尚未完全形成耦合协调发展；第三，新发展理念的各发展部分与产业发展质量的协调发展历程是各不相同的，即对产业发展质量的影响是不平衡的。

第 4 章研究新时代下“一带一路”作为中国产业高质量开放发展新路径的相关问题。新时代的对外开放与以往的对外开放有着重大转变，即从以开放促数量增长转向以开放促质量发展。其中，由产业高质量发展的内涵所决定，新时代对外开放必须推动中国产业区域均衡与结构升级。在新时代下，“一带一路”必将成为推动中国产业高质量开放发展的新路径。本章从对外开放的区域性差异、“一带一路”在新时代中国产业高质量开放发展中的新内涵、新时代中国产业高质量开放发展中“一带一路”的关键作用，以及“一带一路”在新时代中国产业高质量开放发展的路径等方面展开研究。

第5章研究新时代产业迈向全球价值链中高端的问题。党的十九大明确提出了“促进中国产业迈向全球价值链中高端”，为我国产业结构升级指明了新的方向。在全球价值链分工体系下，在经济追求高质量发展的新时代，中国产业升级的新内涵就是迈向全球价值链中高端。本章从中国迈向全球价值链中高端的历史发展与现有位置、迈向全球价值链中高端的外部环境与自身条件的新变化、迈向全球价值链中高端的内涵、迈向全球价值链中高端的模式、迈向全球价值链中高端的要素培育、迈向全球价值链中高端的对策建议等方面展开分析。

第二部分为区域高质量发展。

这部分共分6章内容，分别是区域发展战略的演变历程、区域经济发展现状、区域经济发展存在的问题、区域经济发展的政治经济学分析以及新时代区域协调发展的路径选择和政策建议。

第6章研究区域发展战略的演变历程。系统梳理了新中国成立至今我国区域发展战略的演变历程，从区域均衡发展战略、区域非均衡发展战略、跨世纪的区域协调发展战略到新时代区域协调发展战略。第一，改革开放前的30年，我国实行了区域均衡发展战略，利用计划经济的优势，将大量的资金投入中西部地区的工业建设和国防建设中，以缩小区域差距。第二，改革开放初期的非均衡发展战略，希望以东部沿海发达地区的优先发展作为撬动整个中国经济的“杠杆”，在一定时期内保持地区之间适当的经济差距，然后有梯度次序地发展中西部地区经济，使整个国家经济波浪式向前，实现共同发展。第三，跨世纪的区域协调发展战略。20世纪末的区域协调发展战略在兼顾东部地区经济发展的同时，将工作重心放在西部地区的经济发展上，推动“西部大开发”战略。21世纪初，我国进一步深化区域协调发展战略，根据经济发展状况划分四大板块，在推进西部大开发的同时，提出促进中部地区崛起、振兴东北地区等老工业基地、鼓励东部有条件地区率先发展。第四，新时代区域协调发展战略。提出依托“五大发展理念”，解决我国区域经济发展“不平衡、不充分”问题，通过推进“一带一路”倡议、“京津冀”战略、长江流域经济带战略以及自由贸易区战略，促进区域协调发展。

第7章研究区域发展现状。从各区域经济发展水平、区域间差距以及区域内差距三个维度分析了我国区域经济发展的现状。第一，新中国成立以来，我国区域经济发展迅速。一是各区域GDP和人均GDP呈跨越式增长，我国已成为世界第二大经济体；二是各区域人民收入和消费水平得到了大幅度提升；三是各区域政府财政收入和支出全面增长，政府提供公共产品和服务的能力有了极大提升。第二，新中国成立至今，尤其是改革开放以来，区域间发展差距逐渐拉大，制约了区域经济协调发展。一是四大区域的人均GDP差距不断扩大，东部地区的经济发展遥遥领先于中、西部以及东北地区；二是四大区域的人民收入和消费水平的差距也相对较大，东部地区远远高于其他区域，不利于区域经济协调发展；三是四大区域的人均财政收入与支出的差距不断拉大，东部地区领先于其他三个区域。第三，区域内发展差距明显，主要表现为城乡发展差距。一方面，城乡居民可支配收入差距相对较大；另一方面，城乡居民消费水平差距相对较大。收入和消费与居民生活息息相关，城乡差距极大地制约了我国区域经济协调发展。

第8章为区域发展的政治经济学分析。要理解我国区域经济发展的现状及其存在的问题，需要了解我国区域经济发展的逻辑，为此需要对区域经济发展进行政治经济学分析。首先，本章阐述了我国区域经济发展的政治、经济背景，即政治集权和经济分权。政治集权主要表现在我国的人事任命制度；经济分权则体现在中央对地方的财政分权，其核心是分税制；而经济分权伴随着资源分权，我国的产权形式也随之发生转变。其次，分析了我国区域经济迅速发展的内在逻辑：其一，政治、经济激励是区域经济迅速发展的内在激励；其二，资源、土地和劳动力是区域经济快速发展的核心动力；其三，地理和政策是区域经济快速发展的根本保障。当然，伴随着区域经济发展，我国区域间的矛盾也日益突出，本章第三节则分析了区域间经济矛盾的内在逻辑。一方面，我国政府“为增长而竞争”导致了地方官员过度重视 GDP 增长，不利于区域经济协调发展；另一方面，政府官员之间的“晋升锦标赛”又诱发了地方保护主义和产业趋同现象，不利于区域经济协调发展。此外，我国四大区域的市场完善程度各不相同，而市场完善程度又与区域发展息息相关，导致了区域发展差距的扩大。

第 9 章研究区域发展存在的问题。我国区域发展存在的问题主要有区域发展不平衡、区域发展不协调以及环境与发展不协调所导致的不可持续。第一，区域发展不平衡主要表现为区域间和城乡间区域收支差距。通过人口加权变异系数、变异系数以及极值差率可以看出，改革开放以来我国区域差距呈现出“缩小—扩大—缩小”的变动趋势。城乡二元结构、城乡收支差距大则是城乡发展不平衡的重要表现，也抑制了我国区域协调发展。第二，区域发展不协调主要包括产业结构不协调、社会保障不协调等问题。我国产业结构主要以第二产业为主，且地区之间的产业结构具有高度的趋同性，不利于促进地区的分工与合作。而社会保障方面，主要体现在卫生医疗、教育以及养老保障上。就卫生医疗而言，我国四大区域变化趋势各不相同，东、中、西部地区的卫生技术人员数增长较快，而东北地区则相对较慢；就教育保障而言，东北地区的每千位小学生中专任教师数的绝对数量及增速都远远超过其他区域；就养老保障而言，中部地区每千人参保养老保险数相对较多，与其他三个区域的差距相对较大。第三，环境与发展不协调以单位 GDP 能耗和环境治理投资加以说明。就单位 GDP 能耗而言，四大区域均有明显下降，但仍大于 0.5 吨标准煤/万元，数值依旧较高；就环境治理投资而言，四大区域的治理投资极不稳定，尤其以东北地区为甚。

第 10 章和第 11 章是新时代区域协调发展的路径选择和政策建议。基于“五大发展理念”，提出新时代区域协调发展的路径选择和政策建议。

针对区域发展存在的问题，分别提出改善区域不平衡、不协调以及生态环境等问题的路径选择。对于区域平衡发展的路径选择主要是加强中、西部地区，东北地区以及农村地区的区域发展效率，缩小东、中、西部地区以及东北地区差距，缩小城乡差距，实现区域平衡发展。对于区域协调发展的路径选择，则强调四大区域分工合作，发挥各自比较优势。对于人与自然协调发展的路径选择，主要包括：推进绿色发展与一、二、三产业的融合；树立绿色发展理念，推进绿色消费和绿色生产；加强区域政府合作，共同推进生态治理。根据路径选择，进一步提出新时代区域协调发展的政策建议。包括建立区域协调发展新机制，主要是健全市场一体化发展机制、深化区域合作机制、优化区域互助机制、健全区际利益补偿机制、创新区域政策调控机制、健全区域发展保障机制等。深化行政体制改革，转变政府职能，即要求转变当前我国“唯 GDP”的政绩观，推进“放管服”改革，打破行政壁垒，完善组织协调的机制。创新区域管理，统筹区域发展战略。建立和完善城乡融合发展的体制机制和政策体系。一方面，加强城乡市场建设，推进生产要素在城乡之间自由流动；另一方面，发挥政府的引导作用，推进乡村公共服务建设。推进“一带一路”倡议，积极与“一带一路”沿线国家建立积极、友好的外交关系，推进产业园区的建设，通过“一带一路”建设助推区域协调发展。

第三部分为地方政府行为。

这部分共分为 4 章内容，分别是对经济思想史视域中各流派的演替及其地方政府行为理论的理论梳理，大历史视野下中国历代地方政府行为的历史演化、影响因素、行为逻辑及其本质特征的历史梳理，中国当代地方政府行为的中国特色发展经济学阐释的理论分析，以及中国当代地方政府行为的实践价值、理论贡献及其世界影响的分析。

第 12 章是对经济思想史视域中各流派的演替及其地方政府行为理论进行理论梳理。理论梳理分为两大块内容：第一，分析各主流经济学派演替的过程及其实质。第二，分析各主流经济学流派的政府观及其地方政府行为理论。各主流经济学派演替的过程清晰而有逻辑：资本主义原始积累时期，重商主义盛行，政府干预的声音较为强势；资本主义自由竞争时期，古典政治经济学、新古典学派等流派兴起，肯定市场机制、反对政府干预的声音较为强势；资本主义的垄断时期，从凯恩斯主义到新自由主义的各种流派交替而出，认可政府干预与反对政府干预的声音交织在一起，双方声音的强弱随着局势的变化而变化，呈现出动态的特点。通过对各主流经济学派演替过程的分析，可清楚地看到流派演替的实质，即思想与实践的互动。分析各主流经济学派的政府观及其地方政府行为理论是本章节的核心内容。具体分析着眼于两大类：西方各主流经济学流派的政府观及其地方政府行为理论、马克思主义的政府观及其地方政府行为理论。西方各主流经济学流派可分为三种：政府干预阵营各流派、市场机制阵营各流派、两阵营之外其他流派。通过分析重商主义、凯恩斯主义、古典政治经济学、供给学派等流派的政府观，阐释前两大阵营对政府职能的认知，这部分涉及地方政府行为的内容不是非常丰富。与地方政府行为密切相关的理论集中在西方财政分权理论、新制度主义经济学、公共选择学派等领域，代表性理论为：蒂博特的政府间竞争与“用脚投票”理论、奥茨与罗森的“财政联邦制”理论、委托—代理理论、剩余索取权理论、威廉姆森的科层制理论、制度变迁理论、公共选择者行为理论、奥尔森的利益集团理论等。对马克思主义的政府观及其地方政府行为理论主要集中在两处：马克思恩格斯的政府观、作为西方马克思主义学派主要代表的法国调节学派的政府观。各大流派基于各自的学术立场，从多个维度讨论政府干预、政府职能与政府行为，见解虽然不一，但给解析地方政府行为提供了多维度的丰富视角与理论工具。

第 13 章是大历史视野下中国历代地方政府行为的历史演化、影响因素、行为逻辑及其本质特征的历史梳理。历史梳理基于大历史视野而展开，分为三大块内容：中国历代地方政府结构及其行为的历史演化、中国历代地方政府行为的影响因素、中国历代地方政府行为的特点。通过大历史视野对先秦以来的中国历代地方政府结构与行为进行分析，很容易看出中国历代地方政府结构的演化过程：先秦时期，分权血缘机制下地方机构的形成与发展阶段；秦朝至宋朝，集权地缘的二级制阶段；元朝以后，集权地缘的多级制阶段。而中国历代地方政府行为在长时段中呈现出一种动态调整特征。影响中国历代地方政府行为的因素主要有：央地实力对比、中央管理方式及地方政府结构；官员考核与激励制度；地理位置、面积与人口；政府间竞争等。大历史视野下中国历代地方政府行为呈现出三大特点：政治统治功能属性中的响应性、配合性、服从性与践行性；社会管理功能属性的公共性；自主性主体的经济性。

第 14 章是中国当代地方政府行为的中国特色发展经济学阐释的理论分析。本章旨在以中国特色发展经济学解析中国当代地方政府行为。共分为三大块：中国特色发展经济学的形成及内涵、中国当代地方政府结构及其行为的演化脉络、中国特色发展经济学视角下的当代中国地方政府行为解析。首先，在梳理中国特色发展经济学的形成背景、发展历程的基础上，分析中国特色发展经济学的研究对象、理论基础、本质特征、发展历程及其理论框架。中国特色发展经济学是研究中国特色经济发展道路、阐释中国现代化发展规律、总结中国特色经济发展经验及教训的一门理论。其理论基础包含三大内容：马克思主义政治经济学的经济发展观、中国传统文化中的经济发展观、当代中国在独特经济实践中所形成的社会主义经济发展观。中国特色发展经济学的本质特征在于其国别性与民族性。中国特色发展经济学的理论框架如下：社会主义初级阶段理论是中国特色发展经济学的逻辑起点；中国特色发展经济学的研究对象是中国独特的发展实践及其基本经验与客观规律；中国特色发展经济学的主要内容如下：以“创新、协调、绿色、开放、共享”为中心的社会主义基本发展理念理论、社会主义本质论、社会主义基本经济制度理论、社会主义市场经济理论等；实现一般商品的极大丰富、公共产品的均等化、促进社会公平正义、最终达到共同富裕，这是中国特色发展经济学的最终目标，也是其逻辑终点。其次，勾勒中国当代地方政府结构及其行为的演化脉络。在梳理中国当代地方政府结构的演化过程的基础之上，总结中国当代地方政府行为的演化过程：1949—1978 年，计划经济体制与有限放权管理体制下的地方政府行为；1978 年至今，不断开放的经济体制与制度激励机制下的地方政府行为。最后，用中国特色发展经济学理论分析当代中国地方政府行为的主体与职能、行为逻辑、影响因素、效率提升的路径等。地方各级人民政府是地方行为的主体，维护地方社会治安、保证地方公共产品的供给、优化地方发展环境、发展地方经济、维护地方最广大人民群众的利益，这是地方政府的职能。多重约束下的自主理性行为是当代地方政府的行为逻辑，体现在以下三个面向之中：地方经济发展的现实需要下的自主经济性行为；人民立场与公平共享价值理念下的自主公共性行为；应时而变的自主动态调试性行为。当代地方政府行为的影响因素包括：央地关系；制度环境；自然禀赋及劳动力、资本、技术等要素；其他地方政府行为等。提升中国当代地方政府行为的效率，需从以下路径努力：构建更有效率的央地关系；创造更有活力、更具可持续性、更包容、更和谐的制度环境；充分利用自然禀赋、积极引入各种要素并使之达到最佳配置；结合国家发展理念，厘清自主发展思路。

第 15 章是中国当代地方政府行为的实践价值、理论贡献及其世界影响的分析。本章主要分析了中国当代地方政府行为的实践价值、理论贡献及其世界影响。中国地方政府所进行的大胆的政策试验与创新一步步地推动了中国的改革开放，这些凝聚着“底层智慧”的实践是中央的“顶层设计”的依据之一，为中国特色社会主义的发展做出了伟大的贡献。这是中国地方政府行为的实践价值。社会主义现代化建设实践及中国特色社会主义发展实践开展至今，我们需要加强对这些实践的系统总结，提炼出有价值的经验，得出创新性的理论。中国当代地方政府行为正是这种理论创新的主要现实材料来源，为有中国特色的经济学理论创新做出了重大贡献。世界文明演化至今，其发展路径从来不是单一、线性的，而是呈现出多样性与非线性特征，这也符合事物发展的规律，和而不同，方能建构一个多彩而充满无限可能的世界。不同于西方的地方政府行为，中国当代地方政府行为亦为全世界提供了另一种行为模式。中国地方政府行为的这种异质性取决于其所面临的独特历史语境，即由制度环境、文化传承、国家发展阶段等因素组成的大环境。中国当代地方政府行为是一种多重约束下的自主理性行为，正是这种在中央鼓励下自主的、试验性的、探索性的理性行为给中国的发展实践趟出了一条独特的发展之路，这既是对中国的贡献，又是对世界的贡献。

第一篇

产业发展的政治经济学

2 中国产业发展质量：测算与比较

新中国成立70年以来，中国产业获得了巨大发展。仅从产业规模和产值增长方面去描述我国的产业发展是远远不够的。本书试图从产业发展总体规模与增速、产业结构优化、产业发展效率、产业发展效益、产业外向化发展、产业所有制结构、产业投入产出结构等方面，全方位地对中国产业发展质量进行分析与比较。

2.1 产业发展规模

2.1.1 产业发展总体规模与增速

（1）产业发展总体规模

表2-1、表2-2是中国31个省份（港澳台地区除外）在1955—2017年三大产业增加值的总和。从表2-1中可以看出，各省份的产业增加值是一个不断上升的过程，说明我国产业发展规模在不断扩大。其中，广东的产业发展规模一直领跑全国，其产业增加值在2017年达到了89705.23亿元，比1955年的47.59亿元增长了1884倍。江苏、山东的产业发展规模也领先于其他大部分省份，2017年产业增加值分别达到85869.76亿元和72634.15亿元。西藏、青海、宁夏的产业增加值则处于全国倒数位置，到2017年其产业增加值相比1955年分别增长了916倍、895倍和1536倍。这一期间西部地区产业虽然获得了明显的发展，但与东部各省份的差距越来越大。

表 2-1　1955—1985 年中国 31 个省份产业增加值　　单位：亿元

省份	1955	1960	1965	1970	1975	1980	1985
北京	23.88	57.47	39.79	63.37	91.25	139.07	257.12
天津	17.12	42.66	35.96	50.99	69.73	103.53	175.78
河北	49.20	73.44	72.72	104.25	132.79	219.24	396.75
上海	53.64	158.39	113.55	156.67	204.12	311.89	466.75
江苏	58.96	86.80	95.10	129.23	184.16	319.80	651.82
浙江	30.53	47.25	55.67	69.17	84.23	179.92	429.16
福建	16.45	29.58	28.81	34.70	46.48	87.06	200.48
山东	57.78	71.37	86.25	126.31	166.19	292.13	680.46
广东	47.59	72.76	87.00	112.07	157.66	249.65	577.38
海南①	—	—	—	—	—	19.33	43.26
山西	23.87	50.20	43.92	57.69	69.81	108.76	218.99
安徽	37.10	59.80	52.70	71.80	97.10	141.00	331.40
江西	21.86	36.83	42.98	58.37	68.12	111.15	207.89
河南	46.53	66.15	62.96	97.19	127.77	229.16	451.74
湖北	34.05	63.61	72.43	88.15	120.10	199.38	396.26
湖南	35.83	64.07	65.32	93.05	118.40	191.72	349.95
内蒙古	17.49	36.56	35.41	39.17	48.55	68.40	163.83
广西	17.43	26.15	31.45	39.40	67.02	97.33	180.97
重庆	23.02	37.90	36.98	38.18	50.44	84.77	151.96
四川	36.71	40.57	68.16	89.96	116.99	229.31	421.15
贵州	11.61	22.94	24.41	28.36	31.10	60.26	123.92
云南	18.34	25.43	33.62	38.52	54.29	84.27	164.96
西藏	1.43	2.55	3.27	3.69	5.14	8.67	17.76
陕西	20.58	38.30	35.93	46.84	64.92	94.91	180.87
甘肃	17.82	17.82	24.98	34.50	57.37	73.90	123.39
青海	2.93	7.68	6.14	8.15	12.42	17.79	33.01
宁夏	2.24	4.80	4.66	6.52	12.06	15.96	30.27
新疆	12.31	25.20	24.20	23.08	28.12	53.24	112.24
辽宁	59.37	158.14	103.15	136.82	198.51	281.00	518.60

① 海南省 1978 年以前数据缺失。下同。

续表

省份	1955	1960	1965	1970	1975	1980	1985
吉林	21.13	41.83	42.93	56.07	72.31	98.59	200.44
黑龙江	38.20	80.50	78.90	111.20	141.50	221.00	355.00

资料来源：《新中国六十年统计资料汇编》。

表 2－2　1990—2017 年中国 31 个省份产业增加值　　单位：亿元

省份	1990	1995	2000	2005	2010	2015	2016	2017
北京	500.82	1507.69	3161.66	6969.52	14113.58	23014.59	25669.13	28014.94
天津	310.95	931.97	1701.88	3905.64	9224.46	16538.19	17885.39	18549.19
河北	896.33	2849.52	5043.96	10012.11	20394.26	29806.11	32070.45	34016.32
上海	781.66	2499.43	4771.17	9247.66	17165.98	25123.45	28178.65	30632.99
江苏	1416.50	5155.25	8553.69	18598.69	41425.48	70116.38	77388.28	85869.76
浙江	904.69	3557.55	6141.03	13417.68	27722.31	42886.49	47251.36	51768.26
福建	522.28	2094.9	3764.54	6554.69	14737.12	25979.82	28810.58	32182.09
山东	1511.19	4953.35	8337.47	18366.87	39169.92	63002.33	68024.49	72634.15
广东	1559.03	5933.05	10741.25	22557.37	46013.06	72812.55	80854.91	89705.23
海南	102.42	363.25	526.82	918.75	2064.5	3702.76	4053.2	4462.54
山西	429.27	1076.03	1845.72	4230.53	9200.86	12766.49	13050.41	15528.42
安徽	658.00	1810.66	2902.09	5350.17	12359.33	22005.63	24407.62	27018
江西	428.62	1169.73	2003.07	4056.76	9451.26	16723.78	18499	20006.31
河南	934.65	2988.37	5052.99	10587.42	23092.36	37002.16	40471.79	44552.83
湖北	824.38	2109.38	3545.39	6590.19	15967.61	29550.19	32665.38	35478.09
湖南	744.44	2132.13	3551.49	6596.1	16037.96	28902.21	31551.37	33902.96
内蒙古	319.30	857.06	1539.12	3905.03	11672	17831.51	18128.1	16096.21
广西	449.06	1497.56	2080.04	3984.1	9569.85	16803.12	18317.64	18523.26
重庆①	299.82	1123.06	1791	3467.72	7925.58	15717.27	17740.59	19424.73
四川	890.95	2443.21	3928.2	7385.1	17185.48	30053.1	32934.54	36980.22
贵州	260.14	636.21	1029.92	2005.42	4602.16	10502.56	11776.73	13540.83
云南	451.67	1222.15	2011.19	3462.73	7224.18	13619.17	14788.42	16376.34
西藏	27.70	56.11	117.8	248.8	507.46	1026.39	1151.41	1310.92
陕西	404.30	1036.85	1804	3933.72	10123.48	18021.86	19399.59	21898.81

① 重庆市于 1997 年 3 月 14 日被批准设立为直辖市，在此之前四川省数据包含重庆市。下同。

续表

省份	1990	1995	2000	2005	2010	2015	2016	2017
甘肃	242.80	557.76	1052.88	1933.98	4120.75	6790.32	7200.37	7459.9
青海	69.94	167.8	263.68	543.32	1350.43	2417.05	2572.49	2624.83
宁夏	64.84	175.19	295.02	612.61	1689.65	2911.77	3168.59	3443.56
新疆	261.44	814.85	1363.56	2604.19	5437.47	9324.8	9649.7	10881.96
辽宁	1062.70	2793.37	4669.06	8047.26	18457.27	28669.02	22246.9	23409.24
吉林	425.30	1137.23	1951.51	3620.27	8667.58	14063.13	14776.8	14944.53
黑龙江	715.20	1991.4	3151.4	5513.7	10368.6	15083.67	15386.09	15902.68

资料来源：国家统计局，http：//data.stats.gov.cn/easyquery.htm？cn = E0103。

表2－3和图2－1是1955—2017年中国四大区域产业增加值总和的绝对数值及发展规模的趋势走向。从图2－1中可以看出，中国四大区域的产业增加值总和处于不断上升的趋势，全国产业增加值在2017年达到了847140.10亿元，相比1955年的910.78亿元增长了929倍。其中，东部地区产业发展规模远大于其他几个区域，其产值近似等于其他三大区域产值之和，在2017年达到了447835.47亿元，比1955年的355.15亿元增长了1260倍，超过了全国平均水平。中部地区与西部地区产业规模发展趋势较为一致，到2017年增长为176486.61亿元和168561.57亿元，比1955年增长了885倍和926倍。相较而言，东北地区产业发展规模最小，2017年东北地区的产业增加值达到了54256.45亿元，比1955年增长了456倍。

表2－3　1955—2017年中国四大区域产业增加值①　　单位：亿元

年份	全国	东部	中部	西部	东北
1955	910.78	355.15	199.24	181.91	118.70
1960	1457.47	639.72	340.66	285.90	280.47
1965	1717.20	614.85	340.31	329.21	224.98
1970	2261.32	846.76	466.25	396.37	304.09

① 根据国家统计局2011年的标准，将中国的经济区域划分为东部、中部、西部和东北四大地区。东部包括：北京、天津、河北、上海、江苏、浙江、福建、山东、广东和海南；中部包括：山西、安徽、江西、河南、湖北和湖南；西部包括：内蒙古、广西、重庆、四川、贵州、云南、西藏、陕西、甘肃、青海、宁夏和新疆；东北包括：辽宁、吉林和黑龙江。下同。

续表

年份	全国	东部	中部	西部	东北
1975	3013.11	1136.61	601.30	548.42	412.32
1980	4545.62	1921.62	981.17	888.81	600.59
1985	9040.74	3878.96	1956.23	1704.33	1074.04
1990	18470.39	8505.87	4019.36	3741.96	2203.20
1995	57642.07	29845.96	11286.30	10587.81	5922.00
2000	98692.60	52743.47	18900.75	17276.41	9771.97
2005	199228.10	110548.98	37411.17	34086.72	17181.23
2010	437041.99	232030.67	86109.38	81408.49	37493.45
2015	722767.87	372982.67	146950.46	145018.92	57815.82
2016	780069.97	410186.44	160645.57	156828.17	52409.79
2017	847140.10	447835.47	176486.61	168561.57	54256.45

资料来源：国家统计局，http：//data.stats.gov.cn/easyquery.htm？cn = E0103，并经本书计算所得。

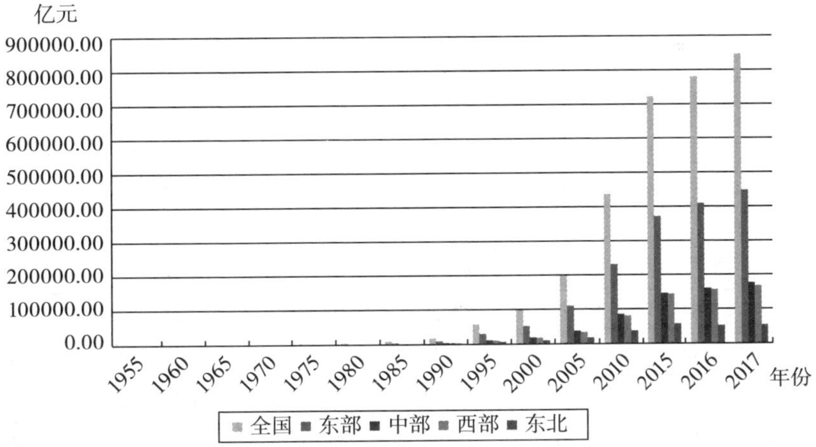

图 2－1　1955—2017 年中国四大区域产业增加值比较

资料来源：经本书计算所得，原始数据来自国家统计局，http：//data.stats.gov.cn/。

（2）产业发展增速

表 2－4 描述了 1990—2017 年中国 31 个省份产业总值的增长率。从表 2－4中可以看出，1995—2017 年我国各省份的产业发展增速都遵循着由

高速增长回落到稳定增长的经济规律。各省份产业发展增速自 1995 年开始不断上升，到 2010 年开始下降，并趋于稳定。高速增长阶段大部分省份都维持着 10% 以上的高增长率。2010 年以后，产业增速不断放缓。到 2017 年，中国产业发展增速维持在了 6% ~7%，实现了稳定发展。

表 2 –4 1990—2017 年中国 31 个省份产业总值增长率 （%）

省份	1990—1995	1995—2000	2000—2005	2005—2010	2010—2015	2016	2017
北京	14. 98	12. 59	15. 40	14. 32	8. 77	6. 80	6. 70
天津	14. 86	14. 14	18. 56	22. 23	15. 83	9. 00	3. 60
河北	19. 53	13. 77	14. 04	14. 80	10. 05	6. 80	6. 60
上海	17. 07	14. 49	15. 14	14. 00	8. 66	6. 80	6. 90
江苏	23. 82	13. 97	16. 76	17. 70	11. 59	7. 80	7. 20
浙江	37. 19	15. 08	18. 03	15. 83	10. 18	7. 50	7. 80
福建	26. 44	14. 38	13. 33	18. 23	13. 27	8. 40	8. 10
山东	22. 73	13. 49	16. 95	16. 97	11. 33	7. 60	7. 40
广东	30. 95	14. 33	20. 95	17. 79	10. 07	7. 50	7. 50
海南	25. 31	8. 70	12. 35	17. 47	11. 41	7. 50	7. 00
山西	12. 76	12. 11	17. 35	14. 12	9. 31	4. 50	7. 00
安徽	19. 29	13. 06	12. 84	17. 47	13. 37	8. 68	8. 50
江西	12. 82	11. 28	14. 72	17. 17	12. 91	9. 00	8. 90
河南	16. 78	12. 39	14. 34	16. 70	11. 68	8. 10	7. 80
湖北	16. 71	13. 40	12. 61	18. 34	13. 32	8. 10	7. 80
湖南	13. 77	12. 17	12. 76	18. 50	12. 84	7. 90	8. 00
内蒙古	12. 64	13. 83	24. 08	24. 97	12. 26	7. 20	4. 00
广西	20. 48	9. 99	13. 41	18. 50	12. 31	7. 30	7. 30
重庆	17. 49	11. 53	13. 84	20. 14	16. 56	10. 70	9. 30
四川	14. 24	11. 01	13. 96	18. 02	13. 35	7. 70	8. 10
贵州	10. 88	10. 46	12. 82	16. 22	16. 05	10. 50	10. 20
云南	12. 92	10. 39	10. 79	14. 96	13. 85	8. 70	9. 50
西藏	13. 88	15. 18	15. 82	15. 90	14. 74	10. 00	10. 00
陕西	11. 21	13. 37	15. 01	19. 97	13. 79	7. 60	8. 00
甘肃	11. 95	12. 05	13. 31	14. 02	13. 05	7. 60	3. 60
青海	8. 79	10. 41	15. 28	17. 03	13. 37	8. 00	7. 30

续表

省份	1990—1995	1995—2000	2000—2005	2005—2010	2010—2015	2016	2017
宁夏	9.61	11.31	13.73	16.33	12.02	8.10	7.80
新疆	14.88	8.98	12.29	13.06	13.33	7.60	7.60
辽宁	12.55	10.18	14.05	18.30	9.08	-2.50	4.20
吉林	12.23	11.90	13.18	20.04	11.25	6.90	5.30
黑龙江	8.87	10.54	13.09	15.25	9.78	6.10	6.40

注：①增长速度按以1990年为基年的可比价格计算。下同。②每5年间隔的增长率是相对于前五年的数据所得到的平均增长率。下同。

资料来源：由表2-1数据经本书计算得到。

表2-5和图2-2代表了1990—2017年中国四大区域产业总值增长率的变动趋势。从图2-2中可以看出，我国四大区域的产业增速变化趋势比较波动，但整体上呈下降趋势。自1995年以来，东部和中部地区的产业增速都高于全国平均水平，说明这两个地区产业发展势头良好，虽然部分年份略有下降，但总体上仍能保持在8%以上的增速。对于东北地区来说，2000—2010年产业增速高于全国平均水平，这一阶段的产业发展也较为迅速，但是2010年后其产业增速逐渐放缓，并低于全国平均水平。

表2-5　1990—2017年中国四大区域产业总值增长率　（%）

时间	全国	东部	中部	西部	东北
1990—1995	15.66	24.61	15.77	14.10	11.29
1995—2000	10.25	14.04	12.55	11.21	10.63
2000—2005	8.65	17.20	13.75	14.33	13.58
2005—2010	18.07	16.83	17.25	18.24	17.76
2010—2015	9.21	10.80	12.42	13.58	9.74
2016	6.74	7.56	7.94	8.15	2.01
2017	6.76	7.21	8.01	7.58	5.09

资料来源：由表2-2数据经本书计算得到。

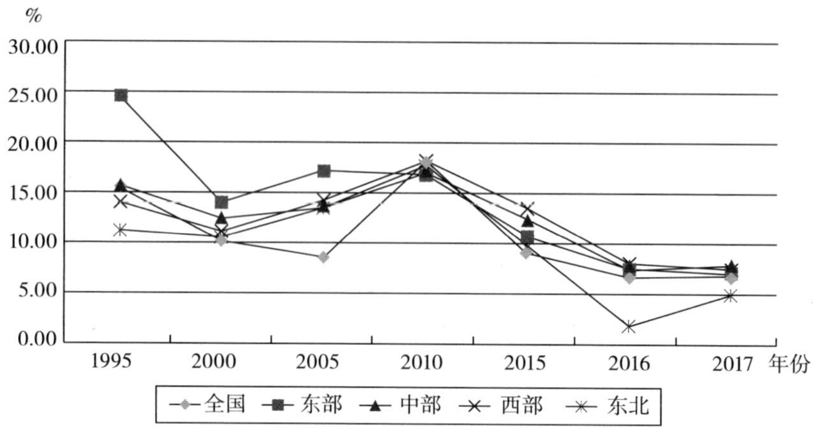

图 2-2　1990—2017 年中国四大区域产业总值增长率变动趋势

资料来源：国家统计局，http：//data. stats. gov. cn/easyquery. htm？cn = E0103。

2.1.2　产业规模占比

表 2-6、表 2-7 显示了 1955—2017 年中国各省份产业总值占全国产业总值的比重。从中可以看出，占全国产业总值最多的省有江苏和广东，到 2017 年这两个省份产业总值占全国比重分别为 10.14% 和 10.59%，说明这两个省份的产业总值较高，产业规模相较于其他省份也比较大。产业规模占比较小的省份有海南、西藏、甘肃、青海和宁夏等，这些地区的产业总值占全国产业总值的比重都不足 1%。

表 2-6　1955—1985 年中国 31 个省份产业总值占全国比重　（%）

省份	1955	1960	1965	1970	1975	1980	1985
北京	2.62	3.94	2.32	2.80	3.03	3.06	2.84
天津	1.88	2.93	2.09	2.25	2.31	2.28	1.94
河北	5.40	5.04	4.23	4.61	4.41	4.82	4.39
上海	5.89	10.87	6.61	6.93	6.77	6.86	5.16
江苏	6.47	5.96	5.54	5.71	6.11	7.04	7.21
浙江	3.35	3.24	3.24	3.06	2.80	3.96	4.75
福建	1.81	2.03	1.68	1.53	1.54	1.92	2.22
山东	6.34	4.90	5.02	5.59	5.52	6.43	7.53
广东	5.23	4.99	5.07	4.96	5.23	5.49	6.39

续表

省份	1955	1960	1965	1970	1975	1980	1985
海南	—	—	—	—	—	0.43	0.48
山西	2.62	3.44	2.56	2.55	2.32	2.39	2.42
安徽	4.07	4.10	3.07	3.18	3.22	3.10	3.67
江西	2.40	2.53	2.50	2.58	2.26	2.45	2.30
河南	5.11	4.54	3.67	4.30	4.24	5.04	5.00
湖北	3.74	4.36	4.22	3.90	3.99	4.39	4.38
湖南	3.93	4.40	3.80	4.11	3.93	4.22	3.87
内蒙古	1.92	2.51	2.06	1.73	1.61	1.50	1.81
广西	1.91	1.79	1.83	1.74	2.22	2.14	2.00
重庆	2.53	2.60	2.15	1.69	1.67	1.86	1.68
四川	4.03	2.78	3.97	3.98	3.88	5.04	4.66
贵州	1.27	1.57	1.42	1.25	1.03	1.33	1.37
云南	2.01	1.74	1.96	1.70	1.80	1.85	1.82
西藏	0.16	0.17	0.19	0.16	0.17	0.19	0.20
陕西	2.26	2.63	2.09	2.07	2.15	2.09	2.00
甘肃	1.96	1.22	1.45	1.53	1.90	1.63	1.36
青海	0.32	0.53	0.36	0.36	0.41	0.39	0.37
宁夏	0.25	0.33	0.27	0.29	0.40	0.35	0.33
新疆	1.35	1.73	1.41	1.02	0.93	1.17	1.24
辽宁	6.52	10.85	6.01	6.05	6.59	6.18	5.74
吉林	2.32	2.87	2.50	2.48	2.40	2.17	2.22
黑龙江	4.19	5.52	4.59	4.92	4.70	4.86	3.93

资料来源：经本书计算所得，原始数据来自《新中国六十年统计资料汇编》。

表 2-7 1990—2017 年中国 31 个省份产业总值占全国比重 （%）

省份	1990	1995	2000	2005	2010	2015	2016	2017
北京	2.71	2.62	3.20	3.50	3.23	3.18	3.29	3.31
天津	1.68	1.62	1.72	1.96	2.11	2.29	2.29	2.19
河北	4.85	4.94	5.11	5.03	4.67	4.12	4.11	4.02
上海	4.23	4.34	4.83	4.64	3.93	3.48	3.61	3.62
江苏	7.67	8.94	8.67	9.34	9.48	9.70	9.92	10.14

续表

省份	1990	1995	2000	2005	2010	2015	2016	2017
浙江	4.90	6.17	6.22	6.73	6.34	5.93	6.06	6.11
福建	2.83	3.63	3.81	3.29	3.37	3.59	3.69	3.80
山东	8.18	8.59	8.45	9.22	8.96	8.72	8.72	8.57
广东	8.44	10.29	10.88	11.32	10.53	10.07	10.37	10.59
海南	0.55	0.63	0.53	0.46	0.47	0.51	0.52	0.53
山西	2.32	1.87	1.87	2.12	2.11	1.77	1.67	1.83
安徽	3.56	3.14	2.94	2.69	2.83	3.04	3.13	3.19
江西	2.32	2.03	2.03	2.04	2.16	2.31	2.37	2.36
河南	5.06	5.18	5.12	5.31	5.28	5.12	5.19	5.26
湖北	4.46	3.66	3.59	3.31	3.65	4.09	4.19	4.19
湖南	4.03	3.70	3.60	3.31	3.67	4.00	4.04	4.00
内蒙古	1.73	1.49	1.56	1.96	2.67	2.47	2.32	1.90
广西	2.43	2.60	2.11	2.00	2.19	2.32	2.35	2.19
重庆	1.62	1.95	1.81	1.74	1.81	2.17	2.27	2.29
四川	4.82	4.24	3.98	3.71	3.93	4.16	4.22	4.37
贵州	1.41	1.10	1.04	1.01	1.05	1.45	1.51	1.60
云南	2.45	2.12	2.04	1.74	1.65	1.88	1.90	1.93
西藏	0.15	0.10	0.12	0.12	0.12	0.14	0.15	0.15
陕西	2.19	1.80	1.83	1.97	2.32	2.49	2.49	2.59
甘肃	1.31	0.97	1.07	0.97	0.94	0.94	0.92	0.88
青海	0.38	0.29	0.27	0.27	0.31	0.33	0.33	0.31
宁夏	0.35	0.30	0.30	0.31	0.39	0.40	0.41	0.41
新疆	1.42	1.41	1.38	1.31	1.24	1.29	1.24	1.28
辽宁	5.75	4.85	4.73	4.04	4.22	3.97	2.85	2.76
吉林	2.30	1.97	1.98	1.82	1.98	1.95	1.89	1.76
黑龙江	3.87	3.45	3.19	2.77	2.37	2.09	1.97	1.88

资料来源：经本书计算所得，原始数据来自《新中国六十年统计资料汇编》。

表2-8和图2-3代表了1955—2017年中国四大区域产业总值占全国产业总值比重的变动趋势。从图2-3中可以看出，东部地区的产业总值占比一直都远高于其余三个地区，约占全国总产值的40%～50%。中部地区

和西部地区的产业总值占比差距不大，各占全国总产值的 20% 左右。东北地区产业总值占比最小，且有逐年下降的趋势，其中 2017 年的产值占比为 6.4%，相较于 1955 年的 13.03% 下降了 6.63 个百分点。

表 2-8　1955—2017 年中国四大区域产业总值占全国比重　　（%）

年份	东部	中部	西部	东北
1955	38.99	21.88	19.97	13.03
1960	43.89	23.37	19.62	19.24
1965	35.81	19.82	19.17	13.10
1970	37.45	20.62	17.53	13.45
1975	37.72	19.96	18.20	13.68
1980	42.27	21.58	19.55	13.21
1985	42.91	21.64	18.85	11.88
1990	46.05	21.76	20.26	11.93
1995	51.78	19.58	18.37	10.27
2000	53.44	19.15	17.51	9.90
2005	55.49	18.78	17.11	8.62
2010	53.09	19.70	18.63	8.58
2015	51.60	20.33	20.06	8.00
2016	52.58	20.59	20.10	6.72
2017	52.86	20.83	19.90	6.40

资料来源：经本书计算所得，原始数据来自国家统计局，http://data.stats.gov.cn/。

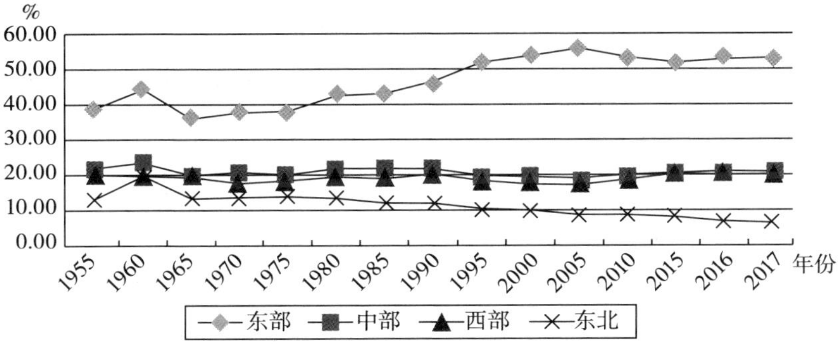

图 2-3　1955—2017 年中国四大区域产业总值占全国比重

资料来源：国家统计局，http://data.stats.gov.cn/。

2.2 产业结构优化的度量

一般认为，产业结构优化包括产业结构合理化和产业结构高级化两个过程。从产业结构的发展方向来看，整个产业结构由第一产业占优势顺次向第二、第三产业占优势的方向发展，具体表征为各种要素密集程度、产品形态以及产业重点的顺次转移。在此基础上，本书主要采用干春晖（2011）的测量方法，对1990—2017年中国31个省份的产业结构变迁过程加以衡量。

2.2.1 产业结构合理化

产业结构合理化指的是产业间的聚合质量，它一方面是产业之间协调程度的反映；另一方面还应当是资源有效利用程度的反映，也就是说，它是要素投入结构和产出结构耦合程度的一种衡量①（干春晖，2011）。通常人们会采用结构偏离度来衡量产业结构的合理化程度，但这一指标往往容易忽略各产业的相对重要程度，经济意义解释也比较困难。因此，本书采用了干春晖（2011）的测量方法，公式如下：

$$TL = \sum_{i=1}^{n} (\frac{Y_i}{Y}) \ln\left(\frac{Y_i/Y}{L_i/L}\right)$$

其中，n 代表产业部门数，在这里 $n=3$；Y_i 表示第 i 产业产值；Y 表示三次产业总产值；L_i 表示 i 产业就业人数；L 表示总的就业人数。TL 表示产业结构合理化值，反映的是产业结构与就业结构的耦合程度。TL 越接近 0，产业结构与就业结构就越趋同，二者的耦合程度越好，表明产业结构越合理；反之，则产业结构越偏离均衡状态。现实中，产业结构偏离均衡位置是一种常态，即 TL 通常不为 0。

① 干春晖，郑若谷，余典范．中国产业结构变迁对经济增长和波动的影响[J]．经济研究，2011，46(5)：4－16，31.

表 2－9　1990—2017 年中国 31 个省份产业结构合理化值

省份	1990	1995	2000	2005	2010	2015	2016	2017
北京	0.0194	0.0221	0.0630	0.0384	0.0384	0.0267	0.0286	0.0291
天津	0.0478	0.0431	0.0745	0.0921	0.0702	0.0560	0.0481	0.0529
河北	0.2706	0.2023	0.2519	0.2215	0.1714	0.1264	0.1315	0.1539
上海	0.0290	0.0447	0.0670	0.0555	0.0169	0.0229	0.0252	0.0207
江苏	0.2044	0.2026	0.2291	0.1683	0.0990	0.0732	0.0742	0.0729
浙江	0.1683	0.1864	0.1732	0.1125	0.0649	0.0568	0.0510	0.0530
福建	0.1880	0.1737	0.2025	0.1617	0.1160	0.0809	0.0781	0.0889
山东	0.2681	0.2470	0.3238	0.2470	0.2024	0.1432	0.1485	0.1502
广东	0.1709	0.1710	0.2447	0.1991	0.1411	0.1274	0.1255	0.1339
海南	0.1398	0.1340	0.1294	0.1536	0.1553	0.0923	0.0844	0.0965
山西	0.1933	0.1911	0.3378	0.3833	0.3412	0.2470	0.2433	0.2817
安徽	0.2267	0.1737	0.2333	0.2188	0.2182	0.1574	0.1532	0.1549
江西	0.1307	0.0736	0.1070	0.1370	0.1790	0.1262	0.1160	0.1228
河南	0.2513	0.2903	0.3660	0.3317	0.2526	0.1938	0.1991	0.2022
湖北	0.1420	0.1117	0.2039	0.2438	0.3027	0.2249	0.2054	0.2016
湖南	0.2094	0.1552	0.3062	0.2293	0.2148	0.2280	0.2226	0.2557
内蒙古	0.0849	0.1022	0.2085	0.3940	0.4867	0.3825	0.3770	0.3013
广西	0.3144	0.3095	0.3105	0.3141	0.3308	0.3270	0.3244	0.2871
重庆	0.2880	0.2925	0.3572	0.2961	0.3454	0.1794	0.1600	0.1646
四川	0.2977	0.3029	0.2244	0.2312	0.2350	0.1814	0.1686	0.1640
贵州	0.3811	0.2933	0.4249	0.8011	0.6621	0.4211	0.3788	0.3617
云南	0.4401	0.6431	0.6502	0.5988	0.5119	0.3893	0.3722	0.3500
西藏	0.2301	0.3506	0.4120	0.3630	0.3939	0.3231	0.2456	0.2510
陕西	0.2996	0.3281	0.4027	0.3921	0.2801	0.3975	0.3826	0.3914
甘肃	0.4035	0.4051	0.3582	0.5061	0.5203	0.4045	0.3921	0.4186
青海	0.2516	0.2410	0.4312	0.3982	0.3387	0.2666	0.2564	0.2223
宁夏	0.2745	0.3296	0.3831	0.4291	0.4625	0.3890	0.4028	0.3639
新疆	0.1016	0.1642	0.3298	0.3126	0.3421	0.2395	0.2367	0.2665
辽宁	0.0842	0.0797	0.1526	0.1663	0.2071	0.1573	0.1352	0.1672
吉林	0.0782	0.0816	0.2096	0.2382	0.3333	0.2277	0.2287	0.2620
黑龙江	0.0751	0.0967	0.3901	0.3528	0.2915	0.1115	0.1028	0.0844

资料来源：经本书计算所得，原始数据来自各省份 2018 年统计年鉴。

表2－9、表2－10和图2－4代表1990—2017年中国四大区域产业结构合理化值的变化趋势。从图2－4中可以看出，自1990年以来，中国四大区域产业结构合理化值呈现出先上升、后下降的发展趋势，说明四大区域的产业结构化合理化程度存在着先下降、后上升的发展过程，产业结构与就业结构逐渐趋同，二者的耦合程度逐渐提高，产业结构逐渐合理。

分区域来看，东部地区的产业结构合理化程度最高，且高于全国平均水平，中部地区和东北地区次之，西部地区最低。自1990年以来，相较于其他三个地区，东部地区产业结构不断升级，优先在21世纪初就迎来了产业结构向合理化转变的转折点，并在2015年以后将产业结构合理化值稳定在了0.1左右。中部地区和东北地区产业结构合理化进程较为相似，到2017年都稳定在了0.15～0.2。西部地区产业结构合理化程度与其他三个地区相差较大，说明西部地区在实现产业结构不断优化的进程中还有很大的进步空间。

表2－10　1990—2017年中国四大区域产业结构合理化值

省份	全国	东部	中部	西部	东北
1990	0.2215	0.2103	0.1977	0.2954	0.0831
1995	0.2269	0.2028	0.1715	0.3154	0.0891
2000	0.2809	0.2469	0.2609	0.3413	0.2384
2005	0.2892	0.1867	0.2610	0.3881	0.2405
2010	0.2176	0.1330	0.2447	0.3776	0.2680
2015	0.1328	0.1039	0.1871	0.3054	0.1666
2016	0.1286	0.1046	0.1818	0.2891	0.1468
2017	0.1343	0.1097	0.1929	0.2760	0.1593

资料来源：经本书计算所得，原始数据来自各省份2018年统计年鉴。

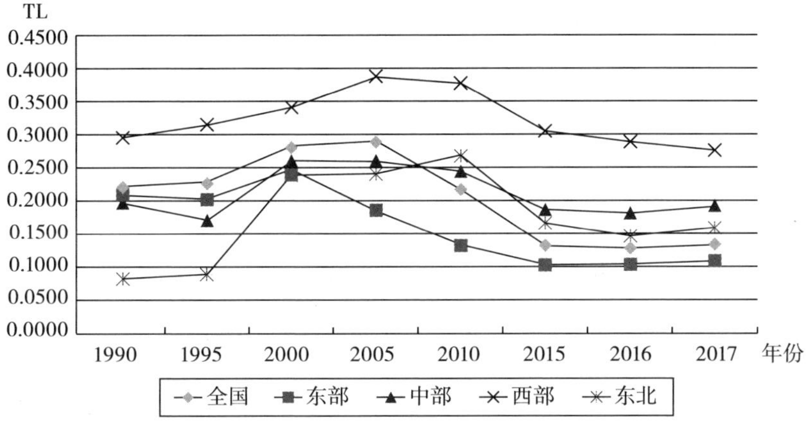

图 2－4　1990—2017 年中国四大区域产业结构合理化趋势

资料来源：经本书计算所得，原始数据来自各省份 2018 年统计年鉴。

2.2.2　产业结构高级化

根据配第—克拉克定理等理论，本书将采用第三产业产值与第二产业产值之比作为度量产业结构高级化的指标①，公式如下：

$$TS = Y_3 / Y_2$$

其中，Y_2、Y_3 分别表示第二、第三产业地区生产总值，TS 越大，表明产业结构高级化程度越高。如果 TS 处于上升状态，则意味着经济在向服务化的方向推进，产业结构在不断升级。

表 2－11　1990—2017 年中国 31 个省份产业结构高级化值

省份	1990	1995	2000	2005	2010	2015	2016	2017
北京	0. 7415	1. 2228	1. 9831	2. 3954	3. 1286	4. 0355	4. 1653	4. 2367
天津	0. 5637	0. 6800	0. 8849	0. 7766	0. 8757	1. 1195	1. 3332	1. 4205
河北	0. 7249	0. 6769	0. 6777	0. 6337	0. 6653	0. 8327	0. 8731	0. 9491
上海	0. 4783	0. 7187	1. 1265	1. 0902	1. 3623	2. 1302	2. 3391	2. 2712
江苏	0. 5324	0. 5796	0. 6920	0. 6282	0. 7875	1. 0637	1. 1176	1. 1168
浙江	0. 6651	0. 6218	0. 6830	0. 7481	0. 8437	1. 0827	1. 1367	1. 2416

① 干春晖，郑若谷，余典范．中国产业结构变迁对经济增长和波动的影响[J]．经济研究，2011，46(5)：4－16，31.

续表

省份	1990	1995	2000	2005	2010	2015	2016	2017
福建	1.1509	0.8475	0.9184	0.8034	0.7777	0.8264	0.8766	0.9517
山东	0.7074	0.6738	0.6974	0.5654	0.6753	0.9678	1.0130	1.0582
广东	0.9070	0.7476	0.9512	0.8605	0.8999	1.1300	1.1977	1.2651
海南	1.8088	1.9861	2.2204	1.5661	1.6702	2.2519	2.4272	2.5125
山西	0.6588	0.8350	0.9407	0.6835	0.6520	1.3070	1.4390	1.1846
安徽	0.6378	0.8581	1.0442	0.9519	0.6515	0.7858	0.8475	0.9033
江西	0.8917	0.9693	1.1661	0.7363	0.6093	0.7774	0.8794	0.8873
河南	0.8348	0.5953	0.6962	0.5769	0.4996	0.8302	0.8773	0.9148
湖北	0.7069	0.9093	1.0058	0.9312	0.7793	0.9432	0.9793	1.0690
湖南	0.8615	0.8774	1.1394	1.1035	0.8674	0.9960	1.0967	1.1848
内蒙古	1.0184	0.9330	1.039	0.8698	0.6610	0.8014	0.9279	1.2574
广西	1.2988	0.9490	1.0780	1.0333	0.7499	0.8449	0.8759	1.0998
重庆	0.7234	0.7433	0.9817	0.9209	0.6609	1.0606	1.0810	1.1141
四川	0.8217	0.8154	1.0812	0.9249	0.6954	0.9909	1.1567	1.2835
贵州	0.7240	0.7593	0.9395	0.9929	1.2094	1.1365	1.1267	1.1202
云南	0.7968	0.7193	0.8955	0.9637	0.8973	1.1350	1.2132	1.2624
西藏	2.8095	1.4645	2.0100	2.1606	1.6765	1.4678	1.4131	1.3132
陕西	0.7894	0.8556	0.9752	0.7926	0.6774	0.8084	0.8656	0.8522
甘肃	0.8178	0.7409	1.0367	0.9389	0.7741	1.3394	1.4714	1.5764
青海	0.9438	0.9848	1.0542	0.8064	0.6324	0.8290	0.8811	1.0530
宁夏	0.8942	0.8718	1.0505	0.9233	0.8485	0.9383	0.9665	1.0201
新疆	0.8917	1.0218	1.0004	0.7979	0.6816	1.1593	1.1938	1.1543
辽宁	0.6533	0.7275	0.7768	0.8517	0.6865	1.0154	1.3324	1.3378
吉林	0.6482	0.7534	1.0195	0.8944	0.6904	0.7795	0.8956	0.9789
黑龙江	0.5299	0.5451	0.5986	0.6250	0.8041	1.5948	1.8895	2.1861

资料来源：经本书计算所得，原始数据来自各省份2018年统计年鉴。

表2-11、表2-12和图2-5表示了1990—2017年中国四大区域产业结构高级化的变动趋势。虽然略有波动，但总体上来看，我国四大区域的产业结构呈现出一个不断高级化的过程。相比较于1990年，东北地区的产业结构高级化程度在2017年高于其他三个地区，东部和东北地区的产业结构高级化

程度都高于全国平均水平。中部地区和西部地区的产业结构高级化进程则相对进展缓慢，到 2017 年还没有达到全国平均水平，仍然有发展进步的空间。

表 2-12 1990—2017 年中国四大区域产业结构高级化值

年份	全国	东部	中部	西部	东北
1990	0. 7260	0. 6966	0. 7594	0. 8712	0. 6112
1995	0. 7406	0. 7108	0. 7963	0. 8365	0. 6661
2000	0. 8870	0. 8601	0. 9482	1. 0160	0. 7516
2005	0. 8123	0. 7969	0. 7932	0. 9129	0. 7797
2010	0. 8033	0. 8978	0. 6594	0. 7375	0. 7177
2015	1. 0634	1. 1670	0. 9058	0. 9720	1. 0608
2016	1. 1464	1. 2385	0. 9721	1. 0520	1. 3020
2017	1. 2057	1. 2906	1. 0101	1. 1513	1. 3838

资料来源：经本书计算所得，原始数据来自各省份 2018 年统计年鉴。

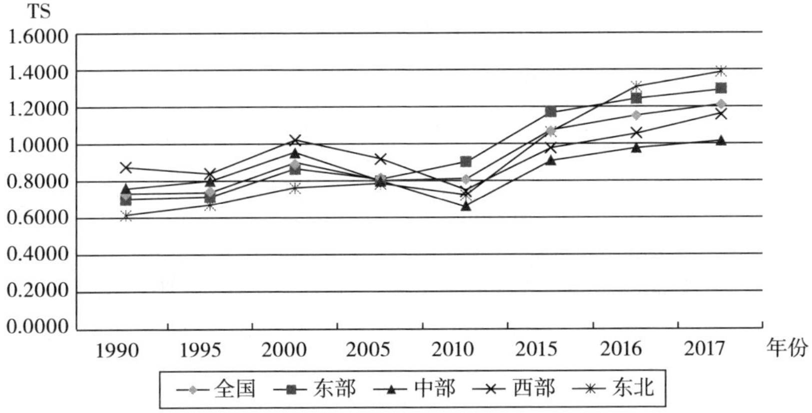

图 2-5 1990—2017 年中国四大区域产业结构高级化趋势

资料来源：经本书计算所得，原始数据来自各省份 2018 年统计年鉴。

2.3 产业发展效率

衡量产业发展效率的指标主要有两个：劳动生产率和全要素生产率。近年来的研究倾向于使用测度更为全面的全要素生产率来衡量一个区域的产业发展效率。全要素生产率的概念最早由索洛（Solow，1957）提出，表示各要素（如资本和劳动等）投入之外的技术进步和能力实现等导致的产出增加，是剔除了要素投入贡献后所得到的残差，即索洛残差。本书主要采用基于 Malmquist 指数的数据包络分析法来计算全要素生产率。

Malmquist 指数可分为 EC（经济效率变动）和 TC（技术进步变动）两个指标，分别表示从 t 期到 $t+1$ 期的经济效率和技术进步的变动情况。其中，EC 还可以进一步分解为纯技术效率指标和规模效率指标。EC 和 TC 的分界点均为 1，大于 1 则表示经济效率和技术变动的提高，小于 1 则表示经济效率和技术水平的下降。

表 2 - 13 是 1991—2015 年中国 30 个省份全要素生产率指数及其分解指数的平均值。从中可以看出，全国共有 11 个省份的全要素生产率指数大于 1，说明这些省份产业发展效率在这一阶段有所提高，其中，上海以 1.219 的全要素生产率指数达到全国最高。对于北京、上海、江苏、广东和新疆等这些全要素生产率指数大于 1 的省份来说，其产业效率的提高大部分地区可以归结于技术进步的提高。对比全国平均水平来看，1991—2015 年中国各省份的全要素生产率指数为 1.005，平均上升了 0.5 个百分点，经济效率指数和技术进步指数分别为 0.997 和 1.008，这表明中国经济效率略有下降，技术进步稍有提升。

就经济效率而言，30 个省份中大部分省份虽然没有明显的提高，但江苏、安徽、山东、贵州、陕西和甘肃 6 个省份的经济效率指数都大于 1，其中甘肃提高幅度最大，为 1.5 个百分点。就技术进步而言，30 个省份中有 13 个省份发生了技术进步，其中仅有 11 个省份的技术进步指数大于全国平均水平，技术进步水平最高的是上海，提高了 21.9 个百分点。以上分析说明，中国各省份的经济效率和技术进步都有待进一步提高。

表 2 - 13　1991—2015 年中国 30 个省份全要素生产率指数分解

省份	经济效率	技术进步	纯经济效率	规模效率	全要素生产率
北京	0.993	1.030	0.993	1.001	1.023
天津	0.995	1.027	0.92	1.003	1.023
河北	0.998	0.988	0.998	1.000	0.986

续表

省份	经济效率	技术进步	纯经济效率	规模效率	全要素生产率
上海	1.000	1.219	1.000	1.000	1.219
江苏	1.008	1.011	1.004	1.004	1.018
浙江	0.993	1.025	0.993	1.000	1.018
福建	0.992	1.002	0.992	1.000	0.994
山东	1.011	0.990	1.001	1.010	1.001
广东	1.000	1.013	1.000	1.000	1.012
海南	0.997	1.023	1.000	0.997	1.020
山西	0.997	0.994	0.998	0.999	0.992
安徽	1.007	0.989	1.007	1.000	0.996
江西	0.999	0.989	1.007	1.000	0.996
河南	0.988	0.986	0.988	0.999	0.974
湖北	1.000	0.987	1.001	1.000	0.987
湖南	0.993	0.989	0.993	1.000	0.982
内蒙古	0.982	1.009	0.979	1.003	0.991
广西	0.990	0.986	0.990	1.000	0.997
重庆	0.996	1.001	0.997	1.000	0.997
四川	0.999	0.988	1.000	0.999	0.987
贵州	1.001	0.990	1.003	0.999	0.989
云南	0.988	0.989	0.989	0.999	0.978
陕西	1.002	0.987	1.003	0.999	0.989
甘肃	1.015	0.989	1.022	0.993	1.004
青海	0.997	0.999	1.006	0.990	0.995
宁夏	0.988	1.010	0.983	1.006	0.999
新疆	0.987	1.031	0.988	0.999	1.018
辽宁	0.999	1.019	0.999	1.000	1.018
吉林	0.991	0.999	0.991	1.001	0.991
黑龙江	0.996	1.000	0.997	0.999	0.996
平均值	0.997	1.008	0.997	1.000	1.005

注：①各原始数据均以1990年为基期进行折算。下同。②西藏部分年份数据不完整，此部分计算时将其剔除。下同。

资料来源：刘颖，张森，潘博．新常态经济下FDI对全要素生产率的影响——基于中国省际面板数据的实证分析[J]. 东北财经大学学报，2018（3）：83－84.

表 2－14 是 1991—2015 年中国各年全要素生产率指数及其分解指数。从中可以看出，中国的全要素生产率在这一期间经历了先上升、后下降的整体变化，2005 年以后全要素生产率开始不断下降，且全要素生产率指数均小于 1。从分解指数可以看出，造成全要素生产率下降的主要原因在经济效率上，说明自 2005 年以来经济效率的进步表现得并不明显。

表 2－14　1991—2015 年中国全要素生产率指数分解

年份	经济效率	技术进步	纯经济效率	规模效率	全要素生产率
1991	0.960	1.061	0.983	0.977	1.019
1995	1.001	1.019	1.021	0.980	1.020
2000	1.009	0.999	1.001	1.007	1.008
2005	0.992	1.005	0.995	0.997	0.998
2010	0.997	0.978	0.991	1.006	0.975
2015	0.982	0.977	0.988	0.994	0.959

资料来源：刘颖，张淼，潘博．新常态经济下 FDI 对全要素生产率的影响——基于中国省际面板数据的实证分析[J]. 东北财经大学学报，2018（3）：83－84.

表 2－15 是 1991—2015 年中国四大区域全要素生产率指数及其分解指数的平均值。从中可以看出，只有东部地区的全要素生产率高于全国平均水平，提高了 3.1 个百分点，其他地区的全要素生产率均低于全国平均水平。从技术进步方面看，东部地区和东北地区的技术进步指数都大于 1，这说明技术进步是推动两个地区全要素生产率提高的主要因素。但同时可以看出，除了东部地区，其他三个地区的各项指标都低于全国平均水平。

表 2－15　1991—2015 年中国四大区域全要素生产率指数分解

区域	经济效率	技术进步	纯经济效率	规模效率	全要素生产率
全国	0.997	1.008	0.997	1.000	1.005
东部	0.999	1.033	0.990	1.002	1.031
中部	0.997	0.989	0.999	1.000	0.988
西部	0.995	0.998	0.996	0.999	0.995
东北	0.995	1.006	0.996	1.000	1.002

资料来源：由表 2－13 加权平均计算得到。

2.4 产业发展效益

工业作为国民经济中最重要的物质生产部门之一，决定着国民经济现代化的速度、规模和水平，在当代世界各国国民经济中起着主导作用。本部分将通过衡量全国及各省份规模以上工业企业利润总值、增速及占比来衡量1990—2017年中国的产业发展效益。

2.4.1 产业利润

表2-16是1990—2017年中国各省份规模以上工业企业利润总值。从中可以看出，自1990年以来，除了少数省份在个别年份利润总值有负以外，大部分省份的规模以上工业企业利润总值都呈上升趋势。到2017年，江苏省以10052.54亿元的利润总值位列全国第一，相比于1990年的50.12亿元增长了199倍。浙江、山东、广东和河南2017年的利润总值都在4000亿元以上，属于工业发展效益较好的省份。海南、西藏、甘肃、青海、宁夏等偏远省份虽然增速较高，但工业规模小，工业利润总额相比东部城市也有较大差距，这进一步反映了我国东西部地区的产业发展效益差异在逐步扩大。

表2-16 1990—2017年中国31个省份规模以上工业企业利润总值①

单位：亿元

省份	1990	1995	2000	2005	2010	2015	2016	2017
北京	53.76	85.29	130.51	413.5	1028.34	1597.71	1608.26	2023.67
天津	17.11	59.64	164.86	551.6	1552.05	2221.82	2046.69	1061.37
河北	11.03	82.17	184.94	690.38	2141.47	2360.99	2815.11	2712.87
上海	95.24	241.35	391.51	939.56	2299.66	2680.53	2913.91	3242.8
江苏	50.12	167.55	370.03	1384.64	5970.56	9686.84	10574.4	10052.54
浙江	38.04	92	353.44	1103.53	3174.75	3839.99	4469.42	4605.41

① 工业总产值按现价计算。全国规模以上工业企业统计范围1998—2006年为全部国有及年主营业务收入在500万元及以上非国有工业企业；2007—2010年为年主营业务收入在500万元及以上的工业企业；2011年及以后年份为主营业务收入在2000万元及以上的工业企业。下同。

续表

省份	1990	1995	2000	2005	2010	2015	2016	2017
福建	16.1	48.16	110.8	407.55	1754.18	2359.82	2889.26	3221.82
山东	35.59	158.19	544	2164.7	6107.99	8660.48	8820.02	8128.17
广东	37.04	171.87	564.75	1693.99	6239.64	7723.16	8383.04	8664.34
海南	1.11	-1.47	4.67	35.04	140.04	103.61	101.87	110.03
山西	13.32	33.98	21.84	261.28	958.25	-30.69	294.78	1031.59
安徽	8.46	46.04	38.22	218.2	1445.57	2000.12	2242.26	2352.44
江西	4.11	5.15	12.42	112.41	909.77	2114.65	2443.93	2355.56
河南	15.26	105.89	139.97	643.39	3302.22	4900.6	5240.61	5352.43
湖北	26.73	52.26	106.47	371.84	1668.55	2456	2713.46	2608.03
湖南	9.33	4.77	34.48	189.25	1451.45	1808.7	2028.59	2093.98
内蒙古	4.8	9.29	16.1	235.13	1688.44	1048.55	1344.41	1451.74
广西	10.88	16.11	35.94	134.99	771.59	1279.06	1393.35	1610.95
重庆	3.32	0.6	15.64	115.59	518.59	1411.86	1648.36	1501.87
四川	24.96	11.24	71.32	326.65	1661.85	2171.26	2339.82	2824.26
贵州	5.95	3.75	12.56	70.79	317.63	732.76	847.02	903.43
云南	17.34	114.71	69.75	227.91	599.34	465.53	334.98	782.65
西藏	0.33	0.36	2.67	4.47	10.82	6.93	16.94	26.6
陕西	9.15	-3.36	63.8	400.65	1469.57	1441.3	1589	2274.43
甘肃	9.66	5.73	10.35	59.65	231.51	-91.89	72.68	244.54
青海	1.82	-5.65	0.79	72.82	182.02	67.85	80.02	101.11
宁夏	1.17	3.37	4.39	21.09	138	85.34	143.23	146.04
新疆	3.13	-1.18	90.49	387.89	852.43	340.97	386.59	722.57
辽宁	17.35	4.08	176.25	355.98	2371.35	1069.66	575.39	1063.25
吉林	12.83	-1.94	85.58	141	843.21	1208.47	1268.49	1028.03
黑龙江	13.06	105.46	564.95	1067.09	1248.82	465.09	295.54	416.7

资料来源：经本书计算所得，原始数据来自各省份1991—2018年统计年鉴。

表2-17和图2-6是1990—2017年中国四大区域规模以上工业企业利润总值及变化趋势。从表2-17中可以看出，全国工业企业利润总值从1990年的568.10亿元增长到了2017年的74916.25亿元，增长了约131倍；东部、中部、西部和东北地区的利润总值分别增长了122倍、

203 倍、135 倍和 57 倍。其中，东部地区的工业企业利润总值占全国超过一半的份额，成为支撑我国工业不断发展的重要支柱。与此同时，东部地区与其他三个地区的差距也越来越大，政府应该更多地关注中西部地区的工业发展。

表 2－17　1990—2017 年中国四大区域规模以上工业企业利润总值

单位：亿元

年份	全国	东部	中部	西部	东北
1990	568.10	355.14	77.21	92.51	43.24
1995	1615.41	1104.75	248.09	154.97	107.6
2000	4393.48	2819.51	353.4	393.8	826.78
2005	14802.54	9384.49	1796.37	2057.63	1564.07
2010	53049.66	30408.68	9735.81	8441.79	4463.38
2015	66187.07	41234.95	13249.38	8959.52	2743.22
2016	71921.43	44621.98	14963.63	10196.4	2139.42
2017	74916.25	43823.02	15794.03	12590.19	2507.98

资料来源：经本书计算所得，原始数据来自全国及各省份 1991—2018 年统计年鉴。

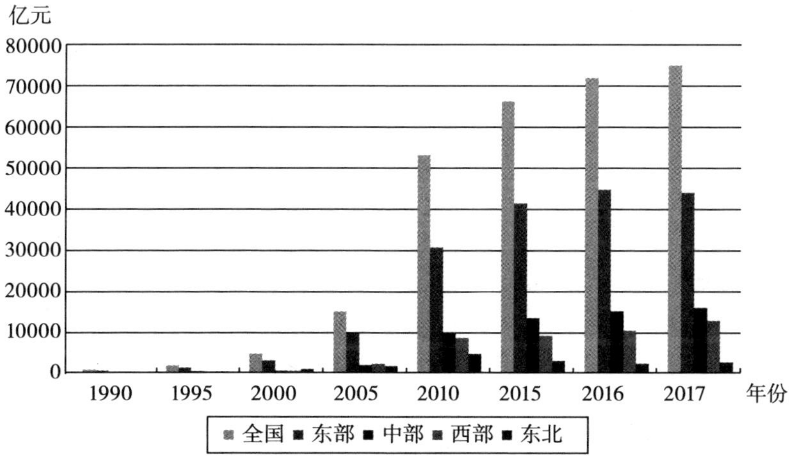

图 2－6　1990—2017 年中国四大区域规模以上工业企业利润总值

资料来源：全国及各省份 1991—2018 年统计年鉴。

2.4.2 产业利润增长率

表2-18是1990—2017年中国各省份规模以上工业企业的利润增长率。从中可以看出，大部分省份在这一阶段都能保持正的企业利润增长率，只有个别省份在个别年份可能会存在负的企业利润增长率。在这一阶段一直保持正的企业利润增长率的有上海、浙江、福建、广东、河南和广西共6个省份，说明这几个省份的规模以上工业企业的发展态势良好，发展较稳定。与之相反，西部一些省份较多地出现了企业利润增长率为负的情况，尤其是在2015年，西部各省份不同程度地出现了产业利润下降的趋势。

表2-18 1990—2017年中国31个省份规模以上工业企业利润增长率 (%)

省份	1990—1995	1995—2000	2000—2005	2005—2010	2010—2015	2016	2017
北京	11.73	10.60	43.37	29.74	11.07	0.66	25.83
天津	49.71	35.29	46.92	36.27	8.63	-7.88	-48.14
河北	128.99	25.01	54.66	42.04	2.05	19.23	-3.63
上海	30.68	12.44	28.00	28.95	3.31	8.71	11.29
江苏	46.86	24.17	54.84	66.24	12.45	9.16	-4.94
浙江	28.37	56.83	42.45	37.54	4.19	16.39	3.04
福建	39.83	26.01	53.56	66.08	6.91	22.44	11.51
山东	68.90	48.78	59.58	36.43	8.36	1.84	-7.84
广东	72.80	45.72	39.99	53.67	4.76	8.54	3.36
海南	-46.49	-83.54	*	59.93	-5.20	-1.68	8.01
山西	31.02	-7.15	219.27	53.35	-20.64	*	249.95
安徽	88.84	-3.40	94.18	112.50	7.67	12.11	4.91
江西	5.06	28.23	161.01	141.87	26.49	15.57	-3.62
河南	118.78	6.44	71.93	82.65	9.68	6.94	2.13
湖北	19.10	20.75	49.85	69.75	9.44	10.48	-3.89
湖南	-9.77	124.57	89.77	133.39	4.92	12.16	3.22
内蒙古	18.71	14.66	272.09	123.62	-7.58	28.22	7.98
广西	9.61	24.62	55.12	94.32	13.15	8.94	15.62
重庆	-16.39	501.33	127.81	69.73	34.45	16.75	-8.89

续表

省份	1990—1995	1995—2000	2000—2005	2005—2010	2010—2015	2016	2017
四川	-10.99	106.90	71.60	81.75	6.13	7.76	20.70
贵州	-7.39	46.99	92.72	69.74	26.14	15.59	6.66
云南	112.31	-7.84	45.35	32.59	-4.47	-28.04	133.64
西藏	1.82	128.33	13.48	28.41	-7.19	144.44	57.02
陕西	-27.34	*	105.60	53.36	-0.38	10.25	43.14
甘肃	-8.14	16.13	95.27	57.62	-27.94	*	236.46
青海	-82.09	*	1823.54	29.99	-12.54	17.94	26.36
宁夏	37.61	6.05	76.08	110.87	-7.63	67.83	1.96
新疆	-27.54	*	65.73	23.95	-12.00	13.38	86.91
辽宁	-15.30	843.97	20.39	113.23	-10.98	-46.21	84.79
吉林	-23.02	*	12.95	99.60	8.66	4.97	-18.96
黑龙江	141.50	87.14	17.78	3.41	-12.55	-36.46	41.00

注：①*代表该地区利润由负利润向正利润转变，计算利润增长率没有意义。②每5年间隔的增长率是相对于前五年的数据所得到的平均增长率。下同。

资料来源：经本书计算所得，原始数据来自全国及各省份1991—2018年统计年鉴。

表2-19和图2-7是1990—2018年中国四大区域规模以上工业企业利润增长率及其趋势。从表2-19中可以看出，除2015年的东北地区和2017年的东部地区外，其他地区在这一阶段的企业利润增长率都呈正向发展。其中，东部地区的企业利润增长率同全国企业利润增长率的变化趋势比较趋同。从图2-7中可以看出，这一阶段的规模以上工业企业利润增长率大致可以分为快速上升—急速下降—缓慢再上升的三个过程，到2017年，各地区的企业利润增长率都维持在10%左右。

表2-19　1990—2017年中国四大区域规模以上工业企业利润增长率　(%)

年份	全国	东部	中部	西部	东北
1990—1995	36.88	42.21	44.26	13.50	29.77
1995—2000	34.39	31.04	8.49	30.82	133.68
2000—2005	47.38	46.57	81.66	84.50	17.84
2005—2010	51.68	44.81	88.39	62.05	37.07
2010—2015	4.95	7.12	7.22	1.23	-7.71

续表

年份	全国	东部	中部	西部	东北
2016	8.66	8.21	12.94	13.81	-22.01
2017	4.16	-1.79	5.55	23.48	17.23

资料来源：经本书计算所得，原始数据来自全国及各省份1991—2018年统计年鉴。

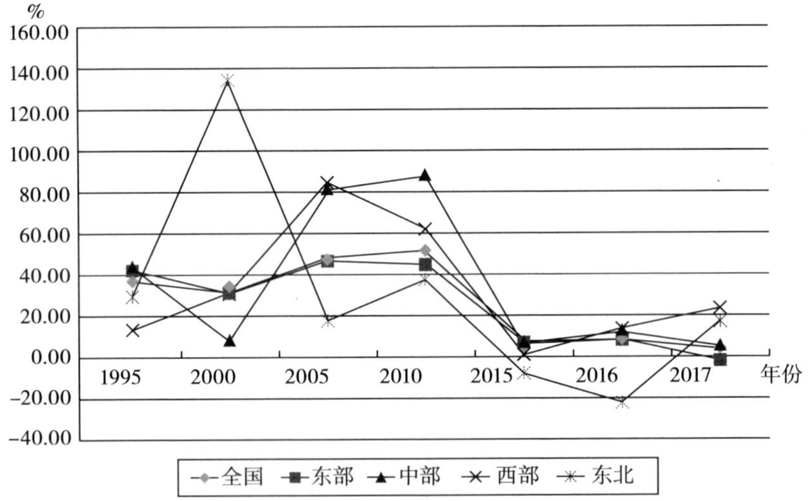

图2-7　1990—2017年中国四大区域规模以上工业企业利润增长率趋势

资料来源：经本书计算所得，原始数据来自全国及各省份1991—2018年统计年鉴。

2.4.3　利润占总产值比重

表2-20是1990—2017年中国各省份规模以上工业企业的产值利润率。产值利润率同前述指标一样，也是衡量产业发展效益的重要指标，它反映了该地区工业企业的发展对于第二产业发展的推动作用。较高的产值利润率表明单位产值获得的利润较大，从而可以反映出一个时期内企业的综合效率较高。从中可以看出，各地区工业利润产值比相较于1990年的水平都有所上升，北京、上海、江苏、山东、江西、河南等省份的规模以上工业企业利润占第二产业产值的比重相对较高，其中北京最高达到了37.99%，说明这些地区的大型企业在产业发展规模的主导地位相较于其他地区更为明显，也表明这些地区的规模以上企业的增产增收能力要强于其

他地区，企业的经营状况也相对比较良好。

表 2－20　1990—2017 年中国 31 个省份工业产值利润率　（%）

省份	1990	1995	2000	2005	2010	2015	2016	2017
北京	20.49	13.21	12.63	20.40	30.35	35.17	32.53	37.99
天津	9.43	11.50	19.08	25.84	32.07	28.84	27.03	13.98
河北	2.85	6.21	7.35	13.10	20.00	16.41	18.45	17.12
上海	18.84	17.00	17.73	21.45	31.86	33.54	34.66	34.75
江苏	7.24	6.17	8.34	13.16	27.45	30.23	30.54	26.01
浙江	9.32	4.96	10.80	15.40	22.20	19.48	21.09	20.72
福建	9.23	5.46	6.80	12.83	23.32	18.06	20.50	20.98
山东	5.60	6.71	13.06	20.66	28.76	29.37	28.14	24.67
广东	6.01	5.93	11.30	14.92	27.11	23.68	23.88	22.80
海南	5.50	－1.87	4.49	14.55	24.53	11.83	11.24	11.04
山西	6.34	6.87	2.54	11.09	18.31	－0.59	5.86	15.22
安徽	3.36	6.97	3.62	9.72	22.46	18.27	18.97	18.32
江西	3.08	1.28	1.77	5.86	17.76	25.14	27.68	24.47
河南	4.60	7.59	6.10	11.67	24.97	27.35	27.19	25.36
湖北	8.53	6.70	7.41	13.04	21.48	18.19	18.52	16.89
湖南	3.73	0.62	2.67	7.24	19.77	14.12	15.21	14.80
内蒙古	4.69	3.01	2.76	13.26	26.52	11.65	15.72	22.68
广西	9.19	3.01	4.90	8.94	17.10	16.57	16.84	21.62
重庆	2.87	0.12	2.06	7.39	11.90	19.97	20.87	17.49
四川	7.98	1.15	4.98	10.65	19.16	16.39	17.40	19.71
贵州	6.41	1.61	3.21	8.62	17.65	17.67	18.14	16.64
云南	10.99	21.45	8.37	15.98	18.59	8.60	5.89	12.61
西藏	9.24	2.72	9.87	7.04	6.60	1.84	3.95	5.18
陕西	5.48	－0.76	8.15	20.53	26.98	15.87	16.74	20.90
甘肃	9.82	2.23	2.45	7.11	11.66	－3.68	2.89	9.55
青海	6.77	－8.75	0.73	27.52	24.44	5.62	6.40	8.70
宁夏	4.62	4.51	3.62	7.50	16.67	6.19	9.62	9.24
新疆	3.76	－0.42	16.83	33.30	32.89	9.48	10.60	16.68
辽宁	3.21	0.29	7.52	9.20	23.77	8.20	6.69	11.56

续表

省份	1990	1995	2000	2005	2010	2015	2016	2017
吉林	7.04	-0.41	11.13	8.92	18.71	17.25	18.11	14.69
黑龙江	3.60	10.06	32.62	35.91	24.85	9.69	6.72	10.26

注：各省份数据均为规模以上工业企业利润值同第二产业产值之比计算得到。下同。

资料来源：经本书计算所得，原始数据来自各省份1991—2018年统计年鉴。

表2－21和图2－8是1990—2017年中国四大区域规模以上工业企业的产值利润率及其变动趋势。从表2－21中可以看出，全国和四大区域的工业产值利润率在这一阶段都有所上升，即利润总额的增长速度快于第二产业的增长速度，说明各地区的增长都带动了增收。其中，东部地区产值利润率一直在全国水平之上，这说明东部地区企业的经营状况明显优于全国平均水平，同时反映了东部地区规模以上工业企业有着较高的综合效率。从图2－8中可以看出，全国平均水平和四大区域的工业产值利润率都呈先上升后略有下降的趋势。四大区域在2010年都达到了产值利润率的最大值，分别为26.55%、21.57%、20.74%和22.88%，这说明在这一阶段单位产值带来的企业利润较多。在2010年以后的下降过程中，东部和中部地区的产值利润率下降较缓慢，基本稳定在了20%以上的产值利润率，但西部和东北地区下降幅度较大，并在2017年分别下降到了18.13%和12.38%，说明西部和东北地区同东部地区的差距开始逐渐扩大。

表2－21　1990—2017年中国四大区域工业产值利润率 （%）

年份	全国	东部	中部	西部	东北
1990	7.32	9.14	5.18	7.09	3.98
1995	6.13	7.52	5.51	3.67	3.69
2000	9.89	11.18	4.63	5.85	17.06
2005	15.20	16.53	10.27	13.97	18.57
2010	24.13	26.55	21.57	20.74	22.88
2015	20.63	25.39	19.26	13.84	11.04
2016	21.55	25.73	20.51	15.14	10.69
2017	21.05	23.52	19.76	18.13	12.38

资料来源：经本书计算所得，原始数据来自各省份1991—2018年统计年鉴。

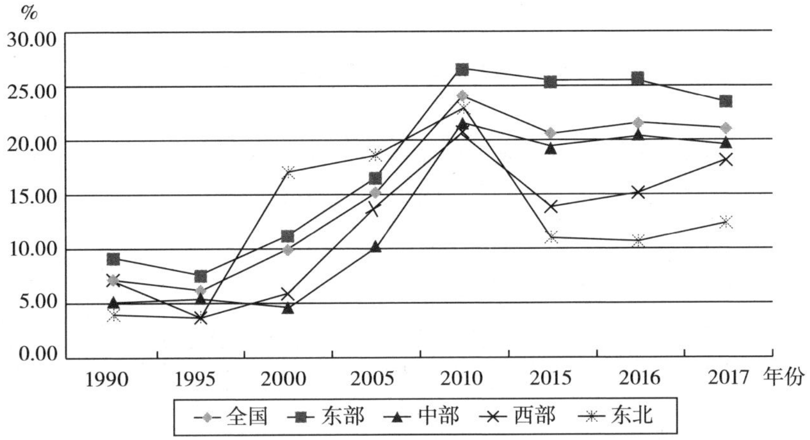

图 2－8　1990—2017 年中国四大区域工业产值利润率变动趋势

资料来源：经本书计算所得，原始数据来自各省份 1991—2018 年统计年鉴。

2.5　产业外向化发展

改革开放以来中国的实践及相关理论研究表明，产业的外向化发展有助于促进产业结构优化和产业结构升级、提升产业竞争力、实现产业规模经济。

2.5.1　进出口总值及增速

表 2－22 是 1990—2017 年中国各省份外贸进出口总值的绝对数值。从中可以看出，各省份的外贸进出口总值在这一阶段都有着显著的增长，其中，广东省作为沿海地区最发达的省份之一，在 2017 年的进出口总值达到了 1006680 百万美元，是全国各省份中外贸总值最高的省份，相比 1990 年增长了 23 倍。除此之外，北京、天津、江苏、浙江、福建、山东等省份的外贸进出口总值都超过了 100000 百万美元，这些省份的共同特点是均为沿海省份，因而有着更加便利化的外贸条件。相较而言，许多省份如西藏、青海、贵州、甘肃和宁夏，地处内陆，因此外贸发展也相对较慢。到 2017 年外贸进出口总额最少的省份是青海，仅有 655 百万美元，而广东省的进出口总值是其 1536 倍，这进一步说明了东西部省份

的差距显著。

表 2－22　1990—2017 年中国 31 个省份外贸进出口总值

单位：百万美元

省份	1990	1995	2000	2005	2010	2015	2016	2017
北京	23645	37034	49400	125506	301661	319416	282379	343721
天津	2210	6546	17157	53387	82201	114347	102651	112945
河北	2268	3918	5239	16070	42060	51514	46675	49856
上海	7431	19025	54708	18637	36887	45173	43381	47612
江苏	4139	16278	45638	227941	465793	545614	509612	591139
浙江	2773	11512	27833	107391	253533	346191	334253	379237
福建	4339	14446	21223	54411	108780	168846	156819	171035
山东	4285	13950	24990	76889	188951	241749	234207	263057
广东	41898	103972	170106	428002	784896	1022796	955286	1006680
海南	937	2267	1288	2592	10817	13793	11311	10408
山西	350	1408	1764	5546	12578	14715	16644	17172
安徽	737	2007	3347	9120	24277	48808	44380	53636
江西	719	1290	1624	4059	21605	42400	40028	44339
河南	1004	2229	2275	7736	17792	73781	71226	77613
湖北	1213	3409	3202	9055	25932	45586	39398	46309
湖南	942	2017	2513	6005	14689	29367	26880	36040
内蒙古	484	1123	2036	5162	8719	12784	11701	13874
广西	898	3211	2038	5183	17706	51262	47897	57210
重庆	681	1419	1785	4293	12426	74477	62771	66604
四川	841	3480	2545	7905	32704	51189	49349	68107
贵州	218	664	660	1404	3147	12221	5700	8162
云南	548	1896	1813	4738	13368	24527	19999	23394
西藏	30	217	130	205	836	914	782	863
陕西	577	1733	2140	4577	12083	30429	29753	40280
甘肃	202	305	570	2631	7370	7953	6833	4826
青海	70	162	160	413	789	1934	1515	655
宁夏	85	278	443	967	1960	3791	3246	5036
新疆	410	1171	2264	7940	17130	19669	17638	20569

续表

省份	1990	1995	2000	2005	2010	2015	2016	2017
辽宁	6316	10988	19031	41013	80712	96086	86521	99422
吉林	953	2715	2554	6528	16846	18938	18442	18530
黑龙江	1492	2387	2986	9566	25515	21012	16539	18951

注：进出口数据来源于海关总署。

资料来源：1991—2018 年各省份统计年鉴。

表 2 -23 和图 2 -9 是 1990—2017 年中国四大区域外贸进出口总值及其变动趋势。1990—2017 年，我国进出口总值共增长了 35 倍，在 2017 年达到了 4107164 百万美元。东部、中部、西部和东北地区的外贸进出口总额分别增长了 31 倍、54 倍、60 倍和 15 倍，其中，中部和西部的增长速度超过了全国平均水平，但由于其基数小，在总量上与东部地区仍然有很大差异。从图 2 -9 中可以看出，我国的外贸进出口主要是依靠东部地区的外贸进出口，东部地区的外贸进出口总值占全国进出口总值的 72.45%。

表 2 -23　1990—2017 年中国四大区域外贸进出口总值

单位：百万美元

年份	全国	东部	中部	西部	东北
1990	115436	93925	4965	5046	8761
1995	280864	228948	12361	15660	16089
2000	474297	417582	14725	16584	24572
2005	1421906	1110826	41520	45418	57108
2010	2974001	2275579	116873	128238	123074
2015	3953033	2869439	254656	291150	136036
2016	3685557	2676575	238555	257184	121503
2017	4107164	2975688	275109	309581	136904

资料来源：经本书计算所得，原始数据来自各省份 1991—2018 年统计年鉴。

表 2 -24 是 1990—2017 年中国各省份外贸进出口总值增速的绝对数值。从中可以看出，只有几个省份的增速相比 1990 年有所上升，大部分省份的进出口总值增速都有所下降，这也说明我国的进出口总值增速放缓，

逐渐趋于一个平稳的水平。

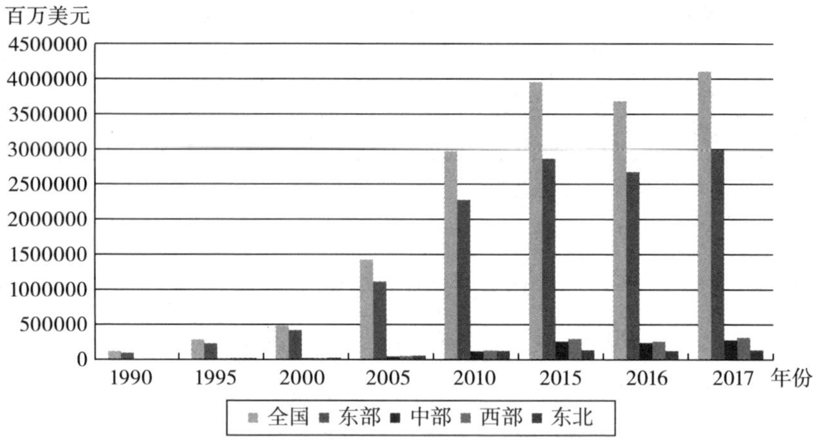

图 2-9　1990—2017 年中国四大区域进出口总值变动趋势

资料来源：经本书计算所得，原始数据来自各省份 1991—2018 年统计年鉴。

表 2-24　1990—2017 年中国 31 个省份外贸进出口总值增速　（%）

省份	1990—1995	1995—2000	2000—2005	2005—2010	2010—2015	2016	2017
北京	11.33	6.68	30.81	28.07	1.18	-11.60	21.72
天津	39.25	32.42	42.23	10.79	7.82	-10.23	10.03
河北	14.55	6.74	41.35	32.35	4.50	-9.39	6.81
上海	31.20	37.51	-13.19	19.59	4.49	-3.97	9.76
江苏	58.65	36.07	79.89	20.87	3.43	-6.60	16.00
浙江	63.02	28.35	57.17	27.22	7.31	-3.45	13.46
福建	46.58	9.38	31.28	19.98	11.04	-7.12	9.06
山东	45.11	15.83	41.54	29.15	5.59	-3.12	12.32
广东	29.63	12.72	30.32	16.68	6.06	-6.60	5.38
海南	28.40	-8.64	20.25	63.47	5.50	-18.00	-7.99
山西	60.44	5.07	42.86	25.36	3.40	13.11	3.17
安徽	34.50	13.35	34.50	33.24	20.21	-9.07	20.86
江西	15.88	5.17	29.99	86.45	19.25	-5.59	10.77
河南	24.41	0.41	48.01	26.00	62.94	-3.46	8.97
湖北	36.19	-1.21	36.55	37.28	15.16	-13.57	17.54
湖南	22.83	4.92	27.80	28.92	19.99	-8.47	34.08

续表

省份	1990—1995	1995—2000	2000—2005	2005—2010	2010—2015	2016	2017
内蒙古	26.38	16.26	30.71	13.78	9.32	-8.47	18.57
广西	51.52	-7.31	30.87	48.33	37.90	-6.56	19.44
重庆	21.67	5.17	28.09	37.89	99.87	-15.72	6.11
四川	62.75	-5.37	42.12	62.74	11.30	-3.59	38.01
贵州	40.94	-0.13	22.53	24.84	57.68	-53.36	43.21
云南	49.14	-0.88	32.27	36.43	16.70	-18.46	16.98
西藏	123.76	-8.00	11.54	61.38	1.86	-14.44	10.43
陕西	40.05	4.69	22.77	32.80	30.37	-2.22	35.38
甘肃	10.16	17.35	72.40	36.01	1.58	-14.08	-29.37
青海	26.18	-0.31	31.76	18.18	29.03	-21.69	-56.74
宁夏	45.50	11.85	23.65	20.56	18.67	-14.35	55.12
新疆	37.11	18.65	50.14	23.15	2.96	-10.33	16.62
辽宁	14.79	14.64	23.10	19.36	3.81	-9.95	14.91
吉林	36.99	-1.18	31.12	31.61	2.48	-2.62	0.47
黑龙江	11.98	5.03	44.06	33.35	-3.53	-21.29	14.58

注：每5年间隔的增长率是相对于前五年的数据所得到的平均增长率。下同。
资料来源：经本书计算所得，原始数据来自各省份1991—2018年统计年鉴。

表2-25和图2-10是1990—2017年中国四大区域外贸进出口总值增速及其变化趋势。从表2-25中可以看出，各区域除在2016年增速为负外，其他年份的进出口总值增长率都比较高，而且最高值都出现在2005年，这一时期全国的进出口总值增速一度达到39.96%的最高点，除东北地区的26.48%外，其他三个地区的增速都超过了30%。从图2-10中可以看出，四大区域的进出口总值增速变化过程可以分为四个阶段：下降—上升—缓慢下降—上升。四个区域在2005年都达到了峰值，后有所下降，到2017年中部和西部的外贸进出口总值增速不断增长，并超过了东部地区和全国平均水平。

表2-25　1990—2017年中国四大区域外贸进出口总值增速　　（%）

年份	全国	东部	中部	西部	东北
1990—1995	28.66	28.75	29.79	42.07	16.73
1995—2000	13.77	16.48	3.83	1.18	10.54

续表

年份	全国	东部	中部	西部	东北
2000—2005	39.96	33.20	36.39	34.77	26.48
2005—2010	21.83	20.97	36.30	36.47	23.10
2010—2015	6.58	5.22	23.58	25.41	2.11
2016	-6.77	-6.72	-6.32	-11.67	-10.68
2017	11.44	11.18	15.32	20.37	12.68

资料来源：经本书计算所得，原始数据来自各省份1991—2018年统计年鉴。

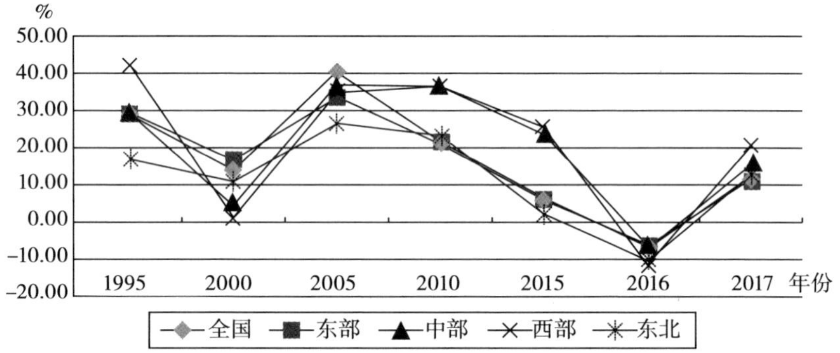

图2-10　1990—2017年中国四大区域进出口总值增速变动趋势

资料来源：经本书计算所得，原始数据来自各省份1991—2018年统计年鉴。

2.5.2　对外贸易依存度

一般来说，对外贸易依存度越高，表明该国经济发展对外贸的依赖程度越大，同时也表明对外贸易在该国国民经济中的地位越重要。

表2-26是1990—2017年中国各省份对外贸易依存度的数值。从中可以看出，各省份的对外贸易依存度依据其经济发展、地理位置的不同各有高低。其中，具有较高对外贸易依存度的省份有北京、天津、江苏、浙江、广东等，到2017年，北京的对外贸易依存度在全国各省份中达到了82.84%的最高水平。由此可以看出，高外贸依存度的省份都集中在东部沿海地区，而中西部地区省份的对外贸易依存度相比较低，大部分省份都不足20%，与东部地区差距较大。

表 2-26 1990—2017 年中国 31 个省份对外贸易依存度 （%）

省份	1990	1995	2000	2005	2010	2015	2016	2017
北京	225.82	205.13	129.38	149.30	144.69	86.44	73.07	82.84
天津	33.99	58.66	83.46	118.27	60.32	43.06	38.12	41.11
河北	12.10	11.48	8.60	13.04	13.96	10.76	9.67	9.90
上海	45.47	63.57	94.92	16.66	14.55	11.20	10.23	10.49
江苏	13.98	26.37	44.17	102.00	76.12	48.47	43.74	46.48
浙江	14.66	27.02	37.52	65.47	61.91	50.28	46.99	49.46
福建	39.74	57.59	46.67	67.85	49.97	40.48	36.15	35.88
山东	13.56	23.52	24.81	34.01	32.66	23.90	22.87	24.45
广东	128.55	146.34	131.10	156.75	115.47	87.49	78.48	75.77
海南	43.76	52.13	20.24	23.46	35.47	23.20	18.54	15.75
山西	3.90	10.92	7.91	10.87	9.25	7.18	8.47	7.47
安徽	5.36	9.26	9.55	13.90	13.30	13.81	12.08	13.40
江西	8.03	9.21	6.71	8.20	15.47	15.79	14.37	14.96
河南	5.14	6.23	3.73	5.99	5.22	12.42	11.69	11.76
湖北	7.04	13.50	7.48	11.38	10.99	9.61	8.01	8.81
湖南	6.05	7.90	5.86	7.55	6.20	6.33	5.66	7.18
内蒙古	7.25	10.94	10.95	10.85	5.06	4.47	4.29	5.82
广西	9.56	17.91	8.11	10.42	12.52	19.00	17.37	20.85
重庆	10.86	11.66	9.22	11.45	10.61	29.51	23.50	23.15
四川	4.52	11.89	5.36	8.77	12.88	10.61	9.95	12.43
贵州	4.01	8.72	5.30	5.81	4.63	7.25	3.21	4.07
云南	5.81	12.96	7.46	11.18	12.53	11.22	8.98	9.65
西藏	5.22	32.33	9.16	6.70	11.15	5.55	4.51	4.45
陕西	6.83	13.96	9.82	9.94	8.08	10.52	10.19	12.42
甘肃	3.98	4.57	4.48	11.15	12.11	7.29	6.30	4.37
青海	4.81	8.08	5.01	6.23	3.96	4.98	3.91	1.69
宁夏	6.26	13.26	12.43	13.07	7.85	8.11	6.81	9.87
新疆	7.51	12.01	13.75	24.98	21.33	13.14	12.14	12.76
辽宁	28.43	32.85	33.74	41.95	29.60	20.87	25.83	28.68
吉林	10.71	19.94	10.83	14.77	13.16	8.39	8.29	8.37
黑龙江	9.98	10.01	7.84	14.22	16.66	8.68	7.14	8.05

资料来源：经本书计算所得，原始数据来自各省份 1991—2018 年统计年鉴。

表 2 –27 和图 2 –11 是 1990—2017 年中国四大区域对外贸易依存度数值及其变动趋势。从图 2 –11 中可以看出，我国各地区的对外贸易依存度经历了一个先上升、后下降，最后趋于稳定的过程。其中，东部地区的对外贸易依存度最高，几乎都在 45% 以上，且高于全国平均水平，东北地区次之，西部和中部地区的对外贸易依存度最低，且在这一阶段都维持在 10% 左右。从时间来看，四大区域在 2005 年都达到了对外贸易依存度的峰值，分别为 82.76%、9.14%、11.08% 和 27.29%，显示出中国对外贸易依存度快速增加。但也可以看出，东部与中西部及东北部之间的差距依然很大。

表 2 –27　1990—2017 年中国四大区域对外贸易依存度　（%）

年份	全国	东部	中部	西部	东北
1990	29.26	52.82	5.91	6.45	19.02
1995	38.24	64.06	9.15	12.48	22.69
2000	39.15	65.54	6.45	8.03	20.82
2005	62.18	82.76	9.14	11.08	27.29
2010	48.85	66.39	9.19	10.66	22.22
2015	35.89	47.92	10.79	12.50	14.65
2016	33.08	43.34	9.86	10.89	15.40
2017	33.79	44.86	10.52	12.40	17.04

资料来源：经本书计算所得，原始数据来自各省份 1991—2018 年统计年鉴。

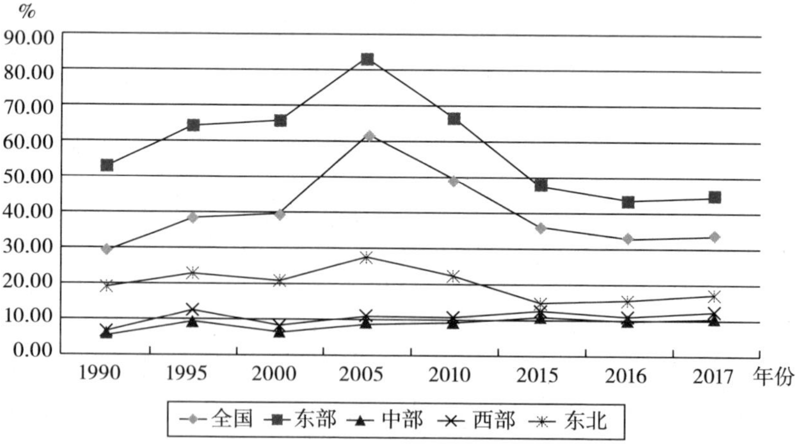

图 2 –11　1990—2017 年中国四大区域对外贸易依存度变动趋势

资料来源：经本书计算所得，原始数据来自各省份 1991—2018 年统计年鉴。

2.5.3 外商直接投资

我国目前是世界上利用外资规模最大的发展中国家，测度外商直接投资的大小有利于我国总结外贸发展规律、推动外贸贸易发展、提高我国的对外开放水平。

表 2 - 28 是 1990—2017 年中国各省份实际利用 FDI 的数额。从中可以看出，这一阶段我国 FDI 有了长足的发展，各省份的 FDI 值都有了显著的提高。其中，2017 年北京、江苏和广东的 FDI 都突破了 20000 百万美元，分别达到了 24329.1 百万美元、25135.4 百万美元和 22906.68 百万美元，是 1990 年的 87 倍、141 倍和 15 倍。2017 年 FDI 数额最小的省份是甘肃、青海和新疆，仅有 44 百万美元、8.33 百万美元和 196 百万美元，与东部地区省份的差距较大。从外商对我国直接投资的区域分布来说，沿海地区分布密集，内陆地区较少；经济发达地区较多，落后地区较少。

表 2 - 28 1990—2017 年中国 30 个省份实际利用外商直接投资额

单位：百万美元

省份	1990	1995	2000	2005	2010	2015	2016	2017
北京	276.96	1402.77	2458.0	3526.38	6363.58	12996.4	13028.6	24329.1
天津	83.15	1520.64	2559.9	3328.85	10848.7	21134.5	10100.5	10607.8
河北	39.35	780.61	1023.8	1912.56	3830.74	6177.5	7353.88	8490
上海	177.19	3249.96	3160.3	6849.65	11121.4	18459	18514	17008
江苏	141.1	4780.58	6423.6	13183.4	28497.8	24274.7	24543.0	25135.4
浙江	48.44	1257.75	1612.7	7722.71	110 01.8	16960.2	17577.5	17902.1
福建	290.0	4038.81	3803.9	2607.75	5802.79	7683.39	8194.65	8576.72
山东	150.8	2607.19	2971.2	8970.72	9168.33	16300.9	16825.6	17857.3
广东	1459.8	10180.3	12237.2	12363.91	20260.98	26875.46	23349.21	22906.68
海南	100.55	1055.01	430.8	684.01	1512.13	2005.67	2131.34	2305.98
山西	3.4	63.83	224.72	275.16	714.21	2869.85	2332.42	1690.49
安徽	9.61	482.56	318.47	688.45	5014.46	13619.45	14767.12	15896.52
江西	6.21	288.18	227.24	2422.58	5100.84	9473.21	10440.56	11463.73
河南	10.49	479.81	539.99	1229.6	6246.7	16086.37	16993.12	17224.28
湖北	169.67	1109.41	943.68	2184.75	4050.15	8948.01	10128.89	10993.92

续表

省份	1990	1995	2000	2005	2010	2015	2016	2017
湖南	11.16	488.02	681.82	2072.35	5184.41	11564.41	12852.08	14474.9
内蒙古	10.64	106.05	112.36	1185.77	3384.56	3366.29	3966.72	3149.51
广西	30.25	669.52	524.66	378.66	912	1722.08	888.45	822.72
重庆	3.32	379.26	244.36	515.75	3042.64	3771.83	2790.37	2220.04
四川	15.53	283	436.94	886.86	6025.17	9996.07	7976.87	8101.35
贵州	4.63	57.03	25.01	107.68	295.46	419.41	967.39	824.39
云南	2.6	225	128.12	173.52	1329	2992	867	963
陕西	41.91	324.07	288.42	628.39	1820.06	4621.18	5011.78	5894.37
甘肃	11.38	109.54	62.35	20.44	135.21	110.36	115.88	44
青海	3	10.64	53.09	266	219.3	55	14.95	18.33
宁夏	10.77	67.15	90.91	141.07	231.75	220.85	253.63	311.4
新疆	7.13	66.78	19.23	47.49	237.42	452.5	400.76	196
辽宁	248.31	1404.05	2552.19	3590.42	20750.1	5185.16	2999.02	5335.08
吉林	17.6	398.76	337.01	661.15	1280.42	2127.47	2274.49	2750
黑龙江	25.34	448.68	830.35	1446.9	2661.51	5448.75	5818.33	5836.43

注：西藏地区部分数据缺失。下同。

资料来源：1991—2018 年全国及各省份统计年鉴。

表 2－29 和图 2－12 是 1990—2017 年中国四大区域的 FDI 总量。从表 2－29和图 2－12 中可以看出，这一阶段我国各区域实际利用外商直接投资总量都有了极大的增长，说明各地区吸纳外资的能力逐渐加强，国内市场的不断开放和对外限制的逐步被取消，引发了各国对中国 FDI 投资的一个高潮。其中，东部地区得到的 FDI 总量约占全国的 2/3，在 2017 年达到了 155119.13 百万美元，是 1990 年的 55 倍。与之相比，西部地区和东北地区的 FDI 额相对较少，分别为 22545.11 百万美元和 13921.51 百万美元，但相对于 1990 年以前已经有了长足的进步。

表 2－29　1990—2017 年中国四大区域实际利用外商直接投资额

单位：百万美元

省份	全国	东部	中部	西部	东北
1990	3410.385	2767.435	210.54	141.16	291.25

续表

省份	全国	东部	中部	西部	东北
1995	38334.94	30873.6	2911.81	2298.04	2251.49
2000	45322.25	36681.33	2935.92	1985.45	3719.55
2005	80072.92	61149.93	8872.89	4351.63	5698.47
2010	177043.59	108408.22	26310.77	17632.57	24692.03
2015	255917.89	152867.64	62561.3	27727.57	12761.38
2016	243477.94	141618.11	67514.19	23253.8	11091.84
2017	263329.59	155119.13	71743.84	22545.11	13921.51

资料来源：1991—2018 年全国及各省份统计年鉴。

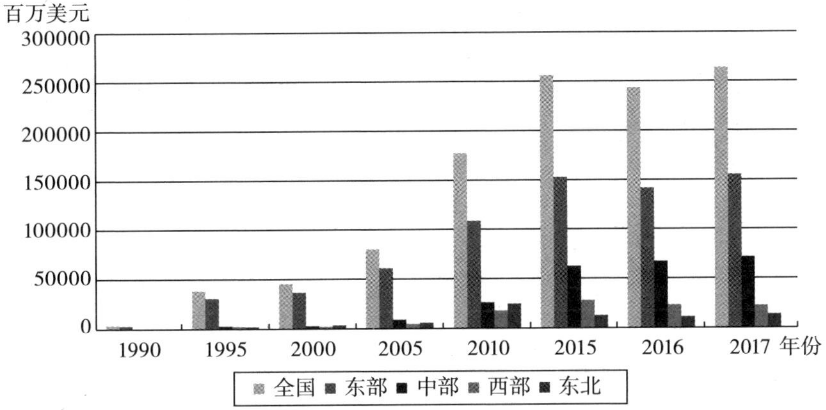

图 2－12　1990—2017 年中国四大区域实际利用外商投资额

资料来源：1991—2018 年全国及各省份统计年鉴。

表 2－30 是 1995—2017 年中国各省份 FDI 的增速值。从中可以看出，我国各省份这一阶段 FDI 增速大致遵循先上升、后下降，最后趋于平稳的发展趋势，这也符合前文总结出的 FDI 发展的两阶段进程。在此期间，部分省份的增速有增有减，且变化幅度较大的省份集中在西部地区，这说明西部地区在引进外资时存在一定的不确定性。

表 2－30　1995—2017 年中国 30 个省份 FDI 增速　（%）

省份	1995	2000	2005	2010	2015	2016	2017
北京	81.30	15.04	8.69	16.09	20.85	0.25	86.74
天津	345.76	13.67	6.01	45.18	18.96	－52.21	5.02

续表

省份	1995	2000	2005	2010	2015	2016	2017
河北	376.75	6.23	17.36	20.06	12.25	19.04	15.45
上海	346.83	-0.55	23.35	12.47	13.20	0.30	-8.13
江苏	657.62	6.87	21.05	23.23	-2.96	1.11	2.41
浙江	499.30	5.64	75.78	8.49	10.83	3.64	1.85
福建	258.52	-1.16	-6.29	24.50	6.48	6.65	4.66
山东	325.69	2.79	40.38	0.44	15.56	3.22	6.13
广东	88.87	10.80	0.21	12.77	6.53	-13.12	-1.90
海南	189.85	-11.83	11.76	24.21	6.53	6.27	8.19
山西	355.47	50.41	4.49	31.91	60.36	-18.73	-27.52
安徽	984.29	-6.80	23.23	125.67	34.32	8.43	7.65
江西	908.12	-4.23	193.22	22.11	17.14	10.21	9.80
河南	894.80	2.51	25.54	81.61	31.50	5.64	1.36
湖北	409.33	10.32	26.30	17.08	24.19	13.20	8.54
湖南	854.59	7.94	40.79	30.03	24.61	11.13	12.63
内蒙古	179.34	1.19	191.07	37.09	-0.11	17.84	-20.60
广西	422.66	-4.33	-5.57	28.17	17.76	-48.41	-7.40
重庆	2264.70	-7.11	22.21	97.99	4.79	-26.02	-20.44
四川	344.46	10.88	20.59	115.88	13.18	-20.20	1.56
贵州	226.35	-11.23	66.11	34.88	8.39	130.65	-14.78
云南	1710.77	-8.61	7.09	133.18	25.03	-71.02	11.07
陕西	134.65	-2.20	23.57	37.93	30.78	8.45	17.61
甘肃	418.16	-8.62	-13.44	112.30	-3.68	5.00	-62.03
青海	50.93	79.79	80.21	-3.51	-14.98	-72.82	22.61
宁夏	602.33	-11.99	84.63	4.11	26.08	36.07	22.78
新疆	134.00	-12.99	29.39	79.99	18.12	-11.43	-51.09
辽宁	93.09	16.35	8.14	95.59	-15.00	-42.16	77.89
吉林	433.14	-3.10	19.24	18.73	13.23	6.91	20.91
黑龙江	334.13	17.01	14.85	16.79	20.94	6.78	0.31

注：每5年间隔的增长率是相对于前五年的数据所得到的平均增长率。下同。
资料来源：经本书计算所得，原始数据来自各省份1991—2018年统计年鉴。

表2-31是1990—2017年中国四大区域FDI的增速值。从中可以看

出，1990—1995 年这一阶段我国各区域的 FDI 存在着跳跃式的发展，这是因为 1992 年中国社会主义市场经济体制的建立使我国走入了对外全面开放的时代，FDI 总量相对于 1990 年实现井喷式增长，尤其中部和西部地区，平均增长率达到了 256.604% 和 305.594%。FDI 的另一次高速增长是在 2001 年之后，这是因为中国在 2001 年加入了 WTO，外商投资迎来了新一轮高速增长，其中西部和东北地区在 2005—2010 年的平均增长率达到了 61.039% 和 66.662%，推动了当地经济的不断发展。

表 2-31　1990—2017 年中国四大区域 FDI 增速　　(%)

年份	全国	东部	中部	西部	东北
1990—1995	204.813	203.121	256.604	305.594	134.609
1995—2000	3.645	3.762	0.166	-2.720	13.041
2000—2005	15.335	13.341	40.444	23.835	10.641
2005—2010	24.221	15.457	39.306	61.039	66.662
2010—2015	8.910	8.202	27.556	11.450	-9.664
2016	-4.861	-7.359	7.917	-16.135	-13.083
2017	8.153	9.533	6.265	-3.048	25.511

资料来源：经本书计算所得，原始数据来自各省份 1991—2018 年统计年鉴。

2.6　产业所有制结构

按生产资料的所有者不同，本书将对全国及各省的工业企业所有制从投入和产出两个角度进行测度，主要分为国有及国有控股企业、私营企业和外商及港澳台投资企业。

2.6.1　按投入测算

(1) 国有及国有控股企业

表 2-32 是 2000—2017 年中国各省份国有及国有控股工业企业资产总额占全国资产总额的比重。从中可以看出，各省份总资产占比差别不是很大，大部分都集中在全国的 3%~4%。其中，到 2017 年占比最高的省份是北京和山东，分别占 7.536% 和 7.081%；占比最低的省份是海南、西藏

和宁夏，分别占0.255%、0.237%和0.920%，都没有超过1%。总资产包括固定资产和流动资产，根据各省份禀赋资源的不同而有所差异，因此各省份总资产占比也各有不同。

表2-32　2000—2017年中国31个省份国有及国有控股工业企业资产占比（%）

省份	2000	2005	2010	2011	2012	2013	2014	2015	2016	2017
北京	3.982	8.591	6.717	6.877	6.920	6.624	6.572	7.121	7.537	7.536
天津	2.852	2.777	3.011	3.048	3.049	3.068	3.105	3.055	2.836	2.554
河北	4.660	4.297	4.902	4.795	4.690	4.567	4.446	4.148	4.143	3.979
上海	7.479	6.876	5.154	4.811	4.528	4.459	4.375	4.388	4.511	4.717
江苏	5.926	4.692	4.465	4.592	4.816	4.936	4.784	4.719	4.673	4.811
浙江	2.872	3.286	2.671	2.553	2.608	2.624	2.685	2.672	2.725	2.655
福建	1.759	1.620	1.552	1.437	1.555	1.717	1.929	1.854	1.877	2.001
山东	7.281	7.081	6.934	6.983	7.034	6.881	6.907	7.132	6.980	7.081
广东	6.658	5.676	5.972	5.617	5.442	5.298	5.205	5.332	5.475	5.753
海南	0.389	0.365	0.242	0.212	0.215	0.198	0.217	0.292	0.269	0.255
山西	3.226	3.865	4.617	4.973	4.959	5.147	5.230	5.305	5.299	5.341
安徽	2.727	2.791	3.444	3.479	3.618	3.531	3.483	3.437	3.384	3.328
江西	1.944	1.653	1.503	1.505	1.468	1.513	1.400	1.426	1.430	1.476
河南	4.543	4.587	4.183	4.094	3.888	3.721	3.669	3.580	3.547	3.537
湖北	4.741	5.131	4.874	4.669	4.211	4.321	3.987	3.962	4.094	4.072
湖南	2.693	2.388	2.529	2.582	2.507	2.436	2.387	2.347	2.379	2.387
内蒙古	1.930	2.371	3.184	3.644	3.718	3.731	3.892	3.872	3.823	3.992
广西	1.737	1.527	1.763	1.627	1.710	1.714	1.668	1.667	1.666	1.776
重庆	1.903	1.693	1.698	1.696	1.756	1.843	1.938	2.040	2.100	1.916
四川	4.192	3.803	4.613	4.682	4.741	5.045	5.123	5.056	4.809	4.765
贵州	1.612	1.925	1.726	1.788	1.805	1.896	1.981	2.029	2.087	2.125
云南	2.328	2.395	2.612	2.611	2.718	2.973	3.163	3.145	3.254	3.227
西藏	0.091	0.079	0.085	0.093	0.124	0.115	0.121	0.160	0.177	0.237
陕西	2.764	3.179	4.487	4.680	5.018	4.887	5.083	5.023	5.076	5.021
甘肃	1.818	1.648	2.109	2.250	2.301	2.341	2.299	2.218	2.156	2.064
青海	0.775	0.818	0.869	0.827	0.845	0.925	0.984	1.015	1.029	1.067
宁夏	0.504	0.636	0.797	0.879	0.853	0.810	0.904	0.907	0.946	0.920

续表

省份	2000	2005	2010	2011	2012	2013	2014	2015	2016	2017
新疆	1.825	1.921	2.258	2.312	2.503	2.638	2.746	2.754	2.798	2.822
辽宁	7.240	6.184	5.888	5.490	5.178	5.005	4.792	4.695	4.450	4.288
吉林	3.310	2.759	2.270	2.315	2.446	2.393	2.369	2.269	2.315	2.298
黑龙江	4.237	3.387	2.872	2.881	2.776	2.644	2.556	2.379	2.156	1.998

资料来源：经本书计算所得，原始数据来自国家统计局，http://data.stats.gov.cn。

表2-33和图2-13是2000—2017年中国四大区域国有及国有控股工业企业资产总额占全国资产总额的比重及趋势。从表2-33和图2-13中可以看出，东部地区的国有控股企业的资产总额占全国40%~45%的比重，中部地区一直维持在20%左右，西部地区的资产占比在这一阶段有所上升，在2017年达到了30%左右，而东北地区的资产占比相对有所下降，从2000年的14.787%下降到了2017年的8.584%。

表2-33 2000—2017年中国四大区域国有及国有控股工业企业资产占比 （%）

年份	东部	中部	西部	东北
2000	43.858	19.875	21.480	14.787
2005	45.262	20.415	21.993	12.330
2010	41.621	21.149	26.201	11.029
2011	40.925	21.302	27.088	10.686
2012	40.858	20.650	28.092	10.400
2013	40.371	20.669	28.918	10.042
2014	40.224	20.157	29.903	9.717
2015	40.714	20.057	29.886	9.343
2016	41.026	20.133	29.920	8.921
2017	41.343	20.141	29.931	8.584

资料来源：经本书计算所得，原始数据来自国家统计局，http://data.stats.gov.cn。

表2-34是2000—2017年中国各省份国有及国有控股工业企业个数占总企业个数的比重。从中可以看出，2017年企业个数占比超过5%的省份有江苏、山东、广东和四川，分别占5.629%、5.913%、5.561%和5.098%。与之相对，企业个数占比小于1%的省份有海南、西藏、青海和

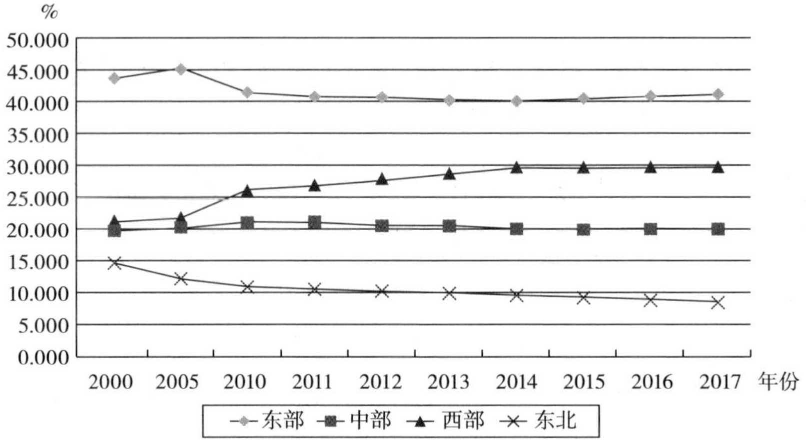

图 2－13　2000—2017 年中国四大区域国有控股企业资产占比变动趋势

资料来源：经本书计算所得，原始数据来自国家统计局，http：//data. stats. gov. cn。

宁夏，分别占 0. 273%、0. 168%、0. 725% 和 0. 799%。

表 2－34　2000—2017 年中国 31 个省份国有及国有控股工业企业个数占比（%）

省份	2000	2005	2010	2011	2012	2013	2014	2015	2016	2017
北京	3. 704	6. 424	4. 987	4. 574	4. 253	4. 172	4. 067	3. 866	3. 664	3. 490
天津	3. 446	5. 448	3. 955	3. 266	3. 096	3. 042	2. 940	2. 916	2. 786	2. 533
河北	5. 061	4. 487	3. 777	4. 046	3. 817	4. 113	4. 222	4. 244	3. 754	3. 674
上海	4. 623	5. 317	5. 002	4. 727	4. 178	4. 022	3. 759	3. 575	3. 575	3. 490
江苏	4. 775	3. 487	4. 078	4. 510	4. 819	5. 174	5. 104	5. 132	5. 325	5. 629
浙江	2. 651	2. 952	3. 604	3. 478	3. 473	3. 806	3. 844	3. 891	4. 011	4. 241
福建	2. 556	2. 751	2. 568	2. 522	2. 401	2. 460	2. 515	2. 516	2. 623	2. 780
山东	5. 186	5. 073	5. 999	6. 539	6. 272	6. 455	6. 444	6. 527	5. 909	5. 913
广东	6. 207	6. 573	6. 172	5. 988	5. 448	5. 588	5. 407	5. 370	5. 672	5. 561
海南	0. 750	0. 899	0. 499	0. 457	0. 441	0. 431	0. 404	0. 389	0. 279	0. 273
山西	3. 348	4. 269	3. 279	3. 783	3. 973	4. 113	4. 025	4. 089	4. 216	4. 525
安徽	2. 109	2. 253	3. 639	3. 548	3. 370	3. 650	3. 653	3. 627	3. 464	3. 511
江西	4. 691	2. 926	2. 622	2. 574	2. 498	2. 617	2. 568	2. 646	2. 313	2. 391
河南	5. 738	4. 658	4. 350	4. 480	4. 210	4. 323	4. 280	4. 255	4. 195	3. 868
湖北	5. 543	3. 850	4. 375	3. 859	3. 639	3. 919	3. 945	3. 938	4. 058	4. 036
湖南	4. 373	3. 850	4. 113	4. 328	3. 914	4. 049	4. 009	3. 964	3. 901	3. 868

续表

省份	2000	2005	2010	2011	2012	2013	2014	2015	2016	2017
内蒙古	1.415	1.780	2.553	3.266	3.273	3.386	3.514	3.471	3.543	3.222
广西	3.790	3.658	3.121	2.956	2.837	2.945	2.935	2.958	3.007	2.828
重庆	1.741	1.714	2.701	2.686	2.547	2.595	2.642	2.657	2.686	2.686
四川	3.176	3.377	4.547	4.991	4.781	4.937	4.939	5.074	5.136	5.098
贵州	2.612	3.374	2.548	2.528	2.525	2.676	2.706	2.724	2.912	2.691
云南	2.595	2.373	2.740	2.985	2.907	3.074	3.132	3.233	3.470	3.474
西藏	0.434	0.619	0.183	0.147	0.140	0.135	0.133	0.140	0.137	0.168
陕西	3.053	3.439	3.486	3.706	3.666	3.871	3.945	3.938	4.153	4.236
甘肃	1.795	1.660	2.266	2.053	1.981	2.100	2.201	2.164	2.203	2.223
青海	0.677	0.499	0.667	0.463	0.479	0.635	0.670	0.675	0.725	0.725
宁夏	0.391	0.510	0.578	0.569	0.549	0.565	0.681	0.747	0.757	0.799
新疆	2.051	2.125	2.834	2.750	2.816	3.198	3.621	3.871	4.132	4.294
辽宁	4.588	5.084	4.207	3.695	3.419	3.516	3.318	3.144	3.096	3.348
吉林	3.117	2.122	2.005	2.023	1.922	1.954	1.946	1.946	1.945	1.892
黑龙江	2.969	2.522	2.553	2.498	2.466	2.477	2.430	2.314	2.350	2.533

资料来源：经本书计算所得，原始数据来自国家统计局，http：//data. stats. gov. cn。

表2－35和图2－14反映了2000—2017年中国四大区域国有及国有控股工业企业的个数占全国国有控股工业企业个数的比值及发展趋势。从表2－35和图2－14中可以看出，东部地区约占40%的企业个数，且维持比较平稳的水平；中部地区的国有控股工业企业个数约占全国的22%；西部地区的工业企业个数占比较2000年的23.728%提高到了2017年的32.443%；东北地区工业企业个数占比下降到了7.773%。

表2－35　2000—2017年中国四大区域国有及国有控股工业企业个数占比　（%）

年份	东部	中部	西部	东北
2000	38.958	25.802	23.728	10.673
2005	43.411	21.807	25.126	9.728
2010	40.641	22.377	28.223	8.764
2011	40.107	22.572	29.099	8.216
2012	39.746	22.481	29.657	8.123

续表

年份	东部	中部	西部	东北
2013	39.265	22.671	30.117	7.947
2014	38.707	22.480	31.120	7.694
2015	38.427	22.519	31.650	7.404
2016	37.599	22.148	32.862	7.391
2017	37.583	22.200	32.443	7.773

资料来源：经本书计算所得，原始数据来自国家统计局，http：//data.stats.gov.cn。

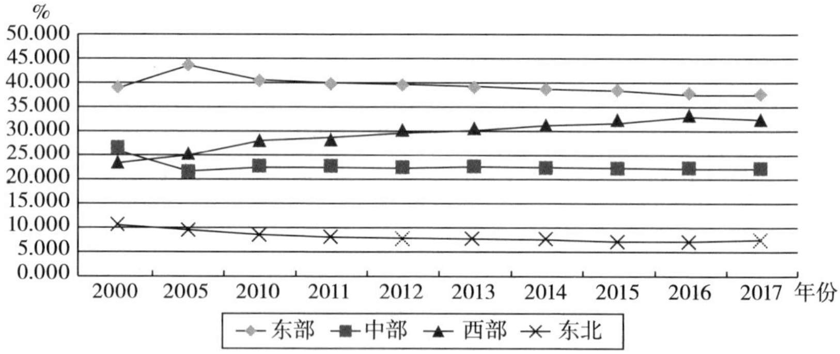

图 2－14　2000—2017 年中国四大区域国有控股企业个数占比变动趋势

资料来源：经本书计算所得，原始数据来自国家统计局，http：//data.stats.gov.cn。

（2）私营企业

表 2－36 是 2000—2017 年中国各省份私营工业企业资产占全国总资产的比重。从中可以看出，私营工业企业资产占比最高的省份是江苏和山东，分别占 14.22% 和 12.63%，说明这两个省份私营企业发展较好。西部地区和东北地区各省份私营工业企业资产普遍占比较少，说明私营企业在这两个地区需要进一步发展。

表 2－36　2000—2017 年中国 31 个省份私营工业企业资产占比　（%）

省份	2000	2005	2010	2011	2012	2013	2014	2015	2016	2017
北京	0.89	1.23	0.78	0.63	0.62	0.59	0.61	0.63	0.64	0.68
天津	0.95	1.49	1.30	1.23	1.30	1.31	1.27	1.41	1.42	0.88
河北	4.55	4.81	4.48	5.27	5.83	5.78	6.42	5.83	5.78	6.38
上海	1.26	3.71	2.53	2.27	2.03	1.90	1.84	1.87	1.84	2.10

续表

省份	2000	2005	2010	2011	2012	2013	2014	2015	2016	2017
江苏	10.79	15.62	15.46	16.21	15.13	14.65	14.35	14.20	14.77	14.22
浙江	19.12	21.46	16.62	15.23	13.81	11.87	10.94	10.33	9.92	9.58
福建	2.51	2.75	3.03	2.93	3.13	2.91	2.81	2.72	2.79	3.07
山东	5.71	9.64	10.46	9.99	10.20	12.14	12.99	13.60	13.16	12.63
广东	20.74	8.34	6.86	6.94	6.28	6.27	6.35	6.71	7.47	8.72
海南	0.22	0.13	0.04	0.04	0.04	0.03	0.04	0.04	0.03	0.04
山西	2.09	2.55	1.90	2.43	3.16	3.10	2.85	2.59	2.54	2.56
安徽	1.65	1.73	2.90	3.06	3.29	3.73	3.76	3.77	3.87	3.84
江西	0.72	1.52	1.67	1.69	1.89	1.89	2.09	2.43	2.70	2.50
河南	3.27	3.50	4.48	5.42	5.94	6.35	6.67	6.72	6.62	6.24
湖北	2.49	2.04	2.79	2.25	2.50	2.83	2.96	3.05	2.96	2.86
湖南	1.86	2.05	2.62	2.99	3.22	3.09	3.13	3.78	4.01	4.30
内蒙古	1.07	1.07	1.84	1.81	1.62	1.84	1.91	1.81	1.67	1.29
广西	0.96	0.88	1.40	1.46	1.51	1.50	1.48	1.51	1.54	1.78
重庆	2.13	1.54	1.69	1.60	1.77	1.73	1.94	2.09	2.33	2.16
四川	4.52	3.21	4.15	4.09	3.67	3.56	3.33	3.30	3.35	3.30
贵州	0.68	0.56	0.60	0.65	0.75	0.87	0.86	0.98	1.07	1.16
云南	1.02	1.43	1.36	1.20	1.21	1.20	1.06	1.02	1.01	1.03
西藏	0.03	0.02	0.03	0.02	0.02	0.02	0.01	0.01	0.02	0.03
陕西	0.90	0.66	1.01	0.81	0.77	0.78	0.88	0.90	1.10	1.19
甘肃	0.27	0.40	0.40	0.29	0.33	0.40	0.39	0.39	0.39	0.38
青海	0.12	0.17	0.26	0.31	0.41	0.38	0.37	0.36	0.36	0.35
宁夏	0.55	0.57	0.61	0.69	0.80	0.91	0.94	1.05	1.10	1.41
新疆	0.34	0.56	0.85	0.72	1.00	1.08	1.13	1.13	1.15	1.19
辽宁	6.34	4.48	5.47	5.49	5.67	5.26	4.66	3.63	2.53	2.34
吉林	1.03	0.84	1.42	1.44	1.26	1.16	1.14	1.33	1.17	1.12
黑龙江	1.21	1.05	0.98	0.87	0.86	0.87	0.82	0.80	0.69	0.64

资料来源：经本书计算所得，原始数据来自国家统计局，http：//data.stats.gov.cn。

表2－37和图2－15代表了2000—2017年我国四大区域私营工业企业资产占全国总资产的比重大小。其中，东部地区占有全国大约60%的资

产，而中部和西部地区所占份额相差不多，均为15%～20%，东北地区的私营工业企业资产占比相较2000年的8.582%下降了4个百分点。

表2-37　2000—2017年中国四大区域私营工业企业资产占比　　（%）

年份	东部	中部	西部	东北
2000	66.740	12.090	12.589	8.582
2005	69.171	13.374	11.078	6.377
2010	61.572	16.360	14.198	7.869
2011	60.739	17.827	13.638	7.796
2012	58.371	19.988	13.851	7.789
2013	57.464	20.990	14.261	7.285
2014	57.633	21.444	14.308	6.615
2015	57.333	22.350	14.556	5.761
2016	57.827	22.706	15.077	4.390
2017	58.311	22.304	15.279	4.106

资料来源：经本书计算所得，原始数据来自国家统计局，http：//data.stats.gov.cn。

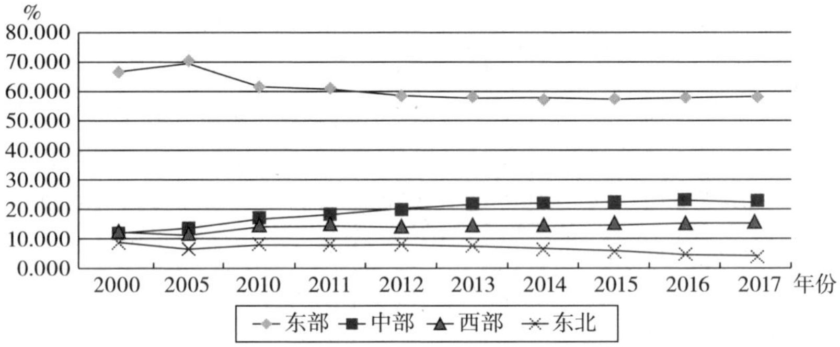

图2-15　2000—2017年中国四大区域国有控股企业个数占比变动趋势

资料来源：经本书计算所得，原始数据来自国家统计局，http：//data.stats.gov.cn。

表2-38是2000—2017年我国各省份私营工业企业个数占全国总私营企业个数的比重。从中可以看出，2017年企业个数占比较高的省份为江苏、浙江和山东，占比分别为13.25%、13.02%和11.77%，说明这几个省份的私营企业得以较好的发展。与之相反，在西部地区的12个省份中，有7个省份的企业个数占比都小于1%。

表 2-38　2000—2017 年中国 31 个省份私营工业企业个数占比　（%）

省份	2000	2005	2010	2011	2012	2013	2014	2015	2016	2017
北京	0.83	1.21	0.90	0.58	0.55	0.55	0.53	0.50	0.49	0.47
天津	2.02	1.43	1.35	1.11	1.19	1.25	1.17	1.19	1.15	0.85
河北	4.94	3.82	3.28	4.04	4.20	4.63	4.49	4.57	4.49	5.41
上海	0.82	4.43	2.95	2.15	1.96	1.91	1.87	1.77	1.65	1.65
江苏	16.84	14.34	16.01	15.18	14.96	15.69	14.25	14.02	14.06	13.25
浙江	18.71	19.58	17.09	12.37	12.66	13.45	12.89	12.96	12.83	13.02
福建	3.26	3.83	3.65	3.80	4.08	4.20	3.97	4.03	4.15	4.18
山东	7.93	11.56	10.57	12.31	12.11	13.33	12.33	12.46	12.07	11.77
广东	13.04	9.81	8.42	8.10	7.57	8.15	7.47	7.66	8.04	9.26
海南	0.26	0.10	0.03	0.03	0.02	0.02	0.02	0.02	0.02	0.02
山西	1.47	0.94	0.66	0.97	1.14	1.20	1.10	1.04	0.94	1.03
安徽	2.41	2.20	4.12	4.38	4.79	6.06	5.99	6.29	6.54	6.13
江西	1.14	1.68	1.60	1.83	1.95	2.16	2.16	2.33	2.63	2.69
河南	5.17	3.99	4.57	6.09	5.73	5.50	4.99	4.92	5.05	4.70
湖北	2.77	2.43	3.41	2.88	3.18	3.94	4.02	4.08	4.13	3.81
湖南	2.13	3.54	3.35	4.55	4.53	4.72	4.44	4.66	4.97	5.35
内蒙古	0.84	0.79	0.81	1.02	0.90	0.96	0.87	0.84	0.81	0.46
广西	1.04	1.03	1.44	1.47	1.48	1.52	1.37	1.38	1.41	1.62
重庆	1.35	1.27	1.90	1.72	1.70	1.82	1.80	1.90	1.98	1.96
四川	3.92	3.14	2.98	3.94	3.63	3.65	3.45	3.47	3.63	3.67
贵州	0.75	0.69	0.54	0.63	0.65	0.84	0.87	1.13	1.40	1.55
云南	0.47	0.75	0.73	0.71	0.77	0.85	0.83	0.83	0.92	0.95
西藏	0.17	0.01	0.01	0.00	0.01	0.01	0.01	0.01	0.01	0.02
陕西	0.71	0.56	0.65	0.65	0.68	0.74	0.80	0.86	1.00	1.16
甘肃	1.01	0.46	0.28	0.22	0.28	0.35	0.33	0.35	0.35	0.32
青海	0.06	0.10	0.06	0.06	0.10	0.12	0.12	0.12	0.12	0.12
宁夏	0.25	0.29	0.22	0.25	0.29	0.35	0.36	0.37	0.36	0.39
新疆	0.19	0.28	0.39	0.35	0.39	0.45	0.45	0.49	0.53	0.55
辽宁	3.55	4.13	5.82	6.19	6.16	5.91	4.83	3.54	2.04	1.46
吉林	0.96	0.84	1.34	1.48	1.42	1.38	1.23	1.30	1.40	1.42
黑龙江	0.98	0.79	0.87	0.83	0.93	1.09	0.97	0.90	0.82	0.77

资料来源：经本书计算所得，原始数据来自国家统计局，http：//data.stats.gov.cn。

表2－39和图2－16代表了我国四大区域私营工业企业个数占全国总私营工业企业个数的比重及变动趋势。从表2－39和图2－16中可以看出，东部地区在私营工业企业个数上占有绝对优势，虽然在这一阶段占比略有下降，但仍然占据全国约60%的份额。中部地区相较西部和东北地区来说私营企业个数较多，到2017年占全国私营工业企业个数的23.705%，而东北地区的私营工业企业个数占比自2000年来经历了先上升、后下降的过程，到2017年相比2000年的5.486%下降了约2个百分点，这也从侧面反映了东北地区经济的下滑。

表2－39　2000—2017年中国四大区域私营工业企业个数占比　（%）

年份	东部	中部	西部	东北
2000	68.646	15.099	10.769	5.486
2005	70.092	14.778	9.367	5.763
2010	64.253	17.711	10.016	8.020
2011	59.669	20.697	11.034	8.499
2012	59.301	21.322	10.872	8.506
2013	63.177	23.575	11.669	8.372
2014	59.011	22.690	11.267	7.033
2015	59.183	23.324	11.755	5.738
2016	58.941	24.263	12.540	4.256
2017	59.875	23.705	12.775	3.646

资料来源：经本书计算所得，原始数据来自国家统计局，http：//data.stats.gov.cn。

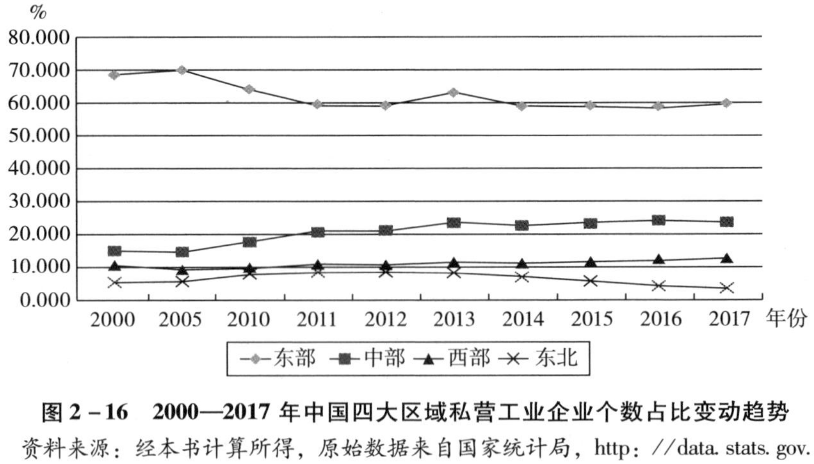

图2－16　2000—2017年中国四大区域私营工业企业个数占比变动趋势

资料来源：经本书计算所得，原始数据来自国家统计局，http：//data.stats.gov.cn。

（3）外商及港澳台商投资工业企业

表 2 - 40 是 2000—2017 年我国各省份外商投资工业企业资产占全国总资产的比重。从中可以看出，我国各省份之间外商投资工业企业总资产值的差距较大。其中，在 2017 年占比最高的省份是广东，共占全国外商投资工业企业总资产的 19.05%，而占比最低的西藏自治区，只有 0.013%，二者相差了 1465 倍，也说明了东西部地区吸纳外资的不平衡性。除此以外，占比在 5% 以上的省份有上海、江苏、浙江、福建和山东，这些省份全都分布在东部地区，而与之相对的，占比在 0.5% 以下的如甘肃、新疆、青海、宁夏等省份，都集中在西部地区。

表 2 - 40　2000—2017 年中国 31 个省份外商投资工业企业资产占比　（%）

省份	2000	2005	2010	2011	2012	2013	2014	2015	2016	2017
北京	4.362	3.581	3.002	3.102	3.240	3.413	3.579	3.798	4.037	4.211
天津	5.015	3.705	3.272	3.818	3.927	3.863	3.623	3.628	3.295	2.629
河北	1.845	2.410	2.841	3.159	2.901	2.715	2.647	2.398	2.350	2.640
上海	15.95	13.06	9.26	9.12	8.86	8.58	8.443	8.310	8.479	8.687
江苏	11.29	16.19	18.86	19.55	18.99	18.66	18.51	18.51	18.31	18.60
浙江	4.742	7.928	8.236	8.612	8.486	8.119	7.876	7.602	7.424	7.418
福建	7.041	5.784	5.091	5.292	5.428	5.567	5.467	5.319	5.434	5.092
山东	4.453	5.979	6.365	6.011	6.362	5.970	6.454	6.021	6.124	5.934
广东	27.78	24.89	22.33	20.25	19.62	19.50	19.44	19.45	18.98	19.05
海南	0.303	0.338	0.410	0.403	0.398	0.400	0.374	0.353	0.339	0.350
山西	0.319	0.552	0.770	0.890	1.019	0.913	0.978	0.951	1.012	1.097
安徽	1.178	1.054	1.224	1.303	1.310	1.304	1.508	1.622	1.649	1.680
江西	0.597	0.675	1.254	1.163	1.186	1.215	1.280	1.491	1.532	1.432
河南	1.604	0.962	1.302	1.576	2.030	2.281	2.572	2.899	3.218	3.264
湖北	1.935	2.057	2.775	2.755	2.748	2.528	2.530	2.568	2.790	2.956
湖南	0.450	0.641	0.880	0.689	0.792	0.872	0.902	0.992	1.060	1.217
内蒙古	0.388	1.243	1.050	0.946	1.047	1.317	1.338	1.381	1.311	1.028
广西	0.915	0.811	1.087	1.307	1.396	1.307	1.300	1.411	1.389	1.453
重庆	0.832	0.807	1.034	1.146	1.300	1.737	1.439	1.514	1.685	1.682
四川	1.020	0.906	1.215	1.466	1.696	2.294	2.018	1.834	1.930	2.098

续表

省份	2000	2005	2010	2011	2012	2013	2014	2015	2016	2017
贵州	0. 147	0. 142	0. 169	0. 172	0. 165	0. 187	0. 183	0. 189	0. 212	0. 216
云南	0. 465	0. 339	0. 337	0. 347	0. 356	0. 353	0. 355	0. 385	0. 388	0. 349
西藏	0. 003	0. 007	0. 005	0. 006	0. 006	0. 006	0. 006	0. 007	0. 017	0. 013
陕西	0. 758	0. 368	0. 606	0. 538	0. 553	0. 538	0. 794	0. 890	0. 874	0. 868
甘肃	0. 176	0. 110	0. 148	0. 144	0. 127	0. 141	0. 141	0. 129	0. 144	0. 180
青海	0. 026	0. 172	0. 263	0. 076	0. 097	0. 106	0. 103	0. 127	0. 111	0. 095
宁夏	0. 105	0. 133	0. 160	0. 166	0. 081	0. 079	0. 221	0. 227	0. 226	0. 251
新疆	0. 100	0. 083	0. 104	0. 104	0. 120	0. 128	0. 134	0. 138	0. 161	0. 177
辽宁	4. 008	3. 443	3. 961	3. 815	3. 977	4. 089	3. 933	4. 048	3. 784	3. 640
吉林	1. 267	0. 956	1. 200	1. 331	0. 989	1. 046	1. 066	1. 051	0. 967	0. 935
黑龙江	0. 925	0. 676	0. 779	0. 750	0. 797	0. 772	0. 778	0. 761	0. 777	0. 760

资料来源：经本书计算所得，原始数据来自国家统计局，http：//data. stats. gov. cn。

表 2 –41 和图 2 –17 是 2000—2017 年我国四大区域外商投资工业企业资产占全国外商总资产的比重及变化趋势。从表 2 –41 和图 2 –17 中可以清晰地看出，这段时间东部地区的外商投资企业资产占比虽然略有下降，但仍然占据了绝大多数的资产额，到 2017 年约为 75%，可见东部沿海地区是外资经济进入我国的首选地区。剩下三个区域的资产占比都相差无几，在外商投资经济中表现平平。

表 2 –41　2000—2017 年中国四大区域外商投资工业企业资产占比　（%）

年份	东部	中部	西部	东北
2000	82. 782	6. 083	4. 936	6. 200
2005	83. 862	5. 941	5. 122	5. 075
2010	79. 677	8. 205	6. 178	5. 940
2011	79. 312	8. 374	6. 417	5. 896
2012	78. 210	9. 084	6. 942	5. 763
2013	76. 786	9. 113	8. 193	5. 907
2014	76. 421	9. 771	8. 031	5. 777
2015	75. 384	10. 524	8. 232	5. 860
2016	74. 764	11. 261	8. 447	5. 528

续表

年份	东部	中部	西部	东北
2017	74.611	11.645	8.409	5.335

资料来源：经本书计算所得，原始数据来自国家统计局，http：//data.stats.gov.cn。

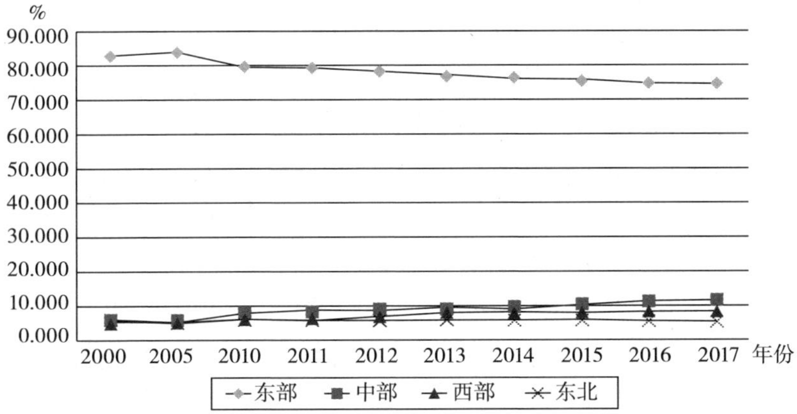

图 2－17　2000—2017 年中国四大区域外商投资工业企业资产占比变动趋势

资料来源：经本书计算所得，原始数据来自国家统计局，http：//data.stats.gov.cn。

表 2－42 是 2000—2017 年我国各省份外商投资工业企业个数占全国外资企业个数的比重。从中可以看出，2017 年广东、江苏、浙江、福建、上海、山东这 6 个东部省份，分别居全国外商投资工业企业个数排名的前 6 位，其中广东省更是以 26.71% 的占比占据了全国外商投资工业企业的 1/4。湖北、江西、河南等中部省份拥有少数的外商投资企业，而甘肃、新疆、青海、宁夏等西部省份的外商投资企业数微不足道。

表 2－42　2000—2017 年中国 31 个省份外商投资工业企业个数占比　（%）

省份	2000	2005	2010	2011	2012	2013	2014	2015	2016	2017
北京	3.540	2.339	1.812	1.676	1.625	1.548	1.544	1.522	1.505	1.515
天津	4.250	2.885	3.155	2.875	2.933	2.892	2.858	2.856	2.732	2.571
河北	2.412	1.761	1.477	1.606	1.601	1.591	1.573	1.545	1.475	1.515
上海	11.63	9.914	8.276	7.940	7.670	7.482	7.333	7.235	7.170	7.149
江苏	11.11	13.44	18.40	19.12	19.64	19.84	20.12	20.02	20.29	20.13
浙江	7.442	12.07	12.32	11.80	11.69	11.41	11.30	11.00	10.74	10.23

续表

省份	2000	2005	2010	2011	2012	2013	2014	2015	2016	2017
福建	9.460	8.766	7.702	7.419	7.602	7.433	7.420	7.495	7.527	7.461
山东	6.117	8.307	7.477	7.832	7.832	7.609	7.531	7.606	7.521	7.057
广东	29.58	27.86	25.58	25.26	24.66	25.29	25.01	25.36	25.56	26.71
海南	0.345	0.176	0.117	0.133	0.128	0.122	0.131	0.138	0.137	0.141
山西	0.359	0.211	0.228	0.236	0.242	0.253	0.268	0.267	0.268	0.297
安徽	0.882	0.880	1.234	1.311	1.376	1.368	1.457	1.475	1.534	1.580
江西	0.562	0.881	1.160	1.367	1.430	1.471	1.550	1.564	1.655	1.542
河南	1.427	0.771	0.732	0.897	0.882	0.952	0.997	1.033	1.086	1.068
湖北	1.273	1.073	1.275	1.307	1.413	1.485	1.568	1.581	1.649	1.675
湖南	0.693	0.727	0.837	1.008	1.024	1.042	1.051	1.067	1.049	1.106
内蒙古	0.316	0.232	0.298	0.320	0.322	0.321	0.312	0.315	0.313	0.270
广西	0.728	0.692	0.735	0.804	0.829	0.856	0.854	0.874	0.860	0.883
重庆	0.485	0.325	0.438	0.500	0.548	0.601	0.672	0.741	0.789	0.853
四川	0.875	0.860	0.825	0.935	0.979	1.018	1.086	1.141	1.185	1.205
贵州	0.214	0.188	0.138	0.133	0.121	0.124	0.156	0.169	0.184	0.209
云南	0.411	0.325	0.292	0.304	0.308	0.316	0.324	0.343	0.363	0.348
西藏	0.018	0.002	0.004	0.005	0.005	0.005	0.005	0.008	0.012	0.011
陕西	0.443	0.300	0.344	0.355	0.369	0.371	0.402	0.413	0.434	0.449
甘肃	0.112	0.082	0.073	0.084	0.079	0.089	0.092	0.091	0.099	0.103
青海	0.021	0.037	0.038	0.040	0.046	0.052	0.047	0.047	0.050	0.051
宁夏	0.095	0.062	0.058	0.068	0.063	0.070	0.074	0.082	0.085	0.091
新疆	0.116	0.115	0.115	0.131	0.139	0.136	0.141	0.154	0.165	0.173
辽宁	3.726	3.896	3.931	3.553	3.460	3.268	3.123	2.868	2.537	2.583
吉林	0.840	0.470	0.519	0.584	0.580	0.580	0.602	0.616	0.648	0.649
黑龙江	0.524	0.358	0.402	0.400	0.411	0.401	0.399	0.375	0.379	0.383

资料来源：经本书计算所得，原始数据来自国家统计局，http://data.stats.gov.cn。

表2-43和图2-18是2000—2017年我国四大区域外商投资工业企业个数占全国外资工业企业个数的比值及其变动趋势。从表2-43和图2-18中可以看出，东部地区外商投资企业个数占比远超过其他三个地区，占全国外资企业个数的85%，东西部地区外商投资企业个数占比

差异较大。

表 2-43 2000—2017 年中国四大区域外商投资工业企业个数占比 （%）

省份	东部	中部	西部	东北
2000	85.878	5.196	3.835	5.091
2005	87.513	4.544	3.219	4.724
2010	86.323	5.467	3.357	4.852
2011	85.658	6.126	3.679	4.537
2012	85.373	6.368	3.808	4.451
2013	85.220	6.572	3.959	4.250
2014	84.818	6.891	4.167	4.123
2015	84.778	6.987	4.377	3.859
2016	84.657	7.241	4.538	3.564
2017	84.470	7.270	4.644	3.616

资料来源：经本书计算所得，原始数据来自国家统计局，http：//data.stats.gov.cn。

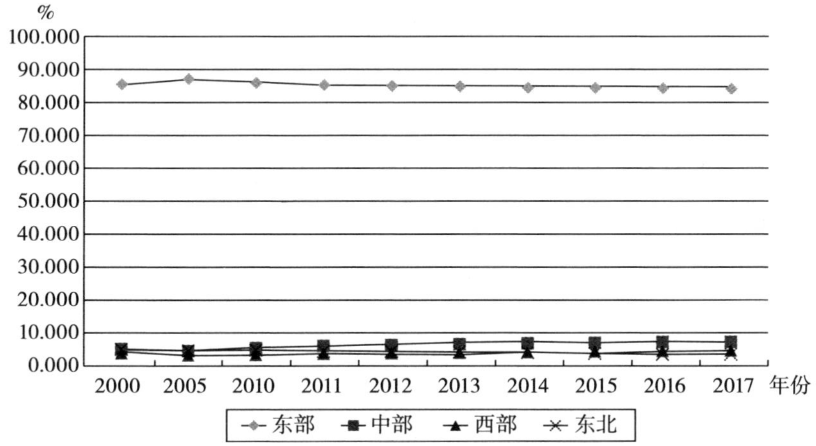

图 2-18 2000—2017 年中国四大区域外商投资工业企业个数占比变动趋势

资料来源：经本书计算所得，原始数据来自国家统计局，http：//data.stats.gov.cn。

2.6.2 按产出测算

（1）国有及国有控股工业企业

表 2-44 是 2000—2017 年我国各省份国有及国有控股企业的工业总产值。从中可以看出，这一阶段内各省份的国有控股企业工业总产值都保持

一个不断上升的过程。到2017年，山东和广东是各省份中国有控股企业工业总产值最高的两个省份，分别为20806亿元和19526亿元，表明这两个省份内的国有控股企业规模相对较大，水平也相对较高。相反，中西部地区的工业生产规模相对较小，其中青海省在2017年的工业生产总值仅有1339亿元，同期的山东省国有控股企业的工业总产值是其16倍之多，也体现出东西部地区国有及国有控股工业企业的发展不平衡。

表2-44　2000—2017年中国30个省份国有控股企业工业总产值①

单位：亿元

省份	2000	2005	2010	2011	2012	2013	2014	2015	2016	2017
北京	1743	3538	7224	8176	9086	10054	10675	10061	10704	11163
天津	857	2312	6712	8341	8446	8723	8403	7665	7408	—
河北	1797	4024	8916	10703	10830	10625	10434	—	—	—
上海	3205	6019	11191	12256	11847	11970	12200	11537	11551	13188
江苏	3154	5049	9875	11721	—	—	—	—	—	—
浙江	1293	3401	6722	8133	8385	9017	9499	9159	9432	10101
福建	855	1533	2983	3229	3871	4148	4858	4337	4431	5521
山东	3487	7401	16727	19454	18795	20174	20719	19835	19974	20806
广东	3126	6376	13166	13928	15529	17525	18226	17032	17172	19526
海南	137	265	357	321	382	—	377	458	457	—
山西	838	2535	6614	8208	8787	8266	7432	6261	6079	—
安徽	1661	2418	6902	8379	8712	9234	8951	8795	8823	—
江西	737	1532	3406	4183	4232	4617	4611	4491	4277	—
河南	1901	4042	8454	10311	—	—	—	—	—	—
湖北	1952	3162	8619	10512	—	—	—	—	—	—
湖南	1148	2105	5365	6706	7054	—	—	—	—	—
内蒙古	598	1684	4456	5659	6103	6505	6327	5624	5751	—
广西	664	1227	3628	4397	5160	5519	6064	6242	6440	7461
重庆	651	1299	3342	3899	3970	4425	4929	5342	5616	5359
四川	1250	2489	6201	7760	8150	8760	9075	10006	—	—

① 西藏地区数据缺失，故在此省去。下同。

续表

省份	2000	2005	2010	2011	2012	2013	2014	2015	2016	2017
贵州	501	1155	2429	2942	3284	3615	3967	4157	4111	3897
云南	855	1672	3754	4414	4902	5308	5557	5432	5348	—
陕西	927	1802	6900	8798	10216	10935	10640	9866	9748	10727
甘肃	674	1574	3846	4921	5201	5715	5780	4914	4304	4464
青海	175	396	861	1104	1099	1220	1279	1192	1311	1339
宁夏	175	375	962	1277	1567	1620	1663	1572	1531	—
新疆	365	1737	3770	4867	5347	5669	5826	4401	4145	5407
辽宁	2828	5771	11220	12421	12890	12438	12665	10126	9592	11185
吉林	1833	2533	5692	7003	7518	7937	8371	7146	7511	—
黑龙江	2071	3607	5517	6483	6459	6471	6326	4727	4275	—

资料来源：2001—2018 年各省份统计年鉴。

（2）私营工业企业

表 2－45 是 2000—2017 年我国各省份私营企业的工业总产值，代表了这一期间我国各省份私营企业的工业生产规模和水平。从中可以看出，这一阶段每个省份的私营企业工业总产值都在不断增加，虽然个别年份略有下降，但总体上呈现出上升的趋势，其中，山东省的私营企业工业总产值在 2017 年达到了全国最高水平 59295 亿元。私营企业工业总产值的变动趋势大概可以看作先上升后趋于平稳的两个阶段。进入 21 世纪之初，中国经济高速发展，市场环境逐步放宽，政府政策的大力支持引导着私营企业的不断发展，使得私营企业工业规模有了极大的扩张。到 2010 年之后，中国经济增速放缓，产业产值开始实现平稳性增长，与之相应的私营企业工业总产值也处在一个平稳发展的阶段，波动幅度较 2000 年有所减小。

表 2－45　2000—2017 年中国 30 个省份私营企业工业总产值

单位：亿元

省份	2000	2005	2010	2011	2012	2013	2014	2015	2016	2017
北京	37	331	812	791	817	919	1004	949	971	1037
天津	71	638	2458	2933	3600	4338	5235	6326	7039	—
河北	292	2829	12038	15265	18280	21010	22383	—	—	—

续表

省份	2000	2005	2010	2011	2012	2013	2014	2015	2016	2017
上海	63	1425	3483	3479	3327	3382	3902	3731	3602	4077
江苏	—	8042	32645	37835	43382	51772	56000	59973	65186	—
浙江	1072	8250	22792	23251	24385	25792	27271	27789	28399	26430
福建	134	1360	6206	7759	9193	10799	12313	13548	15144	15567
山东	420	6755	30409	34308	42642	56152	62730	67454	69206	59295
广东	—	—	16201	17188	17466	21297	24478	—	—	—
海南	—	—	52	60	57	—	68	52	56	67
山西	74	839	2272	3596	4459	5261	4910	3812	3909	—
安徽	77	715	6069	8558	10354	14085	16434	17785	19786	—
江西	36	750	5349	6820	8006	9903	11947	12898	14282	—
湖北	148	894	5766	6842	9168	12467	14431	16053	—	—
湖南	—	1260	8206	11995	13177	—	—	—	—	—
内蒙古	41	—	3521	4199	4388	5343	5396	5283	5719	—
广西	56	407	2950	3839	5028	6083	6976	8050	8771	9990
重庆	—	—	3600	4314	4802	5872	7162	8585	9824	8121
四川	—	6178	8967	11950	10805	12442	13954	15017	—	—
贵州	27	233	840	1335	1556	2092	2511	3233	3973	4157
云南	28	415	1615	1635	2081	2439	2273	2192	2515	—
陕西	28	120	1503	1591	1867	2197	2881	3396	4051	4457
甘肃	16	129	406	416	611	896	1030	963	997	626
青海	3	40	195	255	583	723	727	719	760	602
宁夏	18	156	562	711	827	1148	1153	1258	1433	—
新疆	14	114	777	779	915	1268	1575	1611	1770	1872
辽宁	235	1695	14166	16897	22277	24636	22788	12910	4400	4171
吉林	—	—	3442	4129	5297	5818	6247	6875	7345	—
黑龙江	40	328	1805	2039	2565	3403	3232	—	—	—

资料来源：2001—2018 年各省份统计年鉴。

（3）外商及港澳台商投资工业企业

表 2-46 是 2000—2017 年我国各省份外商及港澳台商投资企业（以下简称外商投资企业）的工业总产值。从产业规模上来看，东部地区的外商投资

企业相较中西部地区和东北地区来说有着极大的发展优势和发展前景。其中，广东省以其得天独厚的地理位置条件及政策的支持，使得其外商投资企业工业总产值在2017年位列全国第一，达到51665亿元。与之相对，在当前可统计数据的范围内，青海省的外商投资企业工业总产值只有82亿元，广东是其630倍之多，也反映出外商投资企业的区域分布不均衡。

表2-46　2000—2017年中国29个省份外商及港澳台商投资企业工业总产值①

单位：亿元

省份	2000	2005	2010	2011	2012	2013	2014	2015	2016	2017
北京	1151	3081	5479	5733	5860	6756	7251	7059	7280	7308
天津	1196	3319	7048	8598	9541	10727	10807	10290	8659	4637
河北	373	1715	4534	5532	5545	5687	5247	—	—	—
上海	3431	9789	18408	19849	19417	20056	20038	19027	19162	20959
江苏	2897	13264	36593	43030	44703	48110	50386	51704	52944	—
浙江	1232	5644	13104	15152	15310	15613	15994	14978	15032	14898
福建	1605	4753	10658	12668	12906	13832	14799	14641	15118	15595
山东	1173	5401	14366	15796	17326	18544	19240	19252	20025	17539
广东	7274	22876	45519	49277	47700	52678	54805	53778	54244	51665
海南	40	109	669	761	796	—	862	719	675	687
山西	61	233	682	911	—	—	—	—	—	—
安徽	213	744	2569	3446	3533	4132	4900	5093	5449	—
江西	97	448	2351	3145	3236	3729	4279	4526	4789	—
湖北	336	1373	4347	5290	5572	6418	6860	6702	—	—
湖南	97	385	1402	1789	2022	—	—	—	—	—
内蒙古	58	358	1181	1384	1157	1481	1247	1226	1278	—
广西	115	574	1976	2354	2814	3207	3586	4015	4342	4676
重庆	129	470	1759	2697	3285	4364	5033	5081	5218	5267
四川	167	355	1934	2917	3521	4895	5442	5329	—	—
贵州	19	52	158	199	168	237	330	372	315	295
云南	60	169	391	411	467	488	473	503	492	—
陕西	133	176	1042	1181	1153	1303	1382	1477	1589	1634

① 河南、西藏地区数据缺失，故在此省去。

续表

省份	2000	2005	2010	2011	2012	2013	2014	2015	2016	2017
甘肃	30	54	99	111	120	139	184	136	161	185
青海	5	48	167	58	81	93	98	120	136	82
宁夏	18	62	103	128	107	100	245	284	317	—
新疆	14	42	118	141	163	170	182	188	199	—
辽宁	846	2328	6908	7626	8289	9190	8923	7053	5883	6437
吉林	312	903	3200	3997	2221	2725	2705	2258	2108	—
黑龙江	129	364	844	957	1086	1209	1232	—	—	—

资料来源：2001—2018 年各省份统计年鉴。

2.6.3 所有制结构

表 2 –47 和图 2 – 19 是 2000—2017 年中国不同所有制工业企业资产同全国企业总资产的比值、不同所有制工业企业个数同全国企业个数的比值，以及它们的变动趋势。对于总资产值来说，国有及国有控股企业作为国民经济的支柱产业，其工业企业总资产值在这一阶段也占据全国工业企业总资产的一半，但仍然从 2000 年的 73. 955% 下降到了 2017 年的 48. 942% 。与之相反，私营企业的总资产占比在这一阶段有所上升，非公有制经济在我国蓬勃发展。在这一期间，外资企业的资产总额占比并没有太大变化，始终占据全国 1/4 的份额。对于企业个数来说，国有及国有控股企业与私营企业刚好相反，国有企业个数在这一阶段不断下降，并在 2017 年下降到了 6. 756% ，而私营企业个数在这一阶段不断上升，在 2017 年达到了 76. 392% 。外资企业个数占比也有所下降，到 2017 年下降到了 16. 852% ，但由于其资产总额占比并没有太大变化，说明单个外资企业的规模在不断扩大。

表 2 –47　2000—2017 年中国不同所有制工业企业资产与企业个数占比　（%）

年份	总资产			企业个数		
	国有	私营	外资	国有	私营	外资
2000	73. 955	3. 410	22. 635	51. 401	21. 264	27. 335
2005	55. 417	14. 287	30. 297	13. 230	59. 619	27. 150
2010	48. 279	22. 773	28. 947	5. 510	74. 345	20. 145

续表

年份	总资产			企业个数		
	国有	私营	外资	国有	私营	外资
2011	49. 294	22. 357	28. 349	6. 690	70. 862	22. 448
2012	48. 997	23. 949	27. 053	6. 761	71. 687	21. 552
2013	47. 752	26. 057	26. 190	6. 857	71. 965	21. 178
2014	47. 446	27. 232	25. 321	6. 536	74. 292	19. 172
2015	48. 012	27. 667	24. 320	6. 680	75. 036	18. 285
2016	48. 012	27. 534	24. 454	6. 724	75. 758	17. 517
2017	48. 942	27. 012	24. 046	6. 756	76. 392	16. 852

资料来源：经本书计算所得，原始数据来自国家统计局，http：//data. stats. gov. cn。

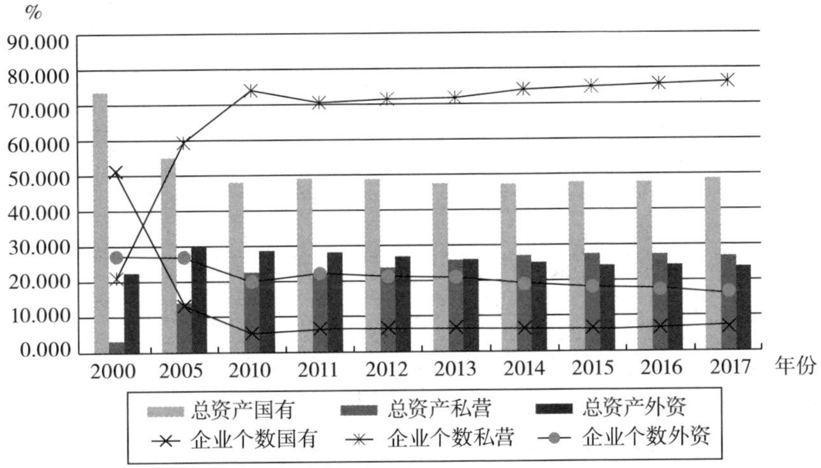

图 2－19　2000—2017 年中国不同所有制工业企业资产与企业个数占比变动趋势

资料来源：经本书计算所得，原始数据来自国家统计局，http：//data. stats. gov. cn。

2. 7　产业投入—产出结构

2. 7. 1　投入结构

表 2－48 为 2000—2017 年中国各省份规模以上工业企业总资产占全国总资产的比重。从表中可以看出，2017 年，资产所占比重较高的省份有江苏、山东和广东，分别占 10. 40%、9. 62% 和 10. 27%；资产占排名靠后的

省份包括海南、西藏、青海和宁夏，这四个省份的资产占比都小于1%，说明这些省份规模以上的工业企业发展水平较弱，发展还不充分。

表2-48　2000—2017年中国31个省份规模以上工业企业总资产占比①　(%)

省份	2000	2005	2010	2011	2012	2013	2014	2015	2016	2017
北京	3.42	5.24	3.84	3.75	3.72	3.54	3.51	3.77	3.97	4.10
天津	3.17	2.59	2.46	2.57	2.60	2.57	2.51	2.47	2.31	1.85
河北	4.12	3.87	4.21	4.39	4.37	4.32	4.45	4.17	4.10	4.03
上海	7.48	6.50	4.65	4.36	4.06	3.86	3.71	3.65	3.67	3.78
江苏	8.79	10.41	11.15	11.28	11.00	10.83	10.58	10.46	10.55	10.40
浙江	5.55	8.42	7.98	7.50	7.24	6.94	6.70	6.51	6.40	6.35
福建	2.67	2.79	2.71	2.75	2.78	2.87	2.92	2.90	2.95	3.08
山东	7.69	9.04	9.07	9.00	9.25	9.36	9.75	9.90	9.67	9.62
广东	11.39	11.06	10.56	9.97	9.28	9.15	9.15	9.32	9.73	10.27
海南	0.33	0.32	0.27	0.26	0.26	0.26	0.26	0.27	0.25	0.25
山西	2.50	2.88	3.12	3.28	3.30	3.25	3.20	3.13	3.10	3.18
安徽	2.36	2.07	2.69	2.83	2.97	2.98	3.01	3.06	3.09	3.12
江西	1.45	1.25	1.46	1.51	1.56	1.61	1.68	1.88	2.01	1.92
河南	4.15	3.74	3.96	4.30	4.58	4.99	5.28	5.44	5.57	5.44
湖北	3.78	3.55	3.52	3.42	3.50	3.52	3.44	3.46	3.49	3.44
湖南	2.19	1.88	2.20	2.29	2.31	2.30	2.30	2.30	2.35	2.47
内蒙古	1.44	1.88	2.48	2.72	2.83	2.80	2.90	2.88	2.85	2.73
广西	1.50	1.23	1.46	1.51	1.53	1.53	1.49	1.48	1.48	1.56
重庆	1.54	1.26	1.37	1.38	1.45	1.55	1.64	1.74	1.86	1.76
四川	3.63	3.23	3.81	3.86	3.95	4.16	4.01	3.95	3.82	3.86
贵州	1.20	1.12	1.01	1.03	1.08	1.19	1.23	1.32	1.32	1.36
云南	1.83	1.62	1.62	1.64	1.70	1.82	1.82	1.78	1.79	1.80
西藏	0.07	0.05	0.05	0.05	0.07	0.06	0.07	0.09	0.10	0.12
陕西	2.13	2.08	2.48	2.55	2.68	2.62	2.74	2.76	2.84	2.91

① 全国规模以上工业企业统计范围1998—2006年为全部国有及年主营业务收入在500万元及以上非国有工业企业;2007—2010年为年主营业务收入在500万元及以上的工业企业;2011年及以后年份为主营业务收入在2000万元及以上的工业企业。下同。

续表

省份	2000	2005	2010	2011	2012	2013	2014	2015	2016	2017
甘肃	1.39	1.01	1.09	1.13	1.19	1.20	1.19	1.16	1.13	1.10
青海	0.54	0.47	0.52	0.50	0.53	0.55	0.57	0.56	0.57	0.58
宁夏	0.40	0.45	0.56	0.60	0.63	0.65	0.73	0.76	0.78	0.85
新疆	1.35	1.16	1.33	1.38	1.52	1.65	1.75	1.77	1.80	1.82
辽宁	6.16	4.86	4.90	4.65	4.53	4.44	4.10	3.77	3.33	3.24
吉林	2.52	1.84	1.72	1.76	1.81	1.80	1.74	1.76	1.75	1.72
黑龙江	3.23	2.11	1.77	1.76	1.72	1.63	1.57	1.51	1.38	1.30

资料来源：经本书计算所得，原始数据来自2001—2018年各省份统计年鉴。

表2-49和图2-20是2000—2017年中国四大区域规模以上工业企业总资产占全国规模以上总资产的比重及其变化趋势。从表2-49和图2-20中可以看出，各区域企业占总资产的比重在这一阶段内变化幅度不是很大，其中，东部地区一直占据全国55%的资产份额，中部和西部地区相差不大，都占据20%左右的资产份额，东北地区资产份额占比最小，只有不到10%的资产份额。不同区域企业资产占比的不同代表了不同区域企业发展规模及发展水平的不同，东部地区仍然占据全国一多半的资产份额。

表2-49　2000—2017年中国四大区域规模以上工业企业总资产占比　（%）

年份	东部	中部	西部	东北
2000	54.608	16.443	17.035	11.914
2005	60.255	15.370	15.557	8.817
2010	56.895	16.947	17.768	8.390
2011	55.830	17.641	18.356	8.173
2012	54.578	18.212	19.154	8.055
2013	53.699	18.653	19.774	7.874
2014	53.544	18.915	20.128	7.413
2015	53.426	19.282	20.260	7.033
2016	53.604	19.608	20.339	6.449
2017	53.734	19.578	20.435	6.253

资料来源：经本书计算所得，原始数据来自2001—2018年各省份统计年鉴。

表2-50是2000—2017年中国各省份规模以上工业企业的个数占全国

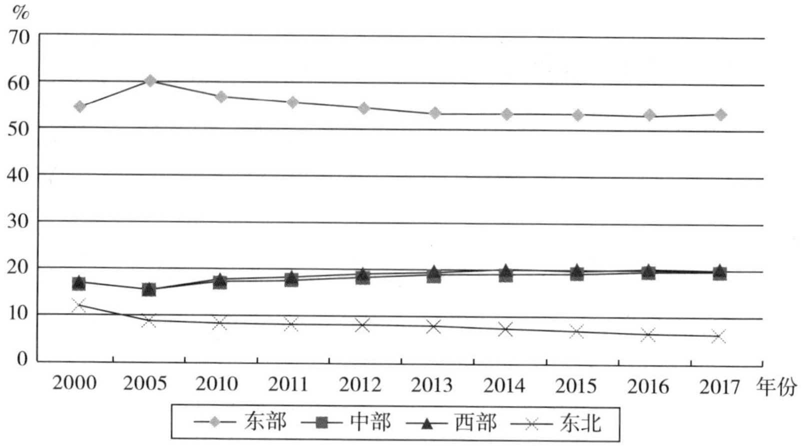

图 2-20　2000—2017 年中国四大区域规模以上工业企业总资产占比变化趋势

资料来源：经本书计算所得，原始数据来自 2001—2018 年各省份统计年鉴。

规模以上工业企业个数的比值。从中可以看出，2017 年江苏、浙江、山东及广东这四个省份规模以上工业企业个数占比都超过了 10%，分别为 12.18%、10.72%、10.23%和 12.66%，这四大省份的企业个数相加占据了全国接近一半的份额。与之相反，海南、青海、宁夏等省份的企业个数占比只有不到 0.5%，说明这些地区规模以上的企业个数少、发展规模小，发展水平也不够充分。

表 2-50　2000—2017 年中国 31 个省份规模以上工业企业个数占比　（%）

省份	2000	2005	2010	2011	2012	2013	2014	2015	2016	2017
北京	2.81	2.32	1.52	1.15	1.07	0.98	0.98	0.93	0.88	0.87
天津	3.33	2.26	1.75	1.54	1.55	1.49	1.46	1.44	1.37	1.15
河北	4.46	3.66	3.08	3.55	3.60	3.78	3.91	3.99	3.90	3.97
上海	5.26	5.45	3.68	3.06	2.84	2.65	2.51	2.35	2.21	2.18
江苏	11.24	11.85	14.16	13.32	13.34	13.19	12.89	12.66	12.65	12.18
浙江	8.95	14.82	14.21	10.66	10.62	10.70	10.81	10.74	10.60	10.72
福建	3.69	4.56	4.25	4.34	4.46	4.36	4.43	4.50	4.56	4.65
山东	7.17	10.13	9.72	11.00	10.94	10.94	10.79	10.83	10.45	10.23
广东	12.09	12.93	11.79	11.76	10.99	11.14	10.88	10.99	11.28	12.66
海南	0.37	0.23	0.11	0.11	0.11	0.10	0.10	0.10	0.09	0.09

续表

省份	2000	2005	2010	2011	2012	2013	2014	2015	2016	2017
山西	2.01	1.63	0.94	1.13	1.14	1.08	1.03	1.00	0.94	1.03
安徽	2.26	1.94	3.59	3.82	4.22	4.38	4.70	4.98	5.24	5.07
江西	2.18	1.62	1.75	1.99	2.10	2.20	2.38	2.59	2.89	2.92
河南	6.10	4.00	4.32	5.63	5.60	5.56	5.76	5.97	6.25	5.91
湖北	3.86	2.51	3.56	3.27	3.62	3.96	4.22	4.28	4.30	4.05
湖南	2.95	2.95	3.06	3.83	3.72	3.68	3.63	3.65	3.80	4.08
内蒙古	0.84	0.90	1.02	1.28	1.23	1.19	1.17	1.15	1.13	0.75
广西	1.94	1.36	1.45	1.55	1.52	1.49	1.44	1.44	1.44	1.54
重庆	1.25	1.08	1.57	1.47	1.45	1.50	1.63	1.72	1.79	1.79
四川	2.70	2.93	3.03	3.71	3.70	3.51	3.51	3.53	3.65	3.73
贵州	1.28	0.95	0.65	0.72	0.80	0.97	1.03	1.17	1.35	1.42
云南	1.30	0.87	0.79	0.85	0.93	0.96	1.00	1.01	1.11	1.12
西藏	0.22	0.07	0.02	0.02	0.02	0.02	0.03	0.03	0.03	0.03
陕西	1.57	1.10	1.01	1.13	1.25	1.28	1.34	1.41	1.55	1.68
甘肃	1.75	0.64	0.44	0.42	0.50	0.54	0.55	0.56	0.56	0.51
青海	0.27	0.15	0.12	0.12	0.12	0.14	0.15	0.15	0.16	0.15
宁夏	0.25	0.25	0.22	0.23	0.25	0.28	0.31	0.32	0.31	0.33
新疆	0.89	0.53	0.54	0.53	0.57	0.60	0.66	0.71	0.76	0.79
辽宁	3.69	4.23	5.26	5.19	5.05	4.68	4.16	3.21	2.12	1.78
吉林	1.67	1.02	1.36	1.58	1.54	1.45	1.41	1.48	1.59	1.60
黑龙江	1.64	1.06	1.01	1.04	1.14	1.19	1.14	1.09	1.04	1.00

资料来源：经本书计算所得，原始数据来自 2001—2018 年各省份统计年鉴。

表 2－51 和图 2－21 是 2000—2017 年中国四大区域规模以上工业企业的个数占全国规模以上工业企业个数的比重及其变化趋势。从表 2－51 和图 2－21 中可以看出，这四个区域的变化趋势基本稳定，其中东部地区和西部地区的规模以上工业企业个数占比略有下降，东北地区从 2000 年的 7.006% 下降到了 2017 年的 4.381%，中部地区的企业个数占比有所上升，从 2000 年的 19.354% 上升到了 2017 年的 23.054%。在四大区域中，东部地区仍然占有全国约 60% 的比重，而东北地区规模以上的大企业数量有所下降。

表 2 - 51　2000—2017 年中国四大区域规模以上工业企业个数占比　（%）

年份	东部	中部	西部	东北
2000	59.368	19.354	14.273	7.006
2005	68.202	14.650	10.832	6.317
2010	64.277	17.206	10.875	7.642
2011	60.486	19.663	12.034	7.816
2012	59.530	20.391	12.357	7.721
2013	59.333	20.854	12.491	7.322
2014	58.751	21.724	12.824	6.701
2015	58.524	22.487	13.208	5.781
2016	57.987	23.423	13.842	4.748
2017	58.709	23.054	13.857	4.381

资料来源：经本书计算所得，原始数据来自 2001—2018 年各省份统计年鉴。

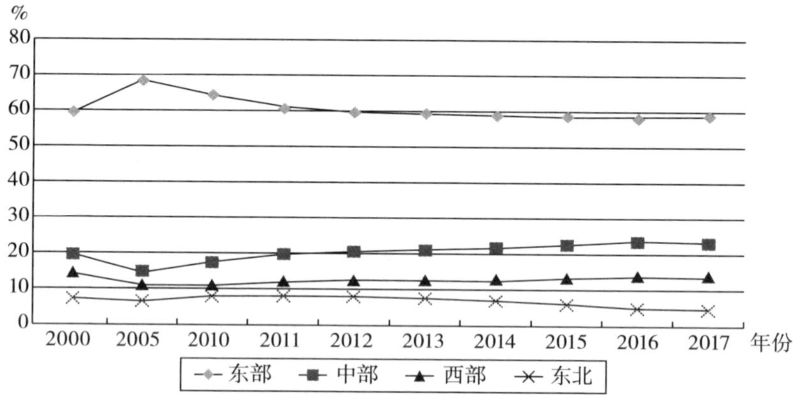

图 2 - 21　2000—2017 年中国四大区域规模以上工业企业个数占比变化趋势

资料来源：经本书计算所得，原始数据来自 2001—2018 年各省份统计年鉴。

2.7.2　产出结构

表 2 - 52 是 2000—2017 年中国各省份规模以上工业企业的工业总产值。从中可以看出，各省份在这一阶段内工业总产值都有了极大的发展，其中江苏、山东和广东三个省份的规模以上工业企业总产值占据全国前三位，遥遥领先于其他省份，尤其山东省在 2017 年其工业总产值为 137441 亿元，相比 2000 年的 8312 亿元增长了 15.5 倍，而且东部地区工业

总产值所占份额较高，说明东部地区的发展是以大企业为主导的。而青海、宁夏等西部偏远省份，由于其资本积累和企业个数的缺乏，导致其企业总产值排在全国较后的位置。

表 2-52 2000—2017 年中国 31 个省份规模以上工业企业总产值

单位：亿元

省份	2000	2005	2010	2011	2012	2013	2014	2015	2016	2017
北京	2842	6946	13700	14514	15596	17371	18453	17450	18087	18901
天津	2606	6774	16752	20863	23428	26515	28035	28242	27402	—
河北	3426	11008	31143	39699	43049	46317	47676	—	—	—
上海	6205	15768	30114	32445	31897	32089	32665	31323	31136	34135
江苏	10453	32707	92056	107681	120125	134081	143017	149841	157640	—
浙江	6604	23107	51394	56406	59124	62980	67040	66819	68953	66328
福建	2616	8136	21901	27444	29705	33853	38405	41251	44544	47236
山东	8312	30523	83851	99505	114707	129906	141415	145964	150705	137441
广东	12481	35943	85825	94872	95602	109673	119713	124649	133768	135722
海南	203	473	1381	1600	1747	1779	1978	1878	1871	—
山西	1217	4851	12471	16014	16936	—	—	—	—	—
安徽	1661	4567	18732	25876	29245	33757	37421	38798	43436	—
江西	932	2979	13836	17906	20809	24677	28792	30778	33732	—
河南	3495	10487	34996	46856	—	—	—	—	—	—
湖北	3064	6067	21623	28073	33451	39209	43394	45810	—	—
湖南	1628	4755	19009	26387	28629	—	—	—	—	—
内蒙古	749	2996	16020	17318	18192	20098	19969	19133	20719	—
广西	1003	2547	9644	12837	15657	18362	20640	22582	24467	26251
重庆	962	2526	9144	11847	13095	15785	18782	21400	23907	21173
四川	2077	6178	23147	30485	31033	35329	38359	40616	—	—
贵州	632	1690	4206	5521	6544	8075	9507	10793	11877	11048
云南	1063	2596	6465	7781	9225	10289	10522	10156	10610	11590
西藏	15	27	62	75	87	102	115	139	169	—
陕西	1268	3398	11200	14283	16926	18982	20016	20334	21838	23825
甘肃	841	1988	4902	6175	7039	7997	8396	7325	6904	6224
青海	196	374	1482	1894	2200	2537	2656	2518	2836	2494

续表

省份	2000	2005	2010	2011	2012	2013	2014	2015	2016	2017
宁夏	294	672	1924	2491	3024	3502	3748	3836	4120	—
新疆	852	2103	5342	6721	7533	8680	9432	8133	8270	9646
辽宁	4250	10815	36219	41777	49032	52892	50091	33499	21319	22949
吉林	1680	3792	13098	16918	19972	22061	23541	23057	24087	—
黑龙江	2461	4715	9535	11515	12566	13719	13424	11608	11280	—

资料来源：2001—2018 年各省份统计年鉴。

2.8 结 论

从 1949 年新中国成立到 1978 年改革开放，再到当前中国特色社会主义进入新时代，中国的产业发展完成了从无到有、从少到多的转变。虽然在这段历史时期产业发展经历了许多曲折和失误，付出了许多高昂的代价，但仍然奠定了我国工业化的基础。除此以外，改革开放 40 年以来，我国的产业发展在生产能力和产量方面大大缩小了同经济发达国家之间的差距，国内市场由供不应求转向了相对过剩，由短缺走向了繁荣。进入新时代以后，我国东部沿海地区部分省份的产业发展已经开始实现从低到高的转变，在整体素质和效率方面，开始逐渐缩小与发达国家之间的差距。从前文的分析中，可以得出以下几个结论：

一是东、中、西部地区经济稳步增长，东北地区经济在近年来有所下滑。从整体来看，东部地区总体经济态势良好，虽然增速下降，但在产业总值上仍处于绝对优势，对我国经济整体的支撑作用并无改变，中西部地区经济增长较快，呈现出良好的增长态势和发展前景，但东北地区经济有所下滑，发展态势不容乐观。

二是各区域产业结构趋于优化，中西部工业化开始提速。在这一阶段，由于东部地区服务业的发展和东部产业向中西部的转移以及国家实施的西部大开发、中部崛起等区域协调的发展战略，中西部地区的产业结构都有所优化和升级。

三是东部地区的全要素生产率有所提高，其余地区经济效率和技术进步的发展还有待提高。从技术水平来说，只有东部地区的全要素生产率高于全国平均水平，其他地区的各项指标都低于全国平均水平。

四是各地区产值利润率都有所上升。在此之间，东部地区的产值利润率一直都在全国平均水平之上，这说明东部地区企业的经营状况明显优于全国平均水平。但与之相应的，西部地区和东北地区同东部地区的差距也开始逐渐扩大。

五是对外贸易和 FDI 大多集中在东部沿海地区。东部地区良好的地理位置、廉价的劳动力、开放的市场环境和政府政策的支持都是吸引外商来华投资的有利条件，进而促进了东部地区外贸的发展。

六是产业所有制结构继续调整。无论从投入角度还是产出角度，国有及国有控股工业企业的发展占全国的比重仍然是三种所有制中占比最高的种类，国有企业仍然是我国经济的支柱。随着市场环境的逐步开放，私营企业作为非公有制经济的一种，逐渐成为国民经济重要的组成部分之一，也为我国经济的发展吸纳了许多劳动就业。

七是规模以上工业企业发展态势良好，且多集中在东部沿海地区。规模以上工业企业的发展得力于该地资产和企业数量的增加，企业总资产的数量在一定程度上反映了企业的规模和企业的盈利水平，而我国大部分规模以上工业企业都集中在东部地区，说明东部地区的市场环境适宜大企业发展，也说明东部地区的发展模式是以大企业为主导的。

今后相当长的一段时期，在“创新、协调、绿色、开放、共享”的新发展理念下，加快培育产业发展新动能、实现产业迈向中高端将是新时代中国产业高质量发展的核心命题。

3 产业发展质量：基于新发展理念的评价

随着中国从经济高增长转向高质量发展，产业发展质量就成为中国经济发展中的重大问题，也逐步得到现有研究的重视。对于产业发展质量，存在两个视角的含义；第一层含义是产业自身发展质量，包括产业结构、产业技术复杂度、产业效率、产业效益等多方面；第二层含义是产业发展对于经济发展的推动作用，即产业发展是否，或在多大程度上推动了经济高质量发展。目前，无论是对产业发展质量的总体研究，还是对产业发展质量某一具体方面的深入研究，现有研究的视角主要集中于对产业发展本身质量的度量与评价，但是对于产业发展是否，以及在多大程度上推动了经济高质量发展，还并未得到相关研究的重点关注。本书正是从产业发展质量第二层含义的视角，通过研究产业发展推动经济高质量发展问题，对产业发展质量进行评价。

“创新、协调、绿色、开放、共享”的新发展理念在党的十八届五中全会上提出，这是在深刻总结国内外发展经验教训基础上形成的，集中反映了党对经济社会发展规律认识的深化，也是针对我国发展中的突出矛盾和问题提出来的①。因此，新发展理念就成为经济高质量发展的重要内涵。本书正是基于产业发展对创新发展、协调发展、绿色发展、开放发展、共享发展等各方面的推动作用，分析与评价产业发展对经济发展质量的推动作用。

本书所建立的模型参照了王章豹等（2018）在中国技术创新与产业结

① 中共中央文献研究室，编．习近平关于社会主义经济建设论述摘编［M］．北京：中央文献出版社，2017：21.

构升级的耦合协调关系研究，以该文献所使用的耦合协调度模型为基础，考虑到其模型中部分缺乏一定的科学来源依据，又结合钱丽等（2012）在中国区域工业化、城镇化与农业现代化耦合协调度及其影响因素的研究中所使用的离差系数来构建模型，从而建立与耦合协调度近似的数理模型——协调发展度模型，进行实证测度分析。通过构建新发展理念与产业发展质量各自的指标体系框架，并运用熵值法对各评价指标进行赋值，得到各指标的综合评价指数，利用协调发展度模型测度各系统与产业发展质量的关系。

3.1 产业发展质量：基于创新发展的评价

3.1.1 创新对产业发展质量的作用机理

技术创新是创新的核心所在，尤其是在产品和工艺上的技术创新能够极大地改进生产工艺，提高产品的质量，在丰富产品市场的同时，甚至能够衍生出新的市场需求，并且在降低生产成本的作用下提高市场竞争力。技术创新对产业发展质量的作用机理主要包括两个方面：创新扩散和创新融合①。创新扩散是指创新由源头向外部经济发散以及到应用的过程。创新融合是指两种或者多种技术创新相结合产生新技术创新的过程。虽然扩散与融合的方向相反，但是两者之间相互补充。

创新扩散对产业发展质量的传导机制分为三步：第一步，技术创新的产生，即技术创新的起源；第二步，产生的技术创新通过区域之间以及产业之间的密切联系扩散到整个产业体系；第三步，扩散到整个产业体系的技术创新的促进作用会扩大生产规模或者市场需求，从而促进经济增长。另外，不同产业对技术创新敏感程度的差异性，会使产业之间的价格、要素配置发生巨大差异，进而导致产业结构的变迁，最终带来产业发展质量的演进。

创新融合对产业发展质量的传导机制分为三步：第一步，技术融合先

① 魏庆文，杨蕙馨，王军．创新驱动对现代产业发展新体系演进的作用机理——基于生产函数的视角[J]．现代财经，2018(7)：106－108.

提高先进企业的技术水平，然后通过扩散效应提高整个行业的技术水平；第二步，弱化产业之间的技术边界，从而促进产业融合，提高产业规模；第三步，融合会打破原有的技术创新模式，产生颠覆性的技术创新，催生出新的产业，最终推进产业发展。

3.1.2 创新指标体系的建立

（1）指标说明

在建立创新指标体系的过程中，遵循以下原则：①指标的低成本和可操作性。指标数据可直接获得，以增加数据的真实性；②指标的有效性和可信性。各指标应具有明确的行为导向；③指标的可定量化性。不同指标应当能够体现出不同程度的测评目标的能力，根据指标各自的体现程度，可赋予权数。

莫滕·汉森（Morten T. Hansen）和朱力安·伯金肖（Julian Birkinshaw）2007 年提出了三阶段创新价值链，即创意产生—创意转化—创意推广。因此，在测度创新能力时，单一的创新指标数据虽然易于收集处理，但存在局限性和片面性，不能够全面综合衡量创新水平。且国际上大多是采用综合指标评价体系，即通过构造“要素—子要素—指标”的层次来建立指标评价体系，然后逐级加权求和，最后汇总为一个综合得分。并且，当前大多数文献主要通过创新投入、创新产出和创新支撑三个方面来构建评价指标体系。因此，本书在现有指标的基础上，经过筛选，构建的技术创新评价指标体系包括创新投入能力、创新产出能力、创新环境支撑能力和创新转化能力 4 个一级指标，同时又分为 7 个二级指标。具体细分如表 3-1所示。

表 3-1 技术创新评价指标体系

测评目标	一级指标	二级指标（X_j）	单位	指标属性
技术创新能力	创新投入能力	R&D 经费投入强度（X_1）/%		+
		R&D 人员投入强度（X_2）	年	+
	创新产出能力	发明专利占专利授权数的比重（X_3）/%		+
		发表科技论文数（X_4）	万篇	+

续表

测评目标	一级指标	二级指标（X_j）	单位	指标属性
	创新环境支撑能力	教育经费占财政支出的比重（X_5）/%		+
		科研经费占财政支出的比重（X_6）/%		+
	创新转化能力	技术市场成交额占 GDP 的比重（X_7）/%		+

表 3－1 中，R&D 经费投入强度＝国内研究与发展经费投入/GDP 总值；R&D 人员投入强度＝R&D 人员全时当量/就业人数，用于衡量行业从事研发开发工作的人力资本情况。

由于统计数据的年份时间跨度较大，本书从 2005 年以前以每间隔四年的方式选取一年统计数据。对于个别缺失年份的指标数据，本书在对原始数据进行线性回归的基础上，用线性预测值来代替缺失值。受限于篇幅，省略了技术创新指标的原始数据和计算步骤。本书以下的数据处理都是与此相一致的，故在篇幅后面不再赘述。

（2）创新评价指标的计算

按照 Min－Max 标准化法和熵值法计算出技术创新能力的 7 个二级指标的权重值，如表 3－2 所示。

表 3－2 技术创新的各指标在评价体系中的占比

测评目标	二级指标（X_j）	权重
技术创新能力	R&D 经费投入强度（X_1）	0.1273
	R&D 人员投入强度（X_2）	0.1404
	发明专利占专利授权数的比重（X_3）	0.0731
	发表科技论文数（X_4）	0.1117
	教育经费占财政支出的比重（X_5）	0.3782
	科研经费占财政支出的比重（X_6）	0.1066
	技术市场成交额占 GDP 的比重（X_7）	0.0626

资料来源：原始数据来源于 1950—2018 年的《中国统计年鉴》，表中的数值通过研究方法（Min－Max 标准化和熵值法）计算得到。

3.1.3 产业发展质量指标体系的建立

（1）指标说明

产业发展是产业的产生、成长和进化过程，既包括单个产业的发展演变过程，又包括产业总体，即整个国民经济的发展演变过程。本书是通过研究产业发展对经济发展质量的推动效果，从而再逆向评价新中国成立至今的产业发展质量的整个发展历程。因此，关于产业发展的研究视角定位在产业总体上，故本书的产业发展质量指标体系主要基于任保平教授出版的《中国经济增长质量发展报告（2015）》所建立的产业增长质量的指标体系，结合本书研究目的，经过筛选，本书所建立的产业发展质量指标体系如表 3-3 所示。

表 3-3 产业发展质量评价指标体系

测评目标	一级指标	二级指标（Y_j）	单位	指标属性
产业发展质量	产业增长的效率	第一产业生产效率（Y_1）	—	+
		第二产业生产效率（Y_2）	—	+
		第三产业生产效率（Y_3）	—	+
	产业增长的效益	第一产业增加值率（Y_4）/%		+
		第二产业增加值率（Y_5）/%		+
		第三产业增加值率（Y_6）/%		+
		产业高级化指数（Y_7）	—	+
	产业增长的结构	第一产业增长率（Y_8）/%		+
		第二产业增长率（Y_9）/%		+
		第三产业增长率（Y_{10}）/%		+
		第一产业对国内生产总值增长的拉动（Y_{11}）/%		+
		第二产业对国内生产总值增长的拉动（Y_{12}）/%		+
		第三产业对国内生产总值增长的拉动（Y_{13}）/%		+
	产业增长的福利变化	第一产业就业人数（Y_{14}）	万人	+
		第二产业就业人数（Y_{15}）	万人	+
		第三产业就业人数（Y_{16}）	万人	+
	产业增长的能源环境代价	居民收入增长率（Y_{17}）/%		+
		能源消费弹性系数（Y_{18}）	—	-
		能源加工转换总效率（Y_{19}）/%		+

续表

测评目标	一级指标	二级指标（Y_j）	单位	指标属性
产业发展质量	产业增长的能源环境代价	环境污染治理投资（Y_{20}）	亿元	+
	竞争力变化	实际利用外商直接投资金额（Y_{21}）	万美元	+
		贸易竞争力指数（Y_{22}）/%		+

表 3－3 中，第 n 产业生产效率 = 第 n 产业产值比重/第 n 产业就业比重；第 n 产业增加值率 = 第 n 产业增加值/第 n 产业产值；第 n 产业增长率 = 第 n 增加值增量/GDP 增量；第 n 产业对国内生产总值增长的拉动 = 第 n 产业贡献率 * GDP 增长速度；产业高级化指数 = 第三产业产值比重/第二产业产值比重；贸易竞争力指数 = 货物进出口差额/货物进出口总额。

（2）产业评价指标的计算

按照 Min－Max 标准化法和熵值法计算出产业发展质量的 22 个二级指标的权重值，如表 3－4 所示。

表 3－4 产业发展质量的各指标在评价体系中的占比

测评目标	二级指标（Y_j）	权重
产业发展质量	第一产业生产效率（Y_1）	0.0599
	第二产业生产效率（Y_2）	0.0703
	第三产业生产效率（Y_3）	0.0783
	第一产业增加值率（Y_4）	0.0509
	第二产业增加值率（Y_5）	0.0445
	第三产业增加值率（Y_6）	0.0671
	产业高级化指数（Y_7）	0.0206
	第一产业贡献率（Y_8）	0.0801
	第二产业贡献率（Y_9）	0.0171
	第三产业贡献率（Y_{10}）	0.0281
	第一产业对国内生产总值增长的拉动（Y_{11}）	0.0633
	第二产业对国内生产总值增长的拉动（Y_{12}）	0.0291
	第三产业对国内生产总值增长的拉动（Y_{13}）	0.0281

续表

测评目标	二级指标（Y_j）	权重
产业发展质量	第一产业就业人数（Y_{14}）	0.0192
	第二产业就业人数（Y_{15}）	0.0301
	第三产业就业人数（Y_{16}）	0.0387
	居民收入增长率（Y_{17}）	0.0928
	能源消费弹性系数（Y_{18}）	0.0265
	能源加工转换总效率（Y_{19}）	0.0184
	环境污染治理投资（Y_{20}）	0.0680
	实际利用外商直接投资金额（Y_{21}）	0.0604
	贸易竞争力指数（Y_{22}）	0.0087

资料来源：原始数据来源于1950—2018年的《中国统计年鉴》，表中的数据通过研究方法（Min – Max 标准化和熵值法）计算得到。

3.1.4 创新与产业发展质量的协调度测度

协调度是度量系统之间或系统内部要素之间在发展过程中彼此和谐一致的程度，体现系统由无序走向有序的趋势，即度量系统或要素之间协调状况好坏程度的定量指标。结合 Min – Max 标准化法、熵值法和协调度的定义，可以得到两个系统各自的效益函数为：

$$f(p_x) = \sum_{i=1}^{n_1} w_x p_x \qquad (3-1)$$

$$f(p_y) = \sum_{i=1}^{n_2} w_y p_y \qquad (3-2)$$

其中，p_x 与 p_y 分别表示经过标准化处理后的两个系统的指标，n_1 与 n_2 分别表示两个系统的指标个数，w_x 与 w_y 分别表示各指标所占的权重，即效益函数是由加权平均得到的。

本书在离差系数的基础上推导得到协调度的计算公式为：

$$C = \left\{ \frac{f(p_x) f(p_y)}{\left[\frac{f(p_x) + f(p_y)}{2} \right]^2} \right\}^k, k \geqslant 2 \qquad (3-3)$$

其中，C 为协调度，k 为调节系数，表示所研究系统的个数。结合本书所要研究的创新、协调、绿色、开放、共享与产业发展质量的关系，C 值反映了这五组变量进行组合协调的数量程度，且 $0\leqslant C\leqslant 1$，当 C 值越大则系统之间越协调；反之，则系统之间越不协调。然而，由于存在当两个系统都处于低水平发展阶段，其反映的协调度数值依旧较大的特殊情况，本书在协调度 C 的基础上引入协调发展度为：

$$D = \sqrt{C \times T} \tag{3-4}$$

$$T = \alpha f(p_x) + \beta f(p_y) \tag{3-5}$$

其中，C 为协调度，T 为两研究变量的综合评价指数，反映其整体效益水平，α 与 β 为待定权数。

为了科学地比较技术创新能力与产业发展质量的协调程度，本书根据协调度 C 的数值范围给出了对应的等级划分如表 3－5 所示①，并对协调发展度 D 进行等级划分的同时列出了 $f(p_x)$ 与 $f(p_y)$ 的对比关系如 3－6 所示。

表 3－5　协调度 C 的区间划分

序号	协调度	协调等级
1	$C=0$	无关联
2	$0<C\leqslant 0.3$	低水平协调
3	$0.3<C\leqslant 0.5$	颉颃时期
4	$0.5<C\leqslant 0.8$	磨合时期
5	$0.8<C<1$	高水平协调
6	$C=1$	良性共振

表 3－6　协调发展度 D 的区间划分与 $f(p_x)$ 与 $f(p_y)$ 对比关系

协调发展度 D 取值区间	协调类型	$f(p_x)$ 与 $f(p_y)$ 的对比关系
$0.9<D\leqslant 1$	优质协调	$f(p_x)-f(p_y)>0.1$，产业发展滞后型 $f(p_y)-f(p_x)>0.1$，另一系统滞后型 $\lvert f(p_x)-f(p_y)\rvert\leqslant 0.1$，两系统同步型
$0.8<D\leqslant 0.9$	良好协调	
$0.7<D\leqslant 0.8$	中级协调	
$0.6<D\leqslant 0.7$	初级协调	

① 马丽，金凤君，刘毅．中国经济与环境污染耦合度格局及工业结构解析［J］．地理学报，2012，10（10）：1303.

续表

协调发展度 D 取值区间	协调类型	$f(p_x)$ 与 $f(p_y)$ 的对比关系
$0.5 < D \leq 0.6$	轻度失调	
$0.4 < D \leq 0.5$	中度失调	
$D \leq 0.4$	严重失调	

本书根据上述模型的计算公式以及技术创新与产业发展同等重要的关系，得到 $\alpha=0.5$，$\beta=0.5$，计算出技术创新与产业发展质量的协调发展度 D、$f(p_x)$、$f(p_y)$、C，统计如表 3－7 所示。

表 3－7　1950—2017 年创新与产业发展的协调度与协调发展度

年份	C	协调阶段	$f(p_x)$	$f(p_y)$	D	协调发展类型
1950	0.86863	高水平协调	0.5630	0.3301	0.6228	初级协调产业发展滞后型
1955	0.81178	高水平协调	0.1579	0.3029	0.4325	中度失调创新发展滞后型
1960	0.34229	低水平协调	0.0431	0.3216	0.3011	严重失调创新发展滞后型
1965	0.43311	颉颃时期	0.0968	0.3693	0.3177	严重失调创新发展滞后型
1970	0.58773	磨合时期	0.1084	0.3110	0.3511	严重失调创新发展滞后型
1975	0.56385	磨合时期	0.1019	0.3050	0.3387	严重失调创新发展滞后型
1980	0.94423	高水平协调	0.2097	0.2945	0.4879	中度失调同步型
1985	0.68230	磨合时期	0.1756	0.4268	0.4533	中度失调创新发展滞后型
1990	0.43369	颉颃时期	0.1113	0.4243	0.3408	严重失调创新发展滞后型
1995	0.46877	颉颃时期	0.1570	0.5592	0.4097	中度失调创新发展滞后型
2000	0.89059	高水平协调	0.2153	0.3492	0.5014	轻度失调创新发展滞后型
2005	0.97702	高水平协调	0.3189	0.3957	0.5908	轻度失调同步型
2006	0.97956	高水平协调	0.3228	0.2634	0.5359	轻度失调同步型
2007	0.99871	高水平协调	0.3257	0.3095	0.5632	轻度失调同步型
2008	0.99061	高水平协调	0.3506	0.3056	0.5701	轻度失调同步型
2009	0.95402	高水平协调	0.3834	0.2849	0.5634	轻度失调同步型
2010	0.98500	高水平协调	0.3860	0.3244	0.5915	轻度失调同步型
2011	0.97091	高水平协调	0.4145	0.3250	0.5992	轻度失调同步型
2012	0.94059	高水平协调	0.4485	0.3158	0.5995	轻度失调产业发展滞后型
2013	0.94164	高水平协调	0.4644	0.3280	0.6108	初级协调产业发展滞后型
2014	0.92778	高水平协调	0.4807	0.3260	0.6117	初级协调产业发展滞后型

续表

年份	C	协调阶段	$f(p_x)$	$f(p_y)$	D	协调发展类型
2015	0.92402	高水平协调	0.5013	0.3364	0.6221	初级协调产业发展滞后型
2016	0.90533	高水平协调	0.5239	0.3347	0.6234	初级协调产业发展滞后型
2017	0.88689	高水平协调	0.5376	0.3285	0.6197	初级协调产业发展滞后型

资料来源：表中数据是由协调发展度模型计算得到的。协调发展度模型：$f(p_x)=\sum_{i=1}^{n_1} w_x p_x$；$f(p_y)=\sum_{i=1}^{n_2} w_y p_y$。$C=\left\{\frac{f(p_x)f(p_y)}{\left[\frac{f(p_x)+f(p_y)}{2}\right]^2}\right\}^k$；$T=\alpha f(p_x)+\beta f(p_y)$；$D=\sqrt{C\times T}$。

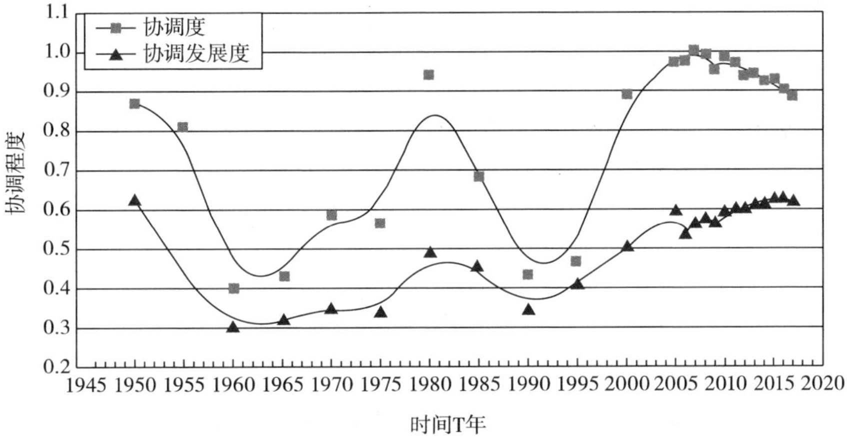

图 3-1　1950—2017 年创新与产业发展的协调度和协调发展度的趋势

3.1.5　实证结果讨论

（1）从表 3-7 和图 3-1 中可以看出，1950—2017 年，我国技术创新能力与产业发展质量的协调度变化明显，在 2000 年以前协调度的变化幅度比较大，主要表现为三阶段的变化趋势：下降—上升—下降。2000 年以后变化幅度较小，存在时间方面典型的阶段性特征。协调发展度整体上与协调度的变化趋势一致，但其变化幅度明显小于协调度的变化幅度。同时，协调度始终大于协调发展度，表明两系统之间的发展状态是趋于一致的，但是其相似性却处于相对较低的水平。

（2）从协调发展的变化趋势分析，可分为两个阶段：第一阶段为相对不稳定阶段——1950—1995年，但协调度与协调发展度的变化趋势一致，表明技术创新系统与产业发展系统之间的差异性时小时大，没有明确的向一个状态变化的趋势，这种差异性的变化表现在两者的水平在低层次中呈缓慢增长的态势，即就其变化的状况而言，两系统依旧处在都较差的协调时期。第二阶段为增长阶段——1995—2017年，协调度呈现出明显上升到相对稳定的状态趋势，虽然其在2000年以来有波动式下降的趋势，但其水平依旧保持在较高的发展阶段。而协调发展度则主要表现为上升趋势，表明技术创新与产业发展的差异性在变小的前提下，这种差异性的变化表现在两者的水平逐渐由低层次向高层次演进，即两系统自身的发展水平在不断提高。进一步说明在此阶段，技术创新与产业发展的相关调整变革在很大程度上促进了两者之间的协调一致性，也使其协调发展水平在整体上不断改进。

（3）从协调发展的类型分析，可分为两个阶段：第一阶段是1950—2000年，主要表现为创新发展滞后的失调类型，即技术创新不足是协调发展水平较低的主要原因。2000年以前我国的技术创新水平较为落后，且主要依靠技术引进，而非自主创新，因此，在此阶段，技术创新与产业发展处于失调时期，且失调的程度变化不定。江泽民同志1995年在全国科学技术大会上指出："创新是一个民族进步的灵魂，是国家兴旺发达的不竭动力。如果自主创新能力上不去，一味靠技术引进，就永远难以摆脱技术落后的局面。一个没有创新能力的民族，难以屹立于世界先进民族之林。"自此，创新才逐渐上升为国家发展的重要决策之一。第二阶段是2000—2017年，也就是创新被提升至重要位置时期，主要表现为轻度协调同步型和初级协调产业发展滞后型，即随着技术创新的不断加强，产业发展的相对滞后成为协调发展水平较低的主要原因。在此阶段，党的十七大报告提出了"建设创新型国家，最关键的是要大幅度提高自主创新能力"；党的十八大提出的实施创新驱动发展战略，就是要推动以科技创新为核心的全面创新；党的十九大提出了加快建设创新型国家。故而在此阶段技术创新的升级与产业发展之间经过适应性调整逐渐向创新驱动产业的方向发展。但是由于我国的经济发展起步较晚，产业结构不够合理，在发展的新阶段，产业结构的落后是引起产业发展后续动力不足的主要原因。同时，技术创新与产业发展协调发展的良性互动机制尚未形成，中国依旧存在技术创新能力对产业发展质量的支撑力不够、产业发展对技术创新的带动力不够等诸多问题。

3.2 产业发展质量：基于协调发展的评价

3.2.1 协调对产业发展质量的作用机理

协调发展的核心是解决发展不平衡、不协调、不可持续问题。协调的内涵是各系统要素之间能够在保持良性循环的基础之上朝简单到复杂、无序到有序、低级到高级的方向演进。协调对产业发展质量的作用机理主要包括两个方面：各部分之间的协调和部分与整体的协调。

各部分之间的协调主要通过要素有序自由流动，其是缩小区域、城乡等之间人均经济差距最有效的手段。按亚当・斯密的理论推导，生产按照绝对成本的高低进行分工，会引致生产要素从低效率产业向高效率产业流入，促进资源配置合理化和产业结构升级优化，最终提升产业发展的质量。在此机制下可以调整好经济结构各要素之间的矛盾问题。

部分与整体之间的协调主要通过补短板和拉长长板来推动产业高质量发展。补短板就是针对薄弱环节和滞后领域，剔除或扶持弱势产业，为整体产业发展注入后劲；拉长长板就是立足于自身优势和特色产业，积极发挥其优势性，将其单核发展的动能聚合成推动产业经济整体发展的强劲势能。

3.2.2 协调指标体系的建立

（1）指标说明

本书建立协调指标体系的原则与创新相同。黄征学在《协调发展的内容与内涵》（2018）一文中指出协调发展包括城乡协调、区域协调、经济社会协调、“四化”同步。阮云婷等在《城乡区域协调发展度的测度和评价》（2017）一文中建立了城乡区域协调发展水平评价指标体系。庞玉萍在《区域协调发展内涵及其测度研究进展》（2018）一文中对区域协调发展概念的内涵和测度方法进行了文献梳理。漆向东在《“三化”协调发展的科学内涵与衡量标准》（2012）一文中对“三化”协调的标准作出了总结。因此，本书在借鉴以上研究的基础上，经过筛选，构建的协调指标体系包括3个一级指标和7个二级指标，具体细分如表3－8所示。

表3－8　协调水平评价指标体系

测评目标	一级指标	二级指标（S_j）	单位	指标属性
协调水平	各产业平衡水平	第一产业发展平衡度（S_1）	—	+
		第二产业发展平衡度（S_2）	—	+
		第三产业发展平衡度（S_3）	—	+
	收入增长同步水平	基尼系数（S_4）	—	—
		居民收入增长同步率（S_5）	—	+
	城乡协调	城乡恩格尔系数之比（S_6）	—	+
		城乡居民收入水平（S_7）/%		+

表3－8中，第一产业发展平衡度＝第一产业产值比重/第一产业就业比重；第二产业发展平衡度＝第二产业就业比重/第二产业产值比重；第三产业发展平衡度＝第三产业就业比重/第三产业产值比重；居民收入增长同步率＝人均居民收入增长率/人均国民收入增长率；城乡居民收入水平＝农村居民人均纯收入/城镇居民人均可支配收入。

（2）协调指标的计算

按照Min－Max标准化法和熵值法计算出协调水平的7个二级指标的权重值，如表3－9所示。

表3－9　协调水平的各指标在评价体系中的占比

测评目标	二级指标（S_j）	权重
协调水平	第一产业发展平衡度（S_1）	0.2379
	第二产业发展平衡度（S_2）	0.0670
	第三产业发展平衡度（S_3）	0.0969
	基尼系数（S_4）	0.2707
	居民收入增长同步率（S_5）	0.0880
	城乡恩格尔系数之比（S_6）	0.0644

续表

测评目标	二级指标（S_j）	权重
协调水平	城乡居民收入水平（S_7）	0.1750

资料来源：原始数据来源于1950—2018年的《中国统计年鉴》《国际统计年鉴》《中国劳动统计年鉴》以及国家统计局网站和相关统计汇总，表中的数据通过研究方法（Min－Max标准化和熵值法）计算得到。

3.2.3 协调与产业发展质量的协调度测度

本书根据前文模型的计算公式以及协调与产业发展同等重要的关系，得到$\alpha=0.5$、$\beta=0.5$，计算出协调与产业发展质量的协调发展度D、$f(p_s)$、$f(p_y)$、C，统计如表3－10所示。

表3－10 1950—2017年协调与产业发展的协调度与协调发展度

年份	C	协调阶段	$f(p_s)$	$f(p_y)$	D	协调发展类型
1950	0.77544	磨合时期	0.6787	0.3301	0.6254	初级协调产业发展滞后型
1955	0.79731	磨合时期	0.5976	0.3029	0.5992	轻度失调产业发展滞后型
1960	0.98107	高水平协调	0.3911	0.3216	0.5913	轻度失调同步型
1965	0.91543	高水平协调	0.5631	0.3693	0.6533	初级协调产业发展滞后型
1970	0.92146	高水平协调	0.4667	0.3110	0.5986	轻度失调产业发展滞后型
1975	0.86825	高水平协调	0.5207	0.3050	0.5987	轻度失调产业发展滞后型
1980	0.78686	磨合时期	0.5927	0.2945	0.5908	轻度失调产业发展滞后型
1985	0.86838	高水平协调	0.7283	0.4268	0.7082	中级协调产业发展滞后型
1990	0.94749	高水平协调	0.5897	0.4243	0.6931	初级协调产业发展滞后型
1995	0.87308	高水平协调	0.3311	0.5592	0.6234	初级协调协调发展滞后型
2000	0.98183	高水平协调	0.2883	0.3492	0.5595	轻度失调同步型
2005	0.71298	磨合时期	0.1718	0.3957	0.4498	中度失调协调发展滞后型
2006	0.92349	高水平协调	0.1765	0.2634	0.4507	中度失调同步型
2007	0.85055	高水平协调	0.1746	0.3095	0.4537	中度失调协调发展滞后型
2008	0.90164	高水平协调	0.1935	0.3056	0.4743	中度失调协调发展滞后型
2009	0.96910	高水平协调	0.2194	0.2819	0.4929	中度失调同步型
2010	0.92080	高水平协调	0.2158	0.3244	0.4987	中度失调协调发展滞后型
2011	0.97702	高水平协调	0.2619	0.3250	0.5354	轻度失调同步型
2012	0.99973	高水平协调	0.3085	0.3158	0.5586	轻度失调同步型

续表

年份	C	协调阶段	$f(p_s)$	$f(p_y)$	D	协调发展类型
2013	0.99996	高水平协调	0.3252	0.3280	0.5715	轻度失调同步型
2014	0.99810	高水平协调	0.3467	0.3260	0.5794	轻度失调同步型
2015	0.99292	高水平协调	0.3790	0.3364	0.5960	轻度失调同步型
2016	0.99868	高水平协调	0.3524	0.3347	0.5858	轻度失调同步型
2017	0.99778	高水平协调	0.3073	0.3285	0.5632	轻度失调同步型

资料来源：表中数据是由协调发展度模型计算得到的。协调发展度模型略。

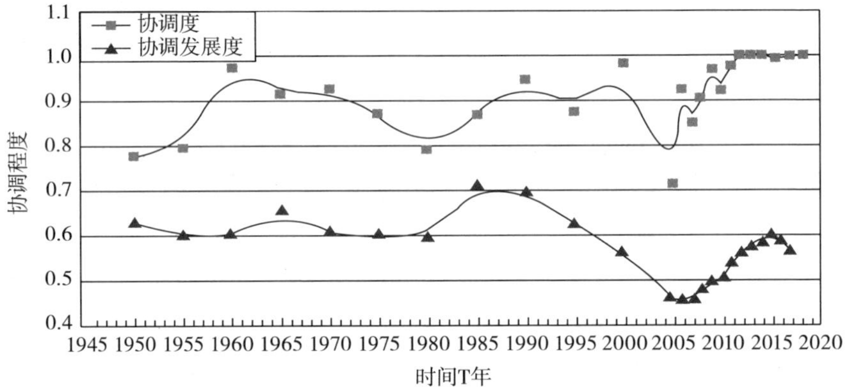

图 3－2　1950—2017 年协调与产业发展的协调度和协调发展度的趋势

3.2.4　实证结果讨论

（1）根据表 3－10 和图 3－2，1950—2017 年，我国协调发展水平与产业发展质量的协调度变化明显，主要表现为大幅波动的趋势，即在 0.7～1 上下波动，存在时间方面典型的阶段性特征。而协调发展度在与协调度的变化趋势相似的基础上又有些不同，具体表现在 1950—1985 年的上下波动、1985—2005 年呈下降趋势和 2005—2017 年呈上升趋势。协调度始终大于协调发展度，表明两系统之间的发展状态是趋于一致的，其相似性从相对较低的水平提高到相对较高的水平。

（2）从协调发展度的变化趋势分析，可分为三个阶段：第一阶段为 1950—1985 年，协调度与协调发展度的变化趋势一致，都处于波动阶段，而协调度相较于协调发展度的波动较大，且协调发展度的水平相较于其所在的整个时期的水平，处于较高的层次，即表明协调系统与产业发展系统之间的差异性不定，这种差异性的不定表现在两者的水平都处于较高层次的波动。第二阶段为1985—2005年，协调度呈现出由上下波动到下降的趋势，而协调发展度则呈现出下降的趋势，表明协调水平与产业发展的差异性在增加，而这种差异性的增加表现在两者自身水平都在向变坏的趋势发展，即协调发展与产业发展之间的关系趋于恶化，发展的平衡性被打破。第三阶段为2005—2017年的恢复时期，协调度与协调发展度呈上升趋势，表明协调水平与产业发展之间的差异性减小，这种差异性的减小表现在两者自身的水平都在变好，从而进一步表明2000年以来我国逐渐注重协调平衡发展。

（3）从协调发展的类型分析，可分为两个阶段：第一阶段为1950—1985年，属于产业发展滞后的失调类型，即产业发展不足对协调发展状况起主要影响作用。我国的产业发展起步较晚，水平较低。第二阶段为1985—2017年，属于协调发展滞后型的失调类型，党的十七大报告中指出人民生活总体上达到小康水平，但收入分配差距拉大趋势还未根本扭转，城乡贫困人口和低收入人口还有相当数量，统筹兼顾各方面利益的难度加大，同时，农业基础薄弱、农村发展滞后的局面尚未改变，缩小城乡、区域发展差距和促进经济社会协调发展任务艰巨。进而党的十七大对我国发展提出了新的更高要求：增强发展协调性。在此协调渐进的阶段，其协调发展水平由低到高，主要表现为“十一五”规划顺利完成、“十二五”规划开始实施，以及我国确定了区域经济发展路线图，重点推进“一带一路”、京津冀协同发展、长江经济带建设。

3.3 产业发展质量：基于绿色发展的评价

3.3.1 绿色对产业发展质量的作用机理

绿色发展观是破解我国经济可持续发展中社会生产、经济增长与资源节约、环境保护发展难题的需要①。生态环境对产业发展质量的作用机制

① 马丽，金凤君，刘毅．中国经济与环境污染耦合度格局及工业结构解析[J]．地理学报，2012，10(10)：1303.

主要包括反馈机制和耦合机制。

反馈机制包括正反馈和负反馈。正反馈是使系统更加偏离平衡位置，不能维持系统的稳态。负反馈是抑制或减弱发生的变化的趋势，使生态系统达到或保持平衡或稳定。对于生态环境而言，其反馈机制也包括正反馈机制和负反馈机制两个方面。正反馈机制：掠夺式的产业发展，超出环境承载力后，对生态环境有极大的破坏。在负外部性的反馈下，随着生产规模扩大、社会成员过度消费等因素的持续影响，生态环境加剧被破坏。负反馈机制：可持续的产业发展，在消耗自然资源的同时，环保型生产技术、绿色能源的开发、节约能耗等随之增强，会缓解生态环境的压力。

耦合原本作为物理学概念，是指两个或两个以上系统或运动形式通过各种相互作用而彼此影响的现象。此处提出的耦合机制具体是指：一方面，生态环境保护工作到位，自然资源的再生能力会增强，产业发展的可持续性提升、后劲更足；另一方面，产业发展又能为生态补偿、生态治理修复等提供坚实的物质保障。

3.3.2 绿色指标体系的建立

（1）指标说明

本书建立绿色指标体系的原则亦与创新相同。20 世纪 80 年代末，经济合作和开发组织（OECD）与联合国环境规划署（UNEP）共同提出了生态环境指标的 PSR 概念模型：压力—状态—响应模型。压力指标反映了人类活动给生态环境造成的负荷；状态指标表征生态环境质量、自然资源与生态系统的状况；响应指标表征人类面临生态环境问题所采取的对策和措施①。现有文献主要基于生态环境的质量水平、生态环境的污染程度、生态环境的抗逆压力、生态环境的生产效率四个方面来衡量生态环境水平。本书在此基础上，经过筛选，构建的环境指标体系包括环境质量水平、环境污染压力、环境治理能力及环境生产效率 4 个一级指标，同时又分 11 个

---

① 刘耀彬，李仁东，张守忠．城市化与生态环境协调标准及其评价模型研究[J]．中国软科学，2005(5)：144.

二级指标，具体细分如表 3－11 所示。

表 3－11　生态环境评价指标体系

测评目标	一级指标	二级指标（U_j）	单位	指标属性
生态环境	环境质量水平	建成区绿化覆盖率（U_1）/%		+
		森林覆盖率（U_2）/%		+
		人均耕地面积（U_3）	亩	－
		人均水资源量（U_4）	立方米/人	+
	环境污染压力	工业废水排放总量（U_5）	亿吨	－
		工业废气排放总量（U_6）	亿标立方米	－
		一般工业固体废弃物产生量（U_7）	万吨	－
	环境治理能力	工业废水治理设施本年运行费用（U_8）	亿元	+
		工业废气治理设施本年运行费用（U_9）	亿元	+
		工业固体废物综合利用率（U_{10}）/%		+
	环境生产效率	单位国内生产总值能耗（U_{11}）	吨标准煤/万元	－

表 3－11 中，单位国内生产总值能耗＝能源消耗总量/国内生产总值，其是指一定时期内，一个国家或地区每生产一个单位的国内生产总值所消耗的能源（由于该指标分为不同可比价格下统计的数据，还需要经过比例处理）。

（2）绿色指标的计算

按照 Min－Max 标准化法和熵值法计算出生态环境的 11 个二级指标的权重值，如表 3－12 所示。

表 3－12　绿色的各指标在评价体系中的占比

测评目标	二级指标（U_j）	权重
生态环境	建成区绿化覆盖率（U_1）	0.0636
	森林覆盖率（U_2）	0.0507
	人均耕地面积（U_3）	0.1155
	人均水资源量（U_4）	0.0389
	工业废水排放总量（U_5）	0.0356
	工业废气排放总量（U_6）	0.0821

续表

测评目标	二级指标（U_j）	权重
生态环境	一般工业固体废弃物产生量（U_7）	0.0862
	工业废水治理设施本年运行费用（U_8）	0.0608
	工业废气治理设施本年运行费用（U_9）	0.1233
	工业固体废物综合利用率（U_{10}）	0.0703
	单位国内生产总值能耗（U_{11}）	0.2731

资料来源：原始数据来源于1950—2018年的《中国环境统计年鉴》以及中国林业网，表中的数据通过研究方法（Min－Max标准化和熵值法）计算得到。

3.3.3 绿色与产业发展质量的协调度测度

本书根据前文模型的计算公式以及生态环境与产业发展同等重要的关系，得到$\alpha=0.5$、$\beta=0.5$，计算出生态环境与产业发展质量的协调发展度D、$f(p_u)$、$f(p_y)$、C，统计如表3－13所示。

表3－13　1950－2017年绿色与产业发展的协调度与协调发展度

年份	C	协调阶段	$f(p_u)$	$f(p_y)$	D	协调发展类型
1950	0.99414	高水平协调	0.3679	0.3301	0.5890	轻度失调同步型
1955	0.99116	高水平协调	0.3461	0.3029	0.5671	轻度失调同步型
1960	0.99423	高水平协调	0.3581	0.3216	0.5813	轻度失调同步型
1965	0.99994	高水平协调	0.3732	0.3693	0.6093	初级协调同步型
1970	0.98612	高水平协调	0.3676	0.3110	0.5785	轻度失调同步型
1975	0.99867	高水平协调	0.3212	0.3050	0.5592	轻度失调同步型
1980	0.99869	高水平协调	0.3100	0.2945	0.5494	轻度失调同步型
1985	0.96166	高水平协调	0.3225	0.4268	0.6003	初级协调环境滞后型
1990	0.98937	高水平协调	0.3666	0.4243	0.6255	初级协调环境滞后型
1995	0.93351	高水平协调	0.3855	0.5592	0.6640	初级协调环境滞后型
2000	0.99909	高水平协调	0.3645	0.3492	0.5971	轻度失调同步型
2005	0.98330	高水平协调	0.3293	0.3957	0.5970	轻度失调同步型
2006	0.97543	高水平协调	0.3293	0.2634	0.5377	轻度失调同步型
2007	0.99981	高水平协调	0.3157	0.3095	0.5591	轻度失调同步型
2008	0.99089	高水平协调	0.3499	0.3056	0.5699	轻度失调同步型
2009	0.96046	高水平协调	0.3747	0.2819	0.5616	轻度失调同步型

续表

年份	C	协调阶段	$f(p_u)$	$f(p_y)$	D	协调发展类型
2010	0.98038	高水平协调	0.3959	0.3244	0.5942	轻度失调同步型
2011	0.98727	高水平协调	0.3814	0.3250	0.5905	轻度失调同步型
2012	0.96420	高水平协调	0.4138	0.3158	0.5931	轻度失调同步型
2013	0.95642	高水平协调	0.4424	0.3280	0.6070	初级协调同步型
2014	0.93333	高水平协调	0.4731	0.3260	0.6106	初级协调产业发展滞后性
2015	0.93606	高水平协调	0.4844	0.3364	0.6198	初级协调产业发展滞后性
2016	0.89858	高水平协调	0.5327	0.3347	0.6243	初级协调产业发展滞后性
2017	0.76183	磨合时期	0.6927	0.3285	0.6237	初级协调产业发展滞后性

资料来源：表中数据是由协调发展度模型计算得到的。协调发展度模型略。

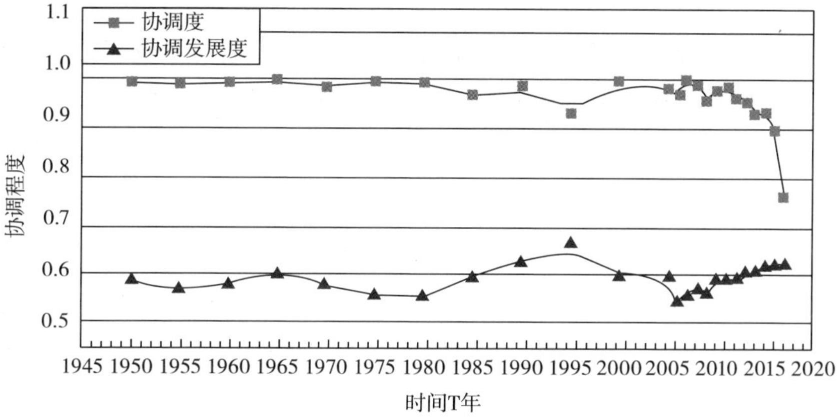

图 3－3　1950—2017 年绿色与产业发展的协调度和协调发展度的趋势

3.3.4　实证结果讨论

（1）根据表 3－13 和图 3－3，1950—2017 年，我国生态环境水平与产业发展质量的协调度变化幅度较小，但各时期变化趋势明显，协调度呈现出水平波动到下降的趋势，协调发展度则呈现出水平波动到上升的趋势，其都存在时间方面典型的阶段性特征。同时，协调度始终大于协调发展度，且协调发展度整体水平比较低，即两系统之间处于水平都比较差的协调阶段。

（2）从协调发展度的变化趋势分析，可分为两个阶段：第一阶段为

1985—2006年，协调度与协调发展度的变化趋势一致，都处于波动阶段，而协调发展度相较于协调度的波动较大，即表明协调系统与产业发展系统之间的差异性不定，这种差异性的不定表现在两者的水平都处于较低层次的波动。第二阶段为2006—2017年，协调度呈下降趋势，而协调发展度则呈现趋于直线的上升趋势，表明生态环境与产业发展之间的矛盾在加剧，也从侧面表明我国粗放式的产业发展模式是不可取的，会激化与生态环境之间的矛盾。但是协调发展度却在增加，且整体水平相对较低，表明以往牺牲生态环境式的产业发展对未来有着长远的负面影响，且在一定程度上是不可逆的。

（3）从协调发展的类型分析，可分为三个阶段：第一阶段为1950—1980年，属于轻度失调同步型，在此阶段，产业发展力水平较低，污染严重的工业产业尚未形成较大规模，对环境资源的利用水平较低。因而表现的环境与产业发展之间矛盾并不显著。第二阶段为1985—1995年，生态环境与产业发展进入初级协调环境滞后型，虽然产业发展得到了提升，在一定程度上弥补了对环境的破坏引发的协调性下降，短期内环境并未有显著的负反馈。第三阶段为1995—2017年，协调同步型到产业发展滞后的阶段，且协调水平由轻度失调向初级协调变化。主要体现在经济社会发展转型时期，经济增速放缓，我国在发展产业经济的同时更加注重对生态环境的保护，但产业发展受到了限制。

3.4 产业发展质量：基于开放发展的评价

3.4.1 开放对产业发展质量的作用机理

“开放”已成为世界经济发展的重要特征之一，而开放发展则是中国面对经济全球化的重要战略措施。对外开放对产业发展的作用机制主要包括需求导向机制和供给导向机制。

需求导向机制包括典型的“三驾马车”中的净出口和对外贸易乘数效应。前者作为国民收入核算中的一部分，直接影响到经济的增长，经济增长可以直接作用到产业发展；后者则是通过凯恩斯提出的对外贸易乘数理论，简言之，就是国民收入的增加量是净出口增加量的数倍，即经济增长的同时，促进产业发展。

供给导向机制包括推进产业技术和完善产业结构两个方面。推进产业技术又包括直接引进技术、外国直接投资技术以及技术外溢来直接影响产业发展的质量。完善产业结构则是通过在外国处于成熟期或者进入衰退阶段的技术产业输入国内，改善我国的产业结构。

3.4.2 开放指标体系的建立

(1) 指标说明

本书建立开放指标体系的原则亦与创新相同。杨永聪在《粤港澳大湾区对外开放水平的测度和比较》(2018) 一文中从贸易开放度、投资开放度、旅游开放度、对外接待能力四个维度来测度其地区的对外开放水平。并且大多数文献主要基于外贸、外资和外经三个方面来分析。因此，本书在此基础上，经过筛选，构建的对外开放指标体系包括 4 个一级指标和 7 个二级指标，具体细分如 3－14 所示。

表 3－14　对外开放评价指标体系

测评目标	一级指标	二级指标 (I_j)	单位	指标属性
对外开放度	贸易开放度	出口依存度 (I_1) /%		+
		进口依存度 (I_2) /%		+
		服务贸易依存度 (I_3) /%		+
	投资开放度	引进外资依存度 (I_4) /%		+
		对外投资依存度 (I_5) /%		+
	金融开放度	外汇储备 (I_6)	亿美元	+
	旅游开放度	旅游外汇收入比重 (I_7) /%		+

表 3－14 中，出口依存度＝出口商品总额/GDP；进口依存度＝进口商品总额/GDP；服务贸易依存度＝服务贸易总额/GDP；引进外资依存度＝实际利用外商直接投资额/GDP；对外投资依存度＝对外投资总额/GDP；旅游外汇收入比重＝旅游外汇收入/GDP。

（2）开放指标的计算

按照 Min - Max 标准化法和熵值法计算出对外开放水平的 7 个二级指标的权重值，如表 3 - 15 所示。

表 3 - 15　开放的各指标在评价体系中的占比

测评目标	二级指标（I_j）	权重
对外开放度	出口依存度（I_1）	0.1198
	进口依存度（I_2）	0.1039
	服务贸易依存度（I_3）	0.0652
	引进外资依存度（I_4）	0.1545
	对外投资依存度（I_5）	0.1912
	外汇储备（I_6）	0.2714
	旅游外汇收入比重（I_7）	0.0940

资料来源：原始数据来源于 1950—2018 年的《中国统计年鉴》，表中的数据通过研究方法（Min - Max 标准化和熵值法）计算得到。

3.4.3　开放与产业发展质量的协调度测度

本书根据前文模型的计算公式以及对外开放与产业发展同等重要的关系，得到 $\alpha=0.5$、$\beta=0.5$，计算出对外开放与产业发展质量的协调发展度 D、$f(p_i)$、$f(p_y)$、C，统计如表 3 - 16 所示。

表 3 - 16　1950 - 2017 年开放与产业发展的协调度与协调发展度

年份	C	协调阶段	$f(p_i)$	$f(p_y)$	D	协调发展类型
1950	0.76247	磨合时期	0.1567	0.3301	0.4308	中级失调开放发展滞后型
1955	0.99841	高水平协调	0.2863	0.3029	0.5423	轻度失调同步型
1960	0.98204	高水平协调	0.2658	0.3216	0.5371	轻度失调同步型
1965	0.94364	高水平协调	0.0802	0.3693	0.2779	严重失调开放发展滞后型
1970	0.90020	高水平协调	0.1962	0.3110	0.4778	中级失调开放发展滞后型
1975	0.90381	高水平协调	0.1942	0.3050	0.4750	中级失调开放发展滞后型
1980	0.98429	高水平协调	0.2465	0.2945	0.5160	轻度失调同步型
1985	0.80117	高水平协调	0.2180	0.4268	0.5082	轻度失调开放发展滞后型
1990	0.79118	磨合时期	0.2126	0.4243	0.5019	轻度失调开放发展滞后型
1995	0.95413	高水平协调	0.4114	0.5592	0.6805	初级协调开放发展滞后型

续表

年份	C	协调阶段	$f(p_i)$	$f(p_y)$	D	协调发展类型
2000	1.00000	良性共振	0.3487	0.3492	0.5907	轻度失调同步型
2005	0.98490	高水平协调	0.4712	0.3957	0.6534	初级协调同步型
2006	0.83035	高水平协调	0.4870	0.2634	0.5582	轻度失调产业发展滞后型
2007	0.87883	高水平协调	0.5160	0.3095	0.6023	初级协调产业发展滞后型
2008	0.85932	高水平协调	0.5318	0.3056	0.5998	轻度失调产业发展滞后型
2009	0.87258	高水平协调	0.4766	0.2819	0.5753	轻度失调产业发展滞后型
2010	0.88395	高水平协调	0.5344	0.3244	0.6161	初级协调产业发展滞后型
2011	0.87758	高水平协调	0.5433	0.3250	0.6172	初级协调产业发展滞后型
2012	0.88269	高水平协调	0.5218	0.3158	0.6080	初级协调产业发展滞后型
2013	0.87420	高水平协调	0.5525	0.3280	0.6204	初级协调产业发展滞后型
2014	0.86927	高水平协调	0.5551	0.3260	0.6188	初级协调产业发展滞后型
2015	0.89021	高水平协调	0.5462	0.3364	0.6268	初级协调产业发展滞后型
2016	0.91533	高水平协调	0.5106	0.3347	0.6220	初级协调产业发展滞后型
2017	0.92767	高水平协调	0.4846	0.3285	0.6141	初级协调产业发展滞后型

资料来源：表中数据是由协调发展度模型计算得到的。协调发展度模型略。

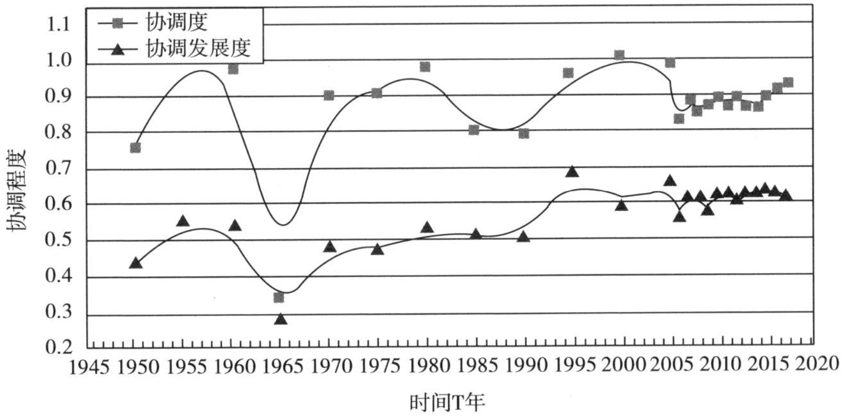

图 3－4　1950—2017 年开放与产业发展的协调度和协调发展度的趋势

3.4.4　实证结果讨论

（1）根据表 3－16 和图 3－4，1950—2017 年，我国对外开放水平与产业发展质量的协调度变化幅度较大，两者的变化趋势基本保持一致，但也有区别：①协调度在 1950—1970 年呈现出较大幅度的上下波动，而协调发展度的波动幅度相对较小；②协调度在 1970—2017 年呈现出在高层次上下波动的趋势，但是其波动幅度相对较小，而协调发展度则主要呈现出明显的上升趋势，即两系统之间的协调水平不断向高质量的方向演进。

（2）从协调发展度的变化趋势分析，可分为两个阶段：第一阶段为 1950—1970 年，协调度与协调发展度都呈现出上下波动的趋势，表明对外开放与产业发展之间的耦合关系并未明确，其主要原因是在我国当时所处的国际背景下，我国的对外开放格局受限。第二阶段为 1970—2017 年，虽然协调度依旧在上下波动，但是相较于过去，其不仅变化幅度缩小，且协调度处于 0.8 ~ 1 的高层次水平。协调发展度则呈现出较为显著的上升趋势，表明对外开放与产业发展之间的差异性在不断改善，这种改善主要表现在两者的自身水平在不断提高。此发展历程的主要原因是 1971 年我国的“乒乓外交”推动了与美国之间的外交恢复，在此之后，我国对外开放水平逐渐提高，不断形成全方位、立体化、多层次的对外开放格局。对外开放也在不断带动产业发展，两者之间也在朝良性耦合方向发展。

（3）从协调发展的类型分析，分为两个阶段：第一阶段为 1950—1995 年，属于开放发展滞后的失调类型，虽然 1970 年是我国对外开放潜力得以释放的分水岭，但是这种发展变化需要较长的时间调整。虽然在此阶段开放水平相较于产业发展处于滞后型，但是很明显的向好趋势就是两系统之间的协调性由中级失调向初级协调变化，也进一步表明我国的对外开放与产业发展之间影响机制正在逐渐形成。第二阶段为 1995—2017 年，主要表现为产业发展滞后的协调类型。在此时期，有着很明显的产业发展逐渐滞后于对外开放水平的过程，对外开放水平与产业发展先处于同步型阶段，然后进入产业发展滞后阶段。在此时期，正处于对外开放新格局的建设当中，可见对外开放水平的提高，带动着产业的发展，但是随着产业发展一些弊端的显现，如粗放型产业落后和产业结构等问题，在很大程度上影响了未来对外开放与产业发展之间的协调关系。因此表明对外开放与产业发展之间的协调发展虽然上升到了质量较高的发展阶段，但同时面临新一轮的挑战和压力。

3.5 产业发展质量：基于共享发展的评价

3.5.1 共享对产业发展质量的作用机理

共享发展的基本内涵是发展成果由人民共享。共享对产业发展质量的作用机理主要通过耦合机制实现，正如绿色发展部分所介绍的耦合理念，此处的耦合机制具体是指：共享与产业发展是互为前提、互为基础的。一方面，没有共享的产业发展是失去方向的发展，会导致贫富两极分化，失去发展动力，落入“中等收入陷阱”。另一方面，所要求的共享水平超出了产业发展承受能力，必将抑制发展，落入“中等收入陷阱”。因而在此机制下，不可脱离发展盲目提高共享水平，也不可只追求发展而不提高共享水平。

3.5.2 共享指标体系的建立

（1）指标说明

本书建立共享指标体系的原则亦与创新相同。共享发展解决的是社会公平正义问题，以及发展成果如何分配问题。褚福灵在《共享发展的内涵及衡量标准研究》一文中以“收入分配均衡，社会保障健全”为标准衡量共享水平，并且给出了测算共享发展评价指标的基础数据。因此，本书在此基础上，经过筛选，构建的共享评价指标体系包括 4 个一级指标和 10 个二级指标，具体细分如表 3－17 所示。

表 3－17 共享评价指标体系

测评目标	一级指标	二级指标（O_j）	单位	指标属性
共享水平	城乡居民生活水平	城镇居民人均可支配收入（O_1）	元	+
		农村居民人均纯收入（O_2）	元	+
		城镇居民恩格尔系数（O_3）/%		－
		农村居民恩格尔系数（O_4）/%		－

续表

测评目标	一级指标	二级指标（O_j）	单位	指标属性
共享水平	社会基础保障水平	基本养老保险覆盖率（O_5）/%		+
		就业保障覆盖率（O_6）/%		+
		贫困保障覆盖率（O_7）/%		+
	卫生与社会服务水平	卫生总费用占 GDP 比重（O_8）/%		+
		社会服务事业费支出占国家财政支出比重（O_9）/%		+
	教育投入水平	对人均教育的支出（O_{10}）	万元人	+

表 3－17 中，基本养老保险覆盖率＝基本养老保险参保人数/基本养老保险应参保人数；就业保障覆盖率＝城乡就业人数/劳动年龄人口数；贫困保障覆盖率＝城乡低保资金总额/国家财政支出总额；对人均教育的支出＝教育经费总额/总人口数。

（2）共享指标的计算

按照 Min－Max 标准化法和熵值法计算出共享水平的 10 个二级指标的权重值，如表 3－18 所示。

表 3－18　共享的各指标在评价体系中的占比

测评目标	二级指标（O_j）	权重
共享水平	城镇居民人均可支配收入（O_1）	0.1177
	农村居民人均纯收入（O_2）	0.1187
	城镇居民恩格尔系数（O_3）	0.0520
	农村居民恩格尔系数（O_4）	0.0623
	基本养老保险覆盖率（O_5）	0.1074
	就业保障覆盖率（O_6）	0.1460
	贫困保障覆盖率（O_7）	0.1573
	卫生总费用占 GDP 比重（O_8）	0.0485
	社会服务事业费支出占国家财政支出比重（O_9）	0.0609
	对人均教育的支出（O_{10}）	0.1294

资料来源：原始数据主要来自 1950—2018 年的《中国统计年鉴》《中国劳动统计年鉴》和《中国民政统计年鉴》，表中的数据通过研究方法（Min－Max 标准化和熵值法）计算得到。

3.5.3 共享与产业发展质量的协调度测度

本书根据前文模型的计算公式以及共享与产业发展同等重要的关系，得到 $\alpha=0.5$、$\beta=0.5$，计算出共享水平与产业发展质量的协调发展度 D、$f(p_o)$、$f(p_y)$、C，统计如表 3－19 所示。

表 3－19　1950—2017 年共享与产业发展的协调度与协调发展度

年份	C	协调阶段	$f(p_o)$	$f(p_y)$	D	协调发展类型
1950	0.82733	高水平协调	0.1775	0.3301	0.4582	中度失调共享发展滞后型
1955	0.71904	磨合时期	0.1330	0.3029	0.3959	严重失调共享发展滞后型
1960	0.85742	高水平协调	0.1840	0.3216	0.4656	中度失调共享发展滞后型
1965	0.92510	高水平协调	0.2485	0.3693	0.5346	轻度失调共享发展滞后型
1970	0.96792	高水平协调	0.2408	0.3110	0.5168	轻度失调同步型
1975	0.98448	高水平协调	0.2556	0.3050	0.5253	轻度失调同步型
1980	0.99718	高水平协调	0.2732	0.2945	0.5320	轻度失调同步型
1985	0.82902	高水平协调	0.2302	0.4268	0.5219	轻度失调共享发展滞后型
1990	0.72283	磨合时期	0.1875	0.4243	0.4702	中度失调共享发展滞后型
1995	0.76323	磨合时期	0.1554	0.5592	0.4068	中度失调共享发展滞后型
2000	0.87996	高水平协调	0.2100	0.3492	0.4961	轻度失调共享发展滞后型
2005	0.91554	高水平协调	0.2596	0.3957	0.5477	中度失调共享发展滞后型
2006	0.99846	高水平协调	0.2785	0.2634	0.5201	轻度失调同步型
2007	0.99947	高水平协调	0.2996	0.3095	0.5517	轻度失调同步型
2008	0.99378	高水平协调	0.3417	0.3056	0.5671	轻度失调同步型
2009	0.96934	高水平协调	0.3620	0.2819	0.5586	轻度失调同步型
2010	0.98013	高水平协调	0.3964	0.3244	0.5943	轻度失调同步型
2011	0.93936	高水平协调	0.4633	0.3250	0.6085	初级协调产业发展滞后型
2012	0.88496	高水平协调	0.5190	0.3158	0.6078	初级协调产业发展滞后型
2013	0.87431	高水平协调	0.5524	0.3280	0.6204	初级协调产业发展滞后型
2014	0.85193	高水平协调	0.5763	0.3260	0.6200	初级协调产业发展滞后型
2015	0.83615	高水平协调	0.6147	0.3364	0.6306	初级协调产业发展滞后型
2016	0.79725	磨合时期	0.6604	0.3347	0.6299	初级协调产业发展滞后型
2017	0.74710	磨合时期	0.7116	0.3285	0.6233	初级协调产业发展滞后型

资料来源：表中数据是由协调发展度模型计算得到的。协调发展度模型略。

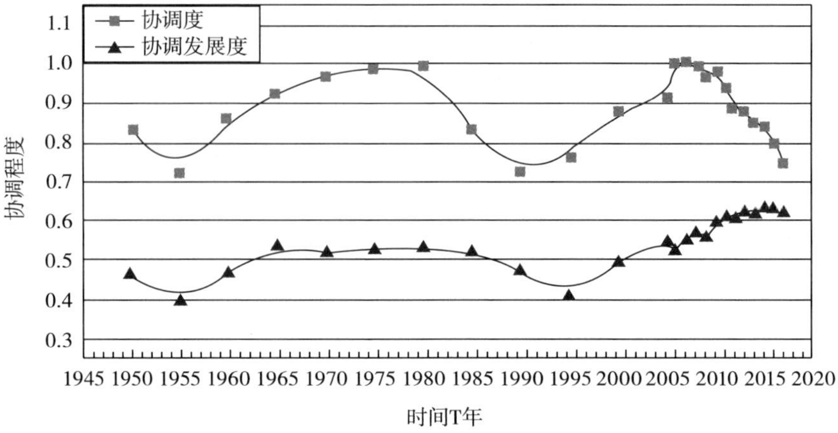

图 3 - 5　1950—2017 年共享与产业发展的协调度和协调发展度的趋势

3.5.4　实证结果讨论

（1）根据表 3 - 19 和图 3 - 5，1950—2017 年，我国共享水平与产业发展质量的协调度波动较大，其变化趋势呈现出先上升、再下降的周期性波动，存在时间方面典型的阶段性特征。协调发展度则呈现出三个阶段的变化特征：先上升后小幅度水平波动，再线性式增长。

（2）从协调发展度的变化趋势分析，可分为两个阶段：第一阶段为 1950—1995 年，协调度由上升到下降，协调发展度由上升到水平的小幅度变化，表明共享水平与产业发展系统之间的差异性变化处于不稳定状态，这种差异性的表现是建立在两者的水平都在变好的基础之上的，即共享水平与产业发展各自的水平在提高，但是两系统之间的关系并未明确。从协调发展度的数值较小的情况可以看出：虽然在朝好的方向发展，但其整体水平还是较低的。第二阶段为 1995—2017 年，协调度依旧呈现出由上升到下降的趋势，但协调发展度则主要呈现出增长的态势，即表明共享发展与产业发展之间的耦合关系依旧处于有待完善时期，但两者的自身水平在不断提高，两者之间的协调关系也将必然处于稳定状态。体现出从党的十七大到十九大，党中央不断重点关注民生问题，共享发展的水平在逐渐提高，产业发展反哺人民，人民不断投入产业建设当中，两者之间的关系正在朝良性耦合的方向迈进。

（3）从协调发展度的类型分析，分为三个阶段：第一阶段为1950—1965年，属于共享发展滞后的失调类型，表明在此时期，共享发展滞后对两系统的协调起主要的影响作用，即在新中国成立发展初期阶段，经济社会的整体发展水平都比较低，共享发展相较于产业发展水平更低。受到"大跃进"运动等"极左"思想的影响，虽然在一定程度上产业相较于共享得到了一定的发展，但终究违背了客观规律，其两系统之间的关系也处于失调阶段。第二阶段为1965—1980年，属于轻度失调同步型，此阶段经历了"文革"等特殊时期，虽然共享与产业处于发展的同步型，但是其各自的发展水平较低，且其协调关系仍然在失调层次徘徊不前。第三阶段为1980—2017年，属于两系统发展的进步时期，即由共享发展滞后向产业发展滞后的演进过程，此发展类型很能说明我国对"发展成果由人民共享"理念的坚定不移地坚持，也说明我国正逐渐进入经济发展反馈给人民的时期，但是也同样面临共享发展的支撑——产业发展对共享的支持能力减弱等问题。

3.6 产业发展质量：基于五大发展理念的整体评价

3.6.1 五大发展理念与产业发展质量的协调度测度

本书根据前文模型的计算公式与前文所计算得到五大发展理念的指标数据值，计算出五大发展理念的整体评价 $f(p_5)$，同时，基于五大发展整体与产业发展同等重要的关系，得到 $\alpha=0.5$，$\beta=0.5$，计算出五大发展整体与产业发展质量的协调发展度 D、C，统计如表3-20所示。

表3-20　1950—2017年五大发展整体与产业发展的协调度与协调发展度

年份	C	协调阶段	$f(p_5)$	$f(p_y)$	D	协调发展类型
1950	0.97834	磨合时期	0.4070	0.3301	0.6005	初级协调同步型
1955	0.99428	磨合时期	0.2722	0.3029	0.5347	轻度失调同步型
1960	0.90000	高水平协调	0.2028	0.3216	0.4858	中度失调五大发展滞后型

续表

年份	C	协调阶段	$f(p_5)$	$f(p_y)$	D	协调发展类型
1965	0.90549	高水平协调	0.2360	0.3693	0.5235	轻度失调五大发展滞后型
1970	0.96733	高水平协调	0.2403	0.3110	0.5164	轻度失调同步型
1975	0.98054	高水平协调	0.2501	0.3050	0.5217	轻度失调同步型
1980	0.99813	高水平协调	0.3131	0.2945	0.5507	轻度失调同步型
1985	0.95404	高水平协调	0.3139	0.4268	0.5944	轻度失调五大发展滞后型
1990	0.88103	高水平协调	0.2558	0.4243	0.5474	轻度失调五大发展滞后型
1995	0.72775	高水平协调	0.2493	0.5592	0.5424	轻度失调五大发展滞后型
2000	0.95783	高水平协调	0.2602	0.3492	0.5403	轻度失调同步型
2005	0.96603	高水平协调	0.3041	0.3957	0.5814	轻度失调同步型
2006	0.98476	高水平协调	0.3139	0.2634	0.5332	轻度失调同步型
2007	0.99889	高水平协调	0.3245	0.3095	0.5627	轻度失调同步型
2008	0.99042	高水平协调	0.3511	0.3056	0.5702	轻度失调同步型
2009	0.96896	高水平协调	0.3625	0.2819	0.5588	轻度失调同步型
2010	0.98637	高水平协调	0.3829	0.3244	0.5906	轻度失调同步型
2011	0.96850	高水平协调	0.4187	0.3250	0.6001	初级协调同步型
2012	0.93951	高水平协调	0.4500	0.3158	0.5998	轻度失调产业发展滞后型
2013	0.93507	高水平协调	0.4737	0.3280	0.6122	初级协调产业发展滞后型
2014	0.92011	高水平协调	0.4909	0.3260	0.6130	初级协调产业发展滞后型
2015	0.91601	高水平协调	0.5122	0.3364	0.6235	初级协调产业发展滞后型
2016	0.90765	高水平协调	0.5208	0.3347	0.6231	初级协调产业发展滞后型
2017	0.89224	高水平协调	0.5308	0.3285	0.6192	初级协调产业发展滞后型

资料来源：表中数据是由协调发展度模型计算得到的。协调发展度模型略。

3.6.2 实证结果讨论

（1）根据表 3-20 和图 3-6，1950—2017 年，我国五大发展水平与产业发展的协调度前期波动较小，然后是先下降、再上升再到小幅下降的变化趋势，存在时间方面典型的阶段性特征。协调发展度则主要呈现出水平波动再到小幅上升的趋势。同时，协调度始终大于协调发展度，且其协调水平从两系统都较差的层次协调发展到两系统都较好的层次协调。

（2）从协调的变化趋势分析，可分为三个阶段：第一阶段为 1950—

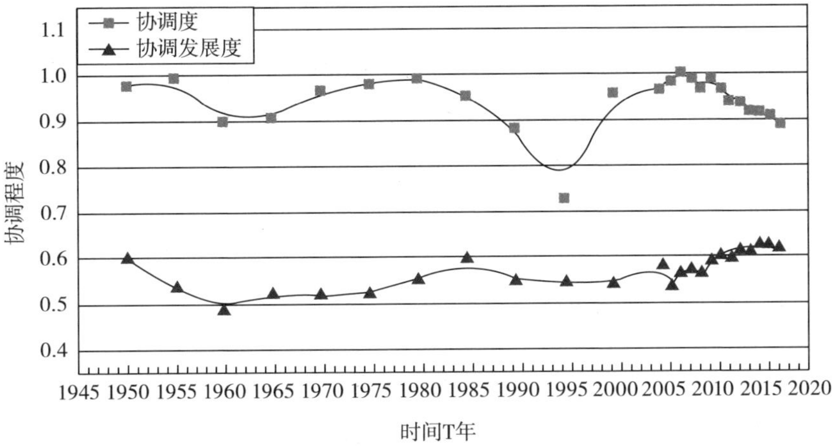

图 3-6　1950—2017 年五大发展整体与产业发展的协调度和协调发展度的趋势

1980 年，协调发展度与协调度的变化趋势基本一致，只是变化幅度的大小不一样，表明五大发展整体与产业发展的协调性向先变差再变好的趋势发展，即五大发展与产业发展的协调关系在不断调整。第二阶段为 1980—1995 年，协调度呈现下降趋势，即两系统的差异性在增大，但是协调发展度基本上保持水平不变，仅仅在上下波动，说明五大发展整体与产业发展之间的协调关系正在向高水平的协调过渡。第三阶段为 1995—2017 年，协调度主要表现为上升态势，而协调发展度则表现为波动式上升的趋势，表明我国五大发展整体带动产业发展，产业发展促进五大发展的耦合机制在逐步增强，我国“五大发展”与产业发展之间的协调关系正逐渐上升到较高的层次。

（3）从协调的类型分析，其发展类型主要从失调不断朝初级协调的方向发展，且其滞后类型由五大发展滞后型不断向产业发展滞后型转变。主要分为两个阶段：第一阶段为 1950—1995 年，属于未突破式的五大发展滞后的失调类型（“未突破”表示两系统从五大发展滞后发展到同步型，又回到五大发展滞后型），可见在此阶段，创新发展到共享发展的五大发展的不足是造成两系统缺失协调性的主要原因，但是协调性从良好变差再向良好的趋势发展。第二阶段为 1995—2017 年，属于进步式的产业发展滞后型的协调类型（“进步”表示由五大发展滞后型转变到产业发展滞后型）。表明在此时期，五大发展理念的思想已经超前于产业发展，产业发展的相对滞后已经成为两系统差异性存在的主要原因，同时两系统之间的发展水平已经发生了广泛而深刻的变化，在新时期的发展阶段，新发展理念视角下的产业发展面临新形势、新机遇和新挑战。

3.7 结论与政策建议

本书通过构建协调度与协调发展度模型，对五大发展理念的各个方面以及整体与产业发展质量的关系进行了定性和定量的研究。根据实证结果研究，可得出如下结论：第一，新中国成立以来，中国产业发展质量的趋势整体向好，并呈现出加速转变的趋势，这主要得益于政府通过基于新发展理念的宏观调控，对产业发展方式的正确导向。但是随着新发展理念思想不断涌现活力，产业发展质量依旧亟待提升。第二，就五大发展理念整体与产业发展质量的协调发展度的结果表明，产业发展还未完全形成对新发展理念模式的依赖路径，甚至可能存在相当一部分产业对传统发展路径的依赖性依旧较强。第三，创新、协调、绿色、开放和共享的五大发展方向对产业发展质量的作用是不平衡的。第一节到第六节的研究结果显示，新发展理念的五个发展部分与产业发展质量的耦合协调发展历程是各不相同的：创新与产业的协调发展趋势是产业发展推动型—同步型—产业发展滞后型；协调与产业的协调发展趋势是产业发展滞后型—产业发展推动型—同步型；绿色与产业的协调发展趋势是同步型—产业发展推动型—同步型—产业发展滞后型；开放与产业的协调发展趋势是由产业发展推动型（其间包括间断的同步型）—产业发展滞后型；共享与产业的协调发展趋势是由产业发展推动型—同步型—产业发展推动型—同步型—产业发展滞后型。而最理想的模式应该是到现在为止两系统之间已经形成相互依赖的同步型协调发展类型。

从而根据以上分析，对在新发展理念视角下的产业发展质量提出针对性政策建议。由于本书研究的产业发展质量是一个整体性概念，提出的相关政策建议是从全局性的角度出发，以中国产业发展整体为主体进行展开。

第一，坚持推进深化改革的勇气和自信。事实表明，中国在产业发展质量的方面已经取得了显著的成效，这主要得益于政府正确的改革方向和政策主张。转变产业发展的方式是我国目前面对产能过剩等诸多问题的根本解决方式，尤其是要从产业结构升级优化出发，在新发展理念的指引下，进一步释放产业发展的活力。

第二，如何有效形成产业发展与五大发展理念的部分和整体之间的新型发展路径是一个系统工程，既要从创新、协调、绿色、开放和共享五个方向同时发力，又要有所区别。创新发展方面：当前中国应当以创新发展为驱动力，加大创新研发投入，提高科技成果转化率，尤其是在信息科技发展的今天，应当注重新兴信息技术产业的引领带动作用，同时也要大力发展现代服务业，提高创新方向转变的水平；协调发展方面：加快城镇化带动区域化的发展以及城乡一体化发展，提高朝协调方向转变的速度；绿色发展方面：积极通过市场机制淘汰落后产能，尤其是“僵尸企业”，加大环保力度，扭转当下所处的环境滞后型的协调发展类型；开放发展方面：进一步深化全方位、多层次的对外开放战略格局，加强对外直接投资和国际技术合作，提高对外开放的水平；共享发展方面：引导社会资本投入公共服务领域，扩大劳动收入所占比重，打好扶贫攻坚战，为实现2020年的全面建成小康社会而奋斗。

4 “一带一路”：新时代中国产业高质量开放发展的新路径

从新中国成立以来70年的发展历程可以看出，中国产业发展经历了三个重要的历史阶段：第一个阶段是改革开放之前的阶段，产业发展主要依靠计划机制与基于国内自身资源与能力的内向化路径。第二个阶段是改革开放以来的阶段。在这一阶段，中国将对外开放作为长期基本国策。在改革开放40年的历史进程中，随着改革开放进程的不断推进、中国经济的不断发展，社会面貌也发生了重大变化，人民生活水平不断提升，中国大力发展开放型经济，积极参与到经济全球化的浪潮之中，不断地加强与其他国家之间的经济交流，经济发展取得了很大程度的进步，尤其是在2008年，全球金融危机爆发后，中国经济发展进入了一个新的阶段，整体水平迈向新台阶。这一阶段，中国产业发展的动力来源于“三重红利”，即市场化改革推动的制度红利、逐步深化的开放红利以及基于自身资源禀赋的人口红利。第三个阶段就是当前的中国特色社会主义新时代。在新时代下，中国产业发展的动力必须依靠“新三重红利”。

新时代的“新三重红利”包括新制度红利、新开放红利以及技术创新的红利。在新形势下，中国还是要坚持对外开放，提高中国对外开放的水平，同时加强与其他国家之间的交流，促进我国经济技术的长远发展，将我国的对外开放水平推动到一个新的阶段。这一阶段的对外开放，相比上一阶段的对外开放有着重大转变，即从以开放促数量增长转向以开放促质量发展。其中，由产业高质量发展的内涵所决定，新时代对外开放必须推动中国产业区域均衡与结构升级。在新时代下，“一带一路”必将成为推动中国产业高质量开放发展的新路径。

4.1 对外开放的区域性差异：基于产业双向互济的特征性事实

改革开放后，尤其是中国加入 WTO 以来，中国对外开放的特征一直是以沿海地区为主、以向东开放为指向。“一带一路”倡议的提出，打开了中国向西开放的大门，开启了东西双向开放的新思路，对改善中国地区间产业发展不平衡起到了很大的作用，同时推动了中国产业结构的优化升级，区域产业逐步向协调化发展。

“一带一路”倡议推动着中国对外开放新格局的形成，具体表现为：

第一，带动中西部地区产业发展。五年来，“一带一路”倡议带领我国中西部城市不断发展、前进，我国中西部城市的经济在“一带一路”倡议的引领下迅速发展，经济水平取得了很大程度的进步。2013—2017 年，全国 GDP 增速前十名的省份分别是：贵州省、西藏自治区、重庆市、福建省、湖北省、江西省、广东省、江苏省、安徽省、北京市，其中，中西部省份占到了六席①。

第二，推动与沿线国家产业合作。2017 年，中国与“一带一路”沿线国家的进出口合作不断加深，进出口总额达到了 14403.2 亿美元，较上年增长了 13.4%②。更重要的是，在中国企业海外并购项目大幅减少、交易总额整体下降的背景下，中国对“一带一路”沿线国家的并购投资额逆势上涨 32.5%③。截至 2017 年年底，中国已与 44 个沿线国家和地区建成初具规模的境外经贸合作区 99 个④。

第三，以金融合作为引导，参与全球经济治理。“一带一路”倡议带动了相关国家的基础设施建设，“一带一路”沿线国家筹建亚洲基础设施

① 资料来源：笔者通过《中国统计年鉴》（2014—2018）整理得到。

② 资料来源：《“一带一路”贸易合作大数据报告 2018》。

③ 资料来源：《2017 年中国对“一带一路”沿线国家投资合作情况》。

④ 资料来源：《商务部合作司负责人谈 2017 年全年对外投资合作情况》。

投资银行，这样能够促进沿线国家经济的发展，沿线国家能够实现经济的繁荣。另外，“一带一路”还能够促进沿线国家的金融合作，使得相关国家都能够参与到经济全球化的浪潮之中。金融合作是全球经济治理的重要载体。其中，推行人民币结算有利于促进中国对外贸易与投资，更好地融入世界经济体系中，也更加有利于中国在全球经济治理体系中占据有利位置。

过去几年，“一带一路”完成了中国对外开放新格局的总体布局，但也存在许多具体问题，主要包括：

（1）区域间产业发展水平差距并未发生根本转变。从三大产业增加值占比来看，由于第一产业（见图4－1）受自然环境影响比较大，短时间内难以有较大幅度改变，因而各区域之间的第一产业增加值比例相对稳定。第二产业方面（见图4－2），东部地区第二产业增加值占比明显上升，东北地区占比呈下降趋势，中西部地区占比较为稳定。第三产业方面（见图4－3），东部和东北地区小幅下降，中西部地区小幅上升。中国地区间的产业结构差距在“一带一路”倡议推行的五年间依然存在，甚至有拉大的趋势。

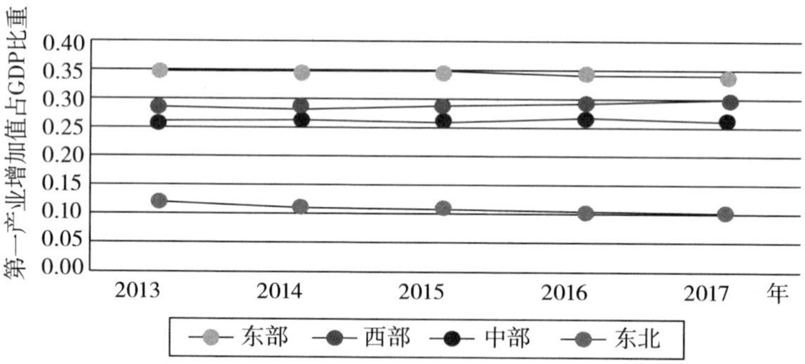

图4－1　2013—2017年全国各地区第一产业增加值占比

资料来源：2014—2018年《中国统计年鉴》。

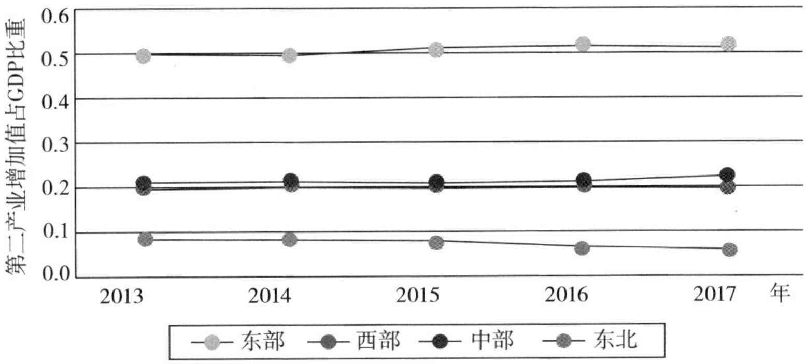

图 4-2　2013—2017 年全国各地区第二产业增加值占比

资料来源：2014—2018 年《中国统计年鉴》。

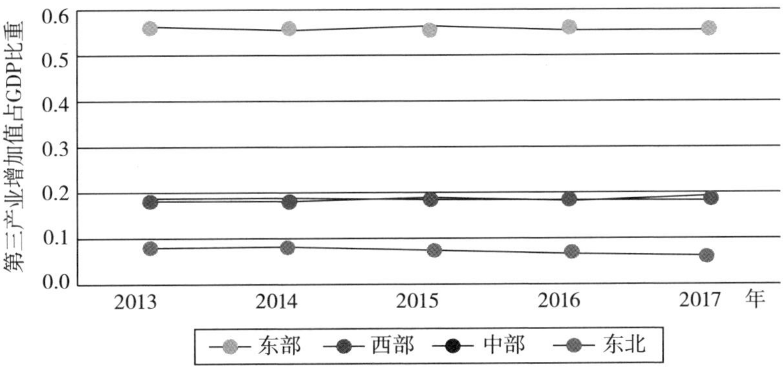

图 4-3　2013—2017 年全国各地区第三产业增加值占比

资料来源：2014—2018 年《中国统计年鉴》。

(2) 制造业出口技术复杂度差距在拉大。提高制造业出口的技术复杂度，一般说来主要有两种方法：一是通过进口中间品进行技术吸收。在经济发达的东部地区，由于自身的知识存量较高且中间品进口数量较多，对进口中间品的技术吸收能力较强。而在中西部及东北地区，经济发展水平和地理区位劣势带来的知识存量和进口中间品数量上的欠缺，造成了对先进技术的吸收转换能力的比较劣势。二是通过自主创新提高技术复杂度。虽然自主创新对制造业出口技术复杂度的提升，在中西部及东北地区比在东部地区的作用更显著，但是自主创新最关键的因素是人才，而中西部地区及东北地区恰恰最缺乏的就是人才。因此，中国各省份的制造业出口技术复杂度存在明显的马太效应（韩亚峰等，2018）。

（3）中国仍处在全球价值链中低端。改革开放后，我们依靠人力资本和自然资源的比较优势，通过“三来一补”的方式，发展对外贸易。这种方法虽然快速提高了中国对外贸易量，促进了经济发展，但是在这种模式下，中国的对外贸易大多数承接的是高能耗、低技术含量、低附加值的低端制造业，在一定程度上造成了对外贸易水平的“低端锁定”。处于价值链中低端，会让中国对国际市场的依赖性较强，从而抵御贸易风险和经济危机的能力较弱，不利于国家的经济安全。

4.2 “一带一路”：新时代中国产业高质量开放发展的新内涵

1978 年 12 月，党的十一届三中全会决定中国开始实行改革开放。1984 年 10 月，党的十二届三中全会将“改革开放”正式作为我国的一项基本国策。起初，我们只是利用资源禀赋和人力资本的比较优势，对外开放的形式主要是出口导向型的对外贸易，对外开放区域也主要集中在东部沿海地区。随着中国对外开放的层次不断上升，中国对外开放的手段由单纯依靠“引进来”，转变成“引进来”与“走出去”相结合，对外开放区域也由沿海地区向内陆延伸，扩展到沿江、沿边城市。随着国内外经济形势和国内资源条件的不断变化，中国的对外开放战略进行着调整与发展。在经济高质量发展的新时代，“一带一路”是推动中国产业高质量开放发展的新内涵。

4.2.1 推动形成产业对外开放的新布局

新的开放格局要形成东西双向互济的开放布局。我国的对外开放最早是从东部的沿海地区开始的，中西部地区和东北地区对外开放进程开始稍晚。近年来，随着我国对外开放政策的不断推进，我国对外开放的城市不断增多。但是，我国中西部地区和东北地区的对外开放依旧相对落后。我国中西部地区和东北地区省份面积占国土面积的 70% 以上，人口占全国总人口的62%，但截至2017年，GDP只占全国的47%，进出口总额仅占全国的18%。东西双向互济既是中国经济发展的趋势，又是"先富带动后富"的必然要求。改革开放政策是从东部地区开始的，东部地区在改革开放初期迅速发展，推动了中国经济的飞速发展。新的发展形势下，国际市场需求疲软，中国长期仰仗的出口导向型经济遭遇发展"瓶颈"，这就要求我们从自身挖掘新的经济增长点。中西部和东北地区有着广阔的市场需求，能够推动中国经济从出口导向转变为内需拉动。此外，中西部和东北地区既有充足的劳动力资源，又有着众多科研院校，培养着高新技术后备人才，同时还有着丰富的自然资源，而东部地区有雄厚的技术和资金，东西双向互济，形成互为补充，能够最大限度地搞活经济。

20世纪80年代，一方面，东部地区开始响应国家对外开放政策；另一方面，西部地区将煤炭、木材等资源大批运往东部地区，支持东部地区经济发展，从而成为"先富起来"的一部分。而现在，中西部和东北地区是中国经济发展的洼地。东西双向互济，"先富起来"的东部发达地区能够通过自身发展形成的示范效应和扶持效应，带动西部欠发达地区实现"后富"。

4.2.2 推动形成产业对外开放的新领域

新的开放格局要拓宽制造业和服务业的开放领域。中国的对外开放最先从制造业领域开始，制造业领域也成为中国开放程度较深、发展较快、竞争力较强的领域。中国的制造业经历了从承接低端加工制造业到能够在某些领域达到世界一流水平的发展历程。相比之下，中国在服务业领域的开放相对滞后，同时，产业的整体竞争力和创造力不强。

制造业和服务业开放相结合，首先，服务业是经济发展的"缓冲器"。制造业虽然是"国之重器"，但其产业关联度高、需求价格弹性大，因而受外部经济环境影响较大，但是，服务业的需求价格弹性小，所以服务业的市场需求相对比较稳定。但目前，中国的服务业发展水平仍然是中国经济发展过程中面临的重要问题。通过加深服务业的开放水平，能够提高中国服务业的整体发展水平和竞争力，以便更好地为经济发展服务。其次，制造业与服务业的开放相结合能够促进中国产业结构的调整与升级。当前，制造业呈制造业服务化的发展趋势，即制造企业将产业价值链由以往单纯的设计、制造、销售为中心向以投入服务化和行业务服务为中心转变。而服务业方面，一是以电子商务为代表的新业态和行业模式为服务业发展注入了新活力；二是提高工业生产效率、产业升级、技术进步的生产性服务业发展迅速。因此，两者开放相结合是促进中国二、三产业加速融合的关键环节。最后，制造业和服务业开放相结合，能够缓解中国实体经济与虚拟经济发展失衡。目前，中国处于制造业水平相对较高而服务业竞争力弱的状态，同时，中国的出口也大多数是以制造业产品出口为主。但是，国内资本带着“投机”的色彩，更多地流向服务业，尤其是金融服务业。这种内外的反差，凸显出目前中国实体经济与虚拟经济的失衡。通过两者对外开放相结合，参与到全球化竞争中，通过市场这只“看不见的手”，引导资本流向需要资金的投资领域。

4.2.3 推动形成产业对外开放的新形式

新的开放格局要坚持多边开放与区域开放相结合的开放形式。经济全球化的今天，贸易合作方式主要以多边贸易体制和区域性贸易合作组织两种为主。多边开放与区域开放是相互影响的关系，是促进经济全球化的两个“轮子”。区域性的贸易规则制定会逐步影响到多边贸易的规则制定，同时，多边贸易规则的变化也会刺激区域性贸易规则的修改。无论是多边贸易体制还是区域性贸易合作组织，都是从不同层面推动经济全球化发展和国家更高程度的开放。

作为多边贸易体制，世贸组织是世界上唯一处理国与国之间贸易规则的国际组织，是维护经济全球化的重要制度安排。世贸组织有 160 多个成员国，包含了世界上几乎所有的主要贸易国。世贸组织提倡“非歧视性”“公平贸易”和“透明度”等原则，符合世界各国的利益。2002 年中国加入世界贸易组织，不断加强与其他国家之间的经济业务往来，提高自身的对外开放水平，促进了经济的快速发展。2008 年全球金融危机后，多边贸易体制发展进程遇冷，形成鲜明对比的是经济发展水平更接近、发展目标更一致、自由度更高的区域性贸易合作组织蓬勃发展。同一区域内的一些国家通过签订相关的协议来建立自由贸易区，在贸易区内进行经济贸易。中国也加入了一些区域性贸易合作组织，如亚太经合组织、上海合作组织、中国—东盟自由贸易区等。作为全球第二大经济体，我们要以多边开放与区域开放相结合的开放形式，积极参与全球治理体系的改革与完善，从规则的接受者成长为规则的参与者。这既是中国自身开放发展的需要，又是作为全球主要贸易国的大国担当。

4.2.4 推动形成产业对外开放的新理念

新的开放格局要秉承互利共赢的开放理念。回溯中华五千年的文明历史，中华民族一直努力创造"美美与共，天下大同"的和谐世界，在维护自己核心利益的同时，也愿意通过自己的努力去帮助他人。纵观中国历史上对外开放的重大事件，都是以互利共赢的理念，与其他国家进行经济文化的交流。张骞出使西域，开辟了丝绸之路，让我们与西欧诸国建立了友好往来，开启了东西文化交流的大门。玄奘西行天竺，将印度佛教文化传入中国。鉴真东渡日本，传播唐朝的先进文化，促进了中日交流。郑和七下西洋，将中国的产品、文化等带到其他国家，促进了中国与其他国家之间的交流。

互利共赢，就是要通过对外开放让中国的发展成果惠及各国人民。中国的对外开放，有别于以往的"零和博弈"，参与中国对外开放的各国不是只有"输赢"，而是要实现"共赢"。中国一直呼吁建立开放型的世界经济，同时致力于与世界各国一道，打造开放共赢的合作模式、平衡互惠的发展模式。在经济全球化的今天，各国之间的联系更加紧密、依存度更高。我们反对单边主义，不能在损害其他国家利益的情况下发展我国的经济，这样会遭到其他国家的联合抵制，不利于我国经济的长远发展。只有在公平的环境下进行交易才能促进各个国家的长远发展，实现互惠共赢。

这种零和博弈观点下的输赢思维，只会让双方加重分歧、矛盾加深，加重对抗性，更加拒绝合作。贸易投资合作，不是零和游戏，而是一种双方都能从中获益的市场行为。中国在对外开放的过程中要坚持在共赢的基础上发展经济。

4.2.5 推动形成产业对外开放的新对象

新的开放格局要兼顾发达国家和发展中国家的开放对象。改革开放以来，发达国家一直是中国的主要经贸伙伴，中国的对外开放起始于承接发达国家的低端制造业。2017 年，美国、日本、欧盟、俄罗斯占中国外贸总额的 38.63%，加强与发达国家的经贸合作关系，可以巩固中国开放型经济的基础动力。同时，中国与新兴市场和广大发展中国家的经贸关系也日益密切，贸易总量有较大幅度的增长。2011 年，东盟超越日本成为中国第三大贸易伙伴。“一带一路”倡议实施后，我国与“一带一路”沿线国家贸易总额逐年增加，2017 年，贸易总额达到了 7.4 万亿元美元，比 2016 年增长了 17.8%，同时，国内企业在“一带一路”沿线国家投资积极性也大幅提高，截至 2017 年，国内企业对“一带一路”沿线国家的直接投资达到 144 亿美元①。当前，中国与发达国家的经贸合作，除了发展中国开放型经济，我们与发达国家在科技水平、创新能力等方面还有较大差距，通过与发达国家的经贸合作，学习发达国家先进的技术、管理等，通过吸收、模仿，达到提高中国自主创新的能力。同时，中国与众多发展中国家接壤，加深与发展中国家的经贸合作，能够进一步提高中国开放型经济发展水平。坚持向发达国家开放和向发展中国家开放并重，拓宽中国经贸合作伙伴，努力实现多元化的合作伙伴与贸易市场。

---

① 中华人民共和国商务部[OE/OL]. http://www.mofcom.gov.cn/article/ae/ah/diaocd/201801/20180102704476.shtml.

4.3 “一带一路”：新时代中国产业高质量开放发展的关键

4.3.1 提高内陆沿边省份对外开放水平

内陆地区的对外开放虽然在近些年来取得了一些令人瞩目的成绩，但相对于沿海地区，仍然是开放的洼地。回顾中国对外开放的历史发展进程可以发现，内陆沿边省份在开放的时间上要晚于东部地区；在开放的层次上，也有很大差距。改革开放政策实施后，国家倡导“对内搞活、对外开放”。在这一政策的指引下，我国建立了广东、福建两个经济特区。1984年，我国又将天津、青岛等14个城市作为沿海开放城市，不断地加强我国的对外开放的水平。1988年，中国正式成立海南省，同时将其定为最大的经济开放特区。20世纪90年代后，又陆续建立起三大经济圈，并且利用铁路运输能力，开放沿线地区。在地理区位优势和交通便利条件下，形成了东部地区和沿江沿线地区的开放格局。但是，我国一些内陆地区的对外开放水平一直比较低，很多地区由于地理位置以及资源的限制一直没有参与到对外开放这一活动中。而且，我国延边地区的开放水平也相对落后，没有体现延边地区与其他国家接壤的优越性。

推动内陆沿边地区开放，是实现区域协调发展的必然要求。影响内陆地区开放水平的关键因素是区位。海洋运输是国际贸易的主要运输方式，而中国地域辽阔，内陆地区与东部沿海地区相距甚远，由此带来的长距离运输导致物流成本增加。内陆地区与东部沿海地区在货物贸易方面存在天然的劣势。我们可以看到，很多与我国接壤的国家都是发展中国家，这些国家的经济水平本身就相对落后，所以我国与这些国家接壤的沿边地区的开放水平受这些国家经济水平的制约，相对落后。同时，与中国陆地接壤的国家，大多存在地缘政治风险和国家安全隐患，沿边地区的经济合作受其限制。

4.3.2 提高制造业开放质量、扩大服务业开放领域

中国的对外开放始于制造业，改革开放后，我们依靠廉价的劳动力，通过承接低端制造业，打开了中国对外开放的大门。近年来，随着“中国

人口红利”的消失，中国制造业的对外开放面临着转型与升级。提高制造业开放质量，最关键的是提高自身制造业的技术水平。由于发展模式的影响，中国的制造业长期处于价值链的“中低端”。随着劳动力、土地等生产要素的成本上涨，传统制造业以及工业中低附加值的产业环节开始向其他发展中国家转移。在传统制造业领域发展遇冷的背景下，高端制造、智能制造领域迎来发展的机遇，成为外商投资的新热点。在新一轮的信息技术快速发展的背景下，加快发展中国高端制造、智能制造领域是提高中国制造业水平的必由之路。给予外商更多的投资机会，提高中国制造业的科技含量、提升产品品质，推动中国制造业攀升价值链“中高端”。

我国服务业的对外开放水平一直较低。在服务业领域，中国的体制机制较为封闭，在金融、医疗、保险等领域对外资限制比较多。中国服务业领域对外资的管控主要表现在两个方面：一是股比限制，根据《外商投资产业指导名录》的规定，中国医疗、教育、电信等领域，是限制外商投资的，有的甚至是禁止外商投资的；二是业务范围限制，政府相关法规、文件等对外商投资的业务范围有着比较严格的限制。

4.3.3 推动形成对外开放新形式的关键在于参与全球经济治理

当代的国际经济格局，是在以美国为主导的布雷顿森林体系的基础上建立起来的，发达国家作为 WTO 组织的发起者和全球经济规则的制定者，主导着全球经济走向与发展。在 2008 年全球金融危机后，随着以金砖四国为代表的新兴经济体的发展与壮大，国际经贸格局开始发生变化。首先，新兴经济体的崛起开始挑战发达国家在全球经贸格局中的垄断地位，全球经济治理开始呈现出多元化趋势。其次，发展中国家与发达国家在全球经济治理领域的争端增多，发展中国家希望提高自己在全球经济治理中的话语权，而发达国家千方百计地阻挠。最后，发达国家贸易保护主义的抬头，使得原有的全球经济治理体系遭受质疑。

中国通过自主性的改革开放，在加入 WTO 的过程中，逐步融入全球多边贸易体制中。无论是在多边贸易体制中，还是在区域性贸易合作组织中，只有参与全球经济治理、成为经贸规则的参与者，才能最大限度地获得全球经济发展的好处。过去几年，随着中国经济实力的增强，通过参与和引领全球经贸规则制定方面的尝试与探索，寻求由全球经贸规则的接受者向规则参与者的转变，逐步参与到全球经济治理中，主要包括：①中国利用2016年G20杭州峰会的东道主身份，首次将“贸易与投资”议题引入G20议程中，并且达成了世界范围内首份《全球投资指导原则》。②中国在APEC合作框架中注入了“互联互通”的元素，这一举措的主要目的是进一步推动亚太地区贸易投资的自由化，促进相关地区的经济发展，实现经济发展水平的快速提升。③中国发起了“一带一路”的倡议，主要目的是加深与“一带一路”周边国家的经济业务往来，促进沿线国家的经济发展。并且，中国主导在“一带一路”沿线国家筹建金砖开发银行、亚洲基础设施投资银行和上合组织银行，可以促进沿线国家金融业务的发展、繁荣。

4.4 “一带一路”：新时代中国产业高质量开放发展的路径

4.4.1 推动内陆沿边省份对外开放

沿海地区走在了对外开放的前列，“一带一路”倡议的实施能够加快中国内陆沿边省份开放的步伐，促进中国区域经济的协调发展。

在“一带一路”倡议下，内陆沿边省份对外开放要明确目标，合理规划。经历了长期的改革与发展，内陆沿边省份形成了有区域特点的发展模式。在“一带一路”倡议实施过程中，内陆沿边省份不仅要做到相互之间的协调发展，还要主动对接“一带一路”沿线国家的实际情况。“一带一路”横跨亚、欧、非三大洲，沿线的欧洲国家工业和农业水平较高，亚非国家能源丰富，而基础设施、工业化水平落后。包括西部地区在内的中国内陆沿边省份，普遍存在技术密集型企业稀少、制造业水平和农业现代化水平较低的问题。要实现建设内陆沿边省份开放型经济的目标，就要统筹协调、合理规划各地的发展重点，避免区域间产业功能的重叠和同质化竞争。因此，需要充分发挥各地区的比较优势，在综合考虑国际国内市场的情况下，研究合理的发展路径，将沿线国家的需求与内陆沿边省份的产业布局相结合，实现优势互补、协同发展。

4.4.2 推动产业优化升级

“一带一路”倡议作为中国对外开放重大战略，是推动经济发展进入新时代背景下产业升级的重要动力。“一带一路”倡议下的经贸合作，会创造新的市场需求，全面提升中国贸易自由化，为产业升级创造条件和机遇。“一带一路”倡议涉及的经贸合作领域较为宽泛，我们要因地制宜，从当地实际情况出发，找准产业升级的落脚点。

首先，通过搭建“一带一路”产业服务平台，实现政企互动。地方产业融入“一带一路”实现产业优化升级，需要政府、企业两者共同发挥作用。建立产业服务平台，政府为企业融入“一带一路”提供正确引导。鼓励企业确立创新意识，以创新驱动发展，推动企业“走出去”进程，改变传统“价格战”的营销方式。同时，政府为企业提供权威有效的信息咨询服务，帮助企业融入国际市场中。

其次，提高制造业、服务业品质。在为“一带一路”沿线国家建设基础设施的同时，通过交通设施、通信器材等相关产业来获得收益，并且大力扩展产业产品的销售渠道。在实施重点项目、使用大型工程机械设备时，探索融资租赁等多种形式的合作形式。可以将产业的低端环节，转移到生产成本更低的“一带一路”沿线国家，推动海外生产基地建设，扩大海外产业规模，推进制造业的国际化和规模化，在优势产业发展中抓住机遇，培育优质产业链。同时，扩大服务贸易往来，拓宽服务业出口领域，提升服务业发展质量和收益。

最后，支持技术创新，培育新兴产业。对接“一带一路”，企业的技术创新是实现产业优化升级的重要力量。由于创新存在不确定和高投入的特点，需要政府的高度支持。政府应该对创新型企业给予一定的资金支持，缓解这些企业的经济压力。政府应从政策和资金两个方面鼓励企业建立研发中心，进行技术的创新，推动我国技术的进步。

4.4.3 推动全球经济治理体系变革

首先，“一带一路”倡议的主要目的在于推动沿线国家的经济交流，以“五通”为目标，与相关国家进行贸易往来，加深与沿线国家的合作。中国在“一带一路”的环境下秉持互利共赢的观念，制定与相关国家的合作规划；通过加强相关基础设施建设，实现“一带一路”国家的设施联通。逐渐消除贸易壁垒，降低贸易成本，增强各国抵御金融危机的能力。增进与沿线国家的文化交流，加强各国之间的友好往来，建立友好的合作关系，实现平等互惠的合作。

其次，“一带一路”合作机制逐渐实现了治理模式的制度化。“一带一路”合作机制作为一种新型的治理模式，是中国作为真正意义上的主导者参与全球经济治理。在倡议推行初期，由于中国缺乏全球经济治理的经验和人才，对发达国家和发展中国家不同的利益诉求显得准备不足。因此，可以通过建立专门的研究部门、组织相关高等院校进行课题研究等方式，为“一带一路”制度化提供政策建议，同时培育专门人才参与到全球经济治理的各个环节，实现以人才带动产业发展与转移、以人才主导全球经济治理的目标。

5 新时代产业升级的新内涵与新方式：迈向全球价值链中高端

改革开放以来，我国经济实现了快速发展，自2010年以来，我国已经成为全球的第二大经济体，2017年，我国的国内生产总值已经占全球的约15%，人均国内生产总值接近1万美元①。但在取得这些成就的同时，我国传统的经济发展模式也存在许多问题，如附加值相对较低、消耗的资源量较大以及造成的生态环境污染问题越发严重等。党的十九大明确提出"促进中国产业迈向全球价值链中高端"，为我国产业结构升级指出了新的方向。在全球价值链分工体系下，企业已经由传统理论中追求规模经济，转变为追求企业的核心竞争力和价值链中高端位置。因此，在经济追求高质量发展的新时代，中国产业升级的新内涵就是迈向全球价值链中高端。

5.1 迈向全球价值链中高端：历史发展与现有位置

5.1.1 中国与全球价值链的历史发展

改革开放伊始，中国的对外经济主要是"三来一补"（来料加工、来料装配、来样加工和补偿贸易）这些制造业最低端的业务环节，国内的大多数企业与发达国家企业的合作往往是以"代加工"的方式进行。早在20世纪80年代，我党就提出了要加大国内产品走出国门的脚步，并且要多引进国外的先进技术，并且要在适应国内实际情况的基础上进行一定的调

① 资料来源：中华人民共和国2017年国民经济和社会发展统计公报。

整。一直到20世纪90年代初，由于我国的廉价劳动力资源相对比较丰富，一些国外的企业将大量的资本和产业向中国进行转移，在国内相继建立工厂以及产业的生产线。从1990年后，中国几乎年年实现贸易顺差。中国以资源和环境为代价，换取资金、技术、人才和经验。这时期是中国逐步参与全球价值链时期。

党的十五大就明确提出过，我国要坚定地实行“对外开放”这一项基本国策，并且将其作为一个长期的目标，相关企业应该积极提高企业的生产效益，努力地增大对外贸易的力度。2001年，正式加入世界贸易组织之后，我国的外部环境变得更加稳定了，这极大地促进了我国经济的发展和全面开放。这段时期，中国除了商品参与到全球价值链中，服务业也加入了进来。

2008年，全球金融危机的爆发，国际贸易遇冷，需求疲软、成本激增、贸易摩擦频发，这些情况对于我国的各类企业来说，不仅是挑战，也是一种机会。在需求疲软的国际市场背景下，原先以出口为主要动力的经济模式，开始将关注点转移到有巨大潜力的国内市场上，发展以内需为动力的经济模式。同时，许多中国企业将之前积累的资金投入产品、技术的创新和研发上，以家电、电子信息业为代表的一些产业开始在全球价值链上占据优势位置。2008年以后，中国进入全球价值链转型时期。

5.1.2 中国在全球价值链的现有位置

经济学中的价值具体是指在世界范围内为了使商品或者服务获得其价值，需要将商品或服务的生产、销售和回收等环节各个不同企业或者组织联合在一起，同时也包含生产的原材料获取、材料的运输和生产以及销售的各个环节，以实现商品的消费和回收一系列复杂过程。通常全球的价值链由三个部分组成：第一，技术部分。从商品或服务研发到整个的技术加工。第二，生产部分。主要是原料的采集到在线的加工以及产品的检测、产品的运输管理。第三，营销部分。这部分包含对商品的宣传、部门的销售和少量的零售以及售后的相关性服务（UNIDO，2002）。

从实证的角度出发，全球价值链的测度理论大致可以分为两大类（倪红福，2018），一类是全球投入产出模型的宏观测度。早在20世纪90年代，全球价值链的概念就被提出，但由于缺乏研究的相关数据和理论，对全球价值链的分析大多局限于定性的讨论和个别地区、企业的案例分析。当时普遍采用的说法是“产业高端化”，通过“产业高端化”指标来衡量中国产业所处产业链的位置，如全球的创新相关能力、品牌产品数量、国内生产总值、劳动生产率、企业投入总值等相关指标（黄斌等，2014）。收集相关的研究报告可以看到，中国在这些指标上都远远低于发达国家。随着国际全球价值链理论的完善和认同，越来越多的国家和组织认识到传统的总值核算法无法准确地描述不同地区、行业在国际贸易的角色和地位，于是以GATP、WIOD为代表的专业性数据库应运而生。利用这些专业数据，测算了中国不同行业在全球价值链中占据的位置，利用“上下游指数”测算中国19个代表性行业在2009—2014年全球价值链所处位置时发现，只有中国的农林牧渔业、交通运输与通信业、租赁与商务服务业等6个行业位于相对中游水平（姜超，2018）。制造业方面，利用1995—2011年世界投入产出表数据，按出口产品的最终吸收地及吸收渠道的不同，对中国制造业的全球价值链进行分解分析发现：中国制造业依旧是以中低端制造业和终端产品出口为主，但是随着我国的相关制造业出口比例逐渐增加，国内制造业已经逐渐走向了全球价值链的高端；与此同时，我国制造业也逐渐加入了全球价值链的各个步序中，但国内价值链的构建还不够完善（尹伟华，2016）。从服务业的角度来分析我国的服务业的贸易出口当前的经营结构和形势，采用2000—2014年全球投入表时间序列以及WWZ的分解模型的分析方法。最后分析可得，国外增加值占比自2000年的8.25个百分点到2014年5.78个百分点，降了2.47个百分点。这说明我国的服务业的价值链还不够成熟，其中中间产品和最终产品占出口的比重分别为六成到七成以及三成左右。具体到三类服务业，生产性服务业、消费性服务业、公共服务业的返回并最终被本国吸收的国内增加值占比分别从2000年的0.98%、89.64%、45.38%上升到2014年的2.78%、91.37%、

53.60%（彭说龙等，2018）。将中国服务业与日本、韩国进行对比研究后发现，中国在全球价值链中提供的是中下游服务；为了有效提升我国服务业在国际社会中的地位，我们必须做的就是制定出相应的发展战略，培养出能够适应国际需求的一类服务型行业（闫云凤，2018）。对服务业和制造业两者之间的关系研究时发现，运输业、信息业、金融业和房地产业，这四种生产性服务业投入每增加1%，中国制造业在全球价值链中的上游度指数增加分别为0.0526%、0.0300%、0.0269%、0.0161%，都有着明显的促进作用（马野青等，2018）。

另一类就是在微观上，利用企业与海关的进出口统计数据进行分析。从此角度上，采用出口国内附加值的相关数据来推算我国企业的出口国内附加值率。2000—2006年，中国企业出口国内附加值率从0.49上升到0.57；进一步研究发现，FDI作为增加国内附加值的主要原因，它很有可能会间接引起相关企业的贸易总值，因而中国可能未真正在国际贸易中获得利益，中国的加工贸易需要转型升级、外资引进政策需要调整（张杰等，2013）。为了了解技术性贸易壁垒与各行业全球价值链位置的关系，利用2000—2009年中国各行业的技术性贸易壁垒数据，发现实施技术性贸易壁垒会陷入“技术性贸易壁垒—贸易保护”的循环怪圈，对贸易双方都会造成损失；同时发现出口总量的增加和技术性贸易壁垒成正比，但技术含量的提高会有效降低技术性贸易壁垒的风险，因而中国企业需要努力提升自身的自主创新能力（杨明月等，2018）。

5.1.3 处于全球价值链中低端的原因

从以上分析可以看出，经过长期发展，中国已经全面融入全球价值链，但是长期处于全球价值链中低端。其原因在于以下几方面。

（1）“追随赶超”模式的结果

改革开放后，中国发挥发展中国家的“后发优势”，制定了“赶超跟随”战略，通过引进国外的资金、技术、人才等，促进中国经济发展。这种“追随赶超”发展模式的好处就是可以短时间内实现经济的快速发展，弊端就是经济发展的质量不高、资源消耗大等。在发达国家主导的贸易分工体系下，发达国家的跨国公司利用全球的网络体系，将自己不具备比较优势的中间制造环节转移到发展中国家，自己则专注于技术、销售模式等创新。在这种情况下，在全球价值链中，中国就处在“微笑曲线”的下端，即生产环节；发达国家就处在中高端，即技术环节和销售环节。

（2）国外的国家保护主义

随着中国经济的高速发展，中国的很多企业积累了大量的资金。中国的企业也意识到自身处于全球价值链的中低端这样的不利局面，并且逐步开始拓展自身的业务范围，也开始向全球价值链高端进步。进入全球价值链高端的方式很多，其中最主要的就是并购，通过并购吸纳这些公司的技术、人才、网络等。但是翻开中国的海外并购的历史可以看到，在涉及能源、技术等处于价值链中高端的企业并购案中，成功的案例屈指可数。在国家保护主义的驱使下，发达国家政府以各种理由干预或否决企业间的正常经济活动。

（3）外向型经济发展模式限制

改革开放后，中国实行外向型的经济发展模式，以出口为主要发展动力，以国际市场为导向，努力满足国外市场的需求，并且给予出口企业极大的优惠政策，但忽视了国内商品、服务的需求。在这种发展模式的影响下，中国企业只能在发达国家主导的全球价值链体系下艰难地寻求发展空间，由于处于全球价值链中高端的技术环节和销售环节都在国外，中国也就只能从事全球价值链低端的生产环节，自然也就很难占领全球价值链的中高端。这种外向型的经济模式，忽略了培育以中国为主导的全球产业链和价值链体系。

（4）创业者“企业家精神”的缺失

改革开放以来，中国的创业者们依靠自己的勤劳苦干，利用各项优惠政策，实现了人生的第一桶金。但是当企业发展到一定阶段时，很多初代创业者们文化程度不高的弊端开始显现出来，文化水平限制了初代创业者的管理能力，企业就走上了由盛转衰的道路。后来的创业者们，虽然具备一定的文化水平，但缺乏居安思危的意识和创新精神，也就无法攀升全球价值链中高端，只能在低端的生产环节与国内企业“内斗”，因此造成中国企业的整体上的发展停滞甚至倒退，最后逐渐被市场淘汰。

（5）民营经济发展受限

长期以来，中国民营经济的发展一直不太理想。在国有经济占主体地位的背景下，中国民营经济的发展受到许多限制。国有企业有资金、特许经营等优势，但是却缺少一定的创新意识，这样会在一定程度上导致相关企业的实力越来越弱。虽然有许多企业有一定的忧患意识，但是受外部的融资难、行业准入等因素的影响，无法将其转化为创新能力。民营经济发展受限，限制了中国企业的竞争力与创新力，从而无法占领全球价值链的中高端。

5.2 迈向全球价值链中高端：外部环境与自身条件的新变化

5.2.1 全球价值链的重构

（1）制造业向发达国家回流

发达国家在实现工业化后，为了节约生产成本、专注科技创新，美国从20世纪50—60年代开始实行“去工业化”战略，随后西欧、日本、韩国等发达国家纷纷效仿。首先，发达国家将劳动密集型产业进行转移，从原先的东亚国家转移到劳动力成本更低的东南亚国家；其次，将大量的精力投入服务行业中并且加强企业创新科技的进步。但是“去工业化”也带来了许多“并发症”，如产业结构失衡、贸易逆差严重、失业率飙升等。因此，发达国家近年来开始积极推动制造业的回流，实施“再工业化”“工业4.0”等战略。

（2）低端制造环节的转移

改革开放后，随着中国经济的发展，人民的工资水平不断提高，这就导致以劳动密集型产业为主的中国加工制造业的人力成本大幅上升。因此，一直以来依仗的“低人工成本”优势不复存在，很多跨国公司为了寻求更加低廉的劳动力，纷纷将工厂由中国转移到东南亚国家。

(3) 创新链与价值链的深度融合

创新链主要反映技术、知识、行为等某一要素或创新活动的发展、转化的过程，而价值链反映的是生产者在各自生产阶段所创造的价值。现代化的社会企业员工的工作任务划分趋于更加细致和专业，对产业的创新和价值链进行深入的结合，在各个生产部分都可以进行创新改造，无论是新产品的研发、生产工艺的改进，还是新营销模式的出现。

(4) 制造业与服务业的融合

在现代化的计算机技术发展背景之下，制造业与服务业间融合得更加紧密，之间的界限逐渐淡化。一方面，越来越多的服务业作为中间要素被投入制造业的生产工程中，同时，制造业的终端产品在消费过程中需要服务业作为补充。另一方面，为了克服服务业“低效率”的问题，服务业的工厂化生产方式日益明显，服务业的规模和生产率大大提高。制造业企业和服务业企业都不仅仅进行传统的制造与服务活动，如服务业企业利用自己管理、销售等优势，在制造企业内采用贴牌生产和连锁经营的途径，或者将企业的终端产品作为核心，自我设计销售模式、铺设物流网络。

5.2.2 中国劳动力的变化

(1) 人口红利的消失

邓小平同志提出改革开放以来，我国依靠国内充足的人力资源，加大力度发展高劳动强度产业，取得了经济的飞速增长。但是目前，中国劳动人口不断减少，截至 2017 年，中国 15～59 岁劳动年龄人口总量为 90199 万人，比上年减少了 600 万人。2012 年，我国首次出现了劳动年龄人口数降低的情况，并且近 6 年持续降低，总共减少了 2500 多万人，这也是因为中国人口老龄化的加剧。根据全国人口统计，有约占 17.3% 比例的人口在 60 岁之上，总人数为 24090 万人，其中，年龄在 65 岁以上的占 11.4%，总计 15831 万人之多，这两个年龄之上的人口总数都增长了 0.6%。通过对人口的估算，到 2020 年我国的老年人口约为 2.48 亿人，占总人数的

17.17%，高龄80岁以上的可能为3067万人。进一步到2025年，老年人口总数突破3亿人①，我国的老龄化程度空前加重，中国的人口红利正在逐渐消失。

（2）中高端技术人力资源总量提高

我国在一些不可再生资源上的拥有量和储备量低于世界水平，那么中高端技术的人力资源就越来越需要重视。多年来，在科教兴国战略的指导下，通过加强人才培养，中国的劳动力水平不断提高。根据科技部2016年发布的《中国科技人力资源发展研究报告（2014）——科技人力资源与政策变迁》，到2014年我国的科技人力资源的总人数为8114万人，在各国中处于第一位；人力资源中有3246万人的学历在本科以上，占总科技人数的42.5%，并且总数在不断增加。

（3）收入水平变化导致了需求的变化，进而导致价值链变化

随着中国经济的发展，到2017年，我国居民的收入水平逐年增长，居民可支配收入的全国平均水平为25974元，其中城镇居民为36396元，而农村居民偏低，为13432元②。整体收入水平逐渐增加，导致了需求的多样化，进而导致价值链的多样性。原有的价值链已无法满足中国居民的消费需求，原有的价值链会更加细化，同时新的价值链也会应运而生。

5.2.3 结构性技术优势

要想推动中国产业迈向全球价值链中高端，不能只依靠某一种或者某一类技术的提高，需要的是结构性技术优势，既包括高精尖科学技术，又包括生产制造过程中的中端技术。中国制造业的优势就是整体优势，产业类别丰富、配套服务完善，中国是唯一拥有联合国所有产业分类的国家。

长久以来，中国的产业主要处于全球价值链中低端，面对中国传统产业资源能耗大、附加值低、产能过剩等不利局面，以供给侧结构性调整带

① 2017年中国人口老龄化现状分析及发展趋势预测[EB/OL]．中国产业信息网，http://www.chyxx.com/industry/201609/449915.html，2016-09-20.

② 资料来源：中华人民共和国2017年国民经济和社会发展统计公报。

来的结构性技术优势逐渐显现出来。中国既有高铁、量子技术、卫星技术等这样领先全球的高精尖技术，又有汽车、家电、工程机械等中端制造技术。高精尖技术的发展能够推动中国向“微笑曲线”两端攀升，而中端制造技术优势可以让中国在“微笑曲线”的制造环节发力，促进中国各产业的整体抬升。

5.2.4 新一轮产业革命与新兴产业的出现

近年来，信息技术、人工智能等新技术发展突飞猛进，同三大产业的联系更加密切。伴随着信息技术的发展，工业技术展开了新的改革，由此出现了大量如大数据、云计算、人工智能现代化的新的产业。这些新兴产业成为全球竞争新的焦点。新兴产业的出现，必然带动新的全球价值链的产生，进而推动全球价值链的重构，这为中国迈向全球价值链中高端提供了契机。

5.2.5 “一带一路”为南南合作价值链的发展提供了机遇

目前我国对外开放仍处于参与到由发达国家控制的全球价值链作为生产的加工厂的模式中，而发达国家占据着价值链的中高端位置。被动地接受他国订单，这种“拿来主义”的模式虽然促进了中国经济的发展，但也带来了许多问题，如产能过剩、抑制创新、收入分配不均等。

面对全球需求疲软、贸易保护主义抬头等外部不利因素和中国人口红利的消失、人力资源结构变化等内部因素变化的双重影响，过去那种嵌入发达国家主导的全球价值链发展模式已经不符合中国的现实情况。当前，中国已成为全球第二大经济体，内需规模居世界前列，同时中国在经历改革开放后的飞速发展后，已经积累了一定的资金、技术等优势，我们需要并且有能力建立起以我为主的、与发展中国家合作的全球价值链体系，“一带一路”倡议为中国推动建立南南合作价值链的发展提供了机遇。

5.2.6 贸易保护主义的抬头

在 2008 年爆发全球性的金融危机后，全球处于发展中国家期望通过增加内需实现经济增长，而发达国家逐渐加强贸易保护的经济环境中。结合最近美国与中国的贸易摩擦来看，一方面是利用高关税壁垒来阻止中国商品进口；另一方面又限制高科技产品对中国出口，此举无疑是典型的贸易保护主义。全球价值链是经济全球化的结果，经济全球化的正常发展才能推动全球价值链的良好运行，贸易保护主义阻碍了中国迈向全球价值链中高端。

5.3 迈向全球价值链中高端：内涵

迈向全球价值链中高端作为新时代中国产业升级的新目标，首先需要明白全球价值链中高端的内涵，这样才能以此为目标，加快推进中国产业迈向全球价值链中高端。

5.3.1 治理能力强

要使我国的产业走向国际高端舞台，需要从参与全球价值链向治理全球价值链转变，加强对全球价值链的治理能力。对于治理的手段，应当从最根本之处开始，运用交易成本经济学、企业网络和技术以及学习能力。对于价值链，我们可以从交易的程序、信息的公开度，以及企业的工作处理手段等角度划分为市场、网络和层次三种不同类型。其中，网络是包含三种模式的，分别可进一步划分为模块化的、关系形式的和俘获类型。从本质上讲，所有的模式是从全球价值链中的企业者的协调工作绩效划分的，其中，市场型最差，层次型最强。在实际生活中，这五种模式是处于一个相互融合的动态平衡的状态，各模式之间会出现相互转化的现象。中国产业长期被“低端锁定”，很大一部分原因是治理能力的缺失。通过对全球价值链治理模式的划分，可以了解经济组织的深刻变化，针对不同治理模式，制定相应的产业政策和制度，才能提高中国产业的治理能力。

5.3.2 创新性

发达国家之所以能长期占据全球价值链的中高端，一部分原因就是发达国家的产业或企业具有很强的创新性。当发展中国家利用后发优势、通过模仿能够生产出与发达国家几乎相同的产品或相似的商业模式时，发达国家总能通过对原有产品或商业模式的创新，继续占领全球价值链中高端的位置，发展中国家总是处在这样的追赶状态。中国产业要想迈向全球价值链，就必须具有创新性。

全球价值链创新可以分为以下五种类型：一是产品创新。产品作为全球价值链的生产起点和终点，产品创新通常是在设计时就投入了创新元素，生产出来后，通过产品的差异性形成差异化优势，达到占领市场的目的。二是技术创新。在原有的技术上通过改进生产技术或生产要素，从而节约生产资料、提高劳动生产率。企业在投入同样多的生产资料，但生产的产品更多时，就具有价格优势。三是模式创新。模式创新既包括企业治理模式的创新，又包括商业模式的创新。企业治理模式的创新是指企业在全球价值链各环节协作过程中进行创新，提高效率，如加强企业库存与生产之前的沟通，达到最优生产，获得最大利润；商业模式的创新就是企业通过改变传统的商业模式，达到占领市场的目的，如饥饿营销。四是标准创新。标准创新就是打破原有的行业领域标准，制定新的更高的行业领域标准，如中国如今新兴的高铁技术，在当前高铁技术中所采取的两百多项产业标准之中，中国标准已经达到八成左右。五是产业创新。就是以新的需求为导向，对旧产业结构的创造性破坏，推动新产业的产生，如现在的云计算、大数据产业。

5.3.3 附加值高

全球价值链本质上是将价值链条上的不同“价值环节”链接起来，不同生产部分产生的价值是不同的。例如，在全球的价值链上，战略部分能够产生大的价值，对于一些辅助性的环节往往只能产生少量的价值。目前的全球价值链体系中，处于全球价值链中高端的发达国家占据着附加值高的战略环节，而位于全球价值链中低端的发展中国家只能在附加值低的辅助环节谋求生存。谁抓住了这些附加值高的战略环节，自然而然也就占据了价值链的中高端，控制了该价值链。

综观目前的全球价值链体系，发展较为一般的国家在利益分配过程中经常会面对不平等的情况。主要原因是：第一，发达国家占据着全球价值链的战略环节，将发展中国家锁定在全球价值链的低端制造环节。发达国家以技术和品牌的优势控制着附加值较高的“微笑曲线”两端，获得的附加值很大，而发展中国家只能以自身劳动力和资源的优势去承接位于价值链低端的制造和组装环节，获得的附加值很少。第二，发达国家占据着全球价值链的战略环节，往往利用转移定价来削弱发展中国家附加值的公平份额，使原有的附加值空间进一步压缩。主要原因有两点：一是发达国家的跨国公司通过将生产“碎片化”，将全球价值链的生产环节进一步细化、分割，每个发展中国家在全球价值链中占据比重越来越少，所以获取的附加值也就越来越小。二是服务业与制造业的定价差异。发达国家占据着“微笑曲线”两端主要是服务业，发展中国家所处的低端环节主要是制造业，而服务业没有一定的交易标准。第三，发达国家的跨国公司在提高自身在全球价值链中的获利能力时，也给发展中国家带来了很多贸易风险。发达国家为了提高自身的获利能力，常常利用设置贸易壁垒、转移工厂、调整营销渠道等方式，这就使得发展中国家的收入和就业存在很大的风险。

5.3.4 垄断性强

从全球价值链的推动因素来分析，可以划分为生产者驱动和购买者驱动不同的两个。前者是指，市场的需求是由生产者来促进的，导致全世界的生产供应链的分工体系呈现出垂直的分布结构，价值链的投资方可以来自各个公司或政府，有对市场有需求的技术型全球公司或者是谋求本国的经济发展工业建设的政府机构。后者是指，具有品牌和销售途径的经济组织，采用全世界的购买原料和挂牌的商品生产形成的全球贸易网，从而推动市场的需求，进一步促进发展中的国家或地区的出口贸易发展。

由于驱动力不一样，从根本上这两个价值链是不一样的。生产力驱动类型的价值链的动力来源于企业的生产技术和资本，需要加大对技术研发的重视。以垂直型结构连接价值链内各部门，强调规模经济的重要性；而采购者驱动型的全球价值链的动力根源是企业品牌和营销网络，注重对产品的设计和市场拓展，以水平型结构连接价值链内各个部门，强调范围经济的重要性。生产者驱动型的全球价值链主要存在于制造业和重工业领域，该领域对企业的技术要求较高，如丰田、海尔等。采购者驱动型的全球价值链主要存在于轻工业和服务业领域，该领域对企业的设计和营销网络要求较高，如耐克、沃尔玛等。从价值链的动力机制入手，我们可以分析得到，无论是生产者驱动型还是采购者驱动型，都要求企业对该价值链具有一定的垄断性，在生产者驱动型中，我们需要掌握核心技术和产业资本，在采购者驱动型中，我们需要发展品牌和营销网络。某地区、某一企业或某一产业处于某一价值链的中高端，就意味着该企业或产业对该价值链有较强的垄断性。由此看出，想要在让某一产业或企业参与全球化竞争并占据全球价值链中高端，我们必须明白，这个产业相关的生产过程所处的环境是新型的全球价值链，并且需要以目前价值链的内在规律为基础，决定是以发展核心生产技术为主导还是以拓展产品营销网络等为方向，来获得垄断地位，进而占据该价值链下的中高端位置。

这四个全球价值链中高端的特点是逐一递进的关系。当企业对自身有较强治理能力时，才能促进企业在创新上下功夫，然后利用自身创新性的提高，获得高额的附加值，进而带动中国产业在价值链中占据垄断地位，这样才能迈向全球价值链中高端。

5.4 迈向全球价值链中高端：模式

5.4.1 传统价值链上的攀升

传统价值链上的攀升，就是在原有的价值链上，由处于“微笑曲线”中低端向处于中高端的两端进行延伸。具体可分为两种类型：

（1）向“微笑曲线”两端延伸

向“微笑曲线”两端延伸，既包括向上游技术环节的延伸，又包括向下游营销环节的延伸。向上游技术环节的延伸，是指制造业企业从中游生产环节进入研发、创意设计、生产加工、技术培训等上游环节，实现企业的“研发化”。实现这种转变的关键是加大科研投入、提高企业自主创新能力、提高科技含量。相关研究表明，在企业 R&D 投入占销售收入的比重大于 5% 时，企业在市场竞争中就会充满优势；若是比重大于 3% 小于 5%，企业可以生存下来，但创新能力低下，受到经济危机冲击时会被瞬间击垮；若是比重小于 3%，则企业的发展潜力很小，存活率大大降低。向上游技术环节延伸的企业，将主要的业务和利润来源从生产制造逐渐转移到设计、研发等服务上。但是，该模式要求制造业企业在资金和技术人才上有雄厚的储备。而向下游营销环节的延伸则是指制造业企业介入营销模式、品牌培育、售后服务等下游环节，实现企业的“服务化”。制造业企业通过树立品牌形象、改变营销策略、改善服务质量来提高产品的附加值。相较于向上游技术环节的延伸，这种向下游营销环节的延伸风险较低、可实现性也更强，关键是在于经营理念和商业模式的转变。在企业向“微笑曲线”两端延伸时，既可以选择某一种延伸方式，又可以两种方式兼而有之。

（2）“去制造化”

“去制造化”，就是指企业完全放弃处于价值链中低端的制造环节，只从事价值链中高端的技术环节和营销环节。“去制造化”是企业向价值链中高端攀升的结果和进一步拓展。一旦企业在全球价值链的高端中的优势逐渐变得明显时，低端的制造行业就会被逐渐分离出去。“去制造化”战略要求企业在组织架构、管理运营、发展战略等核心竞争力方面有巨大改变。相对来说，“去制造化”是向价值链中高端攀升路径中风险较高、难度较大、要求最高的。

5.4.2 价值链曲线的原地提升

在迈向全球价值链高端化的过程中，一种是向中高端前进；另一种是在原地上升，就是在不改变所处价值链环节的前提下，利用技术和知识含量的提高，达到提高该环节的市场垄断性和附加值，进而改变整个“微笑曲线”的形状。这种改变分为两种情况：第一种情况，原先处于价值链最低端的制造环节，利用技术设备的更新、生产工艺的改进，加大技术、知识的投入量，生产的产品形成“差异化优势”，从而获得更多的附加值。这种原地抬升最显著的特点就是原来陡峭的“微笑曲线”变得平缓，实质是产业内分工由垂直型转向水平型。虽然原来的制造环节依然处于价值链的最低端，但是其附加值水平、话语权大幅提高，而其他环节则相对降低，链条内各环节的附加值水平、话语权差距缩小。第二种情况，原先处于价值链中高端的技术、营销环节进一步加大技术、人才的投入，使得其市场垄断性、收益分配地位进一步提高，链条内各环节的附加值水平、话语权差距进一步拉大。这种原地抬升最显著的特点就是原来陡峭的“微笑曲线”变得更加陡峭，实质是产业内垂直型分工程度更高。

价值链曲线的原地提升，作为迈向价值链中高端的一种重要路径，能够改变链条内各环节的附加值水平、话语权。现有价值链上不同环节的提升程度决定了“微笑曲线”改变的方向以及变化程度。

5.4.3 新兴产业价值链的构建

前面两类向全球价值链中高端攀升的模式是对原有价值链的改变，对于价值链的创造来源于创造新的产业价值链。近些年来，由于信息技术的进步、新能源交通工具的投入以及生物技术的不断发展，一些具有时代特性的产业呈现在我们面前。目前，这些新兴产业还处于发展的初始阶段，成熟的全球价值链体系并未完全形成。在这种情况下，应该大力发展新兴产业，获得竞争优势，率先进入这些行业并获得“先入优势”，从而占据价值链的中高端。例如，在新能源汽车行业，比亚迪除了在国内市场占据主导，还出口欧美发达国家，已经在市场中占据了一定的竞争优势。通过这些在新兴行业处于领先地位的企业带动整个产业的发展，进而在全球范围内培育新的产业价值链。

此外，新兴产业价值链的培育，可以以中国内需为驱动力，通过在国内培育成熟完整的产业价值链，然后在全球范围内推广开来，中国的高铁行业就是最成功的案例。依托于中国交通运输行业的巨大需求，中国高铁行业取得了极大的进步并居于世界领先水平，同时，中国国内已经建立起一系列与高铁行业相配套的完整的产业链。中国高铁技术的出口，就是将国内培育成熟完整的新兴价值链移植到世界范围。

5.4.4 基于南南合作的价值链

改革开放以来，中国的对外开放主要是面向发达国家的对外开放。过去，由于经济发展、技术水平上的劣势，中国产业在发达国家主导的全球价值链体系中处于低端位置。随着中国经济发展和科学技术的进步，中国已经成长为世界第二大经济体，有能力成为技术、资本的输出国。“一带一路”倡议，为中国与广大发展中国家发展构建基于南南合作的价值链提供了契机。我国的“一带一路”所倡导的是一种新型开放的观念，它不仅仅是一个规划，同样也代表着一种开放式的格局。有别于过往参与发达国家主导的全球价值链体系，在“一带一路”背景下中国构建的南南合作的价值链最鲜明的特点是“一带一路”倡议下的南南合作，构建的是以中国为主导地位的包容性的全球价值链体系，中国产业占据着“微笑曲线”的两端。“一带一路”倡议下的全球价值链体系下，中国与各成员国合作已经超越了原先简单的商品出口贸易关系，涉及科技研发、产能合作等领域。

5.5 迈向全球价值链中高端：要素培育

5.5.1 主导企业

过去，中国的企业主要从事简单的加工制造业，以国外订单为企业生产依据，企业的发展受制于人，导致中国缺乏品牌度高、实力强的主导企业。虽然近年来，涌现出像华为、阿里巴巴这样的技术水平高、知名度高的企业，但中国能在全球价值链体系下有话语权的主导企业数量依然很少。

在全球价值链产业分工网络下，主导企业是一国产业迈向全球价值链中高端的排头兵和领路人。主导企业的竞争优势已经不仅仅体现在技术、资本等传统资源，更体现在企业对自身资源的整合能力和治理能力上。在全球价值链体系下，对于主导企业的认识，不能仅仅局限于从事的行业和企业发展的阶段，与新兴产业有关的不只是科技产业，发展已经足够成熟企业最终也不一定会失败。所以，以全球价值链相关机制为基础，相应企业的着重点应该逐渐放到提高企业核心竞争力的方面。

主导企业的培育，要根据企业不同类型采取不同的措施。对在国内占据行业领先地位并在世界范围具有一定竞争力的企业，以国内价值链治理为基础，以技术研发和市场品牌为切入点，以价值链低端的全球分工转移为手段，以企业在全球价值链分工体系中的核心竞争力为目标。对于某些在行业竞争中并不占优势的企业来说，最主要的就是以国内的市场为基础，将国内市场与国际结合起来，将自身的生产技术水平进行有效的提升，并且加强自身产品的特点，以此提高企业在市场中的地位，达到在行业中晋升的目标。

5.5.2 大规模的中小企业

主导企业的发展需要中小企业提供辅助与支撑作用的配套服务。随着主导企业将关注点转移到企业的治理能力和核心竞争力上，中小企业需要在某一具体的产业门类里做到精细化和深度化，它们并不需要投入大量的研发资金和技术人才来获得开创性的创新成果，只需要在某一特定领域有专业的、细节性的创新成果。

但是，中国中小企业的发展并不理想。一方面，中国中小企业受到大企业的竞争和兼并、融资难等外部影响；另一方面，中小企业自身谋其发展的多元化，致使中小企业发展艰难，并且做不到“小而精”。中小企业的发展窘境导致主导企业的支撑力不足，产业集群体系萎缩，难以成长为世界级集群。

5.5.3 价值链升级的配套辅助

价值链升级，除了需要企业这一要素，也需要其他要素的配套辅助。其中最主要的要素一个是人才，另一个是政策。如果把中国迈向全球价值链中高端比作一列向目的地飞驰的列车，那么主导企业就是车头，大量的中小企业就是一节节车厢，而人才就是驾驶员，政策就是铁轨。光有好的硬件条件还不够，还需要软环境的配套辅助。

人才方面，迈向全球价值链中高端，目的之一就是要汇集全球智慧，以创新驱动推动中国经济的高质量发展。全球智慧来自人才，创新驱动也就是人才驱动。经济全球化背景下的全球竞争，已经从传统的资源竞争，转变为以科学技术为载体的人才资源的竞争。而在政策配套上，一方面，中国各地方政府各自为政，以优惠的地方产业政策吸引企业投资，这种相互竞争导致了国内市场的过度分割和竞争；另一方面，政府政策对中小企业的支撑不够，导致中小企业生存艰难，在特定领域的创新也就无从谈起。

5.6 迈向全球价值链中高端：对策建议

5.6.1 完善政策保障

一是要在政策的指引下构建良好的营商环境。迈向全球价值链中高端离不开中小企业的发展，而良好的营商环境就是中小企业成长的土壤。一方面，从政策上对中小企业的发展给予扶持与帮助；另一方面，要完善相关配套设施，包括金融、基础建设等方面。二是要统筹兼顾，实现区域协调。现有的体制环境下，各地方政府“以 GDP 为纲”，相互之间的竞争造成了国内市场的过度分割和产业同构。迈向全球价值链中高端，就必须在协调区域发展的基础上，构建产业集群，用互补代替替代，用异质化代替同质化。三是要摒弃行业歧视，保证政策的公平性。政策的制定不能因行业差异而有所倾斜。迈向全球价值链中高端的进程中，技术密集型产业固然重要，但资本密集型和劳动密集型产业也不可忽视。对三种产业的发展，要做到有所兼顾，但不能厚此薄彼。

5.6.2 实行创新驱动

一是要构建区域产业创新体系。区域产业创新体系就是将企业、科研单位（包括大学、科研院所等）、政府和各创新服务机构联系起来，组成长期合作关系，达到产业创新的目的。企业是核心主体，政府是维护者，科研单位是重要参与者。二是要发展多样性的创新发展模式。当前，全球范围内的创新发展模式呈现出多样化的趋势。除了发展传统的由创业者自身承担创业结果的创业模式，也要发展大企业内部创业创新孵化机制等多种新模式的创业模式。三是要实行灵活高效的人才激励计划。除了在“引进”上下功夫，更要在“留住”上做文章。不光要提高人才的收入水平，更要为优秀人才提供更广阔的发展空间和营造更好的创新氛围。鼓励优秀人才以技术、管理等多种形式获得企业股份。

5.6.3 发挥“一带一路”的作用

一是“一带一路”能够为国际合作带来一定的机会，并且建设出一个以中国为核心的全球经济体系。随着“一带一路”倡议下的产能合作向纵深化发展，我们可以与发展中国家构建新的价值链分工体系。与发展中国家相比，我们可以发挥积累的资本、技术等新的比较优势，在新的价值链分工体系下，占据中高端位置。二是“一带一路”建设，推进中国供给侧结构性改革，调整中国产业结构，升级要素禀赋结构，推动中国产业迈向价值链中高端。

5.6.4 参与全球经济治理

全球价值链在全球经济治理中有着十分重要的地位。各个国家在参与全球经济治理中，着重于两个方面：从宏观上看，一个国家在参与世贸组织或者世界银行等国家化组织之中时，往往代表着其能够在经济全球化进程中占有一定的地位；微观层面是企业在产业中掌握核心技术、拥有核心竞争力，在市场中拥有一定的垄断地位。宏观上，我们除了发起创立亚投行，还要寻求在已经加入的国际性经济组织内拥有更多的话语权，并与其他国际性经济组织建立长期合作关系；微观上，我们需要积极培育符合价值链中高端的主导企业、中小企业。

第二篇

区域发展的政治经济学

新中国成立至今，尤其是改革开放以来，我国经济社会发展取得了举世瞩目的成就。1952—2017 年，国内生产总值由 679.0 亿元增加到 827121.7 亿元，增加了 1218.15 倍，人均国内生产总值由 119 元增加到 59660 元，增加了 501.34 倍，进入中等收入阶段；全国居民收入水平持续增长，人民生活水平不断提高，1978—2017 年，全国居民人均可支配收入由 171 元增加到 25974 元，增加了 150.89 倍，社会消费品零售总额由 1558.6 亿元增加到 366261.6 亿元，增加了 233.99 倍。此外，政府在教育、医疗卫生、社会保障和就业等公共产品与服务方面的支出也持续增加，建立了保障面更广、保障水平更高的公共服务体系。

我国经济社会发展所取得的成就是区域经济社会发展的结果。正是由于改革开放极大地激发了各区域发展经济的积极性和主动性，才形成了全国各个区域竞争发展的格局，推动各区域的快速发展，使中国迅速成为世界第二大经济体。当前我国国内生产总值约占世界的 15%，对世界经济增长贡献率超过 30%，经济实力跃上了新台阶。

新中国成立 70 年来，我国政府为了促进区域经济发展，审时度势，制定了各种层次和范围的区域经济发展战略以及相应的政策措施，有效地促进了区域经济社会发展。因此，对区域经济发展进行政治经济学分析，才能深刻理解我国区域经济发展的逻辑，对当前我国区域发展存在的问题及其根源有更清晰的认识，也才能以此为基础进一步明确未来实现区域经济协调发展的政策措施。

6 区域经济发展的历程

区域经济发展战略是我国经济社会发展战略的重要组成部分，主导着我国的区域经济社会发展，不同的区域经济发展战略使我国的区域经济发展呈现出不同的特点。中国地大物博，各个区域的比较优势及发展状况都不相同，不能以统一的区域经济政策推进区域发展，必须因地制宜地根据区域自身特点，确定不同区域发展方向，制定相应发展战略及配套政策，共同推进我国经济社会发展。

新中国成立以来，我国政府审时度势，根据国内外政治经济形势，确定区域发展战略。我国的区域发展战略历经平衡性区域发展战略、区域非均衡发展战略、跨世纪的区域协调发展战略以及新时代背景下的区域协调发展战略等不同阶段，国家区域经济发展战略及其相应经济政策也在战略转变过程中不断得到调整和完善，在探索中走向成熟。根据区域发展战略的变迁，结合区域发展战略的实施效果，我国区域经济发展历程大致可分为以下四个阶段。

6.1 1949—1978年的平衡性区域经济发展

新中国成立前，我国经济基础十分薄弱，社会生产力分布极不平衡，“我国全部轻工业和重工业，约70%在沿海，只有30%在内地”，而我国工业原材料则主要集中在内陆地区，造成工业生产和原材料产地严重脱节的现象。同时，由于旧中国的工业大多受外国资本控制，外国资本将直接影响我国区域经济以及国民经济发展，不利于国家安全。新中国成立后，基于恢复国民经济、平衡生产力布局、确保国家安全等考虑，我国采取了以重工业为主的平衡性区域发展战略，即“以内地为投资建设的重点，以缩小沿海与内地之间的差距，实现社会主义生产力的均衡布局为基本目标，追求地方经济的同步发展和自成体系”。根据该发展战略的推进程度，可进一步将这一阶段细分为以下几个阶段。

6.1.1 1949—1957 年的初步确立阶段

国民经济恢复时期（1949—1952 年）和“一五”计划时期（1953—1957 年）是我国平衡性区域发展战略的初步确立阶段，我国将恢复国民经济、平衡社会生产力布局作为该阶段发展国民经济的重要任务。在这一时期，我国要求集中全国之力迅速恢复国民经济，因此，1950 年 3 月，颁布了《关于统一国家财政经济工作的决定》，高度集中财政收支权力，由中央统一调度国家物资，满足各地发展区域经济的需求。在此阶段，我国区域经济发展完全由政府主导，积极推进工业生产：一是组织生产过去依赖国外供应的原材料；二是迁移部分工厂至接近原料和市场的地区，即将工业产业内移；三是工业方面侧重加强国防力量。“一五”计划时期，我国进一步推进工业化建设，集中力量进行以苏联援助设计的 156 个建设项目为中心、由限额 1000 万元以上的 694 个建设项目组成的工业建设。我国还实施了支持内陆发展的倾斜性政策，推动生产力平衡布局：一是合理利用沿海地区的工业基础，在西南开始部署工业基地，积极进行华北、西北和华中新工业地区的建设；二是根据内地需要，逐步把沿海城市某些工业往内地迁移。

总的来说，国民经济恢复时期和“一五”计划时期，我国初步恢复了区域经济，扭转了区域不平衡格局。一方面，我国 GDP 由 1952 年的 679. 0 亿元增长至 1957 年的 1069. 3 亿元，上升了 57. 48%；工业总产值则由 1952 年的 119. 8 亿元上升至 1957 年的 271. 0 亿元，增长了 126. 21%。另一方面，苏联援建的 156 个建设项目中有 80% 分布在西部地区，仅 20% 分布在东部沿海地区；且“一五”计划期间，我国东部与中、西部地区的基建投资占比分别为 36. 9% 和 46. 8%。区域经济平衡发展的格局初步确立。

6.1.2 1958—1965年的整体推进阶段

“二五”计划时期（1958—1962年）和国民经济三年调整时期（1963—1965年）是我国区域经济平衡发展的整体推进阶段。区域经济平衡发展的初步确立阶段，我国虽初步扭转了区域不平衡格局，但其后期过度重视发展内陆地区，忽视了东部沿海地区的经济发展。为此，1956年毛泽东同志在《论十大关系》中提出要正确处理沿海和内地的关系。针对沿海与内地的关系，“二五”计划提出，“我国在制定计划时必须把重点和全面很好地结合起来，而不是孤立地发展重点，不要全面，或者只要全面安排，不进行重点建设”，具体措施：一是加强内地工业新建设，积极在华中、内蒙古建立以钢铁工业为中心的工业基地，在西南、西北和三门峡周围等地区建立以钢铁工业和大型水电站为中心的工业基地，在新疆等地推进石油和有色金属工业建设等；二是充分利用沿海地区的工业基础，为内陆地区工业建设提供原材料、设备、资金和技术人才。但是，1958年开始的“大跃进”使“二五”计划未得到有效落实，而是将全国划分为东北、华北、华东、华南、华中、西南和西北7个经济协作区，并要求各协作区根据工业和资源等条件，尽快建立大型工业骨干和经济中心，形成若干个具有比较完整的工业体系的经济区域。这直接导致各大区域独立地发展区域经济，使区域间重复建设问题严重、区域经济发展严重失衡。因此，1961年1月，党的八届九中全会提出了“调整、巩固、充实、提高”的八字方针，要求全面调整国民经济结构，加大在内陆地区的投资。通过三年调整，初步扭转了区域发展失衡的局面。

1958—1965年，我国各区域经济虽经历波折但最终实现了全面快速增长。“二五”计划时期，我国东、中、西部地区以及东北地区的GDP年均增长率分别为-2.60%、-4.35%、-3.91%以及-5.24%，均为负增长，但经过三年的“调整、巩固、充实、提高”，1962—1965年，4个地区GDP年均增长率迅速提高，分别达到10.26%、10.63%、12.23%、

12.03%，并推动全国经济迅速恢复和发展，到1965年，GDP已由1958年的1281.55亿元增加到1509.35亿元，增长了17.78%。同时，各区域之间的经济发展差距进一步缩小。

6.1.3 1966—1978年的基本完成阶段

"三五"（1966—1970年）、"四五"（1971—1975年）计划时期至改革开放前是我国区域经济平衡发展的基本完成阶段。20世纪60年代初，国际形势发生了巨大变化，美国侵略越南以及中苏关系恶化都严重威胁了我国的国家安全，对区域经济发展产生了重要影响。出于备战考虑，我国对生产力布局进行了由东向西的战略调整，开始积极推进"三线"建设。"三五"计划时期，我国将国土划分为一线、二线、三线地区，在三线地区的13个省份进行大规模国防、科技、工业和交通基础设施建设，形成了一批工业基地，如陕西汉中飞机工业基地、成都电子工业基地、西安航空航天基地等。"四五"计划时期，我国提出要集中力量建设大三线的战略后方，建立不同水平、各有特点、各自为战、大力协同的经济协作区，同时，产业布局开始逐步由大西南地区向"三西"（豫西、鄂西、湘西）地区转移。"四五"计划后期及"五五"计划初期，我国的对外经济形势有所缓解，产业布局和国家投资又开始逐步向东倾斜。

"三五"计划时期是我国历史上中西部地区基建投资占比最高的时期，达到了64.7%，而沿海地区的基建投资占比仅为26.9%，其内地与沿海的投资之比甚至达到了2.41。"四五"计划时期，我国内地及沿海地区的基建投资占比分别为54.4%和35.5%，内地与沿海的基建投资之比有所下降，为1.53。同时，这一阶段我国区域经济稳步提升，我国东、中、西部地区以及东北地区的GDP分别由1966年的683.05亿元、390.95亿元、350.20亿元和251.38亿元上升到1978年的1497.99亿元、750.00亿元、721.55亿元和485.98亿元，年均增长率分别为6.76%、5.58%、6.21%和5.65%。

总体来说，新中国成立初期的平衡性区域经济发展阶段，我国积极推进内陆地区的经济建设，大规模投资于中西部地区，在一定程度上改善了内陆和沿海地区生产力布局失衡的格局，同时也实现了区域经济稳步增长，1952—1978 年，东、中、西部地区以及东北地区分别增长了 5.83 倍、5.13 倍、5.70 倍以及 5.79 倍。但是这一阶段，我国区域发展战略更多的是出于“平衡工业布局”与“安全”的考虑，忽略了各区域的要素禀赋和发展条件，造成了东部沿海地区经济发展边缘化和各大经济区封闭发展、重复投资及区域产业结构的趋同化问题，严重影响了区域经济发展效率。

6.2 1979—1995 年的非均衡区域经济发展

20 世纪 70 年代末，鉴于国内外政治经济形势的重大变化，发展经济成为这一时期我国面临的首要任务，推进经济建设，把我国建设成为社会主义现代化强国成为我国的战略目标。至 1978 年，尽管我国的 GDP 由 1952 年的 679.0 亿元增加到 3645.2 亿元，增长了 5.37 倍，但由于我国区域经济发展起点低、生产技术落后，我国区域经济总量仍然十分低下，人民生活水平相对较差。落后的经济基础和技术水平使我国难以在全国范围内同步推动区域经济发展。根据我国人口众多、经济发展底子薄的现实，在 1978 年召开的党的十一届三中全会上，我国确立了优先发展东部地区的区域非均衡发展战略，并以此作为撬动整个中国经济的杠杆，在一定时期内保持地区之间适当的经济差距，然后有梯度次序地发展中西部地区经济，使整个国家经济波浪式向前，带动落后地区发展，最终实现共同富裕。在实施区域非均衡发展战略时，必须坚持“两个大局”思想：一是沿海地区加快对外开放，较快地先发展起来，内地要顾全这个大局；二是沿海地区发展到一定时期，拿出更多的力量帮助内地，沿海地区要顾全这个大局。根据区域非均衡发展战略的推进程度，可再将这一阶段细分为以下几个阶段：

6.2.1 1979—1985 年的东部率先发展阶段

“六五”计划时期（1981—1985 年），我国政府坚持“第一个大局”思想，率先发展东部地区。“六五”计划中明确指出，我国应“积极利用沿海地区的现有经济基础，带动内陆经济进一步发展”；“加快能源、交通和原材料工业建设，支援沿海地区经济的发展”；“支持和切实帮助少数民族地区发展生产，繁荣经济”，并通过区域间的“物质协作、技术协作和经济联动”共同推进区域经济发展。1980 年，国家批准了在深圳、珠海、汕头、厦门设置经济特区；1984 年，国家进一步开放东部沿海城市，在大连、秦皇岛、天津、烟台、青岛、连云港、南通、上海、宁波、温州、福州、广州、湛江、北海等 14 个沿海城市兴办经济技术开发区；1985 年，又将长江三角洲、珠江三角洲、闽南厦漳泉三角地区开辟为经济开放区。无论是经济特区、经济技术开发区，还是经济开放区，我国都在财税、外资利用、外贸出口等方面给予一定的优惠政策，并大规模投资于该区域，使我国东部地区的经济迅速发展。“六五”计划期间，我国沿海地区的基建投资占比为 47.7%，超过了中、西部地区的 46.5%，投资重心东移；同时，我国各区域经济得到了迅速提升，尤其是东部地区，其人均 GDP 的年均增长率高达 13.59%，远超国际平均水平。

6.2.2 1986—1990 年的向东倾斜、梯度推进阶段

“七五”计划时期（1986—1990 年）是我国区域政策向东倾斜、梯度推进的阶段。“七五”计划提出，我国在发展地方经济的时候，必须正确处理东部沿海、中部、西部三个经济地带的关系，有效结合东部沿海地区的发展和中、西部地区的开发，做到互相支持、互相促进：一是加速发展东部沿海地区，发挥“增长极”作用，带动中、西部地区经济发展，为中、西部地区提供资金、技术和管理经验；二是把能源、原材料建设重点放在中部地区，为东部地区率先发展提供充足的资源，支持和推进东部地区发展；三是做好进一步开发西部地区的准备，改变西部地区落后发展的格局。这种“向东倾斜、梯度推进”的区域非均衡发展战略充分体现了改革开放初期效率优先、非均衡发展的思想。在前期开发开放的基础上，我国继续扩大开发开放范围，1988 年，设立了山东半岛、辽东半岛等对外经济开放区；同年，又设立了海南经济特区；1992 年，进一步开发了上海浦东新区，

对内陆和周边国家的开放也在逐步展开。“七五”计划时期，中央投资进一步向东部倾斜，东部地区基建投资比重由“六五”计划时期的47.7%上升到51.7%，而中、西部地区则下降到40.2%，东、西部地区经济发展差距进一步拉大。

6.2.3 1991—1995年的促进内陆发展阶段

“六五”“七五”计划时期，我国东部地区得到了迅猛发展，有效地落实了“第一个大局”思想；“八五”计划时期（1991—1995年），我国开始强调“第二个大局”思想，区域经济发展的重心开始向内陆迁移，开始进入促进内陆发展阶段。“八五”计划在关于地区经济发展布局的阐述中，提出“我国需正确处理发挥地区优势与全国统筹规划、沿海与内地、经济发达地区与较不发达地区之间的关系；同时应尽可能地利用本地区的资源、技术、人才等各方面优势，发展面向国内、国外市场的优势商品，推动区域经济快速发展”。1992年，我国相继开放了一批沿边、沿江、沿黄及沿陇海等内陆城市，初步形成了多条经济发展轴线和经济区的空间格局，主要包括长三角、珠三角、闽南三角和环渤海地区构成的多足的沿海经济开放区发展轴，长三角、长江中游沿岸区和川东地区构成的经济核心区发展轴，陇海—兰新线和黄河中上游地带形成的发展轴等。“八五”计划时期，我国政府积极推进内陆地区的经济发展，但其投资占比依旧比沿海地区低：东部地区基建投资比重为50.2%，而中、西部地区则为42.1%，差距仍旧存在。

总体来说，区域非均衡发展战略充分调动了东部地区发展经济的积极性，成功促进了该区域经济快速发展，推动我国经济增长也取得了显著成就，但该战略的实施也使我国东部地区与中西部地区的经济差距迅速扩大，区域经济不均衡问题日益突出。1978年，东部地区GDP分别是中、西部地区以及东北地区的2.00倍、2.08倍和3.08倍，到1995年则分别扩大到2.61倍、2.81倍和4.98倍；1978年，东部地区的人均GDP分别是中、西部地区以及东北地区的1.69倍、1.78倍和0.84倍，到1995年则分别扩大到了 2.81 倍、3.02 倍和 1.60 倍。可见，无论是 GDP 还是人均 GDP，各区域之间的相对差距都进一步扩大，区域发展不均衡问题日益严重。

6.3 1996—2017 年的区域经济均衡发展

为消除区域非均衡发展战略所造成的区域差距日益扩大等问题，我国综合考虑政治、经济、社会方面的迫切需要，提出了区域协调发展战略，明确“坚持区域经济协调发展，逐步缩小地区发展差距”的目标，这标志着我国改革开放和社会主义现代化建设推进到了新的阶段。根据区域协调发展的推进程度，这一阶段可具体细分为以下几个阶段：

6.3.1 1996—2000 年的准备阶段

“九五”计划时期（1996—2000 年）是我国区域经济协调发展的准备阶段。“九五”计划指出，我国经济建设的主要任务之一就是“引导地区经济协调发展，形成若干个各具特色的区域经济，促进全国经济布局合理化”，为此，我国“按照统筹规划、因地制宜、发挥优势、分工合作的原则，正确处理中央与地方、沿海与内陆、地方与地方之间的关系”。第一，积极发挥各地区比较优势，发展特色产业，明确东部地区和中、西部地区各自的发展方向，东部地区发展外向型经济，中、西部地区则发展资源型经济，利用地区比较优势加快经济发展。第二，在充分考虑经济规律和地理特点的基础上，突破行政区界限，推进区域合作。1996 年，我国将区域划分为西部地区、西南和华南部分地区、中部五省地区、东北地区、东南沿海地区、环渤海地区、长三角及沿海地区等七个经济区域，积极展开区域间、区域内的合作。第三，加大对西部地区的政策支持力度，将基础设施建设和资源开发项目优先安排在西部地区。为推进西部地区发展、平抑东西部之间过大的经济发展差距，1999 年党的十五届四中全会提出了西部大开发战略，通过给予西部地区充分的政策优惠和人力、物力、财力支持，推进“西电东送”“西气东输”等工程，促进西部地区经济社会发展。

6.3.2 2001—2010 年的实施阶段

“十五”计划（2001—2005 年）、“十一五”规划（2006—2010 年）时期是我国区域经济协调发展的实施阶段。孙久文（2018）认为，“自 1999 年我国决定实施西部大开发，我国的区域经济发展就已经进入了东部支援西部的新时期”。“十五”计划专门强调我国应“实施西部大开发战略，促进地区协调发展”，其核心是推进西部大开发，同时积极加快中部地区发展、提高东部地区的发展水平，形成各具特色的区域经济。2003 年，我国提出了振兴东北老工业基地战略；2005 年，我国又提出了中部崛起战略，并对其展开规划。同时，我国还积极推进城镇化战略，提高城镇化水平，促进城乡共同进步。“十一五”规划期间，我国为促进区域协调发展，实施了区域发展总体战略，将区域划分为东、中、西、东北地区四大板块，并坚持实施推进西部大开发、振兴东北老工业基地、中部崛起以及东部率先发展，同时积极支持革命老区、民族地区和边疆地区加快发展。“十一五”规划还创新性地提出了“推进形成主体功能区”的战略思想，统筹考虑区域人口分布、经济布局、国土利用与城镇化水平等条件，将我国划分为优化开发区、重点开发区、限制开发区和禁止开发区四大主体功能区，并根据主体功能定位，调整区域政策和绩效评价，规范区域开发秩序，形成合理的区域开发格局。

6.3.3 2011—2017 年的深化阶段

“十二五”规划时期（2011—2015 年）以及“十三五”规划前期是我国区域经济协调发展的深化阶段。“十二五”规划依旧将区域发展总体战略、主体功能区战略、城镇化战略作为促进区域协调发展的战略。党的十八大后，我国进一步深化区域协调发展战略，不断丰富和完善区域协调发展战略的内容。2013 年，我国依次提出了构建“丝绸之路经济带”和“海上丝绸之路”即“一带一路”倡议，推进我国对外开放进程，带动我国与沿线各国互利共赢发展。同年，我国又提出了长江经济带发展战略，依托长三角城市群、长江中游城市群、渝蓉城市群优势，发挥聚集经济效应，带动周边区域经济发展，促进区域协调发展。2014 年，我国提出了“京津冀”协同发展战略，利用三地比较优势，整合区域经济，带动环渤海经济带和北方腹地发展。同年，我国又提出了自由贸易区战略，推进我国对外开放水平，推动我国与国际的外贸交流，提升我国的国际地位。

1996 年以来，我国不断深化和完善区域协调发展战略，出台了一系列具体化的发展战略，区域发展战略“遍地开花”，各层次的区域经济政策繁多，发展重点不突出，区域间分工与协作的经济关系并未建立，区域经济发展依旧不协调。总体来说，这一阶段我国区域经济差距有所收敛，但区域间的经济差距仍然相对较大：1996 年，东部地区 GDP 分别是中、西部地区以及东北地区的2.58 倍、2.82 倍和5.05 倍，到2017 年上述数据分别为2.51 倍、2.63 倍和 8.17 倍；1996 年，东部地区的人均 GDP 分别是中、西部地区以及东北地区的 2.77 倍、3.01 倍以及 1.62 倍，2017 年则分别为 1.77 倍、1.89 倍以及 1.69 倍，除东北地区外，中、西部地区与东部地区的 GDP 及人均 GDP 差距均不同程度下降。虽然区域间的相对差距有所收敛，但区域间的经济差距依旧悬殊。

6.4 新时代区域协调发展

1996—2017 年的区域经济均衡发展阶段，我国区域经济虽然实现了快速增长，但依旧存在许多问题，具体表现为区域发展“不平衡、不充分”的问题：“不平衡”指的是结构，如城乡结构、生产消费结构、区域结构等，譬如我国城乡区域发展和收入分配差距依旧较大、民生建设不足、生态环境保护任重道远等；“不充分”指的是潜力，如创新潜力、市场潜力、对外开放潜力等，譬如我国区域经济发展质量和效益还不高、区域创新能力不足等。为此，党的十九大首次将区域协调发展战略提升为统领性的区域发展战略，以解决区域发展“不平衡、不充分”的问题，并对我国区域发展的内容进行了完整概括：一是要求我国在深化推进“四大板块 + 三大核心区域”的区域发展战略基础上，还应该加大在“老、少、边、穷”地区的投资力度，使我国革命老区、民族地区、边疆地区以及贫困地区得到迅速发展。二是积极协调城乡关系，一方面以城市群为主体构建大、中、小城市和小城镇协调发展的城镇格局，加快农业转移人口市民化；另一方面也积极推进乡村振兴战略，提升乡村经济发展水平，缩小城乡发展差距。三是提高保障和改善区域民生水平，促进经济与社会协调发展。四是积极推进生态文明建设，支持资源型地区经济转型发展。五是建立更加有效的区域协调发展新机制，从制度层面统领区域发展战略。2018 年 11 月，我国颁发了《中共中央国务院关于建立更加有效的区域协调发展新机制的意见》，全面落实区域协调发展战略各项任务，促进区域协调发展向更高水平和更高质量迈进。

新时代我国区域协调发展必须贯彻落实“五大发展理念”，积极推进区域间协调、城乡间协调、区域产业结构协调、经济与社会发展协调、经济与资源环境协调的发展格局。

7 新中国成立70年区域经济发展的成就

新中国成立至今，我国经济发展取得了显著成就。1952—2017年，我国GDP年均实际增长率达到了11.55%，经济总量也于2010年超越日本，成为世界第二大经济体。我国经济发展取得的显著成就得益于各区域经济的快速发展。为科学反映我国不同区域的社会经济发展状况，“十一五”计划期间，我国将全国划分为四大经济区域——东、中、西部地区以及东北地区。其中，东部地区包含北京市、天津市、河北省、上海市、江苏省、浙江省、福建省、山东省、广东省以及海南省10个省份；中部地区包含山西省、安徽省、江西省、河南省、湖北省以及湖南省6个省份；西部地区包含内蒙古自治区、广西壮族自治区、重庆市、四川省、贵州省、云南省、西藏自治区、陕西省、甘肃省、青海省、宁夏回族自治区以及新疆维吾尔自治区12个省份；东北地区则包含辽宁省、吉林省以及黑龙江省3个省份。该划分标准目前被学术界广泛采用，且包含了全国所有区域，因此，本书将依照这一标准，按照东、中、西部地区以及东北地区这四大区域对我国的区域经济发展进行分析。

7.1 我国东、中、西部地区及东北地区GDP总量及其人均量快速增长

新中国成立以来，我国经济创造了增长的奇迹，这与我国各区域的快速发展息息相关。其中，GDP总量和人均GDP是衡量区域经济发展状况最为直接、客观的经济指标，该指标的快速增长在一定程度上反映了新中国成立以来我国区域经济发展状况越来越好、人民生活水平快速

提高。

当前，东、中、西部地区以及东北地区的地区生产总值较新中国成立之初以及改革开放初期均有显著提升，具体趋势如图 7 - 1 所示。1952 年前，我国大部分省份数据缺失，海南省的数据仅从 1978 年开始统计，因此，图 7 - 1 的 GDP 数据仅从 1952 年开始且剔除了海南省的相关数据。图 7 - 1为我国东、中、西部地区以及东北地区的地区生产总值的变化趋势，可以看出，1952—2017 年我国东、中、西部地区以及东北地区的经济发展都取得了显著成果，经济总量在持续扩大，尤其是改革开放后，我国各区域的经济水平都得到了迅速发展。东部地区的地区生产总值从 1952 年的 256. 8 亿元增长到 2017 年的 443372. 9 亿元，年均增长率约为 12. 15%，其中，1952—1978 年，东部地区的 GDP 年均增长率为 7. 02%，1978 年以来则上升至 15. 71%，其年均增长率相较于改革开放前得到了迅速提升。中部地区 1952 年的地区生产总值为 146. 2 亿元，2017 年增长到 176486. 6 亿元，年均增长率约为 11. 54%，其中，1952—1978 年，中部地区的 GDP 年均增长率为 6. 49%，1978 年以来提升为 15. 03%，可见改革开放后中部地区经济也得到了快速发展。西部地区的地区生产总值由 1952 年的 126. 5 亿元上升至 2017 年的 168561. 6 亿元，年均增长率约为 11. 70%，其中，1952—1978 年，西部地区的 GDP 年均增长率为 6. 93%，而 1978 年以来其年均增长率则为 15. 01%，其年均增长率较改革开放前也提升迅速。东北地区 2017 年的地区生产总值达到54256. 5 亿元，较 1952 年的 83. 9 亿元提升了数倍，其年均增长率约为 10. 49%，其中，1952—1978 年，东北地区的 GDP 年均增长率为 6. 99%，而 1978 年以来则为 12. 85%，年均增长率也提升显著。整体来说，新中国成立以来，尤其是改革开放以来，我国各个区域的经济都得到迅猛发展，地区生产总值的年均增长率均远超过 10%，该数据是远远超过国际的 GDP 增长率平均水平的。

同样，当前我国东、中、西部地区以及东北地区的人均地区生产总值即人均 GDP 较新中国成立之初以及改革开放之初也得到显著提升，具体趋势如图 7 - 2 所示。同样由于 1952 年前我国大部分省份的数据缺失，且海

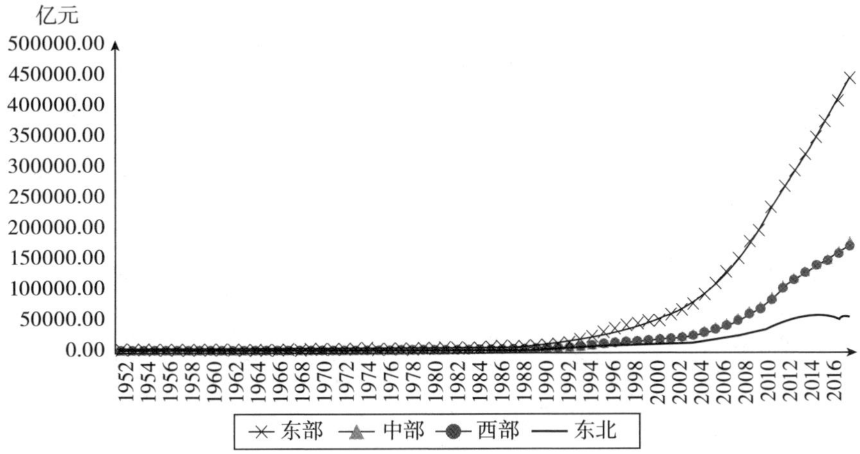

图7－1　我国东、中、西部地区以及东北地区 GDP 的变动趋势

资料来源：根据《新中国六十年汇编》、各省份统计年鉴、《中国统计年鉴》整理所得。

南省的数据仅从1978年开始统计，图7－2中的人均GDP数据也仅从1952年开始且剔除了海南省的相关数据。图7－2为我国东、中、西部地区以及东北地区的人均GDP的增长情况。我国东、中、西部地区以及东北地区1952年的人均GDP分别为130.15元、89.07元、80.45以及204.34元，2017年分别增长到84551.84元、47828.35元、44717.22元以及49890.99元。通过计算，得到我国东、中、西部地区以及东北地区1952年来的人均GDP年均增长率分别为10.48%、10.15%、10.21%以及8.83%，1952—1978年其人均GDP的年均增长率为5.05%、4.45%、4.65%以及3.96%，1978年以来人均GDP的年均增长率则分别为14.25%、14.13%、14.08%以及12.20%。可以看出，改革开放前我国东、中、西部地区以及东北地区的人均GDP增长幅度相对较小，但是在改革开放后，我国东、中、西部地区以及东北地区的人均GDP均实现了迅速增长，这也意味着改革开放后，我国人均GDP得到了有效提升。

由此可见，随着我国区域经济发展战略的实施、推进和变革，我国东、中、西部地区以及东北地区的地区生产总值以及人均地区生产总值都出现了“跨越式”增长，这是我国区域经济发展最直接、最客观的表现。

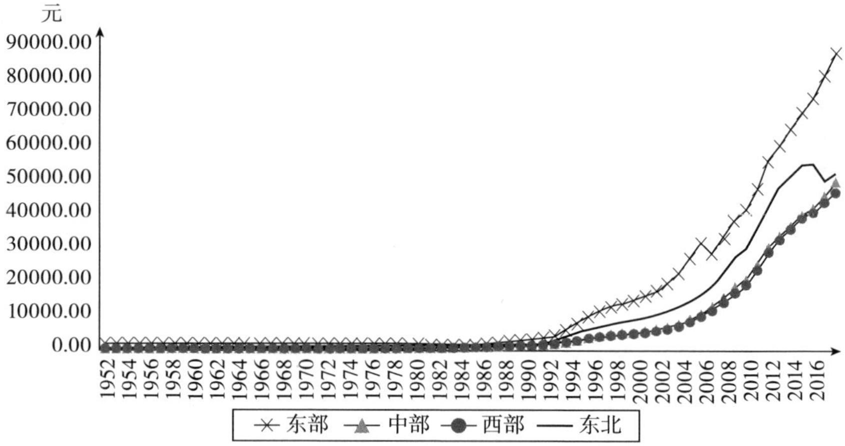

图 7－2　我国东、中、西部地区以及东北地区人均 GDP 的变动趋势

资料来源：根据《新中国六十年汇编》、各省份统计年鉴，《中国统计年鉴》整理所得。

区域经济总量的不断扩大，是我国各区域其他一切社会经济活动发展的首要前提，由此也奠定了我国区域经济发展的物质基础。

7.2　我国东、中、西部地区以及东北地区的人民收入与消费水平大幅提升

随着各区域经济的不断发展、地区生产总值和人均地区生产总值的提升，各区域的经济实力大为增强，居民人均可支配收入以及消费水平显著提升，人民生活水平持续提高。图 7－3、图 7－4、图 7－5 分别为我国东、中、西部地区以及东北地区的城镇居民人均可支配收入、农村居民人均可支配收入以及居民消费水平的变动趋势。居民人均可支配收入和居民消费水平分别是居民生活的两个方面，能较好地衡量我国四大区域的人民生活水平。但是，由于 2005 年前全国未统一城镇人口和农村人口的统计指标，部分省份按照城镇人口和农村人口统计人口数量，部分省份又按照农业人口和非农人口来统计人口数量，其统计口径不一致，不能简单合并，导致大量省份数据缺失，不能按照人口数量进行人口加权计算，因此本书仅采用简单算术平均的方式计算我国东、中、西部地区以及东北地区的城镇和

农村的居民人均可支配收入变动情况。

从居民收入的变化趋势来看，改革开放以来，我国东、中、西部地区以及东北地区的居民收入水平都显著提高。就城镇居民而言，我国东、中、西部地区以及东北地区1978年的城镇居民人均可支配收入分别为358.91元、314.25元、346.48元以及409.30元，2017年分别增长到43829.31元、31227.57元、30652.39元以及30252.70元，其年均增长率分别为13.11%、13.52%、12.18%以及11.66%。从图7－3中可以看出，我国东、中、西部地区以及东北地区的城镇居民人均可支配收入从1978年开始稳步快速地上升，且增长速度相对较快。就农村居民而言，我国东、中、西部地区以及东北地区1978年的农村居民人均可支配收入分别为170.96元、118.91元、126.98元以及179.50元，2017年分别增长到19094.77元、12709.10元、10618.52元以及13120.67元，其年均增长率分别为12.85%、12.73%、12.02%以及11.63%。从图7－4来看，我国东、中、西部地区以及东北地区的农村居民人均可支配收入也同样稳步快速地增长，且增长速度也同样较快。无论是城镇居民人均可支配收入，还是农村居民人均可支配收入，其年均增长率均大于10%，我国东、中、西部地区以及东北地区的居民收入增长迅速，为生活水平的提高奠定了物质基础。

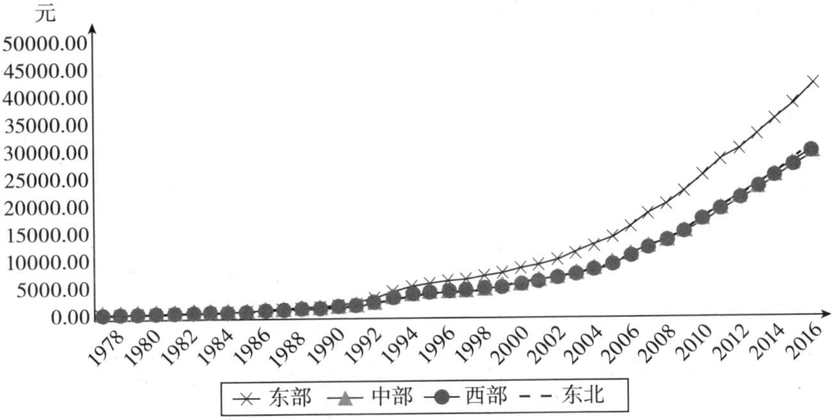

图7－3　我国东、中、西部地区以及东北地区城镇居民人均可支配收入情况

资料来源：根据《新中国六十年汇编》、各省份统计年鉴、《中国统计年鉴》整理所得。

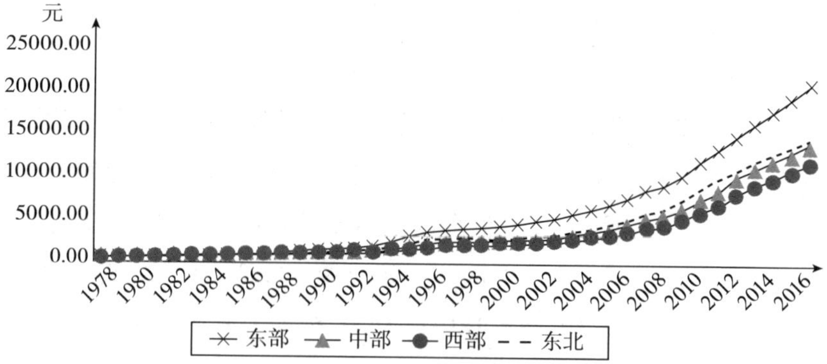

图7－4　我国东、中、西部地区以及东北地区农村居民人均可支配收入情况

资料来源：根据《新中国六十年汇编》、各省份统计年鉴、《中国统计年鉴》整理所得。

从居民消费水平的变化趋势来看，我国东、中、西部地区以及东北地区1978年的居民消费水平分别为208.26元、163.16元、159.29元以及274.43元，2017年分别增长到31556.29元、18583.91元、17792.62元以及20328.90元，其年均增长率分别为13.74%、12.91%、12.85%以及11.67%，均大于10%，居民消费水平也大大提高。从图7－5来看，我国东、中、西部地区以及东北地区的居民消费水平主要在20世纪末开始迅速增长，其增长速率相对较快，说明随着收入的增长，城乡居民的生活得到极大改善，生活水平迅速提高。

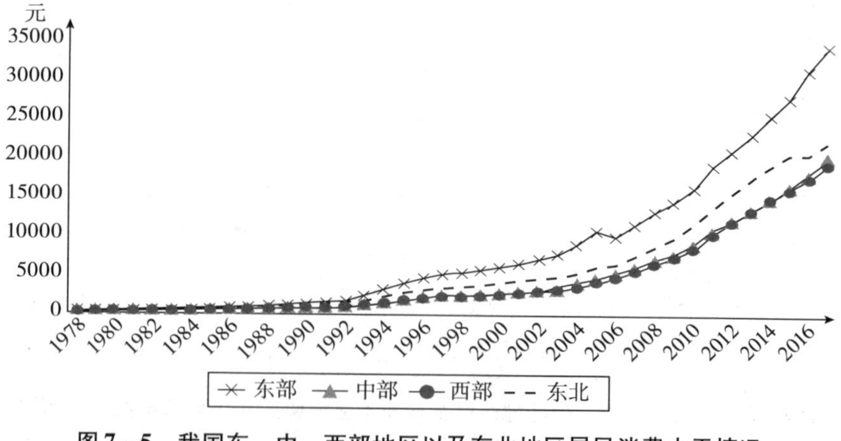

图7－5　我国东、中、西部地区以及东北地区居民消费水平情况

资料来源：根据《新中国六十年汇编》、各省份统计年鉴、《中国统计年鉴》整理所得。

由此可见，我国东、中、西部地区以及东北地区的人民生活水平伴随着经济增长也迅速提高。由于消费是收入的函数，随着居民人均可支配收入的不断增加，城乡居民的消费水平也持续提升。人民收入水平和消费水平是最能直接体现人民生活水平的两个方面，而人民生活水平的提升是经济增长带来的最直接的影响。我国人民生活水平的提升在一定程度上展现了新中国成立以来，尤其是改革开放以来我国区域经济的迅猛发展。

7.3 我国东、中、西部地区以及东北地区的政府财政收入与支出全面增长

经济持续、快速地发展，也大大提高了政府的财政能力，政府的财政收入和支出也全面增长，政府的服务能力有了极大提高。各区域政府财政收支变化的情况如图 7 -6 和图 7 -7 所示，由于数据的不可得性，东、中、西部地区以及东北地区的政府一般预算收入和政府一般预算支出的数据均从 1953 年开始描述，并且图 7 -6 中剔除了四川、福建、广东的数据，图 7 -7中剔除了四川和广东的数据。

从政府一般预算收入的变化趋势来看，1953 年，我国东、中、西部地区以及东北地区的地方政府的一般预算收入分别为 37.01 亿元、21.63 亿元、13.89 亿元以及 13.35 亿元，2017 年则分别达到了 38365.89 亿元、16339.87 亿元、14209.29 亿元以及 4846.99 亿元。其中，东部地区 1953 年以来，政府一般预算收入的年均增长率为 11.46%，1953—2004 年的年均增长率为 10.22%，2004 年以来的年均增长率则为 16.45%；中部地区 1953 年以来，政府一般预算收入的年均增长率为 10.91%，1953—2004 年的年均增长率为 9.05%，2004 年以来年均增长率为 18.51%；西部地区 1953 年以来，政府一般预算收入的年均增长率为 11.43%，1953—2004 年的年均增长率为9.75%，2004 年以来的年均增长率为 18.31%；东北地区 1953 年以来，政府一般预算收入的年均增长率为 9.64%，1953—2004 年的年均增长率为 8.80%，2004 年以来的年均增长率则为 13.04%。总体来看，新中国成立以来，我国东、中、西部地区和东北地区的政府一般预算

收入都得到了显著增长，尤其是2004年以来一般预算收入增长迅速，年均增长率除东北地区略低为13.04%外，东、中、西部地区的年均增长率均超过了16%，中、西部地区更是超过了18%。这在一定程度上反映了我国整体经济水平的提升，使得我国政府能够获得更多的财政收入。

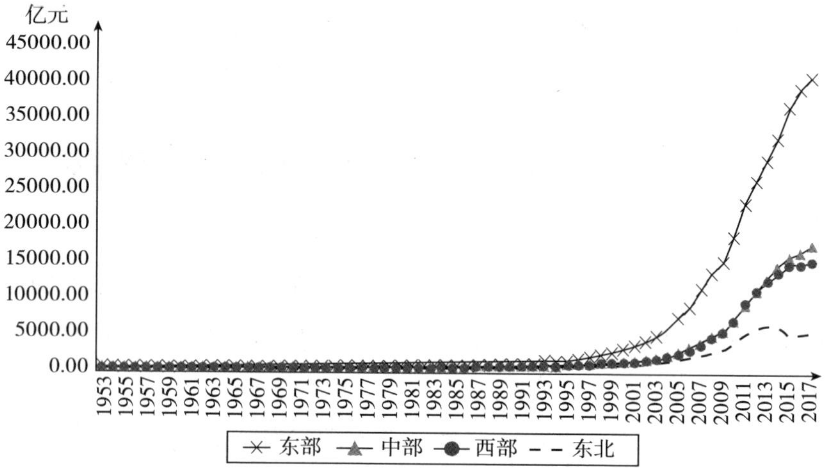

图7-6　我国东、中、西部地区以及东北地区政府一般预算收入情况

资料来源：根据《新中国六十年汇编》、各省份统计年鉴，《中国统计年鉴》整理所得。

从政府一般预算支出的变化趋势来看，1953年，我国东、中、西部地区以及东北地区的地方政府的一般预算支出分别为16.49亿元、11.42亿元、11.15亿元以及7.63亿元，到2017年则分别达到了57831.74亿元、36957.87亿元、41460.28亿元以及13246.22亿元。其中，东部地区1953年以来，政府一般预算支出的年均增长率为13.60%，1953—2000年的年均增长率则为12.21%，2000年以来年均增长率为17.56%；中部地区1953年以来，政府一般预算支出的年均增长率为13.46%，1953—2000年的年均增长率则为11.54%，2000年以来年均增长率为18.95%；西部地区1953年以来，政府一般预算支出的年均增长率为13.71%，1953—2000年的年均增长率则为11.86%，2000年以来年均增长率为18.97%；东北地区1953年来，政府一般预算支出的年均增长率为12.36%，1953—2000年的年均增长率则为11.28%，2000年以来年均增长率为15.40%。由此可见，新中国成立以来，我国东、中、西部地区以及东北地区的政府财政支出的增长幅度都非常之大，均超过了12%，尤其是2000年后增长迅速，各区域年均增长率甚至超过了15%，中、西部地区更是达到了约19%的高水平，政府财政支出增加显著。

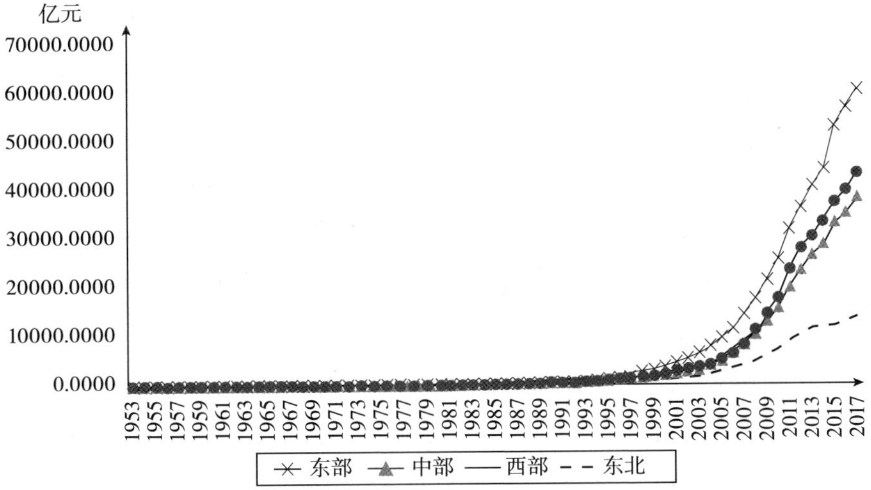

图7-7 我国东、中、西部地区以及东北地区政府财政支出情况

资料来源：《新中国六十年汇编》、各省份统计年鉴，《中国统计年鉴》。

政府的财政收入反映了我国各个地区政府履行政府职能的财力保障能力，它不仅是区域各项事业发展的保障，同时也直接反映了一个区域的经济实力。政府的财政支出则直接反映出政府在各项事业发展中所进行的投入数量，包括教育、医疗、一般公共服务支持、国防等关乎民生大计的事业，都是经济发展的体现。我国东、中、西部地区以及东北地区的政府财政收入与财政支出的不断提升不但保证了我国社会主义建设过程中的资金需求，也保证了政府提供公共产品和服务能力的提高，确保了人民生活水平和质量的稳步提升。

7.4 我国东、中、西部地区以及东北地区公共产品和服务供给稳步提升

前文提到，我国政府财政支出的提升在一定程度上说明了政府提供公共产品和服务能力的提升。政府在公共产品和服务上的支出是其相应能力的直接反映，为进一步说明我国各区域政府公共产品和服务供给的稳步提升，本节将选用政府在医疗卫生服务、教育以及社会保障上的财政支出进行分析。由于2007年我国的财政支出科目进行了调整，医疗卫生与计划生育支出、教育支出以及社会保障和就业支出在2006年及以前无对应数据，故本书从2007年开始统计其变动趋势。图7－8、图7－9以及图7－10分别为2007—2017年我国东、中、西部地区以及东北地区的地方政府在医疗卫生、教育以及社会保障和就业等方面的人均财政支出的变动趋势，可以看出，我国政府在这三个方面的财政支出持续增加，政府提供公共产品和服务的能力不断增强。

就医疗卫生与计划生育支出而言，我国东、中、西部地区以及东北地区的人均财政支出分别由2007年的195.24元、113.24元、149.19元以及153.38元上涨至2017年的1142.67元、934.69元、1139.53元以及839.56元，年均增长率分别为19.33%、23.50%、22.55%以及18.53%；就教育支出而言，我国东、中、西部地区以及东北地区的人均财政支出分别由2007年的696.24元、390.97元、466.00元以及549.48元上涨至2017年的2503.99元、1703.51元、2149.19元以及1590.12元，年均增长率分别为13.65%、15.86%、16.52%以及11.21%；就社会保障和就业支出而言，2007年我国东、中、西部地区以及东北地区的人均财政支出分别为417.29元、348.18元、378.6元以及713.61元，2017年则为1748.75元、1475.21元、1877.21元以及2593.00元，年均增长率分别为15.41%、15.53%、17.36%以及13.77%。

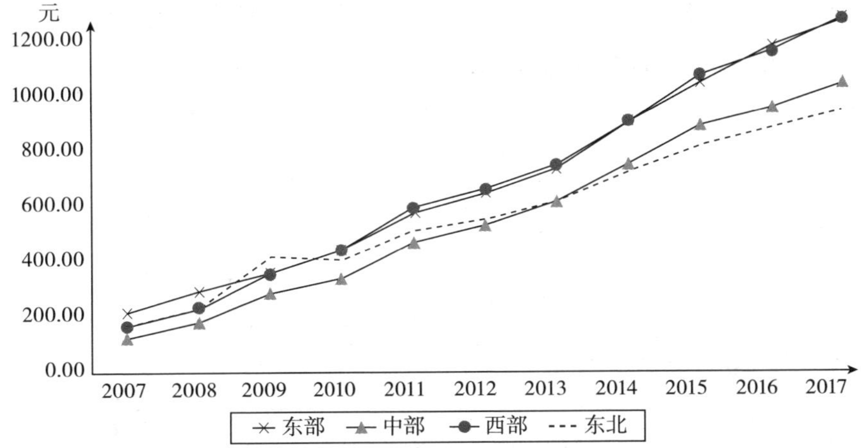

图7-8　我国东、中、西部地区以及东北地区政府医疗卫生与计划生育支出变动趋势

资料来源：根据《中国统计年鉴》整理所得。

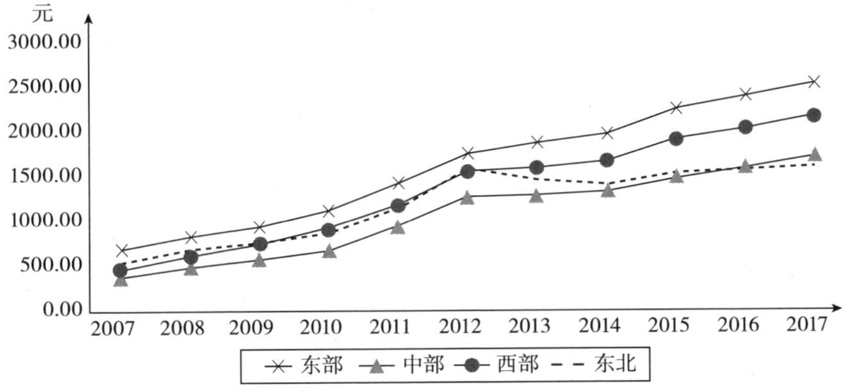

图7-9　我国东、中、西部地区以及东北地区政府教育支出变动趋势

资料来源：根据《中国统计年鉴》整理所得。

公共产品和服务的供给是影响我国居民福利水平的重要因素。2007年以来，我国东、中、西部地区以及东北地区的政府在医疗卫生与计划生育、教育、社会保障和就业上的财政支出都增长迅速，除个别区域相对略低外，大部分区域的各项财政支出的年均增长率均超过15%，医疗卫生与计划生育支出增长最为迅速，在四大区域中年均增长率均超过18%，在中、西部地区甚至超过了22%。地方政府公共产品与服务的供给能力的提升，使其为辖区居民提供的公共产品与服务的种类和数量大大增加，从而极大地提高了各区域居民的福利水平。

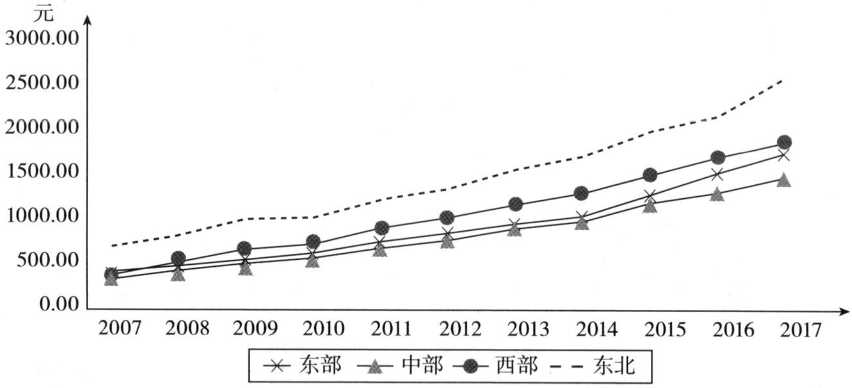

图 7－10　我国东、中、西部地区以及东北地区政府社会保障和就业支出变动趋势

资料来源：根据《中国统计年鉴》整理所得。

8 区域经济发展的政治经济学分析

由前述我国区域经济发展战略的变迁以及区域经济发展的历程可以看出，政府在我国区域经济发展中发挥着主导作用，因此，对我国区域经济发展进行政治经济学分析，对于深刻理解我国区域经济发展的特征、区域经济发展中存在的问题以及对于新时代背景下区域经济协调发展的实现均具有重要意义。

我国政府在推动区域经济发展时，通常首先确定区域发展战略，并根据发展战略制定相应的区域经济政策，通过不同的区域经济政策所形成的不同的激励机制，影响各区域政府的经济行为，进而影响区域经济发展状况。其中，区域发展战略是总纲，它从总体上确定了我国区域经济发展的目标，吴殿廷（2009）认为，“区域发展战略就是根据区域发展条件、进一步发展要求和发展目标所做的高层次、全局性的宏观谋划”；区域经济政策则是实现区域发展战略的手段，张可云（2005）认为，区域经济政策不同于区域发展战略，“区域经济政策是中央政府调控区域经济的重要工具，政府通过政策杠杆和制度安排，对某些类型的问题区域进行扶持和干预，从而促进区域分配合理和区域经济发展，实现区域格局协调的目的”；而激励机制则是落实区域发展战略和区域经济政策的必要保障，王贤彬、徐现祥（2014）认为，“中央通过机制设置对地方政府提供激励，影响地方政府的决策和行为”，从而影响区域发展战略和区域经济政策的落实情况。因此，本章将按照区域发展战略—区域经济政策—激励机制—政府行为的思路对我国区域经济发展的逻辑进行政治经济学分析。

8.1 区域平衡发展阶段我国区域经济发展的政治经济学分析

新中国成立初期，我国实施区域平衡性发展战略，将“平衡工业布局”作为区域经济发展的首要目标，为此，我国中央政府不断出台支持内陆发展的倾斜性政策，以“大推进”的方式开发大西南、大西北。一方面，中央政府不断加大对内陆地区的投资，在内陆地区建立了一大批工业基地，诸如陕西汉中飞机工业基地、成都电子工业基地、西安航空航天基地等，不断完善内陆地区的工业化体系建设；另一方面，中央政府又有计划地将一批工业企业从沿海地区搬迁至内陆地区，依靠沿海地区工业发展基础积极引导内陆地区工业发展。在这一阶段，无论是加大对内陆地区的投资，抑或迁移沿海地区的工业企业到内陆地区，都必须依赖中央政府的强制力加以实施。

新中国成立初期，我国实行的是计划经济体制，制定了“身份制”的任命制度和“统收统支”的财政管理制度。一方面，“身份制”任命制度使得我国地方官员完全由上级任命，并且，地方官员的晋升与地区经济的发展状况不具有相关性。另一方面，“统收统支”的财政管理制度又要求我国各地方政府将全部财政收入都上交给中央政府，中央政府再按照各地方政府不同的经济发展战略及其战略布局向地方政府拨款，这种“统收统支”的财政管理制度使地方政府失去了独立的财政收支权力，任何支出都要经过上级审批，地方财政也没有独立的预算，地方预算与中央预算共同由中央财政部门统一进行编制并执行。

在这样的任命制度和财政管理制度下，我国的政治权力与财政权力均高度集中在中央政府手中，使得“区域经济政策是自上而下的单项指令式计划的执行过程（付晓东等，2019）”，地方政府官员不能从发展区域经济中获得相应的政治权力和经济利益。在“身份制”任命制度和“统收统支”的财政管理制度下，由于地方政府没有独立的财政权及独立的经济利益，中央政府对地方政府的激励作用几近于无，并不能充分调动地方政府官员发展区域经济的积极性和主动性，地方官员只是简单地执行中央政府发出的指令，从而极大地制约了区域经济的发展。

在缺乏政治激励和财政激励的制度体系下，我国发展区域经济主要依赖中央政府对地方政府和区域经济的强有力控制。事实上，“身份制”的人事任命制度和“统收统支”的财政管理制度虽然使我国中央政府对地方政府的政治激励和财政激励不能充分发挥效应，从而不能充分调动地方发展区域经济的积极性，抑制了地方政府发展区域经济的主动性，但这样的制度安排也加强了中央政府对地方政府的控制，并使区域经济也完全控制在中央政府手中。中央政府正是依靠这种对地方官员及区域经济强有力的行政控制，可以集中全国人力、物力、财力，通过投资倾斜、战略布局直接推动区域经济发展，极大地推动了中、西部地区以及东北地区等落后区域的经济发展。

综合来说，在区域平衡发展阶段，我国区域经济的发展更多的是依赖中央政府的区域战略布局和区域经济政策，利用中央政府对地方政府和区域经济的控制力强制推动所取得的，而不是因为地方政府主动追求区域经济发展。正是由于缺乏政治激励和财政激励，地方政府没有发展区域经济的积极性和主动性，使区域经济发展缺乏强有力的、可持续的动力，导致我国区域经济发展缓慢、效率低下。

8.2 区域非均衡发展阶段我国区域经济发展的政治经济学分析

随着国内外政治经济形势的变化，区域平衡性发展战略已不适合我国国情，推动经济快速发展、提升我国国际地位成为首要任务，为此，我国提出了以改革开放为特征，以经济建设为核心的区域非均衡发展战略。其中，东部沿海地区凭借其区位优势——能更快、更容易地与国际展开贸易交流，成为我国改革开放的先行区和试验区，获得了中央政府及地方政府的各种政策扶持。改革开放以来，我国中央政府不断地在东部沿海地区设立经济特区、经济开放区以及经济技术开发区等，这不仅推动了东部沿海地区的区域经济发展，也利用其扩散效应，带动内陆地区的区域经济发展。譬如，改革开放初期，我国将深圳、珠海、汕头、厦门设置为第一批经济特区，给予充分的资金支持、税收优惠、政策偏向，将这些地区由落后的村庄、城市迅速发展成为我国区域经济发展的“领头羊”、先行者，直至今日，广东省依旧是我国经济最为发达的地区之一。

为落实区域非均衡发展战略和相应的区域经济政策，中央政府积极推动了我国政治管理体制和财政管理体制的变革：就政治管理体制而言，我国虽然依旧保持政治集权的模式，但转变了绩效考核标准，下放了干部管理权限，提出了以 GDP 为政绩考核核心、下管一级的干部人事管理制度；就财政管理体制而言，我国政府改革了过去财政集权的模式，积极下放财政权力，制定了“包干制”的财政管理制度，财政权力高度分散。以 GDP 为核心的干部人事管理制度使得地方官员的晋升机会与其为提升地区生产总值水平所做的贡献正相关，打破了之前官员晋升与地区经济发展不相关的格局。因此，地方官员为了获得晋升、得到更多的政治权力，将会致力于发展区域经济、提升地区生产总值水平。而财政“包干制”又给予了地方政府充分的财政权力，由中央政府核定收支总额，在保证中央政府财政收入的条件下，地方政府超收或短支部分不再上缴中央政府，留给地方政府自由支配，地方政府短收或超支部分中央政府不予补贴，由地方政府自求收支平衡，各地方政府实现了“分灶吃饭”。

在这样的人事任命制度和财政管理制度下，我国实现了政治集权而经济分权，实现了中央政府的政治激励和财政激励最大化，“确立了地方政府作为区域经济调控主体和利益主体的职能和地位（俞建群，2012）”，充分调动了地方官员发展区域经济的积极性。张军等（2007）也同样认为，“保障地方政府为增长而竞争的一个途径就是强化财政激励，当地方政府能够从发展经济中获得更多好处时，它们就有更大的积极性突破地方既有利益的限制，放纵管制、建设基础设施、提供公共服务等”。地方政府官员为获得更多的经济利益和政治权力、更快实现晋升，一方面将会大力投资于基础设施建设与工业化建设等短、平、快项目，在短期内实现区域 GDP 的迅速提升；另一方面又会积极为区域内企业提供充足的税收优惠政策以及低价出让土地，利用市场机制，吸引外来资源与资本流入本地，推动区域经济快速发展。

虽然以 GDP 为核心的官员晋升机制和“包干制”财政管理制度充分调动了地方官员发展区域经济的积极性，推动区域经济快速增长，但由于制度不完善、缺乏相应的监督管理机制，上述制度设计未能使“财政激励和政治激励做对”，不仅影响了制度绩效，还导致区域经济发展出现一系列矛盾和问题。就以 GDP 为核心的官员晋升机制而言，政治管理制度的不完善严重影响了其政治激励作用的发挥：一是以 GDP 为核心的官员晋升机制使我国各级地方政府片面追求 GDP 的增长，影响了区域社会建设和环境保护的发展；二是以 GDP 为核心的官员晋升机制强化了区域间的竞争关系，产生了地方保护主义。就“包干制”的财政管理制度而言，“包干制”的不完善严重影响了财政激励的作用：一是“包干制”一方面使中央财政收入降低，在有些地方政府仍然存在支出困难，需要中央补贴的情况下，由于中央的各项支出并未减少，导致中央政府财力不足，而中央政府财力不足则削弱了中央对地方的宏观调控能力；二是“包干制”下，地方政府的职责不够明确，很多地方存在“包而不干”的现象，各级政府都存在机会主义行为倾向；三是“包干制”在实行期间形式多样，不同地区的形式不能统一，导致各地受益不均，有失公平，从而引起了地区间的矛盾。在政治激励和财政激励的共同作用下，我国地方政府官员产生了重竞争、轻合作的行为选择，形成地方保护主义，拉大了区域间经济发展差距，造成区域经济关系紊乱、区域分工模糊、区域生态恶化等问题，导致区域经济发展严重失衡。

区域非均衡发展阶段，我国区域经济发展中最为严重的问题就是区域间产业结构高度趋同、区域经济发展差距持续扩大。其中，各区域政府间的“跟从战略”是产生该问题的核心原因之一。刘瑞明（2007）认为，“出于相对位置的考虑，在信息约束与风险规避条件下，地方政府官员将采取模仿经济发展战略的方式最大化自身利益，在这种情景下，地方政府的产业投资行为相互影响，其产业投资决定表现为‘跟从战略’，当一个地方政府增大对某一产业的投资时，其他地方政府也跟从该地方政府增大对该产业的投资，而这种经济模仿发展战略必然导致产业同构的形成”。事实上，不是所有的地方政府官员都具有合理分析地区特点来发展经济的能力，地区间的地方政府官员的能力是不一致的。改革开放初期，我国为迅速提升东部沿海地区的经济发展，为东部沿海地区配备了能力相对较强的地方政府官员，而内陆地区的地方政府官员的能力则相对较弱。落后地区的地方政府官员为了避免投资风险，最为简单的方式就是选择“复制”“跟从”区域经济发展较为发达的地区的发展模式，产业结构高度趋同。但显然，不同区域的发展基础、环境、条件和资源禀赋是极为不同的，适合发达地区的产业投资模式不一定适合落后地区，这严重影响了落后地区的经济发展效率，区域间经济发展差距也逐步拉大，区域失衡问题日益严重。

8.3 区域均衡发展阶段我国区域经济发展的政治经济学分析

针对区域失衡问题，中央政府又提出了区域经济协调发展战略，首先将我国的国土空间划分为东、中、西部地区以及东北地区四大板块，然后分别针对区域特点提出了东部率先发展战略、中部崛起战略、西部大开发战略以及振兴东北老工业基地战略。表 8 - 1 为我国“四大板块”战略以及与之配套的具体政策。区域均衡发展阶段，针对东、中、西部地区以及东北地区的自身优势与发展条件，中央政府制定了适合各个区域的区域经济政策，并试图利用这四大板块的区域分工与协作，推动区域经济协调发展。

表 8 - 1 “四大板块”战略的具体政策

战略	政策
西部大开发战略	1. 推动水利、交通等基础设施建设 2. 加大生态建设和环境保护的力度 3. 推进西部地区特色产业 4. 改善西部地区的公共服务

续表

战略	政策
振兴东北老工业基地战略	1. 发展现代农业 2. 建立资源开发补偿机制和衰退产业援助机制，推动资源型城市转型 3. 推进区域经济一体化，提升东北地区对外开放程度
中部崛起战略	1. 推进现代农业建设、资源型产业和传统产业的结构调整 2. 推进高技术产业发展 3. 加强物流中心等基础设施建设
东部率先发展战略	1. 加快提高自主创新能力，提高产业素质和竞争力 2. 优先发展先进制造业、高技术产业和服务业 3. 促进加工贸易升级，提高外向型经济水平，增强国际竞争力 4. 加快培育珠三角、长三角等为中心的都市经济圈和城市群

资料来源：根据《国民经济和社会发展第十一个五年规划纲要》及其解读整理所得。

为落实区域经济政策、解决区域经济发展失衡问题，我国中央政府选择了保留以 GDP 为核心的官员晋升机制，同时积极推进分税制改革，具体包括分权、分税、分管。其中，分权是指合理划分中央和地方的事权范围，并依此来决定地方政府的支出范围；分税是指依据事权的划分，将税种分为中央税、地方税以及中央与地方共享税：中央税主要包括保障国家权益和实施宏观调控所需税种，地方税主要包括营业税、地方企业所得税等适合地方政府征管的税种，中央与地方共享税由增值税、资源税、证券交易税构成，并制定合理的分配比例在中央和地方之间进行分配；分管是指分设中央与地方两套税务机构来分别对中央税与地方税的征收工作进行管理。

以 GDP 为核心的官员晋升机制和“分税制”的财政管理制度，意味着我国政府重新调整了中央政府对地方政府的政治激励和财政激励：一方面，充分发挥中央政府对地方政府的政治激励，将政治激励最大化，以区域 GDP 的增长情况决定地方政府官员的晋升与否，充分调动地方政府发展区域经济的积极性。另一方面，通过分税制改革，重新调整了中央政府与地方政府之间的关系，“保证财政激励做对”：一是削弱了地方政府财政收入自主权，保持中央政府的财政收入在全国的比重，从而保证中央对地方的宏观调控能力；二是给予地方充分的财政支出支配权，使地方政府能够在区域经济发展中获得财政收益，充分调动了地方政府发展区域经济的积极性。在这样的政治激励和财政激励下，由于充分调动了地方政府发展区域经济的积极性和主动性，使各区域都保持相对较高的区域经济发展速度，区域经济实力都得到了显著提升。

但这一阶段的政治激励和财政激励依旧是不完善的：一方面，我国并未转变过去以 GDP 为核心的官员晋升机制，政治激励未受到监督制约，影响了政治激励发挥的效用；另一方面，我国虽然推进了分税制改革，但对财政激励的监督管理机制依旧不够完善，财政激励也未能完全“做对”。不完善的政治激励和财政激励影响相关制度发挥正确作用，从而影响了区域协调发展战略和区域经济政策的落实，导致我国在这一阶段未能实现协调发展，而仅仅达到均衡发展，区域不协调问题依旧突出。

在当前政治激励和财政激励下，我国各级地方政府依旧以行政区为单位发展区域经济，区域间存在绝对的竞争关系，造成地区封锁与市场分割，“既不利于经济集聚效应的发挥，也不利于地区间要素回报的均等化以及区域经济的均衡发展”（常瑞祥、安树伟；2019）。在此基础上，地方政府在落实西部大开发战略、振兴东北老工业基地战略、中部崛起战略以及东部率先发展战略时是相互独立的，区域之间重竞争、轻合作，未能有效促进我国东、中、西部地区以及东北地区之间建立起基于比较优势的分工与协作经济体系和产业结构，导致我国不仅没能有效实现总体的区域经济协调发展战略，反而分化了四大区域，拉大了区域间的经济发展差距。

同时，这一阶段的政治激励和财政激励依旧将区域 GDP 的提升作为首要任务。在这样的背景下，我国各级地方政府官员为更快实现晋升、获得更多的经济利益，依旧会片面追求区域 GDP 的增长，大规模投资于基础设施建设、低水平工业化发展等短、平、快项目，而忽略民生建设，极大地影响了区域经济社会稳定。并且，在这一阶段，我国各级地方政府发展区域经济时不会充分考虑后果，以高投入、高消耗、高污染和低产出的发展模式发展区域经济，造成资源枯竭、环境污染、生态遭到严重破坏，区域经济发展不协调问题也日益突出。

区域间的“虹吸效应”也是我国区域发展不协调的重要原因之一。改革开放初期，我国积极推进沿海地区的经济发展，使其经济发展速度远超过内陆地区，发展水平也远高于内陆地区。在这样的情况下，由于沿海地区拥有更好的基础设施和更健全的公共服务，会自发地吸引企业入驻和资金投入，而企业入驻又为该区域提供了更多的就业机会和更大的上升空间，吸引更多的人才流入，能更快更好地发展区域经济；而落后地区由于资金、人才都向发达地区迁移，大量流失发展所必需的要素，区域经济发展遭到了抑制。通过这样的往复循环，导致“贫者越贫、富者越富”，发达区域经济发展越来越发达、落后区域经济发展越来越落后，进一步拉大了区域间发展差距，区域不协调性日益突出。

9　我国区域经济发展的问题

在区域发展战略的统领下，中央政府通过政治激励和财政激励，在推动区域经济快速发展的同时，也强化了区域之间的经济竞争关系，导致我国各区域为增长而竞争，引发了一系列问题。党的十九大对当前我国的区域经济发展问题简单概括为区域经济发展不平衡和区域经济发展不协调。这两个问题是影响我国当前区域经济稳定协调发展的核心问题，必须加以重视和分析。

9.1　区域经济发展不平衡

虽然我国各区域的经济发展都有了显著提升，但制约我国区域经济发展最显著的因素就是区域经济发展不平衡、不协调。区域经济发展不平衡包含区域间经济发展不平衡以及区域内经济发展不平衡，具体表现为区域间经济发展差距依旧较大和城乡间经济发展差距依旧较大。区域间和区域内的经济发展差距从长期来看会对区域经济发展产生较大的阻碍作用。一方面，对于落后地区来说，与发达地区的经济发展差距将会使劳动人口、生产要素等经济资源自发地向发达地区流入，从而制约落后地区经济发展，形成马太效应，使区域内的落后局面更为严重。另一方面，对于发达地区来说，大量的经济资源的流入，尤其是劳动人口的流入，虽然推动了区域经济发展，但也造成了人口密集、住房紧张、交通拥堵、生态恶化、资源短缺、不稳定因素增加等各种问题，如果不能妥善处理，将会影响发达地区的经济社会稳定发展。因此，区域经济发展不平衡在长期来看将会对我国区域经济发展产生阻碍作用，不利于区域经济高质量协调发展。

9.1.1 区域间经济发展不平衡

新中国成立以来，我国区域间经济发展始终不平衡，区域间发展差距相对较大。为说明我国区域间发展差距状况，本节将对区域发展差距进行测算。其中，测算区域经济差距的方法多种多样，目前主要采用的测算区域经济差异的方法有标准差、极值差率、变异系数以及加权变异系数等。由于各区域间存在如经济体量、区域面积以及人口规模等方面的差异，标准差、极值差率以及变异系数在这一方面存有缺陷，它不能很好地包含和反映这些差异，所以本节主要选用人口加权差异系数测算区域经济差距。其中，变异系数和人口加权变异系数的概念及其计算公式具体如下。

变异系数：变异系数是数据标准差与均值的比。变异系数越大，则表示区域间经济发展差异越大。其计算公式为：

$$CV = \frac{\sqrt{\frac{1}{N}\sum_{i}(y_i - \bar{y})^2}}{\bar{y}}$$

其中，CV 表示变异系数，y_i 表示 i 区域的人均 GDP，$\bar{y}$ 表示我国各区域人均 GDP 的均值，N 表示区域个数。

人口加权变异系数：人口加权变异系数是在变异系数的基础上赋予不同的人口权重。同样的，人口加权变异系数越大，则表示区域间经济发展差距越大。其计算公式如下：

$$CV(y) = \frac{\sqrt{\sum_{i}\frac{x_i}{x}(y_i - \bar{y})^2}}{\bar{y}}$$

其中，CV 表示人口加权变异系数，y_i 表示 i 区域的人均 GDP，$\bar{y}$ 表示各区域人均 GDP 的均值，x_i 表示 i 区域人口数，x 表示各区域人口总数。

图 9－1 为 1952—2017 年我国区域经济发展的变异系数与人口加权变异系数的变动趋势，可以看出我国区域经济发展差距尽管在短期内起伏较大，但长期来看，其经济发展差距还是呈缩小趋势，尽管其呈缩小趋势，

我国的区域发展差距还是长期存在的，其变异系数与人口加权变异系数均超过 0.3，区域经济发展差距依旧较大。

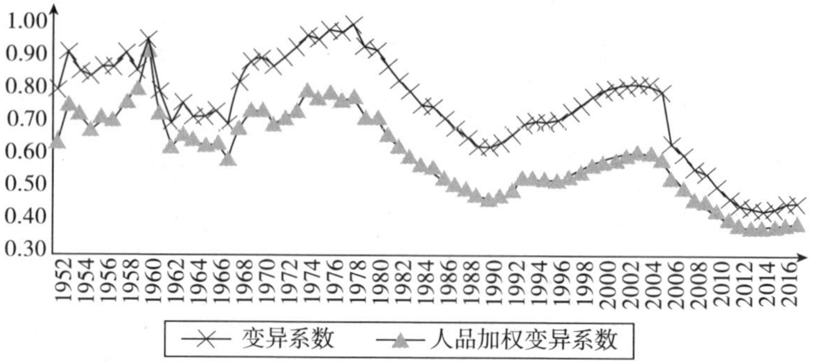

图 9-1　我国区域经济发展差距

资料来源：根据《新中国六十年汇编》、各省统计年鉴、《中国统计年鉴》整理所得。

为具体说明我国东、中、西部地区以及东北地区的经济发展差距，本节将通过四大区域的人均 GDP、人均可支配收入等指标来进一步阐述我国区域间的经济发展差距。

（1）我国东、中、西部地区以及东北地区人均 GDP 差距相对较大

新中国成立以来，尤其是改革开放以来，我国区域间的人均 GDP 差距长期存在。表 9-1 为关键年份我国东、中、西部地区和东北地区的人均 GDP，以及东、中部地区和东北地区的人均 GDP 相较于西部地区的倍数。我国东部地区的人均 GDP 相较于西部地区的倍数在 2000 年前逐渐上升，2000 年后倍数才有所下降；中部地区与西部地区的人均 GDP 差距相对较小，其倍数最大也仅为 1.11；东北地区与西部地区的人均 GDP 差距也相对较大，但其趋势是缓慢减小的，由 1952 年的 2.54 倍下降至 2017 年的 1.12 倍。由国家统计局数据可知，2017 年，我国人均 GDP 排名前三的省份分别为北京、上海及天津，全部为东部省份，其人均 GDP 分别为 12.9 万元、12.5 万元和 11.9 万元；人均 GDP 最少的三个省份分别是甘肃、云南及贵州，全部为西部省份，其人均 GDP 分别为 2.9 万元、3.5 万元和 3.8 万元。由此可见，现阶段我国中、西部地区以及东北地区之间的

人均GDP差距相对不显著，而东部地区的人均GDP已经遥遥领先于中、西部地区以及东北地区，与其他三个地区的差距显著扩大。2017年，东部地区的人均GDP已经达到了84551.84元，约为中部地区的1.77倍、西部地区的1.89倍、东北地区的1.69倍，差距相对较大。区域间的发展差距严重制约了我国区域经济协调发展。

表9-1 我国东、中、西部地区及东北地区的人均GDP差距 单位：元

年份	东部	倍数	中部	倍数	西部	倍数	东北	倍数
1952	130.15	1.62	89.07	1.11	80.45	1.00	204.34	2.54
1978	468.03	1.78	276.48	1.05	262.52	1.00	560.34	2.13
1990	2821.49	2.45	1234.08	1.07	1153.44	1.00	2225.32	1.93
2000	15206.29	3.18	5296.67	1.11	4780.17	1.00	9245.39	1.93
2010	46181.66	2.05	24122.98	1.07	22570.21	1.00	34224.97	1.52
2017	84551.84	1.89	47828.35	1.07	44717.22	1.00	49890.99	1.12

资料来源：根据《新中国六十年汇编》、各省统计年鉴、《中国统计年鉴》整理所得。

（2）我国东、中、西部地区以及东北地区居民消费水平差距相对较大

居民消费水平能够在一定程度上反映我国区域经济发展程度。改革开放以来，我国四大区域间的居民人均消费水平差距也长期存在，且其差距相对较大。表9-2为关键年份我国东、中、西部地区和东北地区的居民消费水平，以及东、中部地区和东北地区的居民消费水平相较于西部地区的倍数。整体来看，我国东、中部地区与东北地区的居民消费水平和人均GDP与西部地区的居民消费水平及人均GDP的差距变动趋势基本一致：东部地区的居民消费水平相较于西部地区的倍数也是先升后降；中部地区与西部地区的居民消费水平差距也相对较小，其倍数最大也仅为1.08；东北地区与西部地区的居民消费水平的差距也缓慢缩小，由1978年的1.72倍下降至2017年的1.14倍。由此可见，现阶段我国中、西部地区以及东北地区之间的居民消费水平差距不显著，而东部地区的居民消费水平已经遥遥领先于中、西部地区和东北地区，与其他三个地区的差距显著扩大。2017年，东、中、西部地区以及东北地区的居民消费水平分别为31556.29

元、18583.91 元、17792.62 元以及 20328.90 元，其中东部地区居民消费水平约为中部地区的 1.70 倍、西部地区的 1.77 倍、东北地区的 1.55 倍，差距相对较大。

表 9－2　我国东、中、西部及东北地区的居民消费水平差距　　单位：元

年份	东部	倍数	中部	倍数	西部	倍数	东北	倍数
1978	208.26	1.31	163.16	1.02	159.29	1.00	274.43	1.72
1990	1289.08	1.95	670.37	1.02	660.15	1.00	1028.71	1.56
2000	5521.93	2.37	2513.74	1.08	2331.96	1.00	3665.02	1.57
2010	14974.33	1.92	8335.50	1.07	7809.26	1.00	10573.55	1.35
2017	31556.29	1.77	18583.91	1.04	17792.62	1.00	20328.90	1.14

资料来源：根据《中国统计年鉴》整理所得。

通过对我国东、中、西部地区以及东北地区的人均 GDP 和居民消费水平的分析可以看出，我国区域间的发展差距长期存在，且相对较大。然而，东部地区与中、西部地区及东北地区的经济发展差距使得企业、人口和资源均向东部地区迁移，使东部地区经济更快速发展。但对于中、西部地区以及东北地区而言，区域间的发展差距使得其丧失了经济发展所必备的资源和劳动力，抑制了区域经济发展。长期的经济发展差距必将影响我国区域经济发展的平衡性，不利于我国经济社会的长期稳定发展，因此必须转变区域发展战略，根据区域发展实际制定和实施区域经济政策，兼顾区域经济发展与区域间发展差距的缩小。

9.1.2　区域内经济发展不平衡

我国不仅区域间经济发展差距长期较大，区域内的经济发展差距也相对较大，其中区域内经济发展差距主要体现在城乡差距上。城乡经济发展差距诱发劳动人口向城市流动，大量人口聚集城市，加大了城市管理负担；同时农村缺乏劳动力，无法快速发展经济，进一步拉大了城乡差距，造成恶性循环。当前我国城乡发展差距相对较大，城乡居民收入和支出均存在一定差距。

（1）我国城乡居民人均可支配收入差距相对较大

从城乡居民人均可支配收入差距来看，我国城乡居民人均可支配收入差距长期存在，且相对较大。表9－3为关键年份我国各区域的城乡人均可支配收入之比，可以看出我国四大区域城乡居民人均可支配收入之比均超过1.7，其差异巨大。1978年，我国东、中、西部地区以及东北地区的城镇居民人均可支配收入分别为358.91元、314.25元、346.48元以及409.30元，农村居民人均可支配收入则分别为170.96元、118.91元、126.98元以及179.50元，其差距分别为2.10倍、2.64倍、2.73倍以及2.28倍；2017年，我国东、中、西部地区以及东北地区的城镇居民人均可支配收入分别增加至43829.31元、31227.57元、30652.39元以及30252.70元，农村居民人均可支配收入则分别增加至19094.77元、12709.10元、10618.52元以及13120.67元，分别相差2.30倍、2.46倍、2.89倍、2.31倍。可见，改革开放以来我国各区域城乡居民人均可支配收入都得到了有效的提升，但其发展差距却依旧较大。

表9－3 我国四大区域城乡居民人均可支配收入差距

年份	城乡居民人均可支配收入之比			
	东部地区	中部地区	西部地区	东北地区
1978	2.10	2.64	2.73	2.28
1990	1.77	2.21	2.50	1.73
2000	2.21	2.55	3.40	2.31
2010	2.57	2.91	3.53	2.52
2017	2.30	2.46	2.89	2.31

资料来源：根据《中国统计年鉴》整理所得。

（2）我国城乡居民消费水平差距相对较大

消费是GDP核算的重要因素之一，能够推动我国区域经济发展。2017年，中国最终消费支出对经济增长的贡献率达到了64.6%，消费的作用不可忽视。但当前我国城乡居民消费水平差距较大，农村地区的消费增长动力明显不足，将直接导致我国有效需求不足，影响区域经济发展。图9－2为我国城乡居民消费水平差距。由图9－2可以看出，新中国成立以来，我国城镇居民消费水平和农村居民消费支出都出现了明显增长，但是其差距也在逐渐扩大。从全国情况来看，1952 年，我国城镇居民消费水平为 154 元，农村居民消费水平则为 65 元，二者差距为 2. 37 倍；1978 年，城镇居民和农村居民消费水平分别增长到 405 元和 138 元，二者差距扩大到 2. 93 倍；2017 年，城镇居民和农村居民消费水平进一步增长为 31032 元和 11704 元，二者差距较 1978 年有所缩小，为 2. 65 倍。从各区域情况来看，据统计局数据整理可知，2017 年我国东、中、西部地区以及东北地区城镇居民人均消费支出分别为 28489. 78 元、20535. 43 元、21070. 71 元、22121. 73 元，农村居民人均消费支出分别为 13102. 02 元、10319. 93 元、9604. 05 元、10533. 73 元，分别相差 2. 17 倍、1. 99 倍、2. 10 倍、2. 19 倍。可见，新中国成立以来，我国城乡居民消费水平得到了提升，但我国城乡居民消费水平及人均消费支出的差距却长期存在，且差距相对较大。

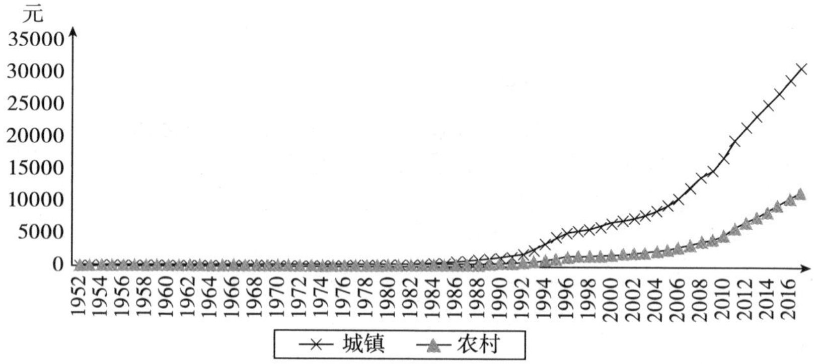

图 9 –2　我国城乡居民消费水平差距

资料来源：《新中国六十年汇编》、各省统计年鉴、《中国统计年鉴》。

9. 2　区域发展不协调

随着经济的发展，我国区域发展问题从不平衡问题进一步扩展为不协调问题。我国区域经济发展的不协调问题主要体现为区域间产业结构不协调、区域经济发展与生态环境不协调、区域间公共产品和服务的供给不协调。

9.2.1 产业结构不协调

产业结构在一定程度上能够影响我国区域经济发展，合理的产业结构能够高效地推动经济发展，而不合理的产业结构将会制约经济发展：一是致使大量的生产力放空，造成资源浪费；二是抑制区域生产技术水平的提升，影响区域经济发展效率；三是诱发区域竞争，影响区域经济协调发展。然而，改革开放以来很长时间我国都将发展经济放在首位，并形成了以经济增长为核心的考核评价体系，强化了各区域之间的经济竞争，使各区域不能基于资源优势合理进行产业选择，并建立起区域分工与协作的产业体系；而是以邻为壑，割断区域经济之间的联系，导致不同区域产业“大而全”“小而全”，产业结构趋同，重复建设严重。

以工业为例，我国工业主要包括采矿业、制造业和电力、热力、燃气及水生产和供应业，其中采矿业中包含 7 小类，制造业中包含 31 小类，电力、热力、燃气及水生产和供应业包含 3 小类，而这 41 小类在我国东、中、西部地区以及东北地区均有布局，工业产业分布较为分散。为验证我国区域间产业结构趋同现象，本书将对区域间产业结构相似度进行测度。产业结构相似度的测度方法主要包括结构相似系数法、结构差异度指数法、克鲁格曼结构差异度指数法以及区位熵法等，其中克鲁格曼结构差异度指数法被学术界广泛使用，因此本书将采用克鲁格曼结构差异度指数说明区域间产业结构差异度。

克鲁格曼结构差异度指数是由保罗·克鲁格曼提出的，用以计算地区间产业结构差异度的指数，该指数的值介于 0 到 2 之间，其值越小，说明区域间产业结构越相似。其计算公式为：

$$\mathrm{KI}_{ik} = \sum_{k=1}^{n} |X_{ik} - X_{jk}|$$

其中，KI_{ik}为克鲁格曼结构差异度指数。X_{ik} 表示 i 区域 k 产业占整个产业的比重，X_{jk} 表示 j 区域 k 产业占整个产业的比重，n 表示区域个数。

表 9－4 为 2012—2017 年我国东、中、西部地区以及东北地区两两之间的克鲁格曼结构差异度指数，可以看出这 5 年来，我国四大区域之间的

克鲁格曼结构差异度指数变动幅度相对较小，变动幅度不超过0.15，区域之间的克鲁格曼结构差异度指数均小于0.8。其中，中部地区与西部地区之间的克鲁格曼结构差异度指数始终是各区域之间最小的，2012—2017年分别是0.33、0.35、0.38、0.37以及0.37，均小于0.4。表9－4充分说明了我国东、中、西部地区以及东北地区的产业结构极为相似，同质化严重。

表9－4　我国四大区域的克鲁格曼结构差异度指数

年份	东部与中部	东部与西部	东部与东北	中部与西部	中部与东北	西部与东北
2012	0.46	0.61	0.61	0.33	0.49	0.49
2013	0.43	0.60	0.61	0.35	0.50	0.50
2014	0.42	0.59	0.63	0.38	0.51	0.49
2015	0.41	0.57	0.66	0.37	0.54	0.49
2016	0.40	0.56	0.74	0.37	0.64	0.52

数据来源：根据《中国工业统计年鉴》整理所得。

9.2.2　区域经济发展与资源环境不协调

新中国成立以来，尤其是改革开放以来，伴随着各区域经济的迅速发展，我国区域经济发展和资源环境之间的矛盾日益突出，不协调问题越来越严重，制约了区域经济的可持续发展。我国区域经济发展与资源环境不协调的问题主要表现在以下几方面。

第一，资源短缺、可持续供应能力不足，对外依存度持续、快速上升。截至2017年，我国能源消费总量和生产总量差额扩大到90000万吨标准煤，石油对外依存度接近70%，铁矿石、铜、锂、镍矿等矿种的对外依存度均超过70%，铬矿、钴矿等矿种的对外依存度甚至超过90%。其中，我国资源短缺乃至枯竭的最直接原因就是我国长期以来粗放式的经济增长方式，导致生产过程中过度耗费资源、单位GDP能耗过高。图9－3为1995—2016年我国四大区域的单位GDP能耗，可以看出我国各个地区的单位GDP能耗是逐步减少的，东、中、西部地区以及东北地区的单位GDP能耗分别由1995年的1.70吨标准煤/万元、2.72吨标准煤/万元、3.24吨标准煤/万元以及 3.33 吨标准煤/万元下降至 2016 年的 0.47 吨标准煤/万元、0.60 吨标准煤/万元、0.81 吨标准煤/万元以及 0.79 吨标准煤/万元，这在一定程度上反映了我国资源使用效率在逐步提升，但其依旧远远落后于国际平均水平。就以 2012 年来说，我国单位 GDP 能耗是日本的 7 倍、美国的 6 倍，甚至是印度的 2.8 倍，能源利用效率有待进一步提高。

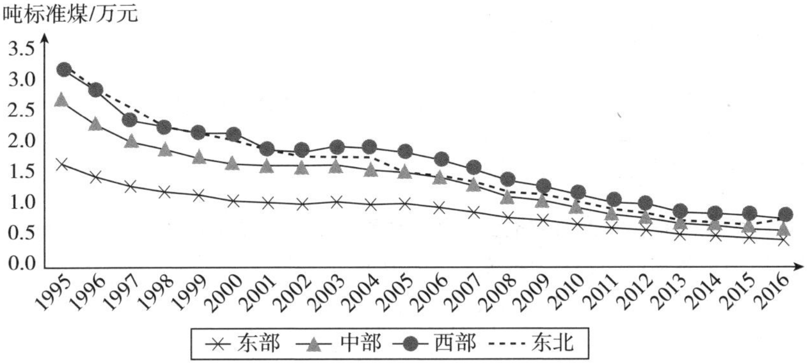

图 9－3 我国东、中、西部地区以及东北地区单位 GDP 能耗

资料来源：根据《中国能源统计年鉴》整理所得。

第二，环境污染严重。经济持续、快速增长不仅消耗了大量资源，也造成了严重的环境污染。根据国家统计局统计，2017 年我国废水排放总量达到 699.66 亿吨，二氧化硫排放量达到 875.40 万吨，氮氧化物排放量达 1258.83 万吨，烟尘达 796.26 万吨，一般工业固体废物产生量也高达 33.16 亿吨，大量的废水、废气、固体废物的排放，造成了严峻的水污染、大气污染以及土壤污染等。图 9－4 和图 9－5 分别为 2000 年以来我国四大区域的固体废物产生量和综合利用率的变动趋势。由图 9－4 和图 9－5 可以看出，2000 年以来，我国东、中、西部地区以及东北地区的工业固体废物产生量都是逐年增加的，尤其是西部地区，其增长幅度相对较大；在各区域工业固体废物产生量持续增加并累积的同时，东、中、西部地区以及东北地区的工业固体废物综合利用率相对较小，且变动幅度不大，其中东部地区的综合利用率相对较大，而中、西部地区的则相对较小。可见，一方面，我国污染源排放总量增加；另一方面，我国废弃物的综合利用率相对较低，导致污染物逐年累积，造成了严重的环境污染问题。

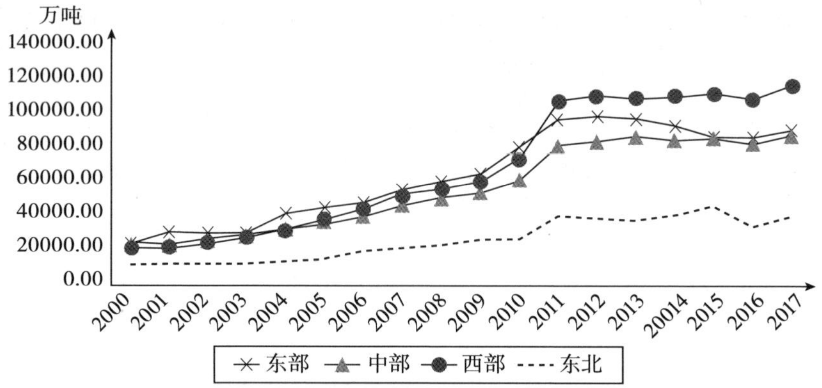

图9-4　我国东、中、西部地区以及东北地区工业固体废物产生量变动趋势

资料来源：根据《中国统计年鉴》整理所得。

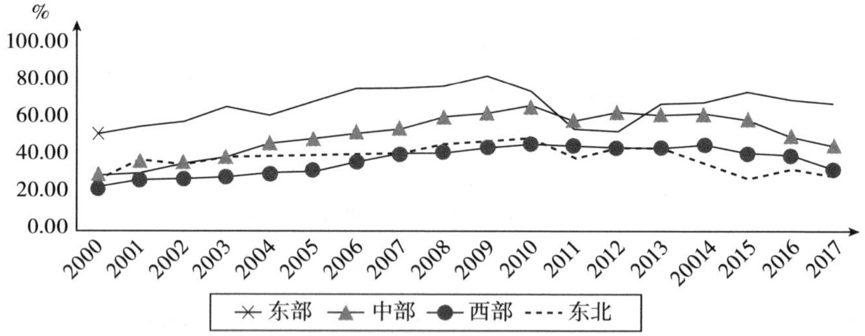

图9-5　我国东、中、西部地区以及东北地区工业固体废物综合利用率变动趋势

资料来源：根据《中国统计年鉴》整理所得。

第三，生态环境遭到严重破坏。新中国成立以来，尤其是改革开放以来，我国致力于发展区域经济，长期以粗放式的经济发展方式发展区域经济，导致我国的生态环境遭到了严重破坏，严重影响了区域经济发展与生态环境的协调性。截至2008年，全国矿山共引发地质灾害超过1.7万处，造成死亡约4300人，直接经济损失230亿元；截至2017年，我国土地沙化面积达72.12万平方公里，占国土总面积的17.93%；截至2019年，我国草场退化面积已经达90%以上，严重的草原退化导致土壤被破坏、优质牧草减少、经济生产力降低。

9.2.3 区域间公共产品和服务的供给不协调

我国区域发展不协调还表现为区域间公共产品和服务供给不协调，而区域间公共产品和服务供给不协调将引发区域经济发展不协调，影响社会稳定，进而抑制我国区域经济协调发展。

表 9－5 为 2013—2017 年我国四大区域每千人配备卫生技术人员数及其相对差距。由表 9－5 可以看出，近 5 年来我国各区域的卫生医疗供给变动幅度相对较小，略微提升；同时，区域间也相对均衡，东部地区略微领先，其中东部地区与其他地区的每千人配备卫生技术人员数的差距最大倍数仅为 1.16 倍，差距相对较小。

表 9－5　我国四大区域每千人配备卫生技术人员数及其相对差距

年份	地区/人				相对差距		
	东部	中部	西部	东北	东部与中部	东部与西部	东部与东北
2013	5.70	4.84	5.16	5.54	1.18	1.10	1.03
2014	5.50	5.10	5.16	5.65	1.08	1.07	0.97
2015	6.20	5.38	5.76	5.83	1.15	1.08	1.06
2016	6.48	5.62	6.10	6.10	1.15	1.06	1.06
2017	6.85	5.90	6.52	6.33	1.16	1.05	1.08

资料来源：根据《中国统计年鉴》整理所得。

表 9－6 为 2013—2017 年我国四大区域每千位小学生中专任教师数及其相对差距。由表 9－6 可以看出，近 5 年来我国各区域的教育资源供给变动幅度虽然相对较小，但区域间教育资源供给差距相对较大，东部地区略领先于中部地区，但落后于西部地区和东北地区。以 2017 年为例，我国东部地区相较于中、西部地区以及东北地区的每千位小学生中专任教师数的差距分别为 1.03 倍、0.94 倍以及 0.72 倍，教育资源供给与经济发展水平不匹配、不协调问题突出。

表 9－6　我国四大区域每千位小学生中专任教师数及其相对差距

年份	地区/人				相对差距		
	东部	中部	西部	东北	东部与中部	东部与西部	东部与东北
2013	57.75	54.95	59.82	79.92	1.05	0.97	0.72
2014	57.96	56.42	61.16	81.31	1.03	0.95	0.71
2015	56.89	55.67	60.49	79.02	1.02	0.94	0.72
2016	56.95	55.05	60.34	78.74	1.03	0.94	0.72
2017	57.40	55.69	60.83	79.79	1.03	0.94	0.72

资料来源：根据《中国统计年鉴》整理所得。

表 9－7 为 2013—2017 年我国四大区域每千人参保养老保险数及其相对差距。由表 9－7 可以看出，近 5 年来我国各区域的养老产品和服务供给变动幅度也相对较小，但是，区域间养老产品和服务供给能力却是最不协调的，中部地区的养老产品和服务供给相对充裕，而西部地区和东北地区的养老保障情况则不容乐观。以 2017 年为例，我国东部地区相较于中、西部地区以及东北地区的每千人参保养老保险数及其相对差距分别为 0.65 倍、1.53 倍以及 1.31 倍，差距相对较大。

表 9－7　我国四大区域每千人参保养老保险数及其相对差距

年份	地区/人				相对差距		
	东部	中部	西部	东北	东部与中部	东部与西部	东部与东北
2013	309.71	470.12	195.70	228.30	0.66	1.58	1.36
2014	309.77	470.06	196.89	228.55	0.66	1.57	1.36
2015	309.39	469.10	198.05	230.68	0.66	1.56	1.34
2016	307.81	470.17	198.91	233.22	0.65	1.55	1.32
2017	306.54	471.56	200.44	233.92	0.65	1.53	1.31

资料来源：根据《中国统计年鉴》整理所得。

10 新时代区域经济协调发展的内容

20 世纪 90 年代以来，我国虽然不断推进区域经济协调发展战略，但事实上，区域经济发展不协调问题却日益突出，要解决该问题，我国必须转变传统的区域经济发展逻辑，积极深化和推进区域经济协调发展战略，构建符合区域协调发展目标的制度体系和激励机制，推动区域经济实现协调发展。进入新时代，我国提出了更为全面的区域经济协调发展战略，丰富了区域经济协调发展的内容，它不仅仅包括区域间的协调发展，还包括城乡之间的协调、产业结构的协调、经济发展与生态环境的协调以及经济与社会的协调等内容，该战略不仅旨在缩小地方发展差距，更体现在区域关系改善、区域合作加强等方面。

党的十八届五中全会提出的五大发展理念为新时代区域经济协调发展提供了理论基础，引领区域经济协调发展的方向。因此，本章将对五大发展理念展开分析，并阐述新时代下我国区域经济协调发展的内容。

10.1 新时代区域发展的五大理念

2015 年 10 月，党的十八届五中全会提出了五大发展理念，这是新时代中国特色社会主义经济思想的主要内容，也是区域发展的必然趋势。2016 年 1 月，习近平总书记强调要崇尚创新、注重协调、倡导绿色、厚植开放、推进共享，努力提高统筹贯彻新的发展理念的能力和水平。要实现区域经济发展，必须遵循创新、协调、绿色、开放和共享这五大发展理念。它们既是一个整体，又各有侧重。深入理解、准确把握五大发展理念，将其与区域经济发展方向结合，对于新时代区域经济协调发展具有重要意义。

10.1.1 创新是引领发展的第一动力

创新发展位居五大发展理念之首，是引领发展的第一动力。党的十八届五中全会指出，坚持创新发展，必须把创新摆在国家发展全局的核心位置，不断推进理论创新、制度创新、科技创新、文化创新等各个方面的创新，让创新贯穿于党和国家的一切工作，让创新在全社会蔚然成风。因此，我国要实现区域经济持续、协调发展，必须坚持创新发展，解决发展动力问题。改革开放以来，我国依靠压低要素价格，大量投入劳动力、土地、矿产资源等生产要素的粗放的发展方式，保持了区域经济的高速增长，但是，这种增长方式难以长期持续。当前我国已步入经济新常态，经济增长速度明显放缓，增长动力不足，难以维持区域经济继续高速发展。因此，要使区域经济得到更高层次的发展、区域经济发展的问题得到解决，我国各个区域必须进行创新发展，大力强调创新，转变经济发展动力，提高经济发展的质量。区域创新作为区域层面上的创新活动，是区域经济发展的必然选择。

10.1.2 协调是持续健康发展的内在要求

协调发展是五大发展理念的重心，是我国经济社会持续健康发展的内在要求。党的十八届五中全会强调，我国应坚持协调发展，必须牢牢把握中国特色社会主义事业总体布局，正确处理发展中的重大关系，重点促进城乡间经济协调发展以及区域间经济协调发展，促进经济社会协调发展，促进新型工业化、信息化、城镇化、农业现代化这“四化”同步发展，在增强国家硬实力的同时注重提升国家软实力，不断增强发展整体性。协调发展注重的是解决我国经济发展中的不平衡问题。当前我国区域经济发展不平衡、不协调、不可持续的问题越发突出，区域间的经济发展水平差距、城乡收入差距、基本公共服务差距等都在逐渐拉大，区域间、区域内经济发展的不平衡，从长远来看，将会阻碍我国区域经济的稳定协调发展。因此，要实现区域经济持续稳定发展，必须注重区域经济协调发展，在实现区域经济增长时既要注重效率，也要注重公平，解决区域发展不平衡问题。

10.1.3 绿色是永续发展的必要条件和人民对美好生活追求的重要体现

绿色发展是针对人与自然的关系而提出的理念，是永续发展的必要条件和人民对美好生活追求的重要体现。党的十八届五中全会强调我国需坚持绿色发展，必须坚持节约资源和保护环境的基本国策，坚持可持续发展，坚定走生产发展、生活富裕、生态良好的文明发展道路，加快建设资源节约型、环境友好型社会，形成人与自然和谐发展现代化建设的新格局。区域绿色发展注重解决人与自然的和谐问题，强调协调区域经济发展和区域生态环境，注重可持续发展。人生于自然环境中，长于自然环境中，就必须尊重自然规律，协调区域经济发展和区域生态环境。当经济发展与生态环境之间存在矛盾时，宁要保证生态环境也不强求经济发展。进行区域绿色发展时应考虑区域生态环境的容量以及自然资源的承载能力，注重资源节约和环境保护。

10.1.4 开放是区域繁荣发展的必由之路

开放发展能够打开区域大门，是区域繁荣发展的必由之路。党的十八届五中全会提出我国应坚持开放发展，必须顺应我国经济深度融入世界经济的趋势，奉行互利共赢的开放战略，发展更高层次的开放型经济，积极参与全球经济治理和公共产品供给，提高我国在全球经济治理中的制度性话语权，构建广泛的利益共同体。开放发展注重的是解决发展内外联动问题，处理区域与区域之间的关系以及国内与国际的关系。新时代下，我国区域经济应转变开放方式，实现“引进来”与“走出去”并重，实现引资和引技、引智并重，提升区域对外开放层次，促进区域经济发展。区域之间的开放合作能实现优势互补，促进资源的合理配置，助推区域经济发展。

10.1.5 共享是中国特色社会主义的本质要求

共享发展是中国特色社会主义的本质要求，发展经济的最终目的在于增进人民的福祉，而让人民共享经济社会发展成果是实现这一目的的基本途径。党的十八届五中全会认为坚持共享发展，必须坚持发展为了人民、发展依靠人民、发展成果由人民共享，作出更有效的制度安排，使全体人民在共建共享发展中有更多获得感，增强发展动力，增进人民团结，朝着共同富裕方向稳步前进。共享发展注重解决的是社会公平正义问题，和谐处理人与人之间、人与政府之间的关系。其中，共享发展理念的内涵包括以下几点：第一，区域共享发展既是区域内部共享发展，又是区域间的共享发展，二者相互独立又相互融合；第二，区域共享发展是全面共享；第三，区域共享发展要求共建发展，社会中的每一个人与每一个区域都要为区域共享发展贡献力量；第四，区域共享发展是缓慢推进的。

五大发展理念深刻揭示了我国区域经济实现更高质量、更有效率、更加公平、更可持续发展的必由之路，对破解发展难题、增强发展动力、厚植发展优势具有重大意义。五大发展理念相互融合，密不可分。就区域经济发展而言，五大发展理念的要求集中体现在区域协调发展之中。创新发展理念既需要企业创新，又需要政府引导，协调政府与企业之间的关系；同时，创新发展推动了各区域生产技术水平的提升，并合理推进区域间产业发展的分工与协作，实现区域间产业结构协调发展，为区域协调发展提供动力支持。绿色发展理念本质要求实现区域经济发展与生态环境之间的协调，在实现区域经济发展的同时也必须注重区域资源环境的保护。开放发展理念要求打破区域因竞争而隔绝的经济发展格局，促进区域间的开放合作，推动区域之间实现协调发展。共享发展主要是让国民共享经济发展的成果，实现居民权利平等化，并为各区域居民提供充足的、均等化的公共产品和服务，提升人民生活幸福感，实现经济发展与社会发展的协调。

10.2 新时代区域经济协调发展的内容

从前文的分析可以看出，在区域经济发展中，五大发展理念可以集中体现在协调发展理念之中，从而揭示了新时代我国区域经济发展的方向和路径，即区域经济协调发展。结合五大发展理念，新时代我国区域经济协调发展的内容不断完善和深入，具体包括：区域间、城乡间经济协调发展，区域间产业结构协调发展，区域生态环境与区域经济协调发展，区域经济与社会协调发展等。只有正确把握区域经济协调发展的内容，才能更好地制定推动我国区域经济协调发展的制度体系、激励机制以及相应的政策措施，实现区域经济协调发展。

10.2.1 区域间、城乡间经济协调发展

区域间、城乡间经济协调发展是我国区域经济协调发展中最为核心的内容，也是我国区域协调发展战略提出以来始终强调的一个方面，它要求我国区域间、城乡间经济发展相对平衡，发展差距相对较小。

根据前文的分析，当前我国区域经济协调发展所面临的问题之一就是区域间以及城乡间经济发展差距相对较大，要素流动受到限制，进一步加剧了区域经济发展的不平衡。具体来看，我国的中、西部地区、东北地区以及农村地区都存在一定的区域问题。肖金成（2019）将区域问题大致分为3类，即“落后病”“萧条病”和“膨胀病”，与之对应的则分别是“落后区域”“萧条区域”以及“膨胀区域”。其中，与东部地区相比较，我国中部地区存在“落后病”和“萧条病”的“并发症”，西部地区存在“落后病”，是“落后地区”，东北地区则存在“萧条病”，是“萧条地区”；与城市相比较，我国农村地区存在“落后病”，是“落后地区”。

因此，我国必须积极推进区域间、城乡间经济协调发展，具体而言，包括以下两个方面内容：一方面，积极缩小区域间、城乡间经济发展差距；另一方面，积极推进生产要素在区域间、城乡间有序自由地流动。

（1）区域间、城乡间经济协调发展要求缩小区域经济发展差距

长期以来，我国学术界对区域经济协调发展展开了广泛讨论。其中，姜文仙、覃成林（2009）就认为，区域经济协调发展的主体是“经济”，“区域经济协调发展是指在开放条件下，区域之间经济联系日益密切、经济相互依赖日益加深、经济发展关联互动和正向促进，各区域的经济均持续发展且区域经济差异趋于缩小的过程”。王琴梅（2007）也认为，“区域协调发展从结果上看，应实现区域间绝对收入差距的缩小；从过程上看，

各区域都要实现经济发展，且落后地区要尽量快一些，即区域间相对差距应逐步缩小”。上述研究虽然没有全面概括区域经济协调发展的全部内涵，但也在一定程度上揭示了当前我国区域间、城乡间经济协调发展应有的内容：要实现区域间、城乡间经济协调发展，就必须加深区域间、城乡间的经济联系，缩小区域间、城乡间经济发展差距。一方面，我国落后地区诸如中、西部地区、东北地区以及农村地区应积极发展自身区域经济，政府应加大在该区域的资金、要素投入，提升该区域的自我发展能力，实现追赶超越；另一方面，我国发达地区诸如东部地区以及城市地区也应积极发挥其辐射带动作用，引领落后地区的发展，并对落后地区提供对口扶持，以缩小区域间、城乡间经济发展差距。

（2）区域间、城乡间经济协调发展要求生产要素有序、自由地流动

生产要素的自由流动能够有效缩小区域间、城乡间的经济发展差距。当前，在我国政治集权、财政分权的激励机制下，我国各个区域的地方政府之间存在着绝对的竞争关系，为了保证管辖区域的经济发展，形成了地方保护主义，导致区域间、城乡间存在行政壁垒，严重影响了生产要素在区域间、城乡间的自由流动。区域间、城乡间生产要素不能自由流动和平等交换，导致我国区域内和区域间的资源配置能力相对较弱，严重影响了区域经济发展效率。因此，必须积极推进生产要素在区域间、区域内自由地流动，推进城乡一体化、区域一体化建设，提升区域经济发展效率，实现区域间、城乡间经济协调发展。但是，生产要素的自由流动也可能会引发“马太效应”，生产要素自发地由经济发展相对落后的地区流向发达地区，导致发达地区的经济发展水平日益提升，而落后地区的经济发展反倒受到制约，进一步拉大了区域间、城乡间经济发展差距。因此，在推动生产要素自由地流动、推进市场一体化的同时，政府也需要发挥其宏观调控作用，保证落后地区拥有其区域经济发展所必备的生产要素，实现区域经济发展。总体来说，我国必须充分调动市场和政府两方面的力量，才能保证生产要素在区域间、区域内有序自由地流动，才能实现区域间、区域内经济协调发展。

10.2.2 产业结构协调发展

产业结构协调发展是当前我国区域经济协调发展的重要内容之一，它要求我国各区域的产业结构能够合理化、协调化，通过区域间的分工与协作，实现产业结构效益最大化，充分提升区域经济发展效率，推动区域经济协调发展。

事实上，产业结构将会直接影响区域经济发展状况，良好的产业结构能够高效地推动区域经济发展，而失衡的产业结构却会严重制约我国区域经济发展。然而，一直以来，我国区域经济因竞争而形成的“大而全”“小而全”的产业格局严重制约了区域经济发展的效率：各区域在发展区域经济时不能充分考虑自身发展的比较优势，分散人力、物力和财力来推动各类产业发展，导致各区域无法集中精力促进产品升级、延长产品产业链，也不利于区域内产业形成规模经济，发展效率较低。因此，为推进区域经济协调发展，我国必须推进产业结构协调发展。而产业结构协调发展也就意味着我国各区域必须按照区域的资源禀赋和发展潜力推动区域产业结构升级改造，加强各区域产业专业化分工与协作，促进产业融合发展。一方面，东、中、西部地区以及东北地区按照自身资源禀赋发展自身优势产业，对产业结构进行合理分工，并形成规模经济，极大地提升了区域经济发展的效率；另一方面，东、中、西部地区以及东北地区也应该积极展开产业融合发展，通过区域间的产业合作，为其他区域提供经济发展与社会生活所必备的产品，以此协调区域间经济发展。

10.2.3 区域经济与生态环境协调发展

随着区域经济的发展，我国资源短缺、环境污染、生态恶化的现象越发突出，自然资源环境遭到了严重破坏。然而，区域经济发展与生态环境之间存在着密切的联系。周雪娇、杨琳（2018）认为，“区域经济与生态环境之间具有一定的关联性：一方面，区域经济的快速发展能够为生态环境的保护和改善提供一定的资金和技术作为基础后盾；另一方面，生态环境又是一切经济活动的物质基础，是区域经济可持续发展的关键保障”。

长期以来，由于我国各区域地方政府片面追求区域 GDP 的提升，而采用高投入、高消耗、高污染以及低产出的粗放型的发展方式发展区域经济，以牺牲资源环境为代价换取经济高速增长，导致我国各区域资源短缺、环境污染、生态恶化等问题日益突出，自然资源环境遭到严重破坏。而生态环境的崩溃又会反作用于区域经济和社会发展，不仅阻碍区域经济稳定可持续发展，而且严重影响辖区居民的健康状况和生活质量。譬如资源短缺将会使得区域经济发展缺乏必备的生产要素，制约区域经济发展。

因此，新时代我国政府丰富了区域经济协调发展的内容，强调区域经济与生态环境之间应协调发展，在保证生态环境的基础上发展区域经济。而要推进区域经济与生态环境协调发展，我国则必须转变生产方式，积极推进绿色发展，加快对传统产业的绿色升级以及对新兴绿色产业的培育。同时，主体功能区战略也能够有效推进区域经济与生态环境协调发展，是区域协调发展的基础。主体功能区战略按照资源条件、开发密度、发展潜力等标准划分功能区，充分考虑了区域资源环境的承载能力，保障区域经济与生态环境协调发展。

10.2.4　区域经济与社会协调发展

当前，我国区域经济发展与社会发展中不协调问题相对突出：一方面，长期以来，我国高度重视区域经济建设而忽视了区域的社会建设；另一方面，我国区域间、城乡间的社会建设程度也不一致，存在一定的差距。其中，社会建设主要表现为公共产品与服务的供给能力，具体包括医疗卫生、教育、社会保障等方面。

区域经济与社会发展不协调严重制约了区域经济可持续发展，因此，新时代我国进一步丰富了区域经济协调发展的内容，提出实现区域经济与社会协调发展。其中，区域经济与社会协调发展的内容包括以下两个方面。

第一，区域经济与社会协调发展要求强化各区域的社会建设，使社会建设与经济建设同步发展，缩小经济社会发展差距，使辖区居民能够通过多种途径，更好地分享区域经济的发展成果。当前我国各区域社会建设远远落后于经济建设，由此产生了一系列社会问题，阻碍了区域经济稳定、健康发展，因此，我国各区域必须加大社会建设的力度，加大在医疗卫生、教育、社会保障、就业服务等方面的财政支出，在逐步实现公共服务全覆盖的基础上，不断提高公共服务水平和保障水平。

第二，区域经济与社会协调发展要求积极推进我国区域间、城乡间基本公共服务均等化。公共服务均等化是促进区域经济协调发展的有效途径，区域间、城乡间的基本公共服务均等化不仅能够消除影响生产要素流动的非市场因素，促进生产要素在各区域间的自由流动，有效缩小区域间、城乡间经济发展差距，也能够促进区域社会公平公正，有助于消解社会中存在的各种对立情绪，促进区域社会和谐稳定。其中，地方政府作为基本公共服务的主要供给者，区域经济的发展状况以及相应的财政收入状况直接决定其为辖区居民提供公共服务的能力和水平。由于我国各区域的自然条件、发展基础与发展水平相差悬殊，各地方政府的财政能力也差别巨大，中央政府必须发挥其宏观调控作用，深化财政转移支付制度，使地方政府财政能力均等化，促进公共服务在区域间、城乡间的均等化。

11 新时代区域协调发展的政策建议

新时代，基于五大发展理念及与其契合的区域协调发展的内容，我国必须进一步深化改革，转变过去片面追求经济增长的区域经济发展逻辑，建立以区域协调发展为目标的新的发展逻辑，通过制度变革，改变激励方向，使地方政府有追求区域协调发展的积极性和主动性。为此，应建立能够促进新时代区域协调发展的制度、政策体系和激励机制，改变地方政府的行为模式，以推动区域经济高质量协调发展的实现。

11.1 建立区域协调发展新机制

党的十九大提出要实施区域协调发展战略，建立区域协调发展新机制。2018 年，国务院进一步分析、深化了区域协调发展新机制，认为建立区域协调发展新机制必须健全市场一体化发展机制、深化区域合作机制、优化区域互助机制、健全区际利益补偿机制、创新区域政策调控机制、健全区域发展保障机制等。只有建立有效的区域协调发展机制，才能从制度层面规范我国政府和企业行为，推动区域协调发展。而在建立区域协调发展新机制时，必须尊重市场规律，保证政策激励与均衡导向相统一。

第一，推进区域分工与协作，促进市场一体化建设。要推进区域协调发展，我国必须完善区域合作机制和市场一体化发展机制。区域合作机制能够积极推进区域间、区域内的分工与协作，为其提供健全的制度基础，保障合作各方的利益。而分工与协作的推进又实现了区域之间的市场一体化，将区域融为一体。健全的市场一体化发展机制能够实现生产要素在区域间、区域内自由流动，要素的自由流通，又在一定程度上反映了区域的市场活力，能够引导产业转移，从而进一步地推进了区域间、区域内的分工与协作，以较高效率实现区域经济协调发展。

第二，完善利益激励机制和补偿机制，推进经济与资源环境协调发展。完善区域间的利益激励机制和补偿机制是推进区域绿色发展、实现区域协调发展的重要制度设计之一。一方面，中央政府应完善区域间的利益激励机制，充分调动地方政府和企业推动区域绿色发展的积极性，使其积极展开技术创新和产业创新，提升生产技术水平，将绿色发展与传统产业融合，实现产业结构的升级改造，保证区域经济发展与生态环境协调。另一方面，中央政府应完善区域间的利益补偿机制。其中，西部地区是资源富集区，承担着为其他区域提供产品原材料的职能，但是资源开采和生产中不可避免地会对生态环境造成一定的破坏，影响区域经济社会可持续发展，因此，其他资源受益区，譬如东部地区应通过相应的利益补偿机制对西部地区进行利益补偿，譬如进行资金补偿、产业转移、人才转移、对口协作等，减轻西部地区的生态压力，实现跨区域横向生态补偿，推动区域生态环境与经济协调发展。

第三，推进公共产品和服务供给均等化。健全的基本公共服务均等化机制是我国区域协调发展战略新机制的重要内容之一，能够推动区域经济与社会发展相协调。一是建立公共产品和服务供给的长效机制，规范中央和地方的事权与财权的划分，加大政府在公共产品和服务供给上的财政支出，提升各个区域的公共产品和服务供给能力，提升人民幸福感。二是提高公共产品和服务供给的统筹层次，推进基础教育、养老保险和基本医疗保险在全国普及，使得各区域人民均可实现“幼有所学”“老有所养”“病有所医”。三是政府应积极推进区域间和城乡间公共产品和服务供给的衔接，推动公共产品和服务在区域间和城乡间的自由流通和转移，实现区域公共产品和服务供给均等化，促进区域经济和社会协调发展。

第四，创新区域政策调控机制，强化区域政策调控效率。一方面，要求政府必须充分考虑区域特色，通过精准的、差别化的区域政策，利用区域比较优势，发展区域经济；另一方面，则要求根据地区财力差异，调整财政政策，对财力较弱的地区加大财政转移支付，对财力较强的地区则减少财政转移支付，实现区域财政均衡。只有有效创新区域政策调控机制，使之适应当前我国区域经济发展状况和区域特色，才能发挥政府区域政策的效用，以更高效的方式实现我国区域经济协调发展。

11.2 推进行政体制改革，转变政府职能

新中国成立以来，政府在我国区域经济发展中始终处于主导地位，新时代我国要落实五大发展理念、促进区域协调发展，同样必须依赖政府的力量。以经济增长为核心的考核和评价体系，使区域利益与区域经济发展状况高度相关，强化了地方政府的经济责任，使其片面追求经济增长而忽略社会发展和资源环境保护，也导致区域竞争和分割。新时代区域协调发展的实现，必须通过行政体制改革，转变政府职能及其行为逻辑。

第一，转变当前我国“唯 GDP”的政绩观，依据新时代区域协调发展的相关内容建设考核评价体系。沈坤荣、金刚（2018）认为，“地方政府的行为既有扮演中央政策执行者的一面，也有出于自身独立利益诉求而违背中央政策的一面：地方政府行为对中央政策的扭曲，往往是中央政府激励设计时所不曾预期的，因而也是重塑地方政府行为激励时应当重点考量的”。我国要推进区域协调发展，必须转变以 GDP 为核心的政绩观，建设以区域协调发展为目标，包含区域协调发展要求的评价指标体系，重塑中央政府对地方政府的行为激励机制，正如陈钊、徐彤（2011）所提出的，“中国应转变‘为增长而竞争’，走向‘为和谐而竞争’”。一方面，必须将生态环境、公共产品和服务供给以及区域合作进程等纳入政绩考核指标中，强调区域经济发展的质量，打破“为增长而竞争”的格局，而非片面追求 GDP 的增长，导致有增长、无发展。另一方面，由于区域经济发展具有一定的滞后性，在考核中应适当增加考核年限，不仅要考核当前官员任职工作效率，还要保证官员卸任后其任职辖区仍可以保持稳定状态，而不是每一次官员卸任后就会引发一系列难以预估的后果，又需要新任职的地方官员重新调整地区经济发展政策，导致区域经济发展不稳定。

第二，推进“放管服”改革，优化营商环境。“放”意味着政府需要重新界定政府、市场、社会边界和相互关系，简政放权，降低准入门槛；“管”意味着要求政府的管理需要适应经济社会新常态，公正监管，促进公平竞争；“服”即“服务社会”，意味着我国政府需要转变职能，建设让人民满意的服务型政府。推进“放管服”改革，简政放权，加快转变政府职能，从经济建设型政府转型为服务型政府，有效减少政府对经济事务的过度干预，协调发挥“看不见的手”和“看得见的手”的作用，降低制度性交易成本，发挥市场机制在资源配置中的决定性作用，释放经济活力，营造良好的营商环境，使得市场能够自由又规范地运转，促进生产力的提高。实现简政放权、深化“放管服”改革的具体措施如下：一是减少不必要的行政审批事项与流程；二是向企业放权，尤其是向民营企业放权；三是提高行政审批透明度，加强监督。通过“放管服”改革，能够有效转变政府职能，塑造服务型政府，优化营商环境，为企业发展营造良好的市场环境，以便高效率地实现区域经济协调发展。

11.3 推进财政体制改革，加快建立现代财政制度

完善的财政体制是中央“做对财政激励”的前提，能够维护市场秩序、推动区域经济协调发展。因此，政府应积极推进财政体制改革，加快建立现代财政制度，消除导致区域分割和利益藩篱的制度土壤，推动区域间的分工和协作，促进不同区域经济融合，推动区域经济、社会和资源环境的协调发展。

第一，规范中央政府与地方政府之间的财政关系，明确划分事权与财权。明确中央与地方之间的事权、财权的划分，能够在保证财政激励的同时，确保中央政府的宏观调控能力，推动区域经济协调发展。一方面，政府应在坚持外部性、信息充分性以及激励相容原则下规范事权划分。通过明晰的事权划分，将事权与支出责任明确到具体政府机构，避免政府间的互相推诿，提升区域发展效率，推动区域经济协调发展。另一方面，政府应匹配区域的财权与事权，推动区域财政稳定。明确的事权和财权的划

分，能够使得地方政府财政支出占全国财政支出比重与地方政府财政收入占全国财政收入比重基本一致，保证区域财政稳定，推动区域经济协调发展。

第二，加快建立现代预算制度，优化预算管理。党的十九大提出，我国应建立全面规范透明、标准科学、约束有利的预算管理制度，并全面实施绩效管理。因此，要推动区域经济协调发展，必须加快建立现代预算制度，优化预算管理，实施绩效考核。一方面，通过合理的财政预算能够将中央和地方财政支出正确归位，首先落实民生需要和生态需要，其次才是投资建设，促进区域经济、社会和资源环境协调发展；另一方面，通过绩效考核，提高中央和地方政府对财政支出的利用效率，避免政府财政资源的浪费。

第三，加快建立现代税收制度，推进减税降费进程。我国区域经济虽然是由政府主导的，但企业也是区域经济发展的主体之一，不可忽视企业对区域经济发展的作用，必须充分调动企业发展区域经济的积极性。其中，减税降费则是最为有效的激励措施，让利于企业、激励企业发挥作用。一是适当缩减企业税收科目和规模；二是考虑取消增收对国家财税影响不大的税费，诸如城建税、教育费等；三是加大对企业，尤其是符合国家战略的企业的补贴力度。通过减税、降费和补贴，使得企业能够减轻负担，获得更多的发展资金，以推动区域经济协调发展。

11.4 推进四大板块协调发展

自 1999 年西部大开发战略提出以来，我国又相继提出了东部率先发展战略、中部崛起战略以及振兴东北老工业基地战略，以这四大板块战略共同推进我国区域经济发展。党的十九大进一步提出了我国应继续实施区域协调发展战略，侧重强调了政府应强化举措推进西部大开发形成新格局，深化改革加快东北等老工业基地振兴，发挥优势推动中部地区崛起，创新引领率先实现东部地区优化发展。因此，当前我国区域经济协调发展的首要任务就是推进东部率先发展战略、中部崛起战略、西部大开发战略以及振兴东北老工业基地战略，并积极推进四大板块协调发展。

第一，推进东部率先发展战略。改革开放以来，国家的大力支持使得东部地区的经济发展水平居于全国领先位置，产业技术水平相对较高，但现有的产业结构已不能满足我国日益增长的需求，必须进行创新。因此，新时代下的东部率先发展战略要求东部地区应积极推进创新驱动转型，实现产业结构升级，尤其是侧重发展新兴产业和现代服务业，打造全球先进制造业基地，为东部地区乃至全国带来更多的发展机遇。

第二，推进中部崛起战略。“十三五”规划提出要推进中部崛起战略，必须明确中部地区“一中心、四区”的战略定位，即打造全国重要先进制造业中心、全国新型城镇化重点区、全国现代农业发展核心区、全国生态文明建设示范区以及全方位开放重要支撑区。通过“一中心、四区”的打造，全方位提升中部地区经济发展水平，在保证中部地区经济迅速发展的同时，也能保证实现城乡经济协调发展、产业协调发展和生态与经济协调发展，共同推进区域经济协调发展。

第三，推进西部大开发战略。新时代下的西部大开发战略应充分考虑生态环境的约束，支持能源、资源等传统优势产业的升级改造，优化布局。同时，西部地区应积极推进“一带一路”倡议实施，提升西部地区的对外开放程度，促进其为我国乃至全世界提供深加工的资源型产品，并参与更多的价值分配。通过西部大开发战略的推进，有效解决西部地区生态环境问题与发展滞后问题，实现区域经济协调发展。

第四，推进振兴东北老工业基地战略。新时代下的振兴东北老工业基地战略要求东北地区应充分利用自身相对完善的工业体系，积极促进传统优势产业提质增效，并建设产业转型升级示范区，推进先进装备制造业基地和重大技术装备战略基地建设。同时，东北地区还应积极培育新产业、新业态，推进以生产性服务业为重点的现代服务业，发展现代化大农业。全面振兴东北老工业基地战略强调东北地区应充分利用自身发展优势，全方位提升东北地区的产业基础，实现区域经济协调发展。

第五，推进四大板块之间的合作交流，实现四大板块之间的协调发展。除了单独地推进四大板块战略之外，还应积极推进我国四大板块之间的战略合作。一是积极推进全国各区域的交通基础设施建设，实现交通运输一体化，为四大板块之间的合作提供交通基础。二是打破区域间的行政壁垒，扩大区域对外开放程度。行政壁垒的消除能够破解四大板块之间资源自由流通的制度障碍，从而提升资源配置效率，促进区域经济协调发展的实现。三是积极推进区域间的产业协同发展，加强中央政府的统筹协调能力，并构建多层次、全方位的产业转移对接平台，促进东部地区的优势产业向中、西部地区以及东北地区的转移，提升其产业辐射带动能力，有效解决区域产业结构不协调问题，促进区域产业协调发展。

11.5 推进乡村振兴战略

党的十九大指出，“三农”问题是关系国计民生的根本性问题，是我党工作的重中之重，于是提出了乡村振兴战略。乡村振兴战略将实现城乡融合发展作为核心目标，通过解决“三农”问题，推动农村地区经济迅速发展，缩小城乡发展差距，实现区域经济协调发展。

第一，积极推进农业与第二、第三产业的融合发展。要推进农村地区经济发展、实现乡村振兴，必须将农业与第二产业以及第三产业融合发展。一是应深度加工农产品。以玉米为例，新鲜玉米的售价较为便宜，且储存时间较短、储存成本较高，因此，应将玉米深度加工，譬如将玉米制作为玉米饮品、爆米花等。农产品的深度加工不仅延长了农产品的保质期，也充分提升了农产品的产品附加值。二是将农业与旅游相结合，把农业打造成旅游农业，农田更改为景观，农产品升级为纪念品，升级产业结构，提高农村居民收入。

第二，促进小农户和现代农业发展衔接。现代农业的发展效率相对较高，因此，我国应积极促进小农户和现代农业发展衔接。一是政府应积极举办现代农业技术知识系列讲座，提高农民发展农业的知识水平和能力，激励其由传统农业经营方式转变为现代农业经营方式；二是政府可为农村地区的小农户提供现代农业设备购买优惠，降低其发展农业成本，促使其发展现代农业。只有充分调动小农户发展现代农业的积极性，才能实现小农户与现代农业发展衔接，才能联合各个小农户，运用现代农业技术，发展规模经济，提升农业发展效率，实现乡村振兴。

第三，拓宽农村地区对外开放程度。产品的销售范围，或者说是产品的市场大小将直接影响区域的经济发展：产品销售范围小，则产品销售数量有限，区域经济发展相对较慢；而产品销售范围大，则可扩大销售数量，提升区域经济的发展水平和经济效率。因此，我国应积极拓宽农村地区的对外开放程度，打开农产品销售范围，拓宽农产品市场。具体而言，我国农村地区应充分利用“一带一路”倡议，深化农村地区与“一带一路”沿线国家和地区的贸易关系，积极推进高附加值的农产品走出去，提升农村地区的经济发展水平。

第四，提高农村地区的民生保障水平。城乡间的民生保障水平是衡量我国区域经济协调发展水平的重要指标，因此，我国必须全面提高农村地区的民生保障水平，推进基本公共服务均等化，消除农村居民与城镇居民在养老、教育、医疗等基本公共服务方面的差距，实现城乡间经济协调发展。一是积极推进农村教育事业，为我国农村地区经济发展提供充足的人力资源。二是推动农民就业。当农村地区推广现代农业后，农村劳动力得到了大量释放，导致部分农民失业，因此必须推动农民就业，保障农村地区社会安定。三是加强农村基础设施建设和社会保障体系建设，促进外来人口流入农村地区，推进农村地区经济发展。

11.6 推进主体功能区战略

主体功能区的划分是我国区域经济协调发展战略实施的重要措施。王德凡（2017）认为，“主体功能区战略涵盖了经济发展和生态保护的双重目标，也是我国区域经济发展和环境保护的新思路”。主体功能区战略要求我国根据不同区域的资源条件、开发密度、发展潜力等，将国土空间划分为优化开发、重点开发、限制开发和禁止开发四类，确定不同区域的主体功能。其中，优化开发区发展条件较好，但资源环境承载能力已经开始减弱，诸如珠三角、长三角等地，应积极推进产业结构向高端发展，提高资源和土地的利用效率，减少废弃物的排放。重点开发区的资源环境承载能力还相对较强，且经济和人口集聚条件相对较好，应推进产业和人口集聚，形成规模经济，培育带动区域经济协调发展的增长极。我国能源、重化工等产业主要集中于重点开发区，但是必须对其限定一定的排放标准，同时优先开发区也应对其进行一定的生态补偿。限制开发区的资源承载能力相对较弱，且不具备集聚经济和人口优势，要求规定农业空间和生态空间保护红线，重点推进生态环境保护政策，不过度开发。禁止开发区主要为各类自然保护区，应严格按照要求禁止进行工业化和城镇化开发，强化自然保护力度。主体功能区战略综合考虑区域经济发展与资源环境状况，结合各区域的区位条件、资源禀赋、发展基础及制约因素等，统筹区域功能定位，确定不同区域的发展方向及产业选择，符合新时代区域协调发展的要求，主体功能区建设的推进，能够促进区域协调发展的实现。

要落实主体功能区战略，最为核心的就是打破行政区划，按照区域功能定位进行绩效考核。当前我国的区域发展是以行政区作为分割标准的，辖区官员只对辖区经济发展负责，不利于资源的整合，严重影响了区域经济发展的效率，抑制了区域协调发展。因此，应打破行政区划，按照区域资源环境承载能力、开发强度以及发展潜力划分不同的区域功能区，并针对不同主体功能区制定相对应的绩效考核标准。其中优化开发区作为我国经济发展水平相对较高的地区，要求其发挥引领带动作用，其绩效考核标准在保证生态和民生建设的基础上，应着重强调创新的作用，重点考核区域经济发展方式和产业结构调整；重点开发区作为区域经济发展的核心区域，则应该将区域工业化、城镇化发展进程纳入绩效考核范围；限制开发区的资源环境承载能力相对较弱，应限制高消耗、高污染的工业发展，而应将农产品和生态产品的供给能力纳入考核指标；禁止开发区则严禁区域展开工业化和城镇化开发，其绩效考核重心则为区域生态环境保护程度。但是，按照主体功能区分类展开绩效考核将会模糊地方政府的职责。肖金成（2018）认为，“实施主体功能区战略，必须完善其体制机制，构建规划实施的责任机制，强化中央与地方的协调合作，明确国土、住建等部门的职责”。因此，我国在打破行政规划的同时，还必须明确各级政府的职责。

第三篇

地方经济发展的政治经济学

从国家组织机构体系的视角来观察，地方政府是整个组织体系中一个非常重要的有机组成。从国家宏观经济政策的落实、微观经济运行环境的供给的视角来审视，地方政府又是连接宏观、微观经济的一个非常重要的中介。作为一个如此重量级别的行为主体，地方政府的一举一动都会在很大程度上对现实经济产生重要的影响。从新中国成立以来的经济发展轨迹来看，地方政府行为的确是内嵌于整个经济体系的一个重要内生变量，要想深刻理解新中国经济发展的本质及其演化逻辑，对地方政府行为的研究就显得尤为必要。

那么，什么是地方政府？地方政府行为的实质是什么？学术界各流派又是如何对之加以定性的？当代地方政府行为和此前几千年里的地方政府行为有无本质区别？大历史视野中我们又该如何看待地方政府行为的演化？在新时代背景下，以中国特色发展经济学的视角来观察，当代地方政府行为的本质、内容、实践价值、理论贡献及其世界影响又体现在哪些方面？对这些问题一一进行深入解答，非常有助于我们从更深的层面理解当代中国正在进行的、不同于西方路径的、具备试验性质的、有浓郁中国特色的经济实践。

12　经济思想史视域下各流派的演替及其地方政府行为理论

在经济思想史领域的舞台上，各个流派交替上场，但并非“乱纷纷你方唱罢我登场”，每一个流派的产生都是时代的产物，推动其登台的是隐匿其背后的各种因素，从这个意义上来说，各流派皆是应时而生的。马克思早已指出了这一点：“一切划时代的体系的真正内容都是由于产生这些体系的那个时期的需要而形成的。”① 对各流派政府职能观的考察，有助于我们理解其对地方政府行为的基本态度。

12.1　应时而出的各主流经济学流派及其演替：思想与实践的互动

思想绝非凭空产生的，换言之，一方面，任何思想一定有孕育其形成的主体，不管这里的主体是特定的某个人、某个团体、社会上的精英阶层还是社会普通民众。另一方面，任何思想一定有其对应的历史背景，这样的历史背景真实存在于特定的历史时空中，存在于由历时性所对应的时间和共识性所对应的空间交织而成的时空中。

12.1.1　不同历史背景下各主流经济学流派的产生及其演替

主流是相对于非主流而言的，能成为主流经济学流派，是因为这种流派所主张的观点恰巧是拥有绝对世俗权力的集团所需要的，就如西汉初期

① ［德］马克思，恩格斯．马克思恩格斯选集：第3卷［M］．北京：人民出版社，1995：544.

的黄老思想对于急于恢复生产力的文帝景帝、西汉中期“罢黜百家、独尊儒术”的主张对于急于文治武功的汉武帝一样。在思想市场上，供给思想的卖方固然重要，但拥有强势权力的买方却更重要，这是一个典型的买方市场。

从严格意义上来说，西方现代意义上的各主流经济学派伴随着资本主义发展的各个阶段。在不同的历史背景下，各主流经济学派因为比较敏锐地捕捉到了时代大问题、看到了那个时代的发展大趋势、提出了契合当权者需要的思想，因而一一登上历史舞台。

(1) 资本主义原始积累时期：重商主义与政府干预

重商主义对应的时间段为15世纪至17世纪中期，对应的大时代背景为资本主义的原始积累时期。伴随着西方民族主权国家形成、新航路开辟、地理大发现，西方大国逐鹿世界、瓜分天下的序幕徐徐拉开，殖民狂欢的时代因此来临。在参与其中的过程中，各个大国无师自通，纷纷以国家的强势干预来完成资本的原始积累。在文明秩序还未建立之时，丛林法则即王道。为了使本国资本倍速增值、本国国力递增发展，除奴隶贸易、远洋殖民、直接掠劫等方式外，各个国家还意识到政府干预政策的重要性，重商主义思想由此登上了历史舞台。张夏准对英国等先行崛起的国家利用国家干预政策进行选择性操作的行为看得非常透彻，因此，他对所谓的“全球化的官方历史”嗤之以鼻，而坚持揭露在“全球化的真实历史”中，这些富国的单向及选择性做法：“在通过殖民主义和不平等条约将自由贸易强加给弱国的同时，富国自己却仍然维持着非常高的关税，尤其是工业品关税……被认为是自由贸易诞生地的英国，在19世纪中期转向自由贸易之前一直是保护主义最强的国家之一”①，这种分析直指重商主义的本质。

早期重商主义以禁止金银出口、鼓励少买多卖的方式，尽可能把象征着财富的货币留在国内。晚期重商主义在坚持少买多卖之余，开始对货币

① [英]张夏准. 富国的伪善[M]. 严荣，译. 北京：社会科学文献出版社，2009：8.

出口禁令松绑。新的共识逐渐形成：一时的逆差并不可怕，只要在一定时期内用来购买外国商品的货币总额少于出售本国商品所取得的货币总额即可。早晚期重商主义之所以会产生这种差异，最根本的原因无外乎历史大背景已悄然转换。在资本原始积累的早期，成熟完善的信用体系尚未建立，流通中需要大量的贵金属，将贵金属视为宝贵财富并想尽各种办法留住贵金属的思想自然被供给出来。但是，随着市场的扩大、贸易的发展，信用体系的一步步完善，重商主义思想也开始与时俱进。从某种程度上来说，这种转变正是对“思想是时代的产物”这一观点的完美诠释。

异质性之外，早晚期重商主义的相同观点集中在以下几个方面：货币是财富的代表，其多寡程度是衡量国家是否富裕的标准；利润产生于流通，方式为贱买贵卖；增加国家财富的途径是对外贸易；政府干预非常重要，关税政策、鼓励出口限制进口的各项政策皆是国家在国际贸易中保持顺差的重要手段。重商主义的这种思想倾向与其所处的资本主义原始积累阶段不无关系。在资本主义社会建构初期，零和博弈思维盛行，一者所得，必为一者所失，在丛林法则之下，个体的力量微乎其微，支持政府干预的声音得以传播。在资本主义生产体系尚未建立的背景下，重商主义者基于朴素的观察，发现现实生活中的财富与转手之间的买卖有很大的关系，其重视流通的思想因而产生。

（2）资本主义自由竞争时期：古典政治经济学、新古典学派等流派与市场机制

17 世纪后期至 19 世纪末 20 世纪初期，这是资本主义体系的快速发展时期，重视生产、主张自由竞争、反对政府干预的声音越来越强势。发出这种声音的古典政治经济学、庸俗政治经济学、边际效用学派、新古典学派等成为思想市场上被“买家”所认可的思想供给主体。

尽管这些流派在具体的学术理论与政策主张等方面皆存在差异，其代表人物和学术基地也散布于各个国家，但他们有一个毋庸置疑的共同点，那就是对自由竞争的市场体系的肯定与支持。不同于重商主义对流通领域的重视，他们将目光聚焦于生产领域；不同于重商主义对政府干预的强

调，他们积极地拥抱自由竞争的市场体系。

这种思想转变同样是时代大背景的产物。当资本主义从原始积累时期进入自由竞争时期，生产成为至关重要的领域。在晚期重商主义的主张中，我们已可看出这种转变的端倪。马克思之所以把晚期重商主义称为重工主义，是因为晚期重商主义已意识到，要保证顺差、增加出口，必须保证出口产品的生产量也同步增加，这其实已从某种程度上对这种转变作了诠释。从资本主义发展历程来看，随着农业革命、人口革命、商业革命、技术革命，市场的扩大成为必然。农业革命产生史无前例的大量农业剩余，少量的农业人口足以供给整个社会的农业需求，剩余劳动力被排挤出农村，进入城市。一方面，这些人成为工业所需的大量劳动力的供给者；另一方面，他们也成为工业产品的广大市场需求者。得益于农业革命，人口革命也成为可能，在没有爆发大范围饥荒的前提下，人口实现了爆发式增长。以英国为例，尽管 1603—1665 年，英国遭受了历次鼠疫，但其人口却从 17 世纪的将近 700 万增加至 1801 年的 1050 万①，人口增长态势由此可见一斑，这进一步推动了消费需求。

同时，商业革命、技术革命也使供给的规模与质量不断升级。合伙制、特权公司、特许公司、股份公司等新型商业组织形式出现，这使得链接需求与供给的组织体系越来越高效。覆盖通信、能源、交通、各大产业等领域的技术革命使得供给更有效率。杰里米·里夫金非常注重新型通信与新型能源在每一次经济转型过程中的作用："历史上新型通讯技术与新型能源系统的结合，预示着重大的经济转型时代的来临。"② 他认为交通、各大产业及其他领域的革命性发展，都得益于这两者。从某种程度上来说，的确如此。以纺织业为例，织布机、纺织机等工具的改进离不开动力，传统的水力没办法适应新的形势需求，直到煤炭这种新能源的出现，并与蒸汽动力结合，这才大大提高了生产效率。生产量上升，并不意味着

① 高德步，王珏．世界经济史［M］．北京：中国人民大学出版社，2011：166.

② ［美］杰里米·里夫金．第三次工业革命——新经济模式如何改变世界［M］．北京：中信出版社，2012：29.

这些产品就能大规模与市场对接，这需要提升运输效率，铁路、火车的出现解决了这一问题。生产效率与运输效率的提高保证了高水平的供给。

总之，在以上因素的影响之下，需求与生产在一个更高的水平上达到了均衡。在需求旺盛的前提下，如何保证生产的高水平供给变得至关重要，因此，重视生产、强调促进生产效率与营造一个有利于自由竞争的市场环境的声音越来越强势，这是古典政治经济学、新古典学派等流派成为主流思想的重要原因。

以谷物法为例，1815 年英国政府颁布了此法令，旨在维护地主阶层的利益。该法令的核心内容是提高谷物的进口关税，这当然有利于本国的地主阶级，使其在国内市场有很好的定价权和有利的市场地位。谷物法使得谷物的供给减少，在需求不变的情况下，谷物价格较高，这是地主阶层所乐意看到的现象。但是，对于本国的工场主来说，这是一项坏政策。对工场主来说，高的谷物价格意味着高的原材料价格，这会加大工业生产的成本。对工人阶级来说，高的谷物价格意味着高的生活成本，而这会促使工人要求高工资，进而将这种压力再次传导至工场主。工场主如果提高工人工资，一方面这意味着成本的再次增加；另一方面，增加的工资肯定会以成本的方式加入工业产品的价格之中，这会抬高工业品价格，抑制工业品的消费，进而影响工业的生产。在资本主义由原始积累发展至自由竞争时期的大背景下，在原始的丛林法则逐步让位于被各个大国开始接纳的资本主义国际贸易规则的大背景下，在生产因素替代流通因素成为大国核心竞争力的大背景下，这种现象是不能被当权者所容忍的。因此，取消谷物法、要求自由贸易、自由竞争的声音才会出现并得以快速传播。

（3）资本主义的垄断时期：从凯恩斯主义到新自由主义——政府干预方式的动态转换

19 世纪末 20 世纪初，自由竞争的资本主义发展至垄断的资本主义，垄断资本与国家政权的结合使得政府干预越来越成为常态，但这个阶段的政府干预呈现出的是动态的、变通的、多形式的特点。这个时期的主流经济学派也在不断转换，从凯恩斯主义到新自由主义再到新凯恩斯主义，每次变动皆源于其所在的时代大背景的变动。

垄断资本主义体系是自由竞争的必然产物。竞争使得生产与资本一步步集中，并最终导致垄断。垄断资本主义体系的典型特征是：工业资本与金融资本的结合，卡特尔、康采恩等垄断组织的出现，资本有机构成的不断提高，资本势力与国家权力的结合，国际资本规模的扩大等。随着资本主义的这种发展进程，两种变化出现：一是贫富分化加剧，财富越来越集中在少数人手里。二是生产效率的飞速发展，技术的发展使得资本有机构成不断提高，产品的生产与供给大幅提升。但与此同时，社会保障体系却相对滞后，工人工资收入提升也相对缓慢，这严重约束了工人的消费能力与水平。这样一来，一个必然的结果出现了：生产相对过剩与两大阶级矛盾的加深。相对过剩是指相对于工人的消费能力而言，产品生产过多。一者过多，一者不足，矛盾的加深是必然的。作为行为主体，资本家无疑是理性经济人，但考虑到外部性，其缺少供给保障制度、改善工人生活水平、提升消费能力的动机与能力。如此，危机爆发。国内资本如此，国际资本亦然。发达国家与发达国家之间、发达国家与发展中国家之间、发展中国家与发展中国家之间，各个领域的国际资本竞争与大国博弈也使各个国家之间产生了无法调和的矛盾，如此，战争爆发。

第一次世界大战与1929—1933年的大萧条是一个非常重要的转折点。大萧条宣告了自由竞争理论的无效，为凯恩斯主义走上历史舞台提供了很好的契机。凯恩斯主义能够成为这个时期的主流思想，这是多种因素合力的结果。一方面，资本主义发展至国家垄断阶段，出现了一些靠单纯资本家无法解决的问题，需要一个强权中心供给具有很强外部性的公共产品，政府自然是不二选择主体。另一方面，凯恩斯主义的理论主张呼应了这种时代需求。凯恩斯主义主张政府干预，把象征着国家权力中心的政府请到了前台。同时，不同于要靠阶级斗争推翻资产阶级的马克思主义，凯恩斯主义避开了主要矛盾，把危机归结于心理因素。其理论逻辑如下：类似于失业、危机这样的问题是因为有效需求不足导致的，有效需求不足又分为消费需求不足和供给需求不足，导致这种不足的是三大基本心理规律——

边际消费倾向递减规律、资本边际收益递减规律、流动偏好规律。而心理因素是不可预期的，把经济发展建构在不可掌控的心理因素上非常危险，只有政府干预才能有效解决这一问题。凯恩斯主义的这种理论非常契合发展至国家垄断阶段的资本主义体系的需求，这套理论没有威胁到资本主义的统治根基，又把代表着整个资本家阶层的权力中心的作用放大，这使其毫无悬念地得到资本主义体系当权阶层的肯定，并迅速成为当时的主流经济学派。各个国家纷纷采取强有力的财政政策与货币政策，对经济进行宏观干预。

20 世纪 60—70 年代，一个新的问题产生：滞涨。这是凯恩斯主义在理论层面所无法解释的，不管是凯恩斯本人的理论，还是随后对其理论不断完善的后继学派——新剑桥学派和新古典综合派，对此皆缺乏较强的解释力。在此历史背景下，以供给学派、理性预期学派等为代表的新自由主义思潮产生，主张弱化政府干预、发挥“看不见的手”的作用的声音开始强势回归。20 世纪 80 年代，各个国家又开始了经济领域的去国家化进程，美国里根政府推行“三减一稳”（减少税收、减少非国防开支、减少政府对经济的干预、推行稳健的货币政策）措施，英国撒切尔夫人进行私有化改革，印度、阿根廷、秘鲁等发展中国家也纷纷效仿，市场化的气息越发浓郁。

但是，新自由主义思潮影响下的系列市场化措施并没有有效解决原有问题，滞涨依旧存在，且有加剧的趋势，如里根上台时，赤字是 597 亿美元，1985 年时，赤字已猛增到 2119 亿美元①。同时，市场化又带来了新的问题，贫富分化进一步加剧，资本快速集聚于少数人手中，且这一趋势因资本的收益率远高于经济增长率而不断加深。皮凯蒂基于长时段的历史研究后指出：“r 在长时期内都高于 g，这是一个无可争辩的历史事实。”②这样一来，以效率为主的发展方式在某种程度上的确提升了社会生产力，

① 吴易风，主编．当代西方经济学流派与思潮［M］．北京：首都经济贸易大学出版社，2005：215.

② ［法］皮凯蒂．21 世纪资本论［M］．北京：中信出版社，2014：362.

但与之相比，与社会公平有关的生产关系的调整却比较滞后，两者的不匹配注定带来一系列社会问题，而社会问题靠市场是没有办法完全解决的，只有权力中心才能供给适当的制度来解决此问题。这又给政府干预思想提供了强烈的现实背景，新凯恩斯主义因此又成为显学，并影响了各国的宏观干预。

12.1.2 各主流经济学流派演替的实质：思想与实践的互动

从经济思想史的视角梳理各主流经济学流派的演替脉络之后，不难看出，这是一个思想与实践的互动过程。

主流经济学流派的思想产生于一定的历史背景，这种历史背景本身就是由现实实践构成的。且其一旦产生，因为呼应了统治阶层的现实需求，这种主流思想会与权力中心相结合，并发展成宏观政策，这种宏观政策又会深刻影响当时的现实实践。这种影响无论是正面的还是负面的、积极的还是消极的、促进的还是阻碍的，都会在现实实践中以某种形式体现出来，而这种体现，又会形成一个新的历史背景，在这种新的历史背景下，新的主流经济学思想又会应运而生，如此，循环不止、互动不息。马克思主义对此过程看得非常透彻："历史从哪里开始，思想进程也应该从哪里开始，而思想进程的进一步发展不过是历史过程在抽象的理论上前后一贯的形式上的反映；这种反映是经过修正的，然而是按照现实的历史过程本身的规律修正的。"（马克思、恩格斯，2012）

在资本主义体系的形成和发展演化过程中，思想与实践的互动如影随形。资本主义原始积累时期，以政府干预为特点的重商主义思想产生，一系列政府干预政策得以出台，并快速推动资本主义体系向自由竞争阶段发展。在自由竞争的大背景下，主张自由竞争市场机制的思想产生，以鼓励自由竞争为核心内容的国家政策产生，市场经济条件下，自由竞争发展到一定阶段，产生了垄断，垄断资本与国家政权的结合，又推动资本主义体系发展至国家垄断阶段。此时，要求发挥政府干预作用的思想又得以产生，并再次影响宏观经济政策，进而影响现实经济实践。

总之，主流思想基于原有的实践环境而产生，一旦产生，又会化作宏观政策影响实践，形成新的实践环境，这又会催生出契合新实践环境需求的新的主流思想，思想与实践的这种互动伴随了整个经济思想史领域中主流经济学流派的演化过程。

12.2 各主流经济学流派的政府观及其地方政府行为理论

厘清主流经济学流派的演化过程及其本质，再重新聚焦各主流经济学流派有关政府职能的相关思想，我们会非常清楚地看到各流派对于政府的定位、职能、作用、性质等方面的观点，其学术立场和理论逻辑也一目了然。凡是肯定政府干预的经济学流派，其对于政府的地位、职能等方面的看法与评价，一般是积极的；反之，则是消极的。这些流派所处的历史背景与其学术体系整体思想倾向决定了其政府观，而其政府观又决定了其地方政府行为理论。

12.2.1 西方各主流经济学流派的政府观及其地方政府行为理论

值得注意的是，西方主流经济学流派直接聚焦地方政府行为的理论偏少，更偏重讨论的是政府应该在经济发展过程中扮演何种角色，是强势干预还是让位于市场机制。很大程度上，我们只能从其政府观中一窥其对地方政府行为的态度及立场。

12.2.1.1 政府干预阵营中各流派的政府观

主张政府干预的流派有重商主义、凯恩斯主义（包括凯恩斯本人的理论、新剑桥学派、新古典综合派、新凯恩斯主义）等。其核心观点是主张政府以财政政策和货币政策干预经济运行，对政府的职能、作用、地位等方面的评价正面而积极。

（1）重商主义的政府观

重商主义的代表人物众多，早期重商主义（15 世纪到 16 世纪中期）的代表人物有：意大利银行家伽斯巴罗·斯卡卢菲，代表作为《货币讨论》；法国的安图安·德·孟克列钦，代表作为《献给国王和王太后的政治经济学》；英国的约翰·海尔斯与威廉·斯塔福德，两人的代表作为《英吉利王国公共福利对话集》；英国的托马斯·米尔斯。晚期重商主义（16世纪下半期到17世纪）的代表人物有：意大利的安东尼·塞拉，代表作为《略论无贵金属矿藏国家使金属充足的原因》；法国的让·巴蒂斯特·柯尔培尔，一位重商主义的实践者，路易十四的财政大臣，在位期间推行了一整套重商主义政策；英国的托马斯·孟，代表作为《英国得自对外贸易的财富》①。

安东尼奥·塞拉认为，一个不具备自然禀赋、没有矿藏资源的国家，只能依靠人为手段才能使本国的金银充足，任何一个国家都能以其具有的四种方式来达到这一目标。这四种方式是："行业的多样化""人民的素质""商业活动的广泛程度"与"主政者的管理方式"。其中，瑟拉尤为重视"主政者的管理"，认为这是最为重要的一种方式。他认为政府可以通过限制商品流动的干预活动实现贸易顺差，而限制货币流动是没有意义的，只要能保证贸易顺差，就可以有效防止货币外流，并使本国货币充足。"主政者的管理"就是政府干预，瑟拉肯定其作用实际上就是对政府职能及作用的肯定。

米尔斯是英国早期重商主义的典型代表，他侧重于通过政府加强外汇管制以实现防止货币外流的目的，主张禁止金块与铸币出口。值得注意的是，米尔斯注意到了地方政府职能，这是其他重商主义者鲜为关注的。米尔斯强调，应该由地方官员对外国商人加以监督，确保来英国出口商品的商人把挣到的钱都用来购买英国的商品。这一观点的意图很明显，米尔斯不反对外国人到英国卖东西，但他反对外国人把这些钱带出英国，这会导致货币外流，所以他要求地方政府动用强权加以监督，确保这些钱用来买

① 晚期重商主义最经典的代表作。此书原名为《贸易论——论英国东印度贸易：答对这项贸易的常见的各种反对意见》，出版于1621年，后简称为《论英国东印度贸易》。1630年，托马斯·孟重新修订此书，1641年，托马斯·孟去世。此书于1664年改名为《英国得自对外贸易的财富》，重新出版。

本国商品，这样一来，既防止了货币外流，又促进了本国产品的出口，一举两得。地方政府在这项措施中的地位非常重要。

作为英国晚期重商主义的重要代表人物，托马斯·孟有着不同于纯理论研究者的实践经验，他本身出身于商人家庭，又担任过东印度公司的董事、英国政府贸易委员会的委员。这使其看到了早期重商主义理论中不合时宜的一些观点，他主张贸易差额论，并提出了十二条保证贸易顺差的纲领。其中，政府的作用频繁被提及。例如，为了保证本国产品具有国际竞争力，政府应该规范厂商，而厂商应该成立专门的贸易委员会，在提高产品质量、降低价格方面有所作为；政府还应该利用保护性的关税政策保证贸易差额，尽量鼓励出口、限制进口。总之，政府在国际贸易体系中起着非常重要的作用。

法国路易十四的财政大臣柯尔培尔是重商主义的实践者，在他所推行的一整套重商主义政策中，作为经济干预的主体，政府发挥着巨大的作用。柯尔培尔采取的政策如下：鼓励和扶植法国工场手工业的发展，国家出资兴办了上百个“皇家手工工场”，1661—1683 年，“大的皇家手工工场从 68 个增加到 113 个”①。以政府规制的方式设定纺织品的质量标准，确保本国商品的国际竞争力；统一税率、开凿运河、改良公路，为商业发展创造良好的经营环境；规定保护税率，实行保护性关税；兵商并重，建立海军舰队，成立法国东印度公司、西印度公司，将殖民扩张与远洋贸易结合起来，提升法国在国际贸易中的国际竞争力；通过行政命令人为压低农产品价格，维持工人的低工资，这样，一方面可以促使劳动者供给更多劳动；另一方面，使产品成本降低，提高了法国产品在国际市场上的竞争力。显而易见，在柯尔培尔体系化的政策中，政府是不折不扣的行为主体。

（2）凯恩斯主义的政府观

凯恩斯的代表作是发表于 1936 年的《就业、利息和货币通论》。凯恩斯用非自愿失业、有效需求不足、三大基本心理规律、投资乘数等构建了

---

① 杨培雷．当代西方经济学流派[M]．上海：上海财经大学出版社，2003：11.

自己的思想体系，而这个体系最终的指向是政府的大力干预。在两大干预手段中，凯恩斯认为财政政策要大大优越于货币政策，这是其国家干预思想的一大特色。财政政策主要体现在财政支出与税收两个方面。财政支出方面，凯恩斯比较注重以扩大政府开支的方式，他主张大规模投资公共工程，并认为即使有赤字也不要紧，只要在充分就业点之前，只要在半通货膨胀区域，投资增加引起的就业和产量的增加会大于通货膨胀的增加，最终举债支出的结果“倒可以使社会财富增加”①。税收政策方面，凯恩斯主张用累进税与遗产税缩小收入差距，这样，根据边际消费倾向递减规律，消费需求将被激发出来。

针对凯恩斯理论偏静态分析与短期分析的局限性，新古典综合派与新剑桥学派进行了相应的理论完善，使之长期化与动态化。

新古典综合派的代表人物有萨缪尔森、汉森、托宾、奥肯、索洛等，他们试图综合凯恩斯的理论与新古典学派的理论，其学派名称由此得来。以收入—支出模型、IS – LM 模型、AD – AS 模型、菲利普斯曲线为核心，新古典综合派进一步发展了凯恩斯的理论，其政府观也沿袭凯恩斯的立场，但在具体的操作层面上，新古典综合派能够相机抉择，适时地调整政府的干预方式。20 世纪 50 年代，汉森提出补偿性财政政策，萨缪尔森提出补偿性货币政策。两者本质上是一致的，即政府应该采取“反周期”的措施，在危机来临之前有所举措。例如，在膨胀的危机来临之前，政府采取紧缩性的财政与货币政策：提高税收、减少支出、减少货币供给量、提高利率；在萧条来临之前，政府采取扩张性的财政与货币政策：减少税收、增加支出、增加货币供给量、降低利率。如此，避免经济的剧烈波动与危机的发生。20 世纪 60 年代，针对“艾森豪威尔停滞”，托宾、奥肯等又提出了增长性财政货币政策，即只要现实国民经济生产总值小于潜在国民经济生产总值，哪怕在经济回升期，政府也可以采用扩张性财政与货币政策。20 世纪 70 年代，针对“滞涨”问题，新古典综合派又提出了松紧

① [英]凯恩斯．就业利息与货币通论[M]．北京：商务印书馆，1963：109.

搭配的政策，即政府可以用一个扩张性财政政策搭配一个紧缩性货币政策，或者用一个扩张性货币政策搭配一个紧缩性财政政策，以稳定经济、熨平经济的波动。

新剑桥学派的代表人物有琼·罗宾逊、皮罗·斯拉法、尼古拉斯·卡尔多等。新剑桥学派认为新古典综合派偏离了凯恩斯理论，他们把研究重点放在价值理论、分配理论与资本理论等方面，认为这才是凯恩斯理论的核心和值得进一步拓展的领域。新剑桥学派对收入分配不均问题非常敏感，认为这是导致资本主义社会一切问题的根源。而收入分配不均依靠市场力量是没办法解决的，只有政府才有这样的能力。因此，新剑桥学派认为政府应该对收入分配制度进行改革，如政府可以加强福利措施（给低收入家庭提供一定补助、给失业者提供适当救济金等）、改进税收制度（累进所得税、高额财产税、没收性遗产税等）、对投资进行社会管制（进口管制、用财政盈余购买公司股份等）。显然，在新剑桥学派的理论体系中，政府同样成为使收入分配均等化、刺激经济发展、增加社会财富的行为主体。

新凯恩斯主义的代表人物有曼丘、萨墨斯、布兰查德、斯蒂格利茨等。在工资黏性、价格黏性、非市场出清、理性限制性预期的基础上，新凯恩斯主义建构了一个有微观基础的宏观经济学体系。新凯恩斯主义学者们坚持认为，政府必须干预经济，而且政府的干预非常有效。他们认为，市场的不完全、外部性是政府实行干预的原因。如在反通货膨胀政策的推行方面，尽管存在理性预期，但是政府可以通过推出工资物价政策前的宣布与保证影响人们的预期及其行为，并实施渐进性的政策。货币政策方面，政府可以通过信贷配给来影响经济。针对外部性问题，政府可以通过征税、惩罚、限制等手段纠正负外部性，设立专利权与知识产权保护制度来激励正外部性。更难得的是，受公共选择学派的影响，新凯恩斯主义学者注意到政府还应该干预自身行为，防止因不完全信息与缺乏竞争而导致低效率、寻租等政府失灵现象产生。

12.2.1.2 市场机制阵营中各流派的政府观

（1）古典政治经济学的政府观

古典政治经济学的代表人物有斯密、李嘉图等。

斯密基于自利的人性假定，认为人的利己心会促使人们在追求自己利益时实现社会利益，市场机制会使一切达到自然均衡。拥有“商人性格”的“自由人”“投资者”通过交换得到自己所需的资源，因为这种交换是建立在自愿和互利的基础之上的，交换使得利己与利他完美融合。交换促使分工进一步细化，分工的发展又促进了社会经济的发展，社会在自然秩序中实现自洽的和谐。斯密将这一切都归功于“看不见的手”的市场机制，政府只要做好“守夜人”即可。斯密虽然不主张政府积极干预，但他却注意到了政府不可或缺的职能，如保护本国社会的安全，使之不受其他社会的暴行与侵略；设立一个严正的司法行政机构以保护人民，不使社会中的任何人受其他人的欺侮或压迫；建立并维持公共工程与公共机关等。

受边沁功利主义思想的影响，李嘉图从“违反多数人的最大幸福”的视角对政府干预经济进行了否定，他认为政府应该做到的事情，就是避免一切干预，一旦政府做到了这一点，那么，“在没有政府的干预时，农业、商业和制造业最为繁荣”①。李嘉图非常看重市场机制，他认为供求关系决定价格的市场机制足以使一切运行良好，工资及一切契约“应当由市场上公平而自由的竞争决定，而绝不应当用立法机关的干涉加以统制”②。

（2）供给学派的政府观

供给学派的代表人物有阿瑟·拉弗、裘德·温妮斯基、马丁·费尔德斯坦、罗伯特·蒙德尔等。基于滞涨的社会背景，供给学派从供给的角度看待一切社会问题。其核心思想是：政府的高税收政策增加了企业成本，使供给减少、工人失业、经济衰退。所以，他们提出了“三少一稳”的政策主张：减少税收、减少社会福利支出、减少政府的干预、稳定适度的货

---

① ［英］李嘉图．李嘉图著作和通信集：第8卷［M］．北京：商务印书馆，1980：123.

② ［英］李嘉图．政治经济学及赋税原理［M］．北京：商务印书馆，1962：88.

币增长。从其倾向来看，供给学派显然是希望市场机制发挥更大的作用。但不容忽视的是，“三少一稳”的行为主体是政府，只有政府才有能力做到这一点，尽管这里的政府做的是减法而不是加法。实践也证明了这一点，实施以减税、减少政府干预等为内容的“复兴计划”的行为主体正是20世纪80年代的里根政府。

（3）理性预期学派的政府观

与供给学派一样，理性预期学派面临同样的滞涨背景，但理性学派是从人们所具有的理性预期能力的角度来否定政府干预的。理性预期学派的代表人物有罗伯特·卢卡斯、托马斯·萨金特、爱德华·普雷斯科特、芬恩·基德兰德等。他们信奉林肯所说的这句话：“你或许能永远地欺骗一些人或能一时地欺骗所有的人，但你却不能永远地欺骗所有的人。”他们相信人们与生俱来的理性会使其理性决策，如不管是货币政策还是财政政策，在政府推出之前，人们会理性预期到政策推行后可能会对自己产生的影响，并提前作好相应的对策，这样，会使得政府推出的政策无效。理性预期学派对凯恩斯主义的政府干预理论的冲击是巨大的，在经济思想史领域，这个学派的产生被称为“理性预期革命”。对于政府的界定，他们认为政府应该做到的事情就是尽量减少对经济的干预，市场比任何模型都要聪明，因此，政府所能做的就是为经济活动提供一个稳定的可预期的环境，不要实施所谓的积极的干预政策。

总之，市场机制阵营的各学派坚持市场对经济的调节作用，反对政府对经济的过度干预，但同时他们也认可政府在供给公共产品等方面的职能。这种立场自然有其合理性，但值得深思的问题也不少：古典政治经济学认为政府是非生产性的，那么该如何解释政府在公共工程领域的扩大开支的确产生了乘数效应、促进了经济发展的现象？供给学派认为应该弱化政府干预，以大力减税促进供给。但是为什么以其思想为纲领的里根政府的“复兴计划”却收效甚微呢？另外，供给发展了，消费如无明显改观，又该如何看待两者的结构失衡问题呢？理性预期学派认为人们的理性预期会使政府决策失效，但是，政府也是由无数理性个体组成的，这些人组成的集体难道不会理性预期民众的反应吗？一旦预期到后果，政府会放任这种后果发生吗？经济思想史发展历程中，类似的质疑一直存在。

12.2.1.3 两阵营之外其他流派的地方政府行为理论

如前文所述，在经济思想史的发展脉络中，提及政府职能与作用，主流经济学派大多从宏观层面推进，谈论的主体是整个国家的中央政府，很少会细化至地方政府层面。当然也会偶有涉及，如重商主义的代表人物米尔斯就提到了地方政府在监督外国商人购买本国产品、增加本国财富方面的作用，但这也只是对中央政府职能的再体现而已，缺乏理论层面的进一步发展。这种现象的出现，与主流经济学派呼应时代大背景的逻辑不无关系，既然是大背景，涉及的必然是某种生产体系的宏观层面，涉及国与国的博弈与竞争，所以，讨论的主体一般都是中央政府。

不过，随着整个资本主义体系的发展和完善，解释这个体系的理论也在不断细化与延伸。聚焦一国之内、不同地区之间竞争与发展的思想也越来越多元化，在这些思想的基础之上，地方政府行为理论逐渐形成。

（1）西方财政分权理论

财政思想是西方经济思想的一个分支和有机组成。其中，对中国学者影响较深的是财政分权思想，这一思想的代表性人物有马斯格雷夫、奥茨、罗森、蒂博特等。

第一，蒂博特的政府间竞争与“用脚投票”理论。

蒂博特以“用脚投票”理论解释了政府间竞争如何实现帕累托最优配置。在蒂博特之前，谈及公共产品，理论界往往绕不开两个难题。第一，公共产品能被市场供给出来吗？公共产品具有非分割性、非竞争性、非排他性等属性，居民会刻意隐瞒自己的偏好，产生“搭便车”行为，这使得需求信息很难被提供出来。再者，阿罗不可能定理也说明，社会选择机制往往是无效或低效率的。要想找到一个同时满足非专制性、可传递性、不相关选择的独立性、帕累托最优等条件的社会选择机制，这种可能性微乎其微。以上两点决定了：公共产品的供给没有办法被市场供给出来。第二，居民会自愿聚集在某个政府所辖区，要求这个政府为自己提供最大福利吗？是什么促使居民聚集在这个政府辖区而非另一个政府辖区？居民与居民是不同的，是什么促使同质居民聚集在匹配其素质的辖区？以往的理论也没有很好地回答这一问题。

为了解决这个问题，在1956年发表的《一个关于地方支出的纯理论》一文中，蒂博特提出了自己的理论框架，构建了一个地方政府模型。他把“用脚投票”的市场选择机制引入自己的理论体系之中。蒂博特理论的前提假定如下：居民可自由流动，其流动费用几乎为零；有足够多的竞争性社区供居民选择；地方性公共产品具有消费的拥挤性，即一人消费多则另一人消费少，每新增一位居民，如想保持消费水平不变，则需提供更多的公共产品，直至新增公共产品的边际成本等于平均成本；其他隐含假定则包括地方政府提供的公共产品不会产生外部效应、公共产品的单位成本不变等。

在这些假定之下，蒂博特认为，类似于一般商品的一般均衡解一样，在地方政府提供公共产品的均衡模型中，不但有解，而且有最优解。原因如下：每一位理性的居民都在全国范围内搜寻理想的地方政府，搜寻依据是各个地方政府所能提供的公共产品与其所征收的税收，当他们发现某一地方政府这两者的组合与自己效用最大化的目标相匹配时，他们就会“用脚投票”，在这个地方居住生活，缴纳赋税，享受赋税交换到的公共产品服务。当所有居民都这样自由流动、“用脚投票”时，具有相同偏好的人会聚集在一个地区，这会使地方政府提供公共产品的成本最小化。同时，为了吸引居民，各个地方政府会相互竞争、相互学习、相互模仿，不断优化其公共服务与税收组合，如此，整个社会的福利最大化得以实现。此外，地方政府间的竞争还会使各地区公共产品的成本逐步接近，直至达到某种均衡，当每一地区的居民不会再因“用脚投票”而使其福利增加时，社会最优解得以实现。

在竞争性社区较多、自由流动限制较小的美国大都市，蒂博特的理论得到了证实。1982年，美国经济学家格拉姆利克和鲁宾菲尔德通过专门的实验验证了此理论。他们发现，在符合蒂博特假设的社区里，人们对公共产品的需求呈现出较大一致性，也对公共产品的规模和质量较为满意。

对于中国而言，因为存在着户籍管理制度、居民流动成本较高等原因，蒂博特的理论在解释中国地方政府行为时较为牵强。但还是有不少中国学者受此理论启发，研究既定约束下的地方政府行为。代表性视角及观点有：从税收竞争的视角，研究资本流动约束下的地方政府行为，认为资本流动性的加强制约了地方政府间竞争策略空间，使地方政府产生重服务资本、轻发展民生的治理倾向（尚铁力等，2009）；从政治学视角，基于户籍制度的约束，研究地方政府的行为偏好，认为地方政府偏好与约束机制的动态博弈，使得地方政府行为呈现出多样性与演进性特点（臧雷震等，2018）。王志浩（2016）则直接指出“用脚投票”在研究中国问题时存在缺陷，认为这一理论不适合中国，“尽管中国每年有2000万以上的流动人口规模，但教育、医疗等重要公共物品与城市户籍捆绑，所谓‘用脚投票’的机制，对地方政府的行为难以构成有效的制约”[①]。罗植（2014）则不仅否定了“用脚投票”，还否定了“用手投票”。他认为中国的户籍制度限制了自由流动，“用脚投票”的激励机制因此不能发挥作用，而民主选举制度的不完善也会使“用手投票”机制无法发挥作用，这会导致中国地方政府行为长期处于扭曲状态。

但是，不容忽视的事实是，自中国开始改革开放，中央对地方政府的放权让利、激励其竞争的举措一直在推进。因此，忽略自由流动等前提假定，蒂博特理论中的政府竞争理论与公共产品供给理论仍然在很大程度上启迪了中国学者。将这两个理论结合起来研究地方政府行为的学者也较多，学者们分别研究了地方政府的基本公共服务均等化供给（谢芬、肖育才，2013）、地方政府行为对农村公共产品供给的影响（崔宝玉等，2007）、晋升锦标赛模式与地方官员之间围绕GDP增长而展开的竞争（周黎安，2007）；中国拥有良好基础设施的原因（张军等，2007）；中国地方政府从GDP锦标赛转至二元竞争的行为变迁逻辑（唐睿等，2012）等。

---

① 王志浩．理解中国央地关系的流行性理论及其缺陷[J]．江苏社会科学，2016(4)：97.

第二，奥茨、罗森的“财政联邦制”理论。

奥茨、罗森的“财政联邦制”理论是一个非常典型的财政分权理论，该理论从经济学视角出发，聚焦中央政府与地方政府两个行为主体，对两者之间的职能划分、财政支出与财政收入的最优划分等内容进行了充分的探讨。

职能划分方面，该理论认为，联邦制下，不管是哪一级政府，其主要目标是相同的，即努力做到以下三点：有效地配置资源、合理地分配负担和收益、稳定经济运行。但是，联邦政府与地方政府面对的受众不一、权限不一、能力不一，因此，清晰的职能划分是必要的。联邦政府适合关注宏观经济层面，以宏观经济政策影响就业水平与经济增长，在实现社会总供求之间的平衡、促使收入分配合理化、稳定经济等方面发力。而地方政府则可以在供给公共产品、处理外部性、有效配置资源等方面发力。

以收入再分配为例，这一职能只能划归联邦政府，地方政府不具备供给覆盖全社会的相关制度的能力，其权力也没办法突破区域限制。在个体之间的直接收入再分配方面，如在完全竞争条件下，商品资本和劳动力资本会在一国范围内自由流动，这样，地方政府的地区性收入再分配政策必然失效。如果商品资本和劳动力资本的流动存在障碍，即使地方政府在收入再分配方面能起到较大作用，但可能会存在另一个问题：地方保护主义和资源配置效率的低下。在地区间的间接收入再分配方面，发达地区和落后地区居民之间均需要某种制度以便于对其收入进行再分配调节，而地方政府显然没有这种跨区域的供给能力，只有联邦政府具有更优的暴力优势。

具体到资源配置职能，该理论对中央与地方的职能划分更清晰。如若是全国性公共产品，则由中央政府来提供。如若是地方性公共产品，则由地方政府来提供。如若某种公共产品具有外溢性，则由主要受益地区来提供，但其他受益地区也应分摊一定成本。

一旦各种政府职能在中央与地方之间划分到位，基于财权与事权相对应的原则，财政支出在中央与地方之间的划分也就明晰了，而财政支出来自财政收入，中央与地方同样要依据事权进行划分，这就产生了分税制。不难看出，财政联邦制理论通过明晰中央与地方的职能划分、财权划分，旨在以最经济的方式供给公共产品，实现社会利益的最大化。与此同时，政府间竞争也被激活。但是，奥茨也指出，政府间竞争也会产生负作用，如税收竞争会导致各地方政府纷纷调低税率，这必然又会导致地方政府的收入下降，最终的结果是各地的公共服务供给因资金不足而受到影响，达不到最优水平。

财政分权理论与政府间竞争理论对中国学者影响巨大，1994 年中国实施分税制改革之后，以此理论为基础，研究中国地方政府行为的学者众多，研究内容和视角也非常多元，如下：以政治集权、经济分权视角研究中国经济问题，认为中国特色分权化改革形成了维护市场的经济联邦制，这成就了中国经济的高速增长（钱颖一等，1996）；从财政分权、向上负责的政治体制进行分析，认为地方政府之间在招商引资上的标尺竞争和政府治理的转型是解释中国基础设施投资决定的重要因素（张军等，2007）；探讨地方政府间为增长而竞争所付出的代价，认为中国式分权（经济分权与垂直的政治管理体制紧密结合）导致地方政府财政支出结构扭曲，成本增加（傅勇等，2007）；基于中国的财政改革背景，以地方政府的企业财政与土地财政两大模式为切入点，探讨中国地方政府行为企业化变迁的财政逻辑（陶勇，2011）。类似的研究成果非常丰富。

（2）新制度主义经济学有关地方政府行为的理论

在西方经济思想史领域，类似新古典学派的主流经济学派一般都是在制度既定的前提之下研究经济活动，而制度经济学派将制度引入经济学分析框架之中，作为一个内生变量，用制度因素来分析现实社会经济及其发展趋势。总体说来，制度经济学派经历了三个时期：20 世纪初以凡勃伦代表的旧制度学派；20 世纪 50 年代以加尔布雷斯、谬尔达尔为代表的新制度学派；20 世纪 60 年代以科斯、诺斯、威廉姆森、阿尔钦和德姆赛茨、张五常等为代表的新制度主义经济学派。其中，新制度学派批判资本主义制度，主张国家干预，被主流视为异端，而新制度主义经济学派肯定资本主义制度，主张市场自由竞争，因而被主流经济学派所接受，成为在西方影响较大的学派。也正是在这个学派中，中国学者借鉴到了很多可以用来解释中国地方政府行为的理论，如委托—代理理论、剩余索取权理论、科层制理论、制度变迁理论等。

第一，委托—代理理论。

当新制度主义经济学把信息作为一个变量纳入经济学的分析框架之后，不完全信息、不完全契约对交易活动的影响这一现象引起了学者们的注意，由此产生了解决这一问题的委托—代理理论。这一理论的代表人物有简森、麦克林、乔治·阿克洛夫等。

该理论认为，在现实经济中，针对每一种交易，总是存在信息的优势方和劣势方，信息的不对称会产生逆向选择与道德伤害。因此，设计某种机制来避免此类问题有着很强的现实意义，委托—代理就是这样的机制。不具备信息优势的一方为委托人，具备信息优势的一方为代理人，因为信息的不对称性，委托人赋予代理人代理其交易的权力，但这是会产生成本的，如委托人的监督费用、代理人的担保费用等。如若这种费用太大，超过了委托代理的收益，那么，委托代理就没有意义。所以，最好是设立某种激励机制使代理人以委托人的利润最大化为目标，使两者的利益一致。学者们提出的激励机制如下：利润分成制，即代理人与委托人共同承担利润与风险；股票期权制度；租金制，即代理人向委托人缴纳租金，剩余归代理人所有，包干制就属于此类。

第二，剩余索取权理论。

剩余索取权理论与委托代理理论非常相似，但该理论讨论的重点从市场交易成本转至企业内部的管理资源成本，其代表人物是阿尔钦和德姆赛茨。

该理论认为，企业是一种团队合作生产组织，其产品是合作生产的结果，要想使报酬支付与团队成员的努力程度相一致，就必须建立某种监督机构，使企业的产权结构化。为此，企业主应该在团队内部设立专门的机构与人员，由他们去监督团队成员，使团队成员的收入与其贡献相符。但是，监督者可能也会有偷懒动机，为了防止这种情况发生，给予监督者“剩余索取权”就显得很有必要。这样一来，监督者会非常努力地工作，因为团队成员以工资形式得到报酬，而监督者会获取扣除工资之后的余额，这意味着监督者越努力，团队成员的工作越有效率，监督者所获取的剩余也会越多。

委托—代理理论与剩余索取权理论都是从制度的视角来分析经济，而在解释中国经济的快速发展时，制度毫无疑问是一个非常重要的因素。因此，这两种理论对中国学者影响巨大。张五常的佃农理论也受益于此。以这种视角研究中国地方政府行为的学者众多，代表性人物有刘承礼（2009）、何一鸣（2012）等。

第三，威廉姆森的科层制理论。

科层制是威廉姆森讨论现代企业组织结构时提出的。他在《市场与层级组织》一书中不但解释了企业组织结构的演变过程，而且还探讨了三种企业组织结构的效率问题。威廉姆森认为企业存在三种组织结构：“U”形（垂直型结构）、“M”形（事业部型分权结构）与“H”形（控股公司型结构）。三种结构各有优缺点。

“U”形结构中，权力集中在企业高层，这是一种早期企业结构。其优点在于集中统一，总部可以将有限资源集中在效益较好的项目上，从而达到规模经济。但其缺点也很明显，当企业发展至一定阶段，总部的信息与管理成本快速上升，各部门的协调与管理越来越难，这会限制总部的全局决策能力。“M”形结构中，总部与中层管理者之间分权。总部以下被划分为若干独立的事业部，这些部门自主经营、独立核算，拥有财务、生产及销售等各方面的自主权。其优点很明显，总部只负责战略决策及长期规划，各分部负责绩效与利润最大化，总部与分部的协同作用使得企业整体效益提升。“H”形结构中，企业事业部被划分为若干拥有独立法人资格的子公司和分公司，而总部持有子公司或分公司的部分或全部股份。其优点在于总部对子公司承担有限责任，经营风险得到控制。但缺点也存在，即子公司的独立性过强，企业的整体战略实施会受到限制。三种结构中，威廉姆森对“M”形结构比较肯定。

威廉姆森的科层制企业组织结构理论在很大程度上启发了研究中国地方政府行为的学者，他们纷纷将这种理论从企业领域移植到政治领域，从组织结构功能视角来研究中国地方政府行为。三种结构中，“U”形结构比较契合我国改革开放前的中央与地方关系，而“M”形结构因为分权特征，比较契合中国中央与地方的分权改革。学者们将此理论与中国实践相结合，以政治组织结构视角来分析行政管理体系对地方政府行为的影响，学者们关注到的结构有：“M”形政府结构（钱颖一等，2006）①、条块结构（陈剩勇等，2009）② 中央治官、地方治民的上下分治结构（曹正汉，2011）③、党和政府的相互“嵌入”结构（贺东航等，2011）④ 等。

第四，制度变迁理论。

制度变迁理论是新制度主义经济学的重要内容之一，其代表性人物为道格拉斯·诺斯。

诺斯认为，现实生活中，制度的非均衡是一种常态，制度均衡是理想状态，即使出现也不能持久。这意味着制度变迁是常态的，制度总是处于从不均衡到均衡再至不均衡的过程之中，诺斯认为这是经济增长的源泉。

诺斯把制度看作一种商品，既然是商品，就一定有需求方和供给方。一般来说，国家政府部门因为具有暴力上的比较优势，是适合充当制度供给方的最佳行为主体。但制度的供给是需要成本的，只有在行为主体预期供给制度的收益大于供给制度的成本时，此行为主体才有足够的动力去供给制度。作为行为主体的国家在判断成本收益时，一定会结合国

---

① QIAN Y. , ROLAND G. , XUC, coordination and Experimentation in M - form and U - form 0rganization[J]. *Journal of Political*, 2006,114(2):366 - 402

② 陈剩勇，张丙宣. 建国60年来中国地方行政区划和府际关系的变革与展望[J]. 浙江工商大学学报，2009(5):5 - 15.

③ 曹正汉. 中国上下分治的治理体制及其稳定机制[J]. 社会学研究，2011(1):1 - 40.

④ 贺东航，孔繁斌. 公共政策执行的中国经验[J]. 中国社会科学，2011(5):61 - 79.

家的目标去判断，而国家的目标是双重的，一是追求自身租金收入的最大化；二是追求全社会产出的最大化。两者的冲突与矛盾，可能会导致无效率的制度被供给出来，制度变迁也会因为国家没有动力而无法推进，这会影响经济增长与国家的发展。此外，既是世界观又是规范制度的意识形态对经济增长也有着不可忽视的作用。诺斯的制度变迁理论对于解释中国1978年改革开放后的制度变迁以及制度变迁进程中的地方政府行为有较强的解释力。

诺斯的制度变迁理论提供给中国学者一个分析的视角，他们借鉴此理论，从强制性变迁、诱致性变迁（林毅夫，1994）、渐进式制度变迁（杨瑞龙等，2000）、制度变迁主体角色转换假说（黄少安，1999）、地方政府市场行动者角色（洪银兴，1997）、地方政府制度企业家角色（周业安，2000）等视角分析了中国地方政府行为。

借鉴熊彼特的创新理论，诺斯把制度创新过程分为五个阶段，依次是：形成第一行动集团、提出制度创新方案、选择抉择、形成第二集团、两个集团共同完成制度创新。当然，制度创新的动力是追求利益的最大化。诺斯的制度创新理论也对中国学者产生了很大的影响，学者们纷纷把地方政府行为与制度创新结合进行研究，产生了一大批成果。代表性学者有：王玉明（2011）、陈天祥（2000）、郭小聪（2000）、傅大友（2000）等。

（3）公共选择学派

公共选择学派用经济学的视角研究政治市场，研究资源配置的非市场过程，从市场过程的特点理解政治过程。这种视角非常独特，别具一格，也正因如此，刚开始被主流经济学视为“异端”，但后来依托布坎南、奥尔森等的影响力，此学派在经济思想史上也占有了重要的一席之地。

第一，公共选择者行为理论。

公共选择学派坚持个人主义的方法论，将人的自利性坚持到底。该理论认为，作为个体的人，不可能在经济领域是利己的、在政治领域就变成利他的。在公共选择者眼中，政治活动的主体和经济活动中的主体一样，都是理性的经济人，都在追求个人的最大利益。

该学派认为，现实生活中存在两个市场：经济市场与政治市场。两者本质是一样的，在经济市场上，人们用货币购买商品；在政治市场上，人们用选票交换能给自己带来最大利益的政治家与治理方案、用税收交换公共服务。政治的本质也是交易，是集团之间或组成集团的个人之间出于自利动机进行的一系列交易过程。

在政治市场上，存在两类人：政治家与选民。尽管政治家可能有许多类型：有理想的政治家、纯粹的政治家、追求金钱的政治家，或者兼有以上的两种或三种属性的政治家，但这些政治家作为政府行政官员或者公共雇员，他们与普通的经济人在本质上是一样的，都在追求个人利益，这些个人利益包括薪金、津贴、公共声誉、任免权、地位和晋升等。作为投票人的选民也是理性的，他们会将票投给与自己利益一致的候选人。选民会依据投票成本与收益，理性地作出抉择。投票成本如搜集信息的成本、投票出行要耗费的时间等，投票收益如自己支持的候选人当选后的预期收益、投票过程所获得的心理满足等。当收益大于成本时，选民会投票；否则，反之。

既然政府官员是理性的经济人，由他们所组成的政府机构也是有某种自主权的行为主体。那么，如果存在市场失灵，也一定存在政府失灵，如寻租、政治活动的低效率、政府行为短期化等皆是政府失灵的体现。造成政府失灵的原因很多，如缺乏竞争、缺乏监督、缺乏利润观念等。为了克服政府失灵，应该在公共行政管理体系中建立竞争机制，如将公共部门的权力分散化、将公共物品承包给私人生产者、强化各地方政府之间的竞争等。

公共选择学派在政治市场、政府竞争等方面的理论也令中国学者耳目一新，受此启发，他们结合中国实践，从公共选择视角，对中国地方政府的自主性（何显明，2007）、自主性转变（陈霞等，2015）、经济行为（李军杰等，2004）、地方政府利益（董少林，2009）、政府间财政竞争（杨佳，2018）、地方政府治理变革（王天维，2018）等地方政府行为进行了深入分析。

第二，奥尔森的利益集团理论。

在《集体行动的逻辑》一书中，奥尔森充分阐释了其利益集团理论。对利益集团，传统的观点认为，利益集团是指那些有某种共同目标的个人组织的实体，这些个体试图通过扩大集团收益来提升自己的利益。奥尔森不同意这个观点，他认为，集团收益分为两类，即相容性收益与排他性收益，前者属于正和博弈，拥有这种属性的团体会欢迎具有共同利益的人加入，做大集团；后者属于零和博弈，拥有这种属性的团队会排斥他人进入。但不管是哪一类，只要是利益集团，因为集团收益的公共性质，必然会产生“搭便车”现象，这会削弱集团收益。为此，设立激励机制显得非常必要。奥尔森认为，可以设立赏罚分明的“选择性激励”，对每一个成员区别对待，对团队贡献大的成员在正常集团收益份额之外，还可以获得奖金、红利、荣誉等奖励，损害团队利益则可以给予相应的处罚。但是，由于集团规模大，做到赏罚分明所需要的成本也大，这些成本包括信息成本、度量成本、实施成本、组织成本等，所以，对于大集团而言，实施起来会比较难。

奥尔森对小集团比较乐观。他认为在小集团中，因为人数较少，集团的总成本也相对较小。一旦集团的每一个成员发现，他为集团利益而采取行动，他从中收获的利益超过了他为此行动而付出的成本时，他会积极采取行动。这样，个人利益与集团利益实现了一致。所以，他对具有选择性激励的小集团更有信心：“只有当集团很小或他们恰巧具有选择性激励的独立源头时，他们才会组织起来或采取行动来实现其目标。”他的结论是：小集团比大集团更有效率、具有选择性激励机制的集团比没有这种机制的集团更有效率。可见，在奥尔森的利益集团理论中，集团规模大小、有无选择性激励机制是影响集团目标能否实现的重要因素。

奥尔森的利益集团理论同样启迪了中国学者，学者们纷纷从激励机制视角，结合集团意义上的中国地方政府与中央政府，联系制度变迁，对中国地方政府行为进行了分析。例如，陈抚等（2002）通过建构中央与地方的博弈模型，分析地方政府行为的变化，解释伴随着分税制而来的财政集权是如何把地方政府从“援助之手”转变至“攫取之手”；姚金伟等认为，地方政府职能转型是既定制度下政治家理性追求的结果，地方政府向服务型政府转型的行为逻辑，与政治晋升、财政激励、权力扩张之间有着深刻的关系（2014）等。

当然，除了以上理论之外，还有学者采用其他理论对中国地方政府行为进行研究，如协同学理论（丁煌等，2014）、印第安纳学派的多中心治理理论（张振华，2011）等，此不赘述。

12.2.2 马克思主义的政府观及其地方政府行为理论

如若把马克思主义放在西方经济思想史的发展历程中加以考察，马克思主义也是资本主义体系发展至自由竞争时期，针对经济危机、工人运动等资本主义体系出现的新问题给出的一种新思考，是各种流派中的一支。如果用主流经济学派的视野来看，马克思主义就是一种异端，因而被归入激进学派，不同于其他主张调和矛盾的流派，马克思主义认为资本主义的主要矛盾不可避免又无法调和，只能通过暴力的阶级斗争来解决。

但是，马克思主义自从产生之日起，就对国际工人运动和俄罗斯、中国、东欧等地的现代化进程产生了非常强劲的推动作用和有力的指导作用，甚至影响了20世纪的国际政治经济秩序，从这个角度来说，其理论意义、实践价值都不容小觑。

（1）马克思、恩格斯的政府观

马克思、恩格斯是以历史唯物主义、辩证唯物主义作为基本方法论来研究人类社会变迁的，他们的视野非常宽阔，着眼于整个人类历史的动态演变过程，因此，马克思、恩格斯很少直接谈及地方政府，他们所谈到的政府大多指的是宏观层面的政府。

何为国家？对此，马克思本人也有一个认知过程。在《评普鲁士最近的书报检查令》中，受黑格尔影响，马克思认为国家是“政治的法的理性的实现”，即人的理性是国家建立的基础。后来，在对黑格尔的批判之中，马克思的国家理论得以根本转变，不再是精神决定物质，而是物质决定精神：“家庭和市民社会是国家的现实的构成部分，是意志的现实的精神存在，它们是国家的存在方式。家庭和市民社会使自身成为国家。它们是动力”①，这段话和马克思在《德意志意识形态》中所说的一段话相类似：“社会结构和国家总是从一定的个人的生活过程中产生的，但是，这里所说的个人不是他们自己或别人想象中的那种个人，而是现实中的个人。”②至此，国家不再是观念的产物，而是现实市民社会与现实个人生活过程的必然结果。谈及国家起源，恩格斯也认为，“国家是社会在一定发展阶段上的产物”③。应该说，马克思、恩格斯对于国家的这种客观、理性认知是其唯物史观的必然结晶。

在国家职能方面，马克思和恩格斯意识到了国家职能的多个面向。

第一，国家服务于特定利益集团的职能。国家是阶级统治的工具，作为权力中心，国家拥有毫无疑问的暴力优势，可以服务于统治阶级。《共产党宣言》中，国家被定性为“现代国家的行为机关不过是全部资产阶级管理公共事务的委员会罢了”。

第二，国家的社会管理职能。在《家庭、私有制和国家的起源》一书中，国家又被理解为：“国家是承认这个社会陷入了不可解决的自我矛盾，分裂为不可调和的对立面而又无力摆脱这些对立面。而为了使这些对立面，这些经济利益互相冲突的阶段，不致在无谓的斗争中把自己和社会消灭，就需要有一种表面上凌驾于社会之上的力量，这种力量应当缓和冲突，把冲突保持在‘秩序’的范围以内；这种从社会中产生但又自居于社会之上并且日益同社会相异化的力量，就是国家”④，这段话的意思比较明晰，国家不仅仅是统治工具，还是维稳工具，在贯彻统治阶级意志的同时，要竭力避免矛盾升级、力争把阶级冲突控制在整个社会体系能容忍的范围之

① [德]马克思，恩格斯．马克思恩格斯全集：第3卷[M]．北京：人民出版社，2002：11.
② [德]马克思，恩格斯．马克思恩格斯选集：第1卷[M]．北京：人民出版社，1995：71.
③ [德]马克思，恩格斯．马克思恩格斯选集：第4卷[M]．北京：人民出版社，1995：170.
④ [德]马克思，恩格斯．马克思恩格斯选集：第4卷[M]．北京：人民出版社，1995：170.

内。实际上，“缓和冲突”这种说法就隐含着国家的另外一个职能：稳定社会秩序的社会管理职能。毕竟，一个失序的、动荡的、非正常的社会环境会产生非常大的不确定性，这不是任何一个统治集团愿意看到的，所以，作为国家，要想完成其政治统治的目的，就必须“以执行某种社会职能为基础，而且政治统治只有在它执行了它的这种社会职能时才能持续下去”①。这里的社会职能就包括提供公共产品、稳定社会秩序等社会管理职能。

第三，发展社会经济的职能。在马克思主义的思想体系中，生产力是最革命的因素，生产力决定生产关系，什么样的生产力就会产生什么样的生产关系，推动生产关系调整演变的也正是生产力。从整个人类的发展趋势看，人类真正的自由的实现也离不开生产力的发展。毕竟，人类社会是建构在物质资料生产的基础之上的，生产力越发展，物质资料越丰富，人类才有可能在更大程度上摆脱物质资料的束缚，追求更高层次的自由与更全面的发展。马克思与恩格斯不止一次强调了这一点：“无产阶级将利用自己的政治统治，一步一步地夺取资产阶级的全部资本，把一切生产工具集中在国家即组织成为统治阶级的无产阶级手里，并且尽可能快地增加生产力的总量”②，“由社会全体成员组成的共同联合体来共同地和有计划地利用生产力：把生产发展到能够满足所有人的需要的规模；结束牺牲一些人的利益来满足另一些人的需要的状况：彻底消灭阶级和阶级对立；通过消除旧的分工，通过产业教育、变换工种、所有人共同享受大家创造出来的福利，通过城乡的融合，使社会全体成员的才能得到全面发展”③。这两段话描述了未来的人类社会发展前景，不管是称为无产阶级的政治统治，还是称为全社会的共同联合体，作为权力中心，发展生产力、使所有人得到全面发展皆是国家很重要的职能。

在中国新民主主义革命的历程中，马克思主义最后被选择成为中国路径的指导思想，也正因如此，马克思主义思想体系对中国学者的影响是巨大

---

① ［德］马克思，恩格斯．马克思恩格斯选集：第3卷［M］．北京：人民出版社 1995：523.
② ［德］马克思，恩格斯．马克思恩格斯选集：第1卷［M］．北京：人民出版社，1995：293.
③ ［德］马克思，恩格斯．马克思恩格斯选集：第1卷［M］．北京：人民出版社，1995：243.

的，作为其中一个有机组成，其国家观及政府职能观也不例外。以马克思主义国家职能理论为视角研究中国地方政府行为的文献也不少，这些文献聚焦在以下几个方面：地方政府能力建设（贾芳芳，2011）、民族地区政府治理能力（王永霞，2016）、现代政府职能转变（谢晓红，2013）等。

（2）西方马克思主义学派的代表——法国调节学派的政府观

马克思、恩格斯之后，他们所建构的马克思主义体系继续在不同国家、不同地区不断发展，各个国家和地区的社会实践不一，其马克思主义体系的演化方向和具体内容也不一，如苏联集权模式、东欧兰格模式，以都留重人的“剩余社会化学说”、宇野弘藏的三阶段理论为代表的日本马克思主义，20 世纪 20 年代兴起的以法兰克福学派、存在马克思主义、新实证马克思主义、结构马克思主义为代表的西方马克思主义学派等。

法国调节学派是 20 世纪 70 年代兴起的一个西方马克思主义学派，其代表性人物有 Michel Aglietta，Alain Lipietz，Robert Boyer，Bruno Amable，SeefanoPalombarini 等，学界对其马克思主义属性的剖析较多。Boyer 本人就认为调节本派“在本质上是属于马克思主义传统的”①，同时该学派又充分结合凯恩斯主义和经济史的内容，试图在制度层次上进行某种综合，但该学派“对马克思生产思想的继承是显而易见的”②。吕守军等学者将法国调节学派定位为“属于马克思主义经济学派但是又与以《帝国主义论》为代表的马克思主义经济学相区别”③。胡海峰（2005）认同这种学派定位，认为法国调节学派是一个试图通过发展马克思的制度理论，把制度与凯恩斯宏观经济学综合起来的一个西方马克思主义学派。李其庆（2004）也将法国调节学派的理论渊源归结为马克思主义与凯恩斯主义。唐正东（2003）则从经济哲学方法论的角度分析了法国调节学派对马克思主义的继承与

① Robert Boyer，The Regulation School：A Critical Introduction，Translated by Craig Charney，Columbia University Press，New York，1990：p11.

② Regulation Theory：The state of art，Edited by RobertBoyer and Yves Saillard，Translated by Carolyn Shread，London，2002：38.

③ 吕守军，严成男．法国调节学派的学派定位及其理论创新研究［J］．上海交通大学学报，2013(3)：34.

发展。

在西方马克思主义学派中，法国调节学派理论的独特性在于其对中观层次的重视，吕守军专门针对这一点分析了法国调节学派理论体系的演进，认为这个学派“创造性地提出了‘制度形式’等中观层面的概念”①。的确，不同于其他西方马克思主义学派，法国调节学派建立了以制度形式、积累体制、调节模式、发展模式、危机分类等为内容的理论体系，该学派特别重视积累体制与调节模式的适应性问题，认为两者一旦不适应、不匹配，就会影响发展模式，发生周期性的小危机或结构性的大危机。他们认为积累体制分为两大类：外延型与内涵型，而内涵型又分为两类：有大规模消费与无大规模消费。调节模式是指制度形式对劳资关系、社会供给关系、资本竞争关系等方面的调整。如果“无大规模消费的内涵型积累体制”遇到“竞争性的调节方式”时，一定会发生危机。因为前者会使劳动生产率提高、供给增多；而后者会排除工人实际工资显著增加的可能，进而抑制大规模群众消费现象的出现，消费减少。如此一来，供给大于需求，危机必然发生。而如果想要克服危机，就必须建立一种新的积累体制和与之相适应的调节模式，这就需要制度的介入。

可见，法国调节学派的核心内容都是在中观层面以制度形式展开的，该学派认为这个由制度形式构成的中观层面非常重要，具有调节微观主体行动、使其符合积累体制的重要作用。立足中观层面、强调制度形式，成为法国调节学派的一个显著特征。这一点也得到了学界的认可，贾根良强调：“调节学派真正具有原创性的东西是它试图把制度纳入宏观经济学的框架之中，”② 吕守军也认为，调节学派理论的独特性体现在“其理论……是从普遍的社会冲突入手，说明制度具有调节社会冲突的机能，而政治过程决定制度的形成”③，两种评价的落脚点指向一致。既然制度如此之重

---

① 吕守军．抓住中间层次剖析当代资本主义——法国调节学派理论体系的演进[J]．中国社会科学，2015(6)：75.

② 贾根良．法国调节学派制度与演化经济学概述[J]．经济学动态，2003(9)：59.

③ 吕守军．法国调节学派的制度理论[J]．上海交通大学学报，2009(6)：26.

要，而制度又非市场或一般个体所能供给，所以国家的干预就变得尤为重要。

国家在法国调节学派的理论体系中占有一席之地。该学派提到了五种制度形式：货币制约制度、雇佣劳动关系制度、竞争制度、国家制度、国家参与国际体系制度。而每一种制度形式的形成都离不开政治过程，离不开权力中心的参与，离不开政府职能。因此，在政府观方面，法国调节学派坚持政府干预，认可国家的作用，这是其不同于西方新古典经济学之处。

当前，中国学界对法国调节学派的研究还停留在介绍和引入阶段，很多文献都聚焦于其理论的内容、定位、方法论等方面，基于该理论对中国问题加以研究的文章还不多，但是，恰恰是法国调节学派这种中观面向、对制度和国家作用的重视，可以为我们研究中国地方政府行为提供诸多借鉴。

13 大历史视野下中国历代地方政府行为的历史演化、影响因素、行为逻辑及其本质特征

借鉴西方宏观（Macro）的概念，黄仁宇提出了“大历史”观。从其散布于多处的论述来看，他的“大历史”不但强调空间的宽度：“因我之所谓‘大历史’（Macro – history）观，必须有国际性，我很希望以四海为家的精神，增进东方与西方的了解”①，而且还非常注重时间的纵深性：“我自己所称之大历史，虽包括中国商周到人民共和国已三千多年，在人类历史上，仍不过长弧线上的一个小段落”②，这实际上对应的就是历史研究中所强调的基本概念：共时性与历时性。前者强调同一时期不同空间的各种文明的比较研究，后者强调每一种文明在不同时间段的演化发展。黄仁宇的《万历十五年》就是这样组织的，开篇即分析万历十五年中西方的不同发展面向，这是共时性，接着以文史笔法，通过七位人物还原明朝当时社会政治经济军事等各领域状况，旨在分析明朝几个世纪内的发展面向，这是历时性。这样的建构方式，是该书在中国史学界获得声誉的重要因素之一。

的确，大历史视野可以将研究对象锁定在由时间与空间定位的时空坐标中，既方便我们透视其来龙去脉，又有利于我们通过比较对其定性。研究中国当代地方政府行为，当然也不例外。在大历史视野中，将当代地方

---

① 黄仁宇．万历十五年[M]．北京：生活·读书·新知三联书店，1997：267.

② 黄仁宇．万历十五年[M]．北京：生活·读书·新知三联书店，1997：280.

政府这一行为主体放在中国几千年的政府机构及职能演化脉络之中，再结合西方地方政府的相关实践与理论，我们对当代中国地方政府行为的认知当处于一个更高、更深、更广的维度之上了。

13.1 大历史视野下中国历代地方政府结构及其行为的历史演化

地方政府行为不是凭空产生的，其产生的要素之一就是一定存在一个行为主体，而地方政府就充当了这样的角色。换言之，地方政府行为只是一个结果，而供给这个结果的主体是地方政府。想要深入理解地方政府行为，就必须对地方政府这个行为主体进行深入剖析。而主体的结构不同，其属性及功能自然不同。这样，对地方政府结构的深入研究就成为必要。

历史是一种客观存在，无法人为地将之抹除或割裂。现当代历史是建构在古代历史的基础之上的，既往历史中的要素会通过或制度或文化基因的某种方式，将其内容深深镌刻在历史进程之中。地方政府这一主体也不例外，要研究当前地方政府行为，需要用大历史的视野来透视以往的地方政府行为。

13.1.1 中国历代地方政府结构的千年演化

从大历史视野分析中国地方政府结构变迁的代表性学者是周振鹤（1995），他试图通过两千年来地方政府层级的变迁阐释中央与地方关系史的演变过程。两千年来的中国发展长时段，被他划分为三个阶段：秦至南北朝、隋朝至宋辽金、元朝至民国。三阶段对应的地方政府结构层级也依次为：郡县二级制向州郡县三级制的转化；州县二级制向道州县三级制的转化；省路府州县多级制向省县二级制的转化。详细梳理了地方政府层级结构的长时段变迁后，作者给出了自己的结论，他认为，宋以前的中国历代政府都力图维持两级制的地方政府，如果需要设立三级政府，中央政府都会想尽各种办法使最高一级地方政府处于虚化状态，以便强化对地方的管理与控制。元明清三代，国土面积广袤，原有的二级制不再适应新的形势，地方政府层级变为多级制，但中央依然牢牢把控地方，中央集权越来越得到强化。

聚焦中国地方政府层级结构演变的另一位学者是陈庆海（2011），他对秦、西汉、东汉、两晋、隋、唐、元、明、清九个朝代的地方政府层级变迁进行了细致的梳理。除此而外，其他学者也部分涉及这个问题，不过他们是在讨论其他主题时谈及这一问题的，这些主题包括中央与地方关系的类型、演进过程、制约因素与调试路径（刘非，2010）、夏朝至清朝我国行政中枢的沿革、中央集权制的形成与发展过程（李琪，1997）等。

地方政府是相对中央政府的存在，两者是辩证统一关系。这也是学术界大多将地方层级结构研究置于央地关系研究范围之下的一个重要原因。这些研究为我们了解千年中国地方政府层级结构及其行为的历史演变作了非常有价值的开拓性工作。

何谓地方？何谓中央？周振鹤认为：“中央与地方关系产生于中央集权制形成之后”，商周的昭穆志、宗法制与封建制等体制之下，封国各自为政，“则无所谓中央与地方的关系”①。笔者不认同这个观点。从宽泛意义上来说，只要国家产生，只要存在权力中心，只要地方臣服于这种权力，就已经产生了事实上的中央与地方。而中国自从夏朝开始，就已经进入了“家天下”的奴隶社会时期，中央和地方的政府机构都已经相当完备。分封制体系之下，虽则分封之后各诸侯有很大的辖区治理权，但和分封制配套的土地制度是井田制，这意味着天子掌握着最重要的土地资源及其分配权：“普天之下，莫非王土，率土之滨，莫非王臣”，各封国只有分封土地的使用权而无所有权，且一旦诸侯不履行诸如定期朝觐、交纳贡赋、随时奉命出征、捍卫王室、镇守疆土等义务，重新分封就势在必行：“一不朝，贬其爵；再不朝，削其地；三不朝，则六师移之。”《诗经》也记载了商汤时期带有强制性意味的朝贡制度：“昔有成汤，自彼氐羌，莫

① 周振鹤．中央与地方关系史的一个侧面（上）——两千年地方政府层级变迁的分析[J]．复旦学报，1995(3)：151.

敢不来享，莫敢不来王，曰商是常。”由此看来，夏商西周时期，中央与地方的关系就已经产生，中央通过控制最重要的土地资源实现对各封国的严密控制。学界也有学者有类似观点，如李琪认为夏商周时期是中国君主专制与中央集权的“滥觞时期”①。

因此，中国自夏朝开始，就已经有了中央与地方的分野。只不过，在央地关系方面，先秦时期与秦朝以后的朝代相比，在表现方式上，前者建构在血缘的基础上，后者建构在地缘的基础上；前者以分权为特征，后者以集权为特征。以宽泛的中央与地方概念来看，新中国成立之前，地方政府层级结构应该可以划分为以下三个阶段：

（1）先秦时期（夏商西周春秋战国时期）：分权血缘机制下地方机构的形成与发展

夏朝是我国第一个奴隶制国家，国家层面的管理制度和官僚体系业已具备。《尚书·立政》记载，夏朝官员分为三类：“宅乃事，宅乃牧，宅乃准”，其中，“宅乃事”是指中央级官员，相当于后世的六卿；“宅乃准”是指掌管法令诉讼的官员；而“宅乃牧”则指的是在朝廷外任职的官员，相当于州一级官员。这样，在国家层面，已经有了专门的官员职能分工，有了处理地方事宜的政府专职人员。

商朝的行政体系中已有“内服”“外服”之分，“内服”指中央王朝，“外服”指诸侯。中央分为卿事寮和太史寮两大部门。地方机构分为侯服和甸服，均设有中央任命的官员，并掌管一定的财政事务。甲骨卜辞中，有“天邑商”“大邑商”“大邑”等字样，指的是中央直接管辖区，亦有“四方”“四土”等字样，指的是诸侯的间接管辖区。这已很鲜明地描摹出了商朝的政治地理结构。

西周时期，中央政府机构已有非常完备的管理体系，设有天官冢宰系统与地官司徒系统，前者主抓中央王室财政，设有主管财用的大宰、小宰和宰夫；主管会计的司会和司书；主管府库的大府、玉府、内府、外府

---

① 李琪．中国古代行政中枢的沿革与中央集权制的关系研究[J]．史学理论研究，1997：4.

等。后者主抓全国生产和分配，设有总管赋税之职的大司徒和小司徒；分管不同赋税项目的载师、乡大夫、遂人、遂师、闾师、县师、土均、司稼；主管杂税及平衡货财的廛人及泉府等。

为了加强统治，西周开始大规模实施分封制①，这种制度有效地加强了中央对地方诸侯的控制。分封制建构在井田制基础之上。分封制配套井田制，以宗法血缘为特征。天子拥有全国范围的土地所有权和对全国所有人的分封权。分封物为土地连同依附于土地的人民，分封的主要对象是有血缘关系的宗法内部人员，当然也有功臣等其他人员，但这些人大多会通过联姻成为宗法系统的一员。

分封实行层级制，其层次结构为：天子—诸侯—卿大夫—士。在具体管理方面，实行管理权依次下放制度。王城周围直属天子的土地称为王畿，诸侯国的都城称为“国”，大城市称为“都”，农村地区称为“野”或“鄙”。天子具体的管理只局限于王畿范围之内，对于王畿之外的地方，天子具有绝对的所有权，但不作具体干预，只作诸如分封这样的宽泛管理。诸侯除履行缴纳贡赋、派兵打仗等义务外，在自己所在的辖区有行政管理权。经济方面，缴纳贡赋之外的收入归自己安排。诸侯之下的卿大夫、士等也不例外。在王畿范围内所建构的管理体系等上层建筑就意味着中央政府。而诸侯在王畿之外的国、野等地建构的管理体系则相当于地方政府。中央与地方之间以分权为主要特征，不管是在政治层面还是在经济层面，这种分权特征都非常浓厚。

在地方官员的层级方面，因为是依次按照等级分封，分封的时候身份等级很重要。孙文学（2008）比较认可孟子所谈及的西周班禄制，认为王国及诸侯国统治者分为天子及公、侯、伯、子、男五等爵位，君、卿、大夫、上士、中士、下士六等职位。卿在公侯伯有三人，在子男有二人。从大夫到士的俸禄，各国都一样，只是君和卿有区别。以下士俸禄为基础，

---

① 关于分封制与井田制的起始时间与性质，学术界争论不休。但公认的观点是西周是井田制与分封制盛行的时期。

大国的卿禄为下士的 33 倍，君禄为其 240 倍；小国的卿禄相当于下士的 16 倍，君禄相当于其 160 倍。天子的王畿比大国广 10 倍，其俸禄相当于下士的 3200 倍。下士的俸禄以能养活家口 5 ~9 人的耕地数量为标准。翁礼华（2009）则认为，西周的国家职官品级制度应有九个品级：公、侯、伯、子、男、公卿、大夫、上士、中士。《国语·周语》中说："外官不过九品。"九等称为"命"，最高是九命，最低是一命，后世之"命官"即源于此。

春秋战国时期，铁器与牛耕开始普及，私人靠个体力量去开垦私田成为可能，公田被弃，大规模集体协作劳动的场面不复存在，井田制瓦解。没有了掌控地方的土地资源，分封制也难以为继，天子势力衰微，失去了对各个地方的控制能力。各诸侯国开启了大国蚕食小国的争霸之旅，为了增强国力，各国纷纷改革，承认土地私有，废除世卿世禄制度，实行论功行赏的激励制度，行政体制方面的郡县制度也开始出现，分权血缘开始向集权地缘过渡。在各封国涉及政府机构层级的改革中，秦国的郡县制改革最具代表性。秦孝公任用商鞅进行变法，废井田，开阡陌，废除分封食邑制，建立中央集权制。由国家分设郡县，各郡县的财政统一于君主。原来的政治经济分权属性消失，旧有的分散财政体制被弃用，新的中央统收统支的财政体制开始被启用。秦孝公在全国设 41 县，对基层百姓采用什伍连坐制加以管理，即对百姓进行特别编制，五家为一伍、十家为一什，要求百姓之间互相监督，一家犯法，什伍连坐。这样，对基层进行严密管理的组织和制度得以建立，这种制度与原来分封制下的分权完全不同，而是一种集权特质非常明显的机制。后随着秦统一六国，这种政治经济集权属性很鲜明的郡县制度在全国推行，中央与地方的政府职能与层级结构也完全改变。

（2）秦朝至宋：集权地缘的二级制

从秦朝建立中央集权制开始，一直到清朝，中国中央集权的演化路径就一直惯性延伸下去，且呈现出皇权越来越集中的趋势。秦汉的三公九卿制、隋唐的三省六部制、宋朝的二府三司制等，都在以分化事权的方式实现集权的目的。

关于秦朝以后的地方层级结构，周振鹤已进行了非常细致的考证。大体来说，秦朝实行郡县二级制。西汉初期实行郡国并行制，即既实行郡县制，又实行分封制，但后来因为央地关系演变为弱干强枝，中央开始采取措施，汉景帝的强制削藩、汉武帝的推恩令等政策逐渐化解了地方对中央的威胁。魏晋南北朝实行州郡县三级制，隋朝又恢复郡县二级制。唐朝前期，改郡为州，实行州县二级制。唐朝后期，唐玄宗设十个节度使辖区，二级制变为方镇州县三级制。宋朝地方层级设路州县三级，但各州保留向中央的直接奏事权，周振鹤将之称为“二级半或虚三级制”①。

总之，从秦至宋，为了加强对地方的控制，中央在体制上越来越集权，在地方政府的层级结构设置方面，倾向于尽量缩短行政链条和减少层级，尽量保持两级制，因为链条越长、层级越多，行政效率就越低，这是集权的中央政府不愿看到的。

（3）元朝以后：集权地缘的多级制

元朝之后的中央集权趋势加剧。明朝干脆废除丞相一职，设内阁制，内阁首辅相当于丞相，拥有绝对的权力，但内阁首辅又听命于皇帝，君权相权合一。清朝以军机处代替内阁，但无专职、无定员、无衙门，大事皆由皇帝一人定夺，集权取得了高度化发展。

从元朝开始，中国的版图一下子扩大起来，清以后，人口又急剧增加。这意味着原有的以二级为主的地方政府结构层级不再适用新的形势，三级以上的地方层级制成为常态。元代地方政府结构的特点是多级复合制，最多的层级达到了五级：省—路—府—州—县。明清简化层级，变为府—州—县三级制，或省—府—县三级制。民国时期实行省—道—县三级制，南京国民政府建立后又恢复到省县二级制。

① 周振鹤. 中央与地方关系史的一个侧面（上）——两千年地方政府层级变迁的分析[J]. 复旦学报，1995（3）：156.

13.1.2 中国历代地方政府行为在长时段中的动态调整

在几千年的朝代更迭过程中，中国地方政府行为也在适时动态调整。一般说来，作为政府机构，地方政府行为都有很强的公共性特点，会提供诸如治安维护、道路修复、振荒救济等公共产品。但作为经济行为的主体，地方政府又有强烈的动机去追逐地方收益的最大化，这使其行为又具备了经济性。不管是哪一种性质的行为，时局、制度、政府机构设置、央地关系等因素皆会对之产生较大的影响。

根据历史大背景的变化，地方政府行为的动态调整可大致分为以下三个阶段：

（1）先秦时期

夏商西周时期，中央天子与诸侯之间实行分权制，诸侯拥有地方的实际管理权，这是政治分权的体现，贡赋之外的收入由诸侯自由支配，这是经济分权的体现。因此，此时的地方政府行为有经济性特点，体现出制度激励性质。分权赋予地方剩余索取权，各个地方都有强劲的动力提高其行为效率。这一点从夏商西周时期由“助”到“彻”的赋税制度变迁即可看出。井田制度下，“助”法强调先耕中间的公田，再耕私田，公田所出即为赋税。但存在一个问题，虽然这种制度可保证公田优先得到耕种，但没办法保证公田得到与私田一样的劳力投入，百姓在耕作时完全可以自由掌控这一点，监督成本又很高。因此，“彻”法被供给出来，替代了“助”法。在“彻”法下，不再区分公田私田，只要把一井土地产出的1/10缴纳出来即可，其余归各家。这种制度大大激励了百姓的劳动热情，提高了产出且减少了监督成本。因此，以“彻”法替代“助”法成为当时各个地方通行的做法，因为分权的缘故，诸侯有权决定采用何种制度，因为理性的缘故，诸侯会选择具有激励产出效果的制度。

春秋战国时期，礼崩乐坏，井田制分封制难以为继，周天子名存实亡。政治地理格局处于一种失序状态，唯有“兵强马壮”的富庶之国才能脱颖而出，因此，各个诸侯均开始实施变法，提供各种具有吸引力的优惠措施与公共产品吸引民众、求富求强。例如，地广人稀的秦国就利用若干年的低税与免税政策吸引人口密度较大的邻国百姓来秦国拓荒。可见，这时的地方政府行为兼具公共性与经济性，具有非常强的自我激励性质。即作为一个独立的行为主体，面对一个对其他竞争者缺乏约束力的上级单位，面对一群无序格局中的潜在竞争者，每一个诸侯国都力图通过变法来提高收益，通过优化地方环境来吸引更多民力，这种行为是自发的，无须他人命令，具有很强的自我激励性，公共性与经济性特质鲜明。

（2）秦朝至1840年鸦片战争

从秦朝至清朝时的鸦片战争，从总的趋势来看，这是中国中央集权不断强化的古代社会时期，中央对地方的驾驭能力与驾驭水平呈现出不断强化的特点。在这样的背景之下，只要存在一个统一的中央政府，只要这个中央政府对各地方政府有着毋庸置疑的强势约束力，那么，地方政府的行为就具有很强的配合性、响应性、落实性，公共性质明显。只要中央政府有适当的激励制度，如以经济发展为导向的考核制度与奖惩措施、地方政府行为就具有很强的经济性特质。当然，这段时期也存在两段乱世：三国两晋南北朝与五代十国，还存在中央与地方制衡失调、弱干强枝的时期，如西汉初期与明朝初期的分封导致的七国之乱与靖难之役，这时的地方政府就有很强的投机性和自我激励性。投机性表现在对未来潜在权力中心的预判及预判之后的一系列举措，自我激励性表现在乱世中的做强做大。这时的地方政府行为就同时具备了公共性与经济性。联系三国时期各种势力谋定而后动、纷纷发展经济、吸引流民等举措，可以很容易理解这一特质。

（3）鸦片战争至新中国成立

从鸦片战争至新中国成立，这是中国的近现代时期。鸦片战争的爆发，使中国进入半封建半殖民地社会。内忧外患加剧，太平天国起义、义和团运动、两次鸦片战争、中法战争、中日甲午战争、八国联军侵华，诸如此类的冲击使得中央对地方的驾驭能力减弱。在洋务运动中兴起的以汉族为主的湘军、淮军等地方性团体的实力大增，以满族为主的中央还存在着革新派与保守派之争，这些因素都在冲击着中央的掌控力。1911 年的辛亥革命结束了始于公元前 221 年、存在于中国两千多年、以中央集权为特征的帝制，但之后闹剧不断，袁世凯称帝、护国运动、张勋复辟、护法运动等，权力中心的结构呈现出极度涣散与不稳的状态。之后，1919 年五四运动的爆发宣告了中国新民主主义运动的开始。但是，中国的新民主主义运动进展并不顺利。袁世凯之后的北洋军阀四分五裂，军阀割据成为常态，直系、奉系、皖系各自为政。1927 年，南京国民政府成立，从形式上统一了全国，中央政府机构与地方政府机构才又重新稳定。1927—1949 年，只有 1927—1937 年相对稳定，之后是抗战、内战。因此，此时期的时局以动荡为主，即使是最稳定的十年，各种力量的博弈也从未间断。总体而言，此时段的地方政府行为大多是具有投机性的经济性行为，都试图在做大自己的同时谋求更好的发展空间。

13.2 大历史视野下中国历代地方政府行为的影响因素

从夏朝开始直到新中国成立，伴随着中国从分封制的先秦到中央集权制的古代，再至半殖民地半封建社会的近现代，地方政府作为一个行为主体，其行为特质也不断转换，决定这种转换的因素颇多，但集中在以下几个方面。

13.2.1 央地实力对比、中央管理方式及地方政府结构

央地实力对比无非以下三种情况：弱干强枝、强干弱枝、干枝平衡。但最后一种是非常罕见的，类似于经济学市场上的均衡，即使有，也会快速发展至不均衡。毕竟，在政治市场上，不是西风压倒东风，就是东风压倒西风。所以前两种比较常见。而央地的实力对比又会影响中央对地方的管理方式以及地方政府机构的结构。中央实力强劲，会对地方实行集权管理，因此会尽量减少地方结构的层级，以便于进行集权式管理。反之，则会让渡部分权力给地方，对地方采取分权方式管理，地方政府机构的层级也会相应多一些。周振鹤将央地实力对比分为两种：内重外轻与外重内

轻，并认为“理想的目标当然是轻重相维，亦即在中央集权的前提下使地方有适度的分权”①，同时，他也承认做到这一点并不容易。刘非也将央地关系分为三类：中央集权（秦、隋）、地方分权（夏商周、魏晋南北朝、唐后期）、中央集权与地方分权相结合（汉）②。这是一个相当笼统的分法，但对央地关系大体作了粗线条的勾勒。

几千年来的历史表明，一般情况下，中央实力越强，集权程度越高，地方政府结构层级越少，对地方的掌控能力越强。此时，地方政府行为的自主性行为较弱，而服从性、响应性行为更强一些。地方会围绕中央的要求展开地方行为。中央实力越弱，集权程度越低，地方层级越多级和复杂，此时，地方政府的自主性行为较强。作为一个行为主体，地方政府的全局观意识会弱化，所在区域的发展成为首要考虑目标，投机性行为凸显。参照威廉姆森的科层制理论，如若把全国视为一个企业，那么，中央集权程度较高的朝代，如秦、宋、明、清等朝代，类似于“U”形垂直性结构，权力高度集中，抑制了地方政府的积极自主行为。而适度分权的朝代，如西周，类似于“M”形结构，诸侯因为被赋予行政管理权与剩余索取权，竞争性、经济性的自主性行为明显上升。如若把地方政府视为一个企业，那么，企业内部的层级越少，行政成本与管理成本越低，效益越好；反之，越差。

13.2.2 官员考核与激励制度

不管在哪一个朝代，只要存在一个形式上的国家与权力中心，那么，不管集权程度如何，作为一个行为主体，地方政府皆面临两种责任：一方面，对上级中央政府负责；另一方面，对管辖区域的百姓负责。要想完美履行这两种责任，地方政府行为就必须兼具公共性与经济性的特质。公共性方面，地方政府不仅要配合中央政府，落实上级各种政令，还要为辖区百姓供给各种公共产品。经济性方面，地方政府不仅要完成中央的赋税征

① 周振鹤．中央与地方关系史的一个侧面（下）——两千年地方政府层级变迁的分析[J]．复旦学报，1995(4)：55.

② 刘非．我国古代中央与地方关系的研究——基于柳宗元的《封建论》[D]．北京：北京市委党校，2010.

缴任务、发展地方经济，还要力保百姓安居乐业。地方政府能否高质量完成这两种责任，在很大程度上取决于中央政府的制度。

按照公共选择学派的公共选择者行为理论，地方政府也是由理性的个体组成的一个机构，这个机构中的个体与经济市场中的理性经济人一样，皆有以最小成本追求利益最大化的行为倾向。只不过政治市场中的个体除了追求金钱、职位晋升等寻常利益之外，还追求诸如官场声誉、辖区百姓认可等精神诉求的满足。地方政府就是由这样的个体组成的团体机构，因此，这些个体的追求就成了该团体的追求。如若中央政府考虑到这一点，采用有效的激励制度，把地方政府的追求与考核指标联系起来，那么，地方政府的自主性行为就会更积极、更有效率。

在中国漫长的发展历程中，类似的制度不胜枚举。最有代表性的制度是考核地方官员的上计制度。上计制度源起于西周，以后各个朝代沿袭，有时制度名称略有差异。西周时，三年大计群吏一次。《周礼·太宰》记载："岁终，则令百官府各正其治，受其会，听其政事，而诏王废置。三岁则大计群吏之治而诛赏之。"春秋战国时期，各诸侯国纷纷变法，废世卿世禄制度，采用以功绩给予俸禄的绩效考核制，对下一级地方官员进行考核的行政管理体系更加完善。上计每年年末进行。一般来说，各地诸侯和中央各部门预计次年土地开垦、赋税收支的大概数目，并将之写在称为"券"的木简上，之后将木简交付天子或国君。天子或国君将券一分为二，自己执右券，臣下执左券。年末，各地长官和各部门官员赴都城参加考核性质的上计。天子根据业绩优劣，进行奖罚。《荀子·王霸》也有相关记载："岁终奉其成功，以效于君，当则可，不当则废。"两汉的上计时间一般在春末或夏初。地方行政长官按照规定的时间和要求，以文书的形式向上级行政长官报告本地财政收支状况及相关内容。报送顺序是由下而上，层层报送：各县的行政长官编制本地户口、垦田、钱谷等情况的计簿及说明，报送郡国；各郡国的行政长官根据属县的计簿及说明，再编制郡的计簿及说明，报送朝廷，朝廷据此评定地方行政长官的政绩。此后几成定例，各朝代都在沿用，做法大同小异。甚至在当前中国各级官员及各单位领导的考核体系中，我们还可一觅其宗，如我们现在盛行的年终述职制度。

上计制度很好地利用了地方官员的经济人理性，抓住他们想要升迁、有所作为的心理，制定引导性的考核机制，让他们依托地方政府这个平台为完成国家的整体目标而服务。唐朝杨炎实施两税法时，考核地方官吏的主要依据就是财政业绩。凡是所在区域有如下变化：人口增加、开辟土地增加、财政收入增加、百姓负担减轻，那么该区域的地方官吏即可晋级升职，否则，降级免职。明朝张居正变法时，也很好地利用了考核系统。政治经验老到的张居正意识到，要想高效率地推进变法，必须有一群能够高效率落实变法举措的官员，因此，他在变法之初就先从整顿吏治做起。为了改变吏治颓风，他推出了针对中央及地方官员的考成法。考成法旨在完善行政与公文运作系统，要义如下：强调公文办理的效率、要求明确的办事期限、紧抓到期督察等。具体做法是：由六部、都察院转行的各类章奏及圣旨，各级部门都要根据路程远近、轻重缓急，规定处理期限，并设立文簿存照，每月月底予以注销。如果存在耽搁拖延等现象，必须将之上报。各级部门启动问责程序，查明原委。巡抚、巡按拖延耽搁由六部举报，六部、都察院拖延耽搁由六科举报，六科由内阁举报，这样，就形成了一个由下至上、相互监督的垂直考成系统。此系统令贪官污吏、无能官吏望而生畏，但很好地激励了良官干吏。张居正变法能够有所成效，考成系统功不可没。杨炎和张居正看到了官员追求升迁、造福一方、惧怕被罢免、仓皇下台等利己心理，以优奖劣惩的考核制度加以引导，很好地完成了主导国家发展大局的变法。这实际非常契合公共选择学派所说的公共选择行为者理论，《韩非子·外储说右下》的“主卖官爵，臣卖智力”之说就非常形象、犀利地点明了政治的交易本质，君主和臣子皆是有利己心的个体，他们通过交易各取所需，这和公共选择学派的核心观点是一致的。

13.2.3 地理位置、面积与人口

对于地方政府来说，影响其职能边界的因素还有很多。例如，距离中央权力中心是近还是远、处于富庶之地还是蛮荒之地、所辖区是农耕文明

还是草原文明、辖区面积是大还是小、人口数量是多还是少、人口质量是高还是低等，对于以上问题，凡是对应第一种答案的地方政府，意味着这些地方政府将要履行更多的政府职能，承担更重要的中央划分任务。

西方财政分权理论中，根据奥茨、罗森的“财政联邦制”理论，每一级政府的职能是：有效地配置资源、合理地分配负担和收益、稳定经济运行等。但是，因为受众不一、权限不一、能力不一，清晰的职能划分显得尤为必要。所以，中央与地方政府应该分权。按照这种逻辑，地方政府之间也受制于以上三个因素，根据财权与事权一致原则，各个地方政府也很有必要根据其具体情况来确定事权、职能，这些具体情况就涉及地理位置、面积、人口等因素。

其实，早在中国夏朝时期，禹已经开始根据地理位置、土地质量，对不同地区采取不同的财政管理方式了。《通典・食货》记载：“禹别九州岛，量远近，制五服，任土作贡，分田定税，十一而赋。”所谓的五服，即甸、侯、绥、要、荒。这是禹根据国都距离远近而划分的行政区域，并以此为根据确定各地应缴纳的赋税。具体内容如下：王都五百里内称甸服；甸服外五百里称侯服，侯服即诸侯分封区；侯服外五百里称绥服，这是介于中原与少数民族之间的地区；绥服以外五百里称要服，要服以外五百里称荒服，这是臣服于中央政权的少数民族居住区。各服行政区划定之后，根据距离远近缴纳赋税。一般而言，距离王都越近，承担的赋税任务越重，距离王都越远，承担的赋税任务越轻，“量远近”即此意。以甸服为例，甸服是距离王都最近的区域，但依然可根据距离远近划分为五个纳税区，并承担不一样的纳税任务：离王城最近的 100 里内纳全禾，即连谷子带禾秆一起交，离王城 200 里以内交不带根的谷物，300 里交禾穗，400 里交带壳的谷子，500 里交去壳后的米。之所以这样规定，是因为充分考虑了道路远近和运输的难易，一般来说，距离王都越近，公共设施水平越高，道路相对宽敞平整，即使缴纳全谷，也不用担心物流问题。而距离王都越远，公共设施水平越低，运输变得相对艰难，所以，距离王都较远的缴纳精品，距离较近的缴纳粗品。精品意味着运输的劳役相对较轻，而运输粗品的劳役则相对较重。这种分类对待的做法是符合平均原则的。“任土作贡”体现了因地制宜原则，生产什么就贡纳什么，考虑地理因素，不作强制要求。“分田定税，十一而赋”亦体现公平原则，即根据各地土壤肥沃贫瘠的不同情况，将土地分成若干等，分等级定税，基本税率大概为1/10。可见，禹所创建的贡赋体系是相对科学的，这个体系充分地考虑了各地的具体情况。当时的生产力水平低下，距离王都越远的地区，享受到的公共服务越少，人口密度越小，发展水平越低，因此，中央政府一般都给予这些边远地区以区别性对待，这些地区的地方政府一般承担的赋税任务较低，享受到的特殊政策也较多，有较大的自主性。这几乎成了一种传统，在历朝历代反复上演，如汉朝的算赋，基本政策是每人每年向国家缴纳120钱，称为一算。但对于生活着板楯蛮人的少数民族聚集区，政府实施了特殊政策：除罗、朴、督、鄂、度、夕、龚等七姓外，其余各户，每年每人只缴纳40钱。这相当于减轻了这些地方的财政负担，提高了当地民众的可支配收入，有利于地区发展，当然也有利于地方政府的管理。时至今日，我们依然能从当代中国中央政府对待新疆、西藏等少数民族地区的政策中很清晰地看到这种痕迹。

13.2.4 政府间竞争

每一个地方政府，不仅是相对于中央政府的一个存在，还是相对于别的地方政府的一个存在。每一个地方政府都想发展好本地经济、维持好本地治安、提高本地居民的满意度与归属感，以此获得上级中央政府的肯定、本地居民的认可，并使本地方政府内部人员收益增加。即使处于乱世、不存在形式上的中央政府时，各地方政府除却中央肯定之外的其他诉求依然强劲。当每一个地方政府都有如此想法时，地方政府间的竞争不可避免。

在西方财政理论中，蒂博特的“用脚投票”理论阐释了居民“用脚投票”的行为促进政府竞争的机制。理性居民总是理性地选择税收较少、提供公共品较多的地方政府，并移居到该地方居住。这会刺激各个地方政府相互竞争、相互模仿、优化其公共服务与税收组合，最终实现整个社会的福利最大化。这个理论有很多前提假设，其中一个就是居民自由流动的成本为零。

在中国历史上，各个朝代的户籍管理制度都相当严格，似乎不符合这样的假设。但是，这样的“用脚投票”却真实发生在中国历史中，当然，离不开大的历史背景，即当百姓生活的区域已不适合生活或生活的成本太高，而流动到别的区域的收益大于流动的成本时，那么，理性的百姓是会作出自己理性的抉择的。三国两晋南北朝时期，士族庄园经济之所以兴起，就是因为大量百姓无法维持生计，“用脚投票”的结果，这些百姓纷纷归附士族大户，以劳动与纳税换取安全庇护，成为士族庄园经济体系里的有机组成，被称为“奴”“客”“荫户”“部曲”等①。始于西晋终于南宋的中国经济中心的南移过程也充分说明了这一点。百姓为什么大移民？为什么要“用脚投票”？主要原因是北方长期的战乱使得生活成本增加，而南方经济不断发展、相对安定的生活环境使得潜在收益的确定性增强。理性的百姓自然会作出如上选择。

地方政府间展开竞争以吸引百姓的做法也在中国历史舞台上频频上演。例如，春秋战国时期，各诸侯国为增强本国实力，纷纷采取优惠政策吸引他国百姓归附。最有代表性的就是秦国。秦国地广人稀，劳动力相对不足，为了招募别国百姓耕垦，商鞅提出了“徕三晋之民，而使之事本”的主张，具体内容是：如果有百姓愿意从三晋地区来秦国，秦国会给予这些百姓土地、房屋，并免除三代人的兵役。对愿意开垦秦周边的陵、阪、丘、隰之地的百姓，国家十年不征收其赋税，此即“利其田宅而复之三世”②。秦国的这种做法比较契合蒂博特的“用脚投票”理论，秦国提供土地、房屋等物质资料，还减免徭役赋税，这当然优化了其公共服务与税收的组合，对在别的地方生活成本过大的百姓来说，有着极大的诱惑力。

---

① 这些依附者数量众多，有学者认为可达到1/3，甚至1/2。

② 石磊，译．商君书·徕民[M]．北京：中华书局，2009.

13.3 大历史视野下中国历代地方政府行为的特点

不管是在秦以前的先秦时期、秦至1840年的中国古代时期，还是在1840—1949年的中国近现代时期，中国历代地方政府行为皆是一种客观的存在，且切实地参与到中国历史的进程之中。表面上看，似乎历代地方政府的行为皆飘忽不定，不同的时代有不同的特点。但是，仔细分析，只要认识到其行为的逻辑机理，历代地方政府行为还是有迹可循的。

13.3.1 政治统治功能属性中的响应性、配合性、服从性与践行性

从政治统治功能属性的角度来看，在行政管理体系中，不管地方政府有多少层级，地方政府都是相对于中央政府而存在的，这意味着地方要对中央负责。以马克思主义理论来看，政府只不过是统治阶级为了维护其利益的暴力工具。国家建立从中央到地方的行政体系，就是为了高效率地实现其利益。因此，国家不会允许地方政府阳奉阴违、作出与中央政府相悖、不利于整体目标实现的行为，如果地方政府出现了这种行为，中央政府一定会设立奖惩机制进行纠错。即使在某些特殊时期，如社会动荡、王朝初建等，中央政府因能力偏弱而不能对地方政府进行有效制衡，假以时日，这种能力就会形成，行政系统运转过程中会自动演化出这种制衡与纠错机制。因此，总体而言，作为次一级的行政机构，作为整体统治工具的一个组成部分，地方政府在行政体系中的这种地位注定了其行为的响应性、配合性、服从性与践行性。这意味着地方政府行为其实是对中央政府行政命令的响应、配合、服从与践行，是落实统治阶级意志的一个中间环节。

天下大势，合久必分，分久必合。在中国夏朝以来的历史进程中，大的动乱分裂割据时期有三段：春秋战国、三国两晋南北朝、五代十国，其余时期大都保持了行政体系的完整性。即使是在“分”的动荡时期，形式上的中央政府依然重要。春秋战国的周天子虽然式微，名存实亡，但仍有

形式上的政治正确性，否则，何以齐桓公要“尊王攘夷”？张仪为什么建议秦惠王“挟天子以令天下”（《战国策·秦策一》），皆是因为他们看到了“师出有名”的力量，看到了象征着中央政府的权力中心的号召力，哪怕这个力量暂时微乎其微。三国时期，各方势力展开博弈，有识之士皆认识到失去实际权力的汉献帝在政治层面的重要性，如沮授向袁绍献计，让其“挟天子而令诸侯”（《后汉书·袁绍传》），毛玠向曹操提出“奉天子以令不臣”（《三国志·毛玠传》）的建议，两人的建议如出一辙，袁绍弃而不用，但曹操却欣然采纳，这也是曹操最后能够胜出的重要因素之一。分裂割据时期尚且如此，中央王权力量强大时期就更不用说了。中央的权力中心通过严密的组织体系将管理延伸至基层，地方政府虽是与中央相对而言的存在，但地方政府包括中央以下的各级组织，对于每一个地方政府来说，它不仅是相对于中央的存在，还是相对于其他地方政府的存在，只是整个体系中的一个组成，且中国历代中央都朝着分化权力以达到集权的方向而努力，这注定了单个的地方政府或小数目的地方政府无法与庞大的体系相抗衡。中国历代的改朝换代，大多是因为贵族内部的权力争夺、底层农民起义，或者少数民族强大后入主中原，鲜见地方政府反抗中央权力进而取得天下的案例。

因此，从分封制到中央集权制，在中央权力中心的组织体系中，地方政府是一个内嵌式的存在。从政治层面来说，行政体系中的地方政府对应的是中央，反映的是下级对上级、地方对中央、分支对主干、局部对整体的关系，隶属政治行政管理范畴。这使得其行为的响应性、配合性、服从性与践行性等特征鲜明。

13.3.2 社会管理功能属性的公共性

从政治功能属性来说，作为国家这个暴力统治工具中的一个有机组成，地方政府不可避免地承担了类似于中央政府的职能。只不过中央政府的职能着眼于全局与整体，而地方政府的职能局限于所在辖区，但两者的本质是一样的。

马克思主义对国家职能有很清晰的界定，国家不可避免地要承“缓和冲突，把冲突保持在‘秩序’的范围以内”①，且其“政治统治只有在它执行了它的这种社会职能时才能持续下去”②，也就是说，国家只有在维持社会秩序、履行其社会管理职能的基础上，才有可能实现统治阶级的利益，保证其政治威权的存在与实现。在文明发展的每一个阶段，政府要维持社会秩序，就必须供给包括国防、赈灾、基础设施建设、法庭法律、监狱、教育、社会保障等的一系列公共产品，这些公共产品靠市场供给是无效率的，要么供给不出来，要么供给的成本远大于供给的收益，而政府可以依靠其暴力优势以较低的成本供给出来，并收获较大的收益，这个收益更多的是指经济收益之外的社会收益。经济收益是附属性的，如政府修桥建路可以收取过路费、政府办学可以收取学费、政府修建国防工程可以要求百姓缴纳特定赋税、法庭审理案例可以收取诉讼费等。但这些收益比起社会收益来就微乎其微了，修桥建路可以优化市场交易、扩大市场规模进而促进经济发展；教育体制可以宣扬统治阶级的意识形态、稳定思想市场；国防工程可以有效维护社会及经济秩序；法庭及时化解纠纷可以缓和社会冲突、把冲突保持在统治阶级所需要的秩序的范围之内，诸如此类的社会收益才是作为威权的权力中心供给公共产品的最大收益，这种社会收益是无法用金钱来衡量的。也只有做好了这种公共性十足的社会管理工作，统治阶级才有可能在一个有序运行的社会中最大限度地实现其政治层面的需求，使其收益最大化。中央政府如此，作为政府组织体系的有机组成，地方政府当然也不例外，从社会管理职能角度来看，地方政府是落实中央政府社会管理职能、供给公共产品的次一级基层组织，是不可或缺的连接中央与百姓的桥梁与中介。

在中国历史演化过程中，历代政府在社会管理职能的履行方面都没有缺位，从机构设置到管理落实，这种涉及固本的职能总体体现良好。中国

---

① ［德］马克思，恩格斯．马克思恩格斯选集：第4卷［M］．北京：人民出版社，1995：170.

② ［德］马克思，恩格斯．马克思恩格斯选集：第3卷［M］．北京：人民出版社，1995：523.

历代政府所要面对的社会管理覆盖国防、教育、赈济、水利道路建设等公共工程，推广农业先进管理技术，维护社会治安等各个领域。综观中国历代财政支出，国家的收入大部分也大部分用于上述领域。

以水利建设为例，长期以来，我国都是一个传统的农业大国[①]，而水利是农业的命脉，这注定了历代政府都非常注重供给水利设施这种关系国本的公共产品。历代政府机构都设置专门的机构来负责这一领域的工程。据《荀子・王制》记载，西周春秋战国时期，政府部门设立司空负责“修堤防、沟渠水利”，后世大多因袭这一做法，但机构称谓有所变化。历代政府的水利建设在稳定社会秩序、促进经济发展、巩固政治统治等方面皆发挥了非常重要的作用，成效显著。尧经历了九年洪水，所以非常重视治水。大禹治水更是人尽皆知的典故，其三过家门而不入、全力治水的做法为其赢得了广泛的群众基础和历史声誉，《论语・泰伯》称其“尽力乎沟洫”，《孟子・滕文公上》记载“禹疏九河”，且其治水的成功使得“中国可得而食也”，起到了固本的作用。除此而外，禹还组织百姓在井田中修建阡陌纵横的灌溉沟渠，这也大大提高了生产力。即使被视为暴君的桀，也看到了水利工程的重要性，《国语》记载：“桀尝以十月，发民凿山穿陵以通河。”商代，“冥”为治水献出了自己的生命。

春秋战国时期，在争霸的背景之下，各国的水利工程修建集中出现，代表性工程大量涌现。这一时期的水利工程大致可分为三类：灌溉、运河、堤防。以灌溉工程为例，代表性工程有：芍陂，楚国大型蓄水灌溉工程，类似于今天的水库，公元前6世纪末由楚国令尹孙叔敖主持修筑，位于安徽省寿县安丰城南，该工程恰当地利用当地东、南、西三面较高而北面低洼的地形特点修筑，“陂有五门，吐纳川流”，灌田近万顷，民得其利。漳水十二渠，魏国大型农田灌溉渠道，由西门豹主持修建，位于今河北临漳县境内，各渠设有调节水量的水门，郦道元称其“一源分为十二

① 中国的工业化转型肇始于洋务运动，但真正进入实质性转变阶段的应该是中国在苏联帮助下大规模开展的第一个五年计划。

流，皆悬水门”。都江堰，秦国大型灌溉工程，秦昭王（公元前306—公元前251年）时蜀守李冰主持修建，位于四川省灌县，该工程使成都平原大约三百万亩良田得到灌溉，变为“水旱从人”“沃野千里”的天府之国。郑国渠，秦国灌溉工程，公元前246年由韩国的水工郑国为秦国设计开凿，该工程从仲山（泾阳西北）引泾水，经三原、富平、蒲城等县，进入洛水，全长300余里，使“关中为沃野，无凶年”。除了这些灌溉工程，还有邗沟、鸿沟、灵渠等运河工程，这些工程对于解决水运、连通不同水系、密切各地交流等都大有裨益。

汉代政府也非常注重农田水利建设，从武帝时期开始，政府在关中地区相继开凿了漕渠、龙首渠、六辅渠、白渠、渭渠、汾渠、成国渠、灵轵渠、漳渠等渠道，在关中以外的齐郡、汝南、九江等地，也相继开凿了不少用于灌溉的水渠。其中，渭渠（陕西）和汾渠（山西）的开凿，就投入劳动力数万人、费时3年才得以完成。龙首渠修建难度颇大，为了引洛水以利灌溉，故修此渠。但沿途土松易崩，只能采用地下取水的方法，因此，龙首渠实为井渠，井的深度达到40丈，诸井相通，自山西征县至商颜山，长达10里，对于当时的技术而言，这是一个非常伟大的工程。白渠的效果也很好，全长300里，灌溉田地4500余顷。除了农田水利建设，汉代政府在治理黄河上的投入也颇多。汉代，水患频发：文帝十二年（公元前168年），河决东郡；武帝元光三年（公元前132年），黄河改道；元封二年（公元前109年），瓠子决口。为了应对瓠子决口，汉武帝亲临现场指挥，令将军以下人员全部参加堤防劳动，这次治理效果甚好，黄河在以后80年间再未发生大的水灾。东汉明帝永平十二年（69年），水利专家王景、王吴主持治理黄河，这次治理规模颇大，动用民工数十万、耗钱上百亿，但效果非常不错，黄河在此后800年中没有再改道为害。

运河工程最为典型的代表当属隋朝大运河。这个工程不管是放在过去还是现在，皆可称为世界最伟大的工程之一。运河以洛阳为中心，北起涿郡，南到余杭，全长2700千米，分为永济渠、通济渠、山阳渎（邗沟）、江南河四段。连接黄河、长江、海河、淮河、钱塘江等五大水系。隋朝大运河这一工程非常耗时耗力：运河始建于605年，先征用360万民工挖连接黄河淮河的通济渠、十万民工疏通连接淮河长江的古邗沟。三年后，政府再次启用百万余民工挖通往北京南的永济渠。又过两年，重开江南运河，直抵余杭（杭州）。至此，征用五百余万民工、费时六年所建设的运河终于全线贯通。大运河全线贯通有力地促进了南北经济的交流与发展，“商旅往返，船乘不绝”，皮日休在《汴河怀古》中也由衷地感慨道：“尽道隋亡为此河，至今千里赖通波”，其社会影响及经济效益由此可见一斑。

以后的历代政府在水利工程方面的建设大同小异，皆围绕农田水利灌溉工程、运河修建、河堤维修加固、治理水患之类而展开，此不赘述。

除了水利工程，历代政府在道路修建方面也多有作为，如《国语》记载：“禹开九州，通九道。”秦朝时期这方面的投入更多：驰道，以咸阳为中心、四通八达至全国各地；五尺道，连接咸阳与云南；栈道，分布在秦岭、巴山、岷山等地，长达数百里；直道，由蒙恬主持修建，全长1400多里，10万民工花费两年半时间修建而成，从咸阳至九原（今内蒙古包头西北），用于军事目的。西汉修西南夷道、东汉修零陵桂阳峤道等。再有国防方面，如长城、护城河的修建，也离不开政府的组织。赈济等社会保障更是政府职能所不可或缺的内容。《周礼》记载了六项使百姓安养生息的制度：“以保息六养万民：一曰慈幼，二曰养老，三曰振穷，四曰恤贫，五曰宽疾，六曰安富”，这些内容都涉及政府救助幼孤贫疾等弱势人群的社会保障职能。汉代的社会保障制度也很全面，对于受灾百姓，政府给予医药、衣物，实行赈粥等政策，另有恤贫、养疾、“礼高年”等制度。此外，在维持社会正常市场交易秩序方面，历代政府也比较注重这方面的管理。例如，西周时期就设置了胥师、贾师、司虣、泉府等主要负责平抑市场物价、识别商品质量并公平确定其等级、维护市场治安、征收市场罚款并实行赊贷的职官与机构，这些措施有效地保障了市场的交易环境，稳定了市场的交易秩序，是政府职能公共性的又一有力体现。

对于任何一个中央政府而言，类似于水利工程、道路修建这样的公共产品的供给，均离不开地方政府的配合。在中国古代，凡是涉及公共工程的，大多与徭役有关，徭役可细分为力役、职役、杂役、兵役等多种，不管分为多少种，徭役的落实离不开对户籍的管理，只有掌握了具体的人口信息，才能安排徭役任务，而对人口的普查和管理离不开从基层开始的层层调查与上报，我国历代的“料民”“大索貌阅”“团貌”等人口普查活动、对人口进行登记造册的赋役黄册制度等，皆离不开地方政府的配合。以隋朝为例，为了防止人们逃避徭役，隋朝开展了“大索貌阅”的户籍编定运动。朝廷要求州县地方官每年都要亲自下乡，查验百姓户口、年龄、身体状况等真实信息，对户主的申报加以认真核对。如果发现“诈老诈小”逃避赋役、依附于大族的荫庇户口等问题，要重新登记、析出新户。但因为受到大族的抵制，此项运动收效甚微。隋朝因此又实行输籍法，开展“输籍定样”运动。此项运动同样离不开地方政府的配合。具体内容如下：中央政府制定划分户等的标准，并将之颁发到州县。每年正月初五，县令集合里正、乡长、党长下乡，按照中央制定的标准划分户等，并将户等作为征调赋税、力役的依据。对于荫庇户口，中央政府一方面调低赋役数量，另一方面要求地方政府对这类户口进行强制性析出并登记。国家的编户数因此大幅增加，据统计，开皇三年，清理出的阴漏丁男就达44.3万人。开皇九年（589），隋朝旧境之内的民户由隋初的四五百万户增加到六七百万户，隋炀帝大业二年（606年）又增加到890万户。整理户籍的运动使隋朝的国家在册编户直线上升，保障了国家的财政收入，也使类似修建隋朝大运河这样的大型公共工程活动有了强有力的保障。唐朝的户籍管理也是如此。中央政府给定标准，将天下户按资产多寡，分成九等。户籍由里正管理，三年一造户籍，一式三本：一份留县，一份送使，一份送户部。户籍的存档时间，州县存5年，尚书省存3年。为了保证户籍信息的准确性，唐朝实施了户籍管理制度，即县衙官吏直接到村，将一村之人集中起来，亲自检视百姓的相貌，视察后以文字形式对本人的形貌特点作出描写。开始为每年一次，后来改为三年一次。唐朝这种先进的户籍管理制度也保证了修建大型公共工程时的劳役供给。

总之，水利工程、道路工程、国防工程、社会保障等公共产品的供给，是中国历代政府社会管理职能的体现，体现了公共性特点。但是，在这些公共产品的供给过程中，地方政府的具体操作与落实至关重要，离开了地方政府的配合，中央政府的公共产品供给将无从谈起。因此，不管是配合中央落实公共产品供给，还是出于发展地方经济的自利目的供给公共产品，公共产品的非排他性、非分割性、非竞争性等公共性特点，使得供给公共产品这种地方政府行为不可避免地拥有了公共性属性。

13.3.3 自主性主体的经济性

历代中国地方政府，不管其是处于两级制、三级制系统，还是多级制、复合制体系，不管其是仅次于中央一级的州或者省政府，还是比较基层的县级政府，任何一个机构都是由具有自主性的人构成的。形式上，我们可视由个体所组织的这群人为一个群体，他们是地方政府的行为主体，其信奉的理念、追求的价值取向、认可的生存之道等皆会对地方政府行为产生较大的影响，这注定了地方政府行为的经济性特征。

在马克思主义理论中，人之所以区别于其他物种，与动物不同，就在于人的自主性活动："一个种的全部特性，种类的特性就在于生活活动的性质，人类的特性恰恰就是自由有意识的活动"（马克思、恩格斯，1979），换言之，人的任何举动都是自我判断利弊之后有目的的行动，是一种完全的自主行为。那么，人进行判断的标准是什么呢？影响其判断的因素又有哪些呢？这些判断标准和影响因素又从何而来呢？这些问题的答案隐藏在马克思主义理论有关人的本质的界定之中。马克思主义认为，"现实中的个人，也就是说，这些个人是从事活动的，进行物质生产的，因而是在一定的物质的、不受他们的任意支配的界限、前提和条件下活动着的"（马克思、恩格斯，2003），每个人都是生存在客观的环境之中的，这些客观环境是个体没有办法选择的。作为个体，我们没办法选择自己所处的时代、自己出生的家庭、自己所在的阶级，这些就是马克思所说的"界限、前提和条件"，这些客观性存在构成了个体活动的背景，并深刻影响了个体的行为。在原始社会中，作为个体，必须加入集体，与其他人抱团取暖，共同分享劳动成果。这是以下各种条件制约下的必然结果：生产力低下、劳动成果获得偶然性较大、食品保鲜技术有限、危机四伏的恶劣生存环境等。这些约束性条件构成了个体无法支配的客观环境，并决定了其“共享”的行为特征。后来，当这些变化出现：生产力水平提高，剩余产品出现，自然对人类的约束相对减弱，共享社会瓦解，家庭、国家、阶级等私有制特色鲜明的新生事物产生，个体的行为特征也随着这些客观环境的变化而变化，不再“共享”，而是排他性地“占有”，私有制产生。因此，人是环境的产物，人的一举一动、一言一行皆是对客观环境的映射。当然，这里的客观环境除了自然客观环境，更大程度上指的是个体无法脱离的社会客观环境。每个个体都是生活在人类社会的具体形态之中的，个体自从来到这个世界，就不可避免地受到其所在家庭、所在阶级、所处社会、所受教育、所经历的事物及人物等各种因素的影响，也正是在这个意义上，马克思如此定义人的本质：“人的本质并不是单个人所固有的抽象物，在其现实性上，它是一切社会关系的总和”（马克思、恩格斯，1960）显然，任何个体，都无法剥离与其紧密维系的社会关系，个体总是被定位在社会关系的大网之中，其定位决定了其行为特征。

组成中国历代地方政府的个体也不例外，任何一位地方政府官员也是“社会关系的总和”，这样的个体组成了地方政府官员这一群体。中国政治舞台上，除分封制、九品中正制的选官制度外，还有科举制。不同的制度会集中不同的群体，前者取决于出身与门第，集中的是贵族群体；后者取决于才华与能力，集中的是社会各阶层的精英。这些人组成了中国历代地方政府的主体。但不管是哪一类人，人的本质、“社会关系的总和”，决定了这个群体的个体也皆有反映其社会关系的行为特征。换言之，作为具有自主性的行为主体，中国地方政府官员的行为是其社会关系总和的反映，是由其出身、所在阶层、个人成长经历、所受教育、所接受的意识形态等多种因素决定的，这使其行为特征呈现出多层次性与多面性，而经济性是其中的必然组成。

中国地方政府官员的经济性行为大概分为两类：一类追求个体利益最大化，个体的物质需求和职场升迁是最重要的衡量指标；另一类追求一方百姓的集体利益，并将之与个体的精神需求满足结合起来。

第一类官员的行为很好理解，在“学而优则仕”的激励体制引导下，中国历代社会的个体都以进入仕途为荣。但即使是进入仕途，其生存也是需要客观的物质基础的。且作为地方官员的个体往往需要为一个庞大的家族或利益团体负责，在中国历史的演化过程中，大部分时期，官员的俸禄是不甚理想的。这些因素都容易激发地方官员以实现自己利益最大化为目标。地方官员追求的个体利益无非两种：一是职位升迁，官位每上升一级，相关的物质待遇就相应提高一个标准。二是俸禄之外的物质利益，这很容易引发官员的败德行为，使得权钱交易、腐败贪污泛滥：“三年清知府，十万雪花银”“和绅跌倒，嘉庆吃饱”，说的就是这一类行为。且这类行为屡禁不止，以治理贪腐最为严厉的朱元璋为例，他规定贪污六十两银子的官员即“枭首示众”“剥皮实草”，但仍没有刹住贪腐之风。制度性的尝试也曾有过，如明朝张居正推行“一条鞭法”，考虑到地方收取碎银再熔铸整锭银子在上交过程中会产生某些损失，为了避免加重地方官员的负担，故允许地方可以在正赋之外再额外征收“火耗”以弥补这些损失，“火耗”不用归公，没想到这项制度竟然成为地方官员充实自己小金库的一个依据，“火耗”越收越多，成为地方官员敛财的一个有利的制度工具。当然，“羊毛出在羊身上”，地方百姓的负担因此加重。清朝建立之初，延续了明朝这种制度，但是“火耗”问题越发严重，一般州县尚能将其控制在一定范围，但对于地处偏远之地的州县来说，因为正赋较少，所征收的“火耗”竟然数倍于正赋，成为地方官员实现个人利益的正常途径。因此，雍正时期制度变革，中央宣布“火耗”归公，同时发“养廉银”作为补偿，但这项制度的实施效果亦不太理想。由此可见，在经济性行为方面，地方政府与中央政府的动态博弈在中国历史上也是常态。那么，对于这种负作用较大的经济性行为，该如何纠错和引导呢？历代的做法无非两种：要么靠道德约束，要么靠制度约束，而道德的力量显然不如制度。上计考核制度是中国历代中央政府所采用的一种比较有效的制度，这项制度利用地方官员的经济性特征，设定中央政府需要地方政府官员完成任务的标准与措施，奖优罚劣，对地方政府官员的行为进行有效引导，从而在一定程度上把国家的整体目标与地方官员的个体目的结合起来，进而完成中央政府的谋篇布局。

第二类官员的行为非常契合中国传统文化中一直弘扬与肯定的主流价值取向。家国天下、修齐治平、内圣外王一直是中国传统文化的核心理念，接受并笃信这种价值观的读书人一旦通过“学而优则仕”的途径进入仕途，就会成为地方政府机构中的第二类个体官员。这类官员更多追求的是价值理念践行过程中的精神满足，他们更看重在一方任职就造福一方百姓的成就感。“穷则独善其心，达则兼济天下”“居庙堂之高则忧其民，处江湖之远则忧其君”“先天下之忧而忧，后天下之乐而乐”“为天地立心，为生民立命，为往圣继绝学，为天下开太平”“当官不为民做主，不如回家卖红薯”“苟利国家生死以，岂因祸福避趋之”“衙斋卧听萧萧竹，疑是民间疾苦声；些小吾曹州县吏，一枝一叶总关情”，类似的名言警句和诗歌之所以能够传播至今且经常被提及，就是因为闪烁其中的价值理念的光芒。拥有这种价值理念且付诸行动的官员也有很多：造福一方百姓、在杭州修建白堤与苏堤的白居易与苏东坡，刚正不阿的海瑞，一代廉吏于成龙，虎门销烟的林则徐等。这些人是地方官员的杰出代表，为官一方，造福一方。按照马克思主义理论，这些行为也是这类个体自由而有意识的活动，体现了其“社会关系总和”，也是自主性十足的经济性行为。只不过这些人追求的层次更高端，不蝇营狗苟于个体利益，而是“在其位谋其政”，为一方百姓负责，追求所辖区域的整体利益。不是仅局限于物质利益，而是在家国情怀中追求个体更高层次价值的实现。

地方政府官员这个群体是由上述的个体构成的，这些个体的行为特征也就成为地方官员群体的行为特征。自主性的经济性行为在中国漫长的历史发展过程中屡见不鲜，成为历代地方政府行为的又一特点。

14　中国当代地方政府行为的中国特色发展经济学阐释

狭义的发展经济学是20世纪40年代后期兴起于西方的一门学科，此学科是西方经济学的一个分支，专门研究二战后摆脱殖民地半殖民地的众多亚非拉国家如何发展经济、如何从农业国走向工业国。中国也是非常重要的研究对象之一，因为中国自从1840年就进入半封建半殖民地社会，新中国成立才标志着中国真正摆脱西方资本与列强的控制，并作为完全主权国家独立存在。虽然中国也面临从农业国发展至工业国的发展问题，但比起其他国家，中国走了一条完全不同的独特道路，形成了中国特色的社会主义道路，这种道路，只有用中国特色发展经济学才能精确阐释。

14.1　发展及中国化的马克思主义经济学：中国特色发展经济学

何谓中国特色发展经济学？与其他国家相比，中国特色发展经济学的“特色”体现在哪些方面？其本质是什么？中国特色发展经济学又是如何形成的？这些问题的答案隐匿在中国特色革命道路与中国特色社会主义经济建设的历程之中。

14.1.1　中国特色发展经济学的形成背景

中国特色发展经济学是在中国特色革命道路的基础上，伴随着中国特色的社会主义经济建设过程而逐渐形成的。

（1）中国特色革命道路

中国特色革命道路是马克思主义理论遭遇中国新民主主义革命的产物。1919 年五四运动标志着中国新民主主义革命的开始。1917 年俄国十月革命宣告了世界范围内无产阶级力量的崛起，1919 年五四运动之后，中国无产阶级也开始以独立的政治力量登上中国的历史舞台。马克思主义思想被中国无产阶级政党所接受，并深刻地影响了中国现当代历史。

马克思主义传入中国之际，也是马克思主义中国化发展之时。西方无产阶级运动以工人为主体，西方资本主义社会的发展培育了这一庞大群体。而中国的民族资产阶级尚处于初期发展阶段，工人力量也相对弱小，这注定了中国无产阶级运动的中国特色。毛泽东看到了中国与西方的这种国情差异，看到了中国无产阶级的最主要群体是广大的农民，因而非常强调发动农民群众、推动土地革命、走农村包围城市的道路、组建工农政权、广泛团结一切可以团结的力量，这些具有浓郁中国特质的元素使得中国的马克思主义运动别具一格，新中国的成立也得益于此。新中国的成立标志着新民主主义革命的基本胜利，1956 年社会主义三大改造的完成则意味着新民主主义阶段的正式结束、社会主义阶段的正式开启。

（2）中国特色社会主义的经济建设

如果说中国新民主主义革命的胜利得益于中国特色的革命道路。那么，中国当代社会的发展成就则得益于中国特色的发展经济学。新中国在最初的摸索中走得跌跌撞撞，发展伊始，中国效仿苏联，以高度集中的指令式计划发展方式推动中国的工业化。1953—1957 年第一个五年计划就是在苏联的帮助下全面铺开的，这是我国系统性建设社会主义的第一步，随后这种五年计划的规划与发展方式一直在持续；“二五”计划：1958—1960 年；“三五”计划：1966—1970 年；“四五”计划：1970—1975 年；“五五”计划：1976—1980 年。但是，在第二个五年计划实施过程中，中苏关系僵化，来自苏联方面的支持不复存在，中国的国际处境比较被动，不被以美国为首的西方资本主义国家承认，又和一直在社会主义阵营充当“领头羊”角色的苏联关系恶化。所以，尽管后面依然有五年计划，但重心以战备为要，大力发展国防建设、三线建设等。其间，又有“大跃进”、反“右”运动、三年困难时期、“文化大革命”等干扰因素，经济建设的效果并不是很理想。客观而论，1953—1978 年，中国受苏联经济发展模式影响较大，试图以计划的方式、通过优先发展重工业、走一条重积累轻消费的道路来实现中国的工业化，即使中苏关系恶化之后，这种路径依然保留，制度的惯性依然存在，长期以来形成的意识形态禁锢更是难以打破。因此，在中国特色道路的创新方面建树不多，唯有人民公社化运动是当时中央政府的一种尝试，但这种以行政命令实现生产关系“大跃进”式的道路没走通，当时的生产力水平与这种生产关系严重不匹配，因此，收效甚微，且这种尝试仍是在计划等同于社会主义的意识认同中，在行政系统、制度体系无大的调整的大背景下进行的，是路径的微调，特色方面的创新意义不大。

从 1978 年开始，中国进行了改革开放，从此，中国走上了一条不同于任何其他国家的发展道路。中国特色发展经济学也伴随着这种中国特色发展道路的开拓与发展而形成了。要走一条不同于以往的道路，首先要告别以往的思维模式，打破思想的禁锢。为此，一场关于真理标准问题的大讨论展开了，这场大讨论最后以“实践是检验真理的唯一标准”而收场，之后相关的实践尝试也得以相继展开。从这个意义上说，真理标准问题大讨论非常必要，实为打破意识禁锢的一场解放思想运动。这场大讨论否定了“两个凡是”，更重要的是“计划 = 社会主义”等过去被等同于政治正确的观念也开始松动。行不行？能否走得通？效果如何？对于这些问题，单纯的讨论无法给出答案，只有通过实践，答案才能得以揭晓。邓小平对这一点看得非常透彻：“不争论，是为了争取时间干。一争论就复杂了，把时间都争掉了，什么也干不成。不争论，大胆地试，大胆地闯”①，这实际就是肯定实践出真知的道理。之后一系列的相关实践尝试展开了。

农村的家庭联产承包责任制改革实践是中国特色发展道路的一次重大

① 邓小平．在武昌、深圳、珠海、上海等地的谈话要点［M］//邓小平文选：第三卷．北京：人民出版社，2001.

尝试。这次实践进行得相对轻快，包产到户的实践尝试最初发自底层，代表性地区有四川省蓬溪县群利镇“九龙坡”①、安徽小岗村等地，前者较后者进行得更早一些，“九龙坡”的包产到户政策实践始于1976年，而小岗村则始于1978年，但小岗村更为大众所熟知。为了解决最基本的温饱问题，这些地区的农民冒着一定的政治风险自愿签订合同，这一举动无意中开启了中国特色经济发展之路的征程。家庭联产承包责任制虽来自底层，但因改革实践的效果较好，随后被中央认可，但这个认可的过程也是渐进的。1980年，经万里等的努力，包产到户的经济效益得到了陈云、胡耀邦、邓小平等的肯定，中央允许包产到户存在，但对其存在区域作了严格的限定，仅仅局限于“边远山区、贫困落后地区和当地生产队长期‘吃粮靠返销、生产靠贷款、生活靠救济’的地区”以及“群众对集体生产丧失信心的地区”。直到1982年1月，中央才正式批准了包产到户。此后，这项制度迅速在中国广大农村生根发芽，效益非常显著。依照制度经济学的理论，这应是一次自下而上的诱致性变迁与自上而下的强制性变迁相结合的一次成功实践，改革的成本较小、收益巨大，迅速解决了中国人的吃饭问题，是一次帕累托改革。

乡镇企业是农村改革实践的又一大成果，并有力地推动了中国农村的现代化发展进程。对于乡镇企业的崛起，邓小平用了“异军突起”来形容这种意料之外的收获，并强调“这不是我们中央的功绩……如果说在这个问题上中央有点功绩的话，就是中央制定的搞活政策是对头的”(邓小平，2001)，中央允许试错性的实践，这给乡镇企业的发展提供了一定的发展空间。与国有企业相比，乡镇企业在获取原材料、能源、银行贷款等方面受到很多歧视性政策的约束，但乡镇企业依然取得了远超国有企业的经济

① 科斯在《变革中国：市场经济的中国之路》一书中，详细描述了九龙坡在1976年先于小岗村实行包产到户政策的过程，并肯定其实践意义。科斯根据吴敬琏、杜润生的研究成果，认为当时的包产到户有着非常广泛的群众基础，除了九龙坡与小岗村，贵州、甘肃、内蒙古及河南等地也有不少典型的案例，只不过在官方的宣传之中，小岗村首先包产到户，之后被官方接受，推行全国。根据范晓春、杜润生、胡鞍钢等的研究，科斯强调，包产到户并非改革后的发明，在毛泽东推行农业集体化之后中国就经历了三次包产到户的回潮。

效益，1987 年 6 月 12 日，在会见南斯拉夫共产主义者联盟中央主席团委员科罗舍茨时，邓小平特意肯定了乡镇企业的贡献："乡镇企业每年都是百分之二十几的增长率……解决了占农村剩余劳动力百分之五十的人的出路问题"（邓小平，2001）目前，学术界对于真正的乡镇企业的数量有争议。乡镇企业，按照其属性来说，自然是集体所有制。但是，有学者认为，当时的中国，绝大多数乡镇企业实际上都是私营企业，其中 83% 的乡镇企业实为私营企业①。这是因为，当时成长起来的私营企业成长空间有限，很多企业要发展，首先要解决身份问题，因此，这些企业先依附乡镇政府，戴上"红帽子"，成为乡镇企业，也有一些依附城市街道办事处，转为集体经济，而其真正的身份仍是私有企业。但是，不管怎么说，即使是在真正集体所有制的乡镇企业中，独立的经营自主权、绩效工资、灵活的人事管理制度等符合市场经济特质的元素使得乡镇企业异军突起。从这个意义上来说，乡镇企业对于中国特色经济发展道路的最大贡献是：它印证了即使是集体所有制，但只要引入竞争机制，企业仍有蓬勃的生命力和广阔的发展空间。乡镇企业还对国有企业造成了巨大的压力，并无形中迫使国有企业进行相应的改革实践。

城市层面的改革要解决的问题很多，但主要集中在国有企业的改革与城市居民就业两大问题上。国有企业的第一轮改革与农村的家庭联产承包责任制改革差不多同时启动。1978 年，中国政府逐步启动"放权让利"改革，国有企业也被囊括在内。扩大国有企业的自主权成为共识。四川省的国有企业改革实践较早，在党的十一届三中全会之前就有，改革内容主要是将政府管理企业的一部分权力下放给企业，如企业可自主决定中层领导岗位人选，可在完成计划任务的基础上增加产量等。这种做法收效较好，因此发展较快。到 1979 年年初，四川省已经有 100 多家企业进行了试点改革。试点改革的良好效果被中央所肯定，之后的推进工作就快速开展起来，1979 年 5 月，国务院选择 8 家国企作为试点，1979 年年末，参与国企

① 杨继绳．三十年河东：权力市场经济的困境[M]．武汉：武汉出版社，2009：297.

数目达4200家，1981年年末，超过6600家。经营承包责任制、价格双轨制、计划外增量生产等做法被认可，这在一定程度上将竞争机制引入国有企业，激励了企业的自主行为。但大的计划体制还是没有被根本触动，很快，随着20世纪70年代末80年代初的一轮通货膨胀及财政赤字，这轮改革就此结束。随后的改革实践缓慢进行，合同责任制慢慢被国有企业接受并得以推广。1986年，合同工也被引入企业，这意味着原有的“铁饭碗”制度松动，国务院也允许国有企业根据员工的绩效调整工资与福利，股份制公司出现并逐渐增多。到1986年年底，中国已经有超过6000家股份制企业。但这种制度调整性实践也因1988年出现的又一轮通货膨胀而受到影响，1988—1992年，中国进入治理整顿时期。1992年之后，国有企业改革力度加大。1992年的价格改革与1994年的税制改革为统一的市场体系扫除了很大的障碍，这也为国有企业的改革与发展创造了一个很好的外围环境。股份制改革、“抓大放小”等措施被落实，1997年，股份制公司得到中央认可，国企改制、精简工作、资产重组等工作也大幅度展开，来自长沙的两个置换经验被广泛接受，即通过“产权置换”解决所有制问题，政府降级为小股东，邀请其他投资人成为大股东，初步剥离政府与企业的强制性捆绑关系，将企业的经营自主权在更大的范围内还给企业。另外，通过“职工身份置换”解决职工安置问题，按照职工工作年限等条件给予职工一次性经济补偿，缓解了冲突与阻力。2000年，国有企业改制迅速推进，国企数量也迅速下降，2003年，央属国企只剩下196家，国务院设立国资委对之进行专门管理。这样一来，政府与企业的关系得到了很大程度的简化，原来每年投入国有企业的财政补贴压力也大大缓解。至此，这场大规模的国企改革才得以基本结束。

城市居民就业曾是困扰城市发展的另一个大问题。受当时国际形势、苏联的示范作用、中国领导层的主观判断等众多因素影响，新中国走了一条优先发展重工业的路径。而重工业是一个技术密集型、资金密集型的产业，且吸纳不了多少劳动力，而当时的中国资源禀赋较有优势的就是廉价的劳动力，这种发展路径使得中国的劳动力相对剩余，为缓解这一问题，城市青年的“上山下乡”运动展开，但这并非长久之计，当“文革”结束，大量返城知青就业成为难题。为此，国家的相关政策也开始松动，允许这些“待业青年”自谋出路，开展个体经济。此后，个体经济、私营经济在计划体制的大环境下不断发展，这些“计划外”力量一旦出现，便飞速发展，其良好的经济效益与社会贡献也逐渐被接受，这对“计划内”的体制与主体造成了相当大的竞争压力。1979 年 11 月 30 日，温州有了全国第一个正式注册的“个体工商户”。1981 年 11 月 17 日，中共中央、国务院联合发布了《关于广开门路，搞活经济，解决城镇就业问题的若干决定》，个体经济被定义为社会主义集体经济的“必要补充”。个体经济、私营经济的发展进一步将市场机制引入中国，且随着其迅猛发展，有力地倒逼国有企业也推进相应的改革，这种路径后被概括为“增量改革”，即在计划外发展市场力量，等市场力量达到一定程度，再实行统一的社会主义市场经济体制。

城乡二元经济之外，中国经济还面临区域经济发展问题，这也是中国特色经济发展之路导致的。经济特区是中国解决发展问题的一次实践尝试，1979 年 4 月，邓小平提出开办“出口特区”，1980 年 3 月，改称谓为“经济特区”，并在深圳实施。1980 年 8 月 26 日，全国人民代表大会正式通过《广东省经济特区条例》，深圳、珠海、汕头和厦门成为首批经济特区。国家在经济特区内，通过实行减免关税、引进外资与先进技术、创建良好投资环境等措施鼓励外向型经济发展。这个实践的成果是鼓舞人心的，以深圳为例，一个人口不足 3 万人的小渔村迅速成长为全国增长速度第一的中国大城市，甚至衍生出一个“深圳速度”的专有名词来形容深圳这种只争朝夕的快速发展势头。之后，经济特区陆续增加：1988 年，国家在海南岛设经济特区；1992 年，上海浦东新区正式被定为经济特区；2006 年，天津滨海新区被加入特区名单；2010 年，喀什经济特区建立。除了经济特区，国家还陆续开放沿海城市，1984 年 5 月，14 个沿海城市被加入开放名单，这些城市分别是：大连、秦皇岛、天津、烟台、青岛、连云港、南通、上海、宁波、温州、福州、广州、湛江、北海。1985 年，国务院批复营口市享受沿海开放城市某些权限，1988 年，威海市也加入沿海开放城市之列。1992 年，中共中央、国务院又决定对 5 个长江沿岸城市，东北、西南和西北地区 13 个边境市、县，11 个内陆地区省会城市实行沿海开放城市的政策。

东部及沿海城市发展起来之后，中西部发展问题成为当务之急。西部大开发、中部崛起、东北振兴等发展战略一一出台。2000 年 1 月，国务院成立了西部地区开发领导小组。2001 年 3 月，九届全国人大四次会议通过了《中华人民共和国国民经济和社会发展第十个五年计划纲要》，西部大开发战略有了非常具体的部署。陕西、甘肃、宁夏、青海、新疆、四川、云南、贵州、重庆、西藏、广西、内蒙古 12 个省、自治区和直辖市被纳入西部地区范畴，随后 2006 年 12 月 8 日，《西部大开发“十一五”规划》被国务院审议并通过，2012 年 2 月，国家发改委又明确了西部大开发“十二五”规划的基本思路。“中部崛起”是温家宝在 2004 年 3 月 5 日首次提出的，中部最初指的是河南、湖北、湖南、江西、安徽、山西六省，后又增加了内蒙古中部和广东省粤西东北地区，“中部崛起”计划在《第十一个五年计划期间》中有具体部署。“东北振兴”旨在振兴东北老工业基地，由温家宝在 2004 年 8 月提出。2012 年 3 月 4 日，国务院批复并原则同意了《东北振兴的“十二五”规划》。

伴随着城乡经济体制改革、区域经济发展，中国社会主义市场经济体制慢慢构建起来，这一过程是渐进的，绝非一蹴而就。1980 年 1 月，邓小平在中央干部工作会议上提出了“计划调节和市场调节相结合”的主张，1982 年党的十二大报告采纳了这一观点。1984 年 10 月，党的十二届三中全会提出“社会主义经济是建立在公有制基础上的有计划的商品经济的理论”，党的十三大报告进一步确定这种体制应是“计划与市场的内在统一”。1992 年，党的十四大报告则正式确定中国要建立“社会主义市场经济体制”。1992 年至今，中国经济在社会主义市场经济体制这一大架构之下不断发展，市场成为配置资源的主体，国家角色定位在社会主义经济发展的宏观调控方面。目前，这一探索性实践仍在继续。

14.1.2 中国特色发展经济学的研究对象、理论基础、本质特征、发展历程及其理论框架

严格来说，在理论层面，中国特色发展经济学还没有形成一种体系化的理论。中国的社会主义经济在不断探索中坚韧发展，至今，中国已成为经济体量世界第二大国，2019 年中国人均 GDP 已达 10276 美元，虽然与发达国家相比，尚有一定的差距，但对于一个拥有 14 亿人口的大国来说，这是一个非常了不起的成就。中国经济的特色实践取得了如此卓越的成就，学术界也从不同的视角来解释中国发展的成就：吴敬琏、樊纲、科尔内等的增量改革说，萨克斯的初始条件说，罗兰德、马克・内尔、布兰查德、张维迎等的双轨制说，诺兰、诺顿、罗斯基和杰弗森等的市场进入说，拉纳和帕兹的改革顺序说，科斯的边缘革命说，林毅夫的新结构主义说等，这些视角在一定程度上对中国特色经济发展道路及成就进行了诠释，对中国特色发展经济学而言，具有一定的理论借鉴价值。

14.1.2.1 中国特色发展经济学的研究对象

顾名思义，中国特色发展经济学就是研究中国特色经济发展道路、阐释中国现代化发展规律、总结中国特色经济发展经验及教训的一门理论。这注定了中国特色发展经济学的研究对象将集中在以下问题：中国如何从一个传统小农经济的农业大国发展至一个现代化工业强国？如何从一个较为封闭的经济体成长为开放的经济体？如何从计划经济体制演化为社会主义市场经济体制？以上转化有无规律？如果有，是哪些规律？在这种发展演化过程中，中国特色经济发展道路有哪些独特的经验？这些经验对于他国有无借鉴价值？对于世界文明而言，中国特色发展道路的理论意义何在？厘清以上问题，给出令人信服的、具有逻辑自洽性的理论阐释，这就是当前中国特色发展经济学的最主要任务。

与中国特色经济发展实践相比，中国特色经济发展理论较为滞后。中国的经济成就是任何一种西方理论所无法阐释的，中国没有按照西方主流经济学的范式设定发展道路，没有像苏联那样在西方理论的影响下进行所

谓的“休克疗法”，但中国经济却坚韧地不断发展着，直至成为世界第二大经济体。因此，当前，我们迫切需要一种理论总结中国这些年的特色发展之路的经验及教训，阐释其规律，以与中国的实践成就相匹配。这也是为什么习近平总书记在2015年11月强调要“不断开拓当代中国马克思主义政治经济学新境界”的原因，我国的国情与发展实践不同于西方，我国经济发展的特点与规律也不同于西方，用西方的理论没有办法解释中国问题，中国需要把自身的实践经验上升为系统的经济学说，这不仅是中国马克思主义政治经济学的任务，也是中国特色发展经济学的任务。

14.1.2.2 中国特色发展经济学的理论基础

任何理论都绝非无源之水、无本之木，中国特色发展经济学也不例外。中国特色发展经济学的理论来源主要集中在以下几个方面：

（1）马克思主义政治经济学的经济发展观

在西方林林总总的理论与思想流派中，中国共产党选择了马克思主义理论作为指导思想，而新中国的建立与社会主义建设又是在中国共产党的领导下一步步推进的，这注定了马克思主义理论对于中国特色发展经济学的重要影响意义。

中国特色发展经济学是从经济学的视角来解释中国独特的发展之路。因此，在马克思主义理论体系之中，马克思主义政治经济学的经济发展观是一个重要的影响因素。生产力与生产关系、经济基础与上层建筑的互动是马克思主义经济发展理论的一个重要内容，而在生产力与生产关系这对范畴中，生产力是最活跃、最革命的因素，生产力决定生产关系，生产关系又会对生产力产生反作用。生产力处于不断发展状态，生产关系一经产生，则会处于相对稳定的状态，当生产力发展到一定程度，而生产关系较为滞后且不适应生产力时，生产关系的变革就会被推进。当生产关系变革到位，这种生产关系水平所对应的上层建筑又会对生产力的进一步发展形成保护，并推动生产力的进一步发展。人类社会就在这样的互动中不断向前发展，从原始社会到奴隶社会、封建社会、资本主义社会，再到共产主义社会。马克思和恩格斯在《共产党宣言》中指出，当人类进入共产主义社会时，生产力最终会发展到物品生产极大丰富的水平，人类将进入一个“自由人的联合体”的社会形态，那时，“每个人的自由发展是一切人的自由发展的条件”，人类社会由此实现了从“必然王国”向“自由王国”的飞跃。可见，在马克思主义体系中，经济发展是由生产力与生产关系的互动推进的，而经济发展的最终目的是将人从机器的延伸零件中解脱出来，在生产力水平极高、物品极大丰富的时代，劳动受奴役的生产条件不复存在，每个人皆可在一种广泛的、和谐的、自由合作共享的制度环境下自由发展。因此，在自由人联合体的社会形态中，实现“每个人的自由发展”成为马克思主义政治经济学经济发展观的最终目的。

（2）中国传统文化中的经济发展观

在中国传统文化中，“民本”思想是毋庸置疑的政治正确。“民本”思想滥觞于夏商周时期，《尚书·五子之歌》就有大禹的训诫记载：“民惟邦本，本固邦宁”，这可视为民本思想的萌芽。西周创建时期，民本思想应时而生。在信奉“祖先一元神”的伦理背景下，武王伐纣面临着一个伦理上的难题，即其缺乏伦理上的正当性，是典型的以下犯上。为了师出有名，中国历史上第一次伦理变革产生。西周改造了殷商的天命观，给天命加入了民意，“天视自我民视，天听自我民听”（《尚书·泰誓》），以民意为核心、以“敬德保民”“以德配天”为主要内容的民本思想由此形成。更重要的是，自此以后，民心民意成为衡量政治是否清明、政权能否继续存在的重要依据。“民本”的政治合理性由此也成为中华民族传统文化中不容置疑的内容，孔子的“节用而爱民，使民以时”①（《学而》）、孟子的“民为贵，社稷次之，君为轻”②（《尽心下》）、荀子的“君者，舟也，庶人者，水也。水则载舟，水则覆舟”③（《王制》）、《管子》的“政之所兴在顺民心，政之所废在逆民心”④（《牧民》）、郦食其的“王者以民为天，

---

① 杨伯峻（今译），刘殿爵（英译）. 论语：中英文对照[M]. 北京：中华书局，2008.

② （清）焦循. 孟子正义[M]. 北京：中华书局，1987.

③ （战国）荀况. 方达（评注）：荀子[M]. 北京：商务印书馆，2016.

④ 姜涛. 管子新注[M]. 济南：齐鲁书社，2006.

而民以食为天”[①]、贾谊的“闻之于政也，民无不为本也”（《新书·大政上》）[②] 等思想就是对这种合理性的呼应。此后，“民本”思想在中华民族绵长的演进过程中从未缺席，且以绝对的政治正确性与合理性影响着历史的走向。事实证明，凡是关注民生、能意识到民本重要性的政权，皆能创造中国历史上的盛世，并在中国历史上留下浓墨重彩的一笔。春秋战国之际的田氏之所以能够“代齐”，就是因为其以大斗出货、小斗收进的方式“得齐众心，宗族益强，民思田氏”[③]，从而使得齐国政权更迭、封地易主。“专务以德化民”[④] 的汉文帝成就了汉初的“文景之治”，意识到“天子有道，则人推而为主；无道，则人弃而不用。诚可畏也”（《全唐文·民可畏论》）的唐太宗李世民亦成就了“贞观之治”。类似的历史舞台剧在中华民族的大舞台上交替上演，并一次次彰显着“民本”的力量。

“民本”思想的政治正确性深深影响了中国传统文化的经济发展观。要赢得民心，最有效的途径是使百姓能够获得足够的物质基础，孟子的“恒产恒心论”是这一观点的典型代表：“民之为道也，有恒产者有恒心，无恒产者无恒心”（《滕文公上》），为了保证百姓获得恒产，孟子非常崇尚“井田制”，这种土地制度可保证百姓获得最基本的生产条件，每家所拥有的百亩土地使得恒产的获得变得相对有保障。除了孟子，古代先哲大多注意到人民对物质利益的追逐是一种自发趋势，因而主张因顺、满足百姓的物质利益，在此基础上，才能更好地巩固统治政权。孔子的“因民之所利而利之”（《尧曰》）、“富而后教”思想，《管子》的“仓廪实而知礼节，衣食足而知荣辱”（《牧民》）、“故欲来民者，先起其利，虽不召而民自至”（《形势解》）等论述皆体现了这一点。那么，“恒产”达到何种程度是比较理想的呢？从孟子之“菽粟如水火，而民焉有不仁者乎”（《尽心上》）的论述来看，孟子认为，理想的发展目标是让百姓拥有的粮食等物

---

① （汉）司马迁．史记·郦生陆贾列传[M]．长岳麓书社，1988：712.

② （汉）贾谊．余智荣（译注）．贾谊新书译注[M]．哈尔滨：黑龙江人民出版社，2003.

③ （汉）司马迁．史记·田敬仲完世家[M]．长岳麓书社，1988：398.

④ （汉）司马迁．史记·孝文本纪[M]．长岳麓书社，1988：126.

质资料多得如同水与火一样普遍，这应该是物质极大丰富的一种表述了。孟子仁政思想中的这种发展观是儒家经济发展观的典型代表。类似思想在《礼记》所描述的“大同之世”中也有体现：“大道之行也，天下为公，选贤与能，讲信修睦。故人不独亲其亲，不独子其子，使老有所终，壮有所用，幼有所长，鳏、寡、孤、独、废疾者皆有所养，男有分，女有归。货恶其弃于地也，不必藏于己；力恶其不出于身也，不必为己。是故谋闭而不兴，盗窃乱贼而不作，故外户而不闭，是谓大同”，这样的大同社会是历代中国人心目中的理想国，在生产资料所有制方面，“天下为公”，社会资料属于社会全体；人事管理制度方面，任人唯贤；社会风气方面，敦睦和谐；社会保障方面，覆盖众生，老弱贫疾等皆有所养；社会生产方面，并非出于自利目的，人人奋力疾作；社会治安方面，夜不闭户，天下大治。这样的社会形态是中国先哲的一种理想国畅想，隐匿其中的经济发展观有着对“民本”思想的呼应，即一个理想的社会，应该供给一切能使百姓安居乐业的条件，“大同之世”所描述的有关所有制、选人制度、社会风气、社会保障、社会生产、社会治安方面的理想条件都是能让民心思定、社会稳定的保障，而这些理想条件，从更宽泛意义来说，就是经济发展的目的。经济发展不仅仅是要解决百姓最基层的物质需求，还要满足百姓在精神层面的需求，而要让百姓在精神层面的安全感、自我归属感、自我价值感等需求得到满足，政府或者权力中心就必须在物质极大丰富的基础上供给出一个有效的制度和良好的外围环境。因此，“大同之世”这样的理想国在历代都不乏支持者，它同儒家仁政思想的“恒产恒心论”一样，是中国传统文化经济发展观的一个主要面向。

（3）当代中国在独特经济实践中所形成的社会主义经济发展观

关于当代中国社会主义发展观，最有代表性的当属 1992 年邓小平南方谈话中所提到的社会主义本质论：“社会主义的本质，是解放生产力，发展生产力，消灭剥削，消除两极分化，最终达到共同富裕。”解放和发展生产力是发展的途径，最终的发展目标是消灭剥削与两极分化，实现共同富裕，这是一个层次递进非常鲜明的发展观。

邓小平的社会主义本质论是在很特殊的时期提出的。1949—1978 年，指导中国实践的发展观根据形势变化一直在调整。1949—1957 年，指导中国实践的发展观大体稳定。新中国成立到 1957 年，稳定与巩固革命成果是首要指导思想，稳定局势、三大改造、第一个五年计划就是这种指导思想的产物。召开于 1956 年 9 月的中共八大肯定了社会主义主要矛盾的变化，工人与资产阶级的矛盾不再是主要矛盾，主要矛盾体现在以下两个方面：人民对于建立先进的工业国的要求同落后的农业国的现实之间的矛盾、人民对于经济文化迅速发展的需要同当前经济文化不能满足人民需要的状况之间的矛盾。这个判断是理性的，基于这种判断，中国的发展当然以发展生产力为要务。但很可惜，随着 1957 年反“右”斗争扩大化，“以阶级斗争为纲”的思想又逐渐回归。毛泽东在党的八届三中全会上又回归至原来的判断，认为无产阶级和资产阶级的矛盾、社会主义道路与资本主义道路的矛盾是当时中国社会的主要矛盾。1962 年在党的八届十中全会上，毛泽东再次强调了这一点，并主张要“年年讲、月月讲”。这种判断在很大程度上影响了中国的发展实践，如同医生看病一般，只有诊断出病因，才能对症下药，进而药到病除。国家亦是如此，只有对社会主要矛盾判断正确，才能制定相应的发展战略，并解决这个主要矛盾，促进社会的全面发展。因而，唯有隶属意识形态的发展观定位准确，直接针对主要矛盾，才能发挥生产关系对生产力的能动反作用。但中国当时的这种主导意识形态使得中国经济发展偏离常轨，失去的十年是我们付出的代价。1978 年后，对主要矛盾的判断回归中共八大，人民群众日益增长的物质文化需求与落后的生产力之间的矛盾被认定为主要矛盾，此后，指导中国实践的发展观一直定位在解放和发展生产力方面，市场机制逐渐被引入中国经济发展实践中，但 1989 年的政治风波又影响了主流意识形态判断，1989—1992 年，改革开放力度出现了某种程度的回缩与调整，直至 1992 年邓小平南方谈话后，坚持改革开放的发展观再次得到认可。1992 年 10 月，中国共产党第十四次全国代表大会召开，在江泽民所作的《加快改革开放和现代化建设步伐 夺取有中国特色社会主义事业的更大胜利》的报告中，建立社会主义市场经济体制被确定为我国经济体制改革的目标。此后，不断发展和完善社会主义市场经济体制成为我国经济发展的要务。

理论是对现实实践的抽象化解释，实践是理论解释的对象与原始素材，没有了鲜活的一线素材及观察对象，理论的创新无法想象。从这个方面来说，中国独具特色的社会主义经济发展实践为中国特色发展经济学提供了无与伦比的丰富素材，有助于中国特色发展经济学的理论提升与抽象化总结。1949—1978 年，经济实践方面，中国效仿苏联的痕迹鲜明，计划色彩浓厚。但在计划的总基调下，中国实践还是有着不同于苏联的特点与创新，如在公有制的实现方式上，除了国营企业，还存在公私合营企业。除了国营与集体经营企业，还允许个体经营企业的存在[①]。农村的农业发展也是建构在集体所有制基础上的生产合作社制度。这和苏联的单一全民所有制是不同的。在国民经济的宏观管理体制方面，中央对地方进行了一定的分权[②]，实行“大计划、小自由”，这也和苏联严格的统一垂直管理体系不同。可以看出，中国在借鉴他国经验的同时，并没有放弃自身的探索与创新，但是，这种创新很有限，1949—1978 年的经济发展实践带有浓厚的计划色彩。1978 年之后，中国经济发展实践的中国特色色彩不断加重，这种特色体现在中国不断尝试着将社会主义公有制体制与市场配置资源的方式相结合，且这种尝试是以渐进的、试验性质的、可逆的、增量的、从区域性到全国范围等方式进行的。中国特色的实践体现在如下方面：农村的家庭联产承包责任制、乡镇企业的发展、城市的国有企业改革、个体经济的发展、沿海地区的开放、西部大开发、中部崛起与东北振兴、“让一部分人富起来，先富带动后富”政策的出台等，这些实践旨在以渐进的方

① 1956 年，在中共八大会议上，陈云作了题为《关于资本主义工商业改造高潮以后的新问题》的报告，提出了“三个主体”“三个补充”的思想。认为个体经营是国家经营和集体经营的补充、在国家计划许可范围内的自由生产是计划生产的补充、一定范围内国家领导的自由市场是国家市场的补充。

② 1956 年 4 月 25 日，毛泽东发表《论十大关系》，提出了这样的主张：“在中央和地方的关系上，要在巩固中央统一领导的前提下，扩大一点地方的权力，给地方更多的独立性，让地方办更多的事情。”

式培育市场配置资源的地位，进而解决中国的城乡差距、区域差距、行业及个体差距等二元经济发展问题。1992 年，建立社会主义市场经济体制正式被确定下来，2001 年，中国加入 WTO，中国的经济发展实践在不断完善与发展的社会主义市场经济体制下与更开放的国际舞台上运行，目前这个进程还在继续。2010 年，中国 GDP 首次超过日本，位居世界第二。此后，“一带一路”倡议、人民币入篮、亚投行、共建“人类命运共同体”倡议等新的举措陆续出台，中国开始在更高的层面上谋篇布局，这意味着中国特色的经济发展实践也进入了一个新的阶段。总之，中国自 1949 年至今的经济发展实践，在不同的阶段定位于中国“站起来”“富起来”和“强起来”的发展目标，目前中国要实现的是“强起来”的发展目标，这有待于中国特色经济发展实践的继续推进。中国 1949 年以来的有着浓郁中国特色的经济发展实践为中国特色发展经济学提供了鲜活的素材，应被视为中国特色发展经济学理论的实践基础。

14.1.2.3 中国特色发展经济学的本质特征

发展经济学是研究二战后实现政治独立的主权国家如何从农业国到工业国、如何从传统社会到现代社会、如何从发展中国家到发达国家的一门学科。中国特色发展经济学则是研究中国如何从传统农业大国到现代化强国、如何在借鉴他国经验基础之上以探索与创新的精神尝试以一条独特路径实现综合发展目标的一门学科。

因此，中国特色发展经济学的本质特征是其国别性与民族性。这门学科研究的不是别的国家或世界发展中国家共通的发展之路，而是摆脱殖民地半殖民地的中国如何不断地向全面发展目标挺进的发展之路；不是别的民族的发展之道，而是中华民族在沉寂两个多世纪之后的发展之道。现当代中国所走的这条路崎岖而漫长，这条路也不同于任何一条存世良久的现成道路，这是一条在探索中开辟出来的特殊道路，用西方现成的理论没有办法对之进行很好的阐释。而中国特色的发展经济学可在国别性与民族性的基础上，以马克思主义与中国实践结合之后所形成的发展中的马克思主义为指导，对中国特有的这条发展之路进行精确的阐释。

理论的创新离不开实践的沃土。林毅夫观察到，第一波获得诺贝尔经济学奖的人集中于英国经济学家或在英国工作的经济学家，第二波则集中于美国经济学家或美国工作的经济学家。他的解释是，越是处于世界经济中心的经济学家，越是有机会近距离观察到新的实践与新的经济现象，而这些新的经济实践与现象对于理论的创新大有裨益，它会激发经济学家创造新的理论来对之加以阐释，理论与实践的良好互动由此展开。按照这种说法，中国现当代的发展速度和发展成绩已将中国推至世界经济发展的前沿或中心，作为中国飞速发展的亲历者和见证者，我们有着得天独厚的“近水楼台”的优势：随着中国正在进行的这场伟大的、无法复制的、有着浓厚中国色彩的行为实验，大量活泼的生动实践与案例不断涌现，且这是西方理论所无法精确阐释的，那么，对中国现当代的这种发展实践加以解释、进行理论创新的任务就责无旁贷地落在我们的肩上。

实践创新的理论意义也被中央所肯定，习近平总书记在《在哲学社会科学工作座谈会上的讲话》中如此强调：“当代中国正经历着我国历史上最为广泛而深刻的社会变革，也正在进行着人类历史上最为宏大而独特的实践创新。这种前无古人的伟大实践，必将给理论创造、学术繁荣提供强大动力和广阔空间。这是一个需要理论而且一定能够产生理论的时代，这是一个需要思想而且一定能够产生思想的时代。”[①] 在国别性与民族性的基础上，依托于当前中国社会大变革的时代，依托于中国当代这种伟大的实践创新，中国特色发展经济学有着应运而生的时代机遇和历史使命。

14.1.2.4 中国特色发展经济学的发展历程及其理论框架

任何理论的形成都绝非一蹴而就，中国特色发展经济学也不例外。从奠基至发展，中国特色发展经济学有其独特的发展历程。到目前为止，中国特色发展经济学还处于发展阶段，可预见的是，随着中国特色发展实践的不断拓展，中国特色发展经济学的理论也必然会不断拓展。虽处于发展阶段，但中国特色发展经济学的理论框架却已初步形成。

---

① 习近平．在哲学社会科学工作座谈会上的讲话[M]．北京：人民出版社，2016：8.

（1）中国特色发展经济学的发展历程

在邓小平之前，以毛泽东、陈云为代表的国家领导人对社会主义经济的独特认知奠定了中国特色发展经济学的基石。这些独特认知包括：社会主义经济是为人民服务的、社会主义经济发展有其规律性、社会主义经济有不同的发展阶段、社会主义国家中央与地方政府应该合理分权等。显然，即使在计划色彩非常浓厚的前改革开放时期，当时的国家领导人就已经注意到马克思主义理论与中国实践相结合的问题。毛泽东谈及商品生产时，就特别强调对之要辩证地看待，“要看它是同什么经济制度相联系”①，并强调要合理利用价值规律：“只有利用它……才有可能建设我们的社会主义和共产主义。”② 更为难得的是，毛泽东已经意识到理论创新与发展实践之间的互动关系：“社会主义社会的发展还不成熟，离共产主义的高级阶段还很远。现在就要写一本成熟的社会主义共产主义政治经济学教科书，还受到社会实践的一定限制。”③ 但毛泽东时代已经有了很多具有中国特色的社会实践：如中央的分权实践、经济发展不力时国家的政策调整实践等，这些社会实践践行过程中所提的一些观点已经是具有中国特色的经济发展理论了。习近平总书记高度肯定了第一代领导人的这种贡献，称其“在探索社会主义建设道路过程中对发展我国经济提出了独创性的观点，如提出社会主义社会的基本矛盾理论，提出统筹兼顾、注意综合平衡，以农业为基础、工业为主导、农轻重协调发展等重要观点”，并认为“这些都是我们党对马克思主义政治经济学的创造性发展”④。这些实践与观点奠定了中国特色发展经济学的基础。

党的十一届三中全会之后，随着中国的改革开放，中国特色发展经济学的基础性理论初步形成，如社会主义市场经济理论、社会主义初级阶段理论、社会主义初级阶段的基本分配理论、社会主义初级阶段的基本经济

① 毛泽东．毛泽东文集:第7卷[M]．人民出版社,1999:39.

② 毛泽东．毛泽东文集:第8卷[M]．人民出版社,1999:34.

③ 毛泽东．毛泽东文集:第8卷[M]．人民出版社,1999:137.

④ 习近平．立足我国国情与我国发展实践发展当代中国马克思主义政治经济学[EB/OL]．新华网 http://www.xinhuanet.com/politics/2015-11/24/c_1117247999.htm.

制度理论、社会主义本质理论等。社会主义市场经济理论厘清了一个重要概念，即判定社会主义与资本主义的本质区别，并非取决于“计划多一点还是市场多一点”，在邓小平看来，“计划经济不等于社会主义，资本主义也有计划；市场经济不等于资本主义，社会主义也有市场。计划与市场都是经济手段”①。这个理论突破了过去对社会主义与资本主义的僵化认识，将计划和市场视作发展经济的手段与工具，是中国特色发展经济学的一大发展。社会主义初级阶段理论则明晰了中国特色发展经济学的时代背景，邓小平认为中国尚处于“社会主义的初级阶段，就是不发达的阶段。一切都要从这个实际出发”②，这个“实际”是中国特色发展实践的背景，亦是中国特色发展经济学的背景，一切内容皆围绕这个基本的国情而展开。社会主义初级阶段的分配理论针对的是中国特色发展实践中的分配问题，从允许一部分人、一部分地区先富起来的政策，到最后形成了“按劳分配为主体，多种分配方式并存的制度”。社会主义初级阶段的基本经济制度理论则聚焦中国特色社会主义发展的所有制问题，“以公有制为主体，多种所有制经济共同发展”被定为社会主义初级阶段的基本经济制度，生产关系范畴的所有制理论对生产力发展有着非常强大的影响，这一点在中国特色发展实践之中体现得尤其明显。社会主义本质理论则阐明了中国特色发展实践的路径和目标，“解放生产力，发展生产力”是路径，“消灭剥削，消除两极分化，最终达到共同富裕”③ 是目标，此理论成为中国特色发展经济学的核心理论。

邓小平之后，江泽民提出了“三个代表”的思想④，指出中国共产党之所以赢得人民的拥护，就是因为党代表着先进生产力的发展要求，代表着中国先进文化的前进方向，代表着中国最广大人民的根本利益，并始终为实现国家和人民的根本利益在不懈奋斗。这个论断实为以后的发展指明

---

① 邓小平．邓小平文选：第 3 卷［M］．北京：人民出版社，1993：373.

② 邓小平．邓小平文选：第 3 卷［M］．北京：人民出版社，1993：252.

③ 邓小平．邓小平文选：第 1 卷［M］．北京：人民出版社，1993：373.

④ 2000 年 2 月 25 日，江泽民在广东省视察工作时，首次对此思想进行了较为全面的阐述。

了方向。党的十六大以后，以胡锦涛同志为核心的党中央又提出了科学发展观，强调发展应该是以人为本的发展、是全面的、协调的、可持续的发展，实现这种发展的根本办法是统筹兼顾。科学发展观回归到发展的终极目的，即发展是为了实现人的全面发展。此外，科学发展观注意到了当前利益与长远利益的关系，关注可持续性发展，主张建设资源节约型、环境友好型社会。在此基础上，兼顾各个阶层、各个地区的利益，建设和谐社会成为发展的必然选择，胡锦涛于 2006 年 10 月在党的十六届六中全会第二次会议上指出："社会和谐是中国特色社会主义的本质属性"，这个论断进一步明晰了中国特色社会主义经济的发展方向。

党的十八大以来，以习近平同志为核心的党中央进一步丰富中国特色发展观的内容，在坚持以人民为中心、坚持与完善社会主义基本经济制度与基本分配制度、坚持社会主义市场经济改革方向与对外开放基本国策之外，提出了创新、协调、绿色、开放、共享的发展理念。在中共十八届五中全会第二次全体会议上，习近平总书记强调："首先要把应该梳理什么样的发展理念搞清楚，发展理念是战略性、纲领性、引领性的东西，是发展思路、发展方向、发展着力点的集中体现。发展理念搞对了，目标任务就好定了，政策举措跟着也就好定了。"① 因此，他要求全党同志一定要提高统一贯彻五大发展理念的能力和水平，不断开拓发展新境界。对于这五大发展理念，他也进行了细致的阐释，认为：创新发展注重的是解决发展动力问题，协调发展注重的是解决发展不平衡问题，绿色发展注重的是解决人与自然和谐问题，开放发展注重的是解决发展内外联动问题，共享发展注重的是解决社会公平正义问题，这五大发展理念是一个相互贯通、相互促进、具有内在联系的集合体。至此，中国特色发展经济学的核心发展观已趋完善，并成为搭建中国特色发展经济学理论框架的指导思想。

（2）中国特色发展经济学的理论框架

---

① 习近平．习近平谈治国理政：第二卷[M]．北京：外文出版社，2017：197.

社会主义初级阶段理论是中国特色发展经济学的逻辑起点。理论产生于具体的历史语境之中，任何发展理念、社会实践都不能脱离中国尚处于社会主义的初级阶段这个具体的判断。脱离社会主义初级阶段这个具体的时代背景，对中国特色发展实践的解释就会失去理论的解释力。

以人民为中心、坚持人民立场是中国特色发展经济学的根本立足点。新中国的社会性质、中国共产党的宗旨决定了这一点。《宪法》第一条就明确规定了国家性质："中华人民共和国是工人阶级领导的、以工农联盟为基础的人民民主专政的社会主义国家"，第二条则进一步明确了权力归属："中华人民共和国的一切权力属于人民。"让广大人民群众共同分享改革发展成果是社会主义的本质要求，作为执政党，中国共产党的根本宗旨是全心全意为人民服务。这些要素的集结也决定了中国特色发展经济学的人民立场。

中国特色发展经济学的研究对象是中国独特的发展实践及其基本经验与客观规律。新中国成立后，如何在保证社会主义国家性质的前提下实现国民经济的大发展，成为摆在国家领导人与中央政府面前的首要任务。对于一个新生政权来说，这个任务尤为艰巨，因为在国际范围内，中国可借鉴的现成经验寥寥，即使有苏联的某些探索与实践，但考虑到民族性与国别性，将其经验完全复制到中国注定是行不通的。新中国成立以来，各个时期的党中央不断艰辛探索发展中国经济的道路，并一步步将中国的经济体量发展至世界第二的高度，那么，中国是如何做到这一点的？西方的经济学范式和理论无法解释中国的这种发展，因此，对中国发展实践的梳理、经验总结、客观规律挖掘，成为中国特色发展经济学的独特研究对象。

中国特色发展经济学的主要内容如下：以"创新、协调、绿色、开放、共享"为中心的社会主义基本发展理念理论、社会主义本质论、社会主义基本经济制度理论、社会主义市场经济理论等。上层建筑对经济基础有着极大的反作用，有什么样的理念，就有什么样的发展实践。不断解放生产力和发展生产力是社会主义的本质需求，物质的极大丰富是实现人的全面发展的物质基础，是社会主义优越性的本质体现。以公有制为主体、多种所有制经济共同发展的基本经济制度是社会主义制度独特性的体现。

建立并不断完善社会主义市场经济体制、构建开放型的经济体系、形成更高水平的开放格局，是社会主义市场经济改革的方向，每一项朝着这个方向努力的举措都在优化中国特色社会主义经济发展的外围环境。

实现一般商品的极大丰富、公共产品的均等化、促进社会公平正义、最终达到共同富裕，是中国特色发展经济学的最终目标，也是其逻辑终点。效率与公平是中国特色社会主义经济的两大目标，不断提高生产效率，可以实现商品的极大化供给，但市场化竞争也会带来两极分化与区域经济发展不均衡等问题，难以体现出社会主义的公平性，也与社会主义所追求的共同富裕目标相悖，只有同时解决这两个问题，方能显示社会主义制度的优越性，方能呼应中国特色社会主义经济发展的价值观指向。

14.2 中国当代地方政府结构及其行为的演化脉络

新中国成立后，地方政府结构及相应的管理制度也几经变迁，伴随着这种变迁，地方政府行为的历史演化也在推进。对当代地方政府结构及地方政府行为的研究成果较为丰富，学者们纷纷从不同维度聚焦地方政府行为，这些维度有：地方政府治理结构的变迁（谢康，2010）、地方政府的行为逻辑（蒋震，2018；张丙宣，2016）、地方政府的信贷资金控制行为（朱庆，2005）、地方政府的行为演进（罗植，2014）、分税制制度对地方政府行为的影响（周飞舟，2006）；中国地方政府间竞争与合作关系的历史演进及影响机制（彭忠益等，2018）；地方政府间的学习借鉴与跟风模仿行为（刘伟，2014）；地方政府以增长为导向的适应性调整行为（王珺，2004）；中央与地方关系的历史演化（刘华，2017）等。不过，虽然当前研究地方政府行为的成果较为丰富，但就关注的时间段而言，这些成果大多聚焦在改革开放之后的40年间，就关注领域而言，这些成果又集中在分税制改革对地方经济行为的影响方面。这种侧重使得当前地方政府行为的研究有发力不均之嫌，其实，新中国成立到1978年的地方政府行为也非常值得研究。此外，除了分税制对地方政府行为的影响，行政体制改革、经济体制改革对地方政府行为的影响也不容忽视。

14.2.1 中国当代地方政府结构的演化

当前中国地方政府结构是四个层级：省（自治区、直辖市）—市—县—乡（镇），作为中央政府的相对存在，这四个层级的政府部门皆可被视为地方政府的有机构成。一般而言，地方政府包含人大、党委、政府、政协、法院、检察院等组织，地方党委在地方事务中发挥着核心作用，处于领导层，其他组织配合党委、在党委的领导下完成各种任务。截至2018年6月，不包括港澳台，在全国范围内地方政府四级层级体系中，各层级的行政区划单位统计如下：一级行政区（省级行政区）有34个，其中有23个省、5个自治区、4个直辖市、2个特别行政区；二级行政区（地级行政区）有334个，其中有294个地级市、7个地区、30个自治州、3个盟；三级行政区（县级行政区）有2851个，其中有966个市辖区、367个县级市、1347个县、117个自治县、49个旗、3个自治旗、1个特区、1个林区；四级行政区（乡级行政区）有39888个[①]。

不过，当前中国地方政府的这种四层级结构也是几经变迁、慢慢演化而成的。1949年新中国成立后，中国地方政府层级实行“大区—省—县—乡”四级制，一级、二级之间设立专区专员公署，三级、四级之间设立区公所，两者皆属于准行政层级。这是一种非常典型的多层级集权组织结构。其中，大区一级的行政区域有6个，分别是华北、东北、华东、中南、西南与西北。这六大行政区内设有军政委员会或人民政府，作为中央人民政府的代表机关，实施对各自区域的行政领导。这样一来，新中国成立初期的大行政区政府便具有了双重地位，既是所辖省（市）高一级的地方政权机关，又是中央人民政府政务院领导地方政府工作的代表机关。之所以这样设置，是因为国家初建，各地区发展很不平衡，加之中央财力有限、全国交通等基础设施尚很落后，中央政府直接管理省及省以下地方政府的条件还不具备，因此，为了有利于国家统一，也为了有利于因地制宜，国

---

① 资料来源：中国行政区划，https://baike.so.com/doc/3162418-3332764.html。

家才设置了这种过渡性的大行政区建制，这应该是当时政治经济形势下的产物，在当时起到了巩固政权、恢复经济的积极作用。后来，随着国民经济的恢复，中国进入有计划的经济建设时期，为配合全国经济政治发展态势、加强中央的集中统一领导，1952 年 11 月，根据中央人民政府委员会第 19 次会议的决定，行政委员会替代原有的大行政区人民政府和军政委员会，代表中央人民政府在各地区领导与监督地方政府，不再是地方最高政权机关。1954 年 6 月，中央人民政府委员会举行第 32 次会议，《关于撤销大区一级行政机构和若干省市建制的决定》出台，6 个大区被进一步撤销，原来的行政委员会自然也不复存在，原来的 11 个直辖市改为省辖市，至此，“省—县—乡”的三级层级制基本形成。

随着人口的发展，地方事权不断增加，原有的三级层级制结构不再适应新的形势，新的调整又因此展开。1979 年，中央在省县之间设立地区行政公署，20 世纪 80 年代后期取消区公所一级的准行政层级。1982 年，中共中央进一步提出了“市管县”建议：“在经济发达地区将省辖中等城市周围的地委、行署与市委、市政府合并，由市管县。”1983 年 2 月，《关于地市州党政机关机构改革的若干问题的通知》出台，中央明确提出“市管县”并开始在各地试行。在后期的试行实践中，中央不断根据形势的变化对“市管县”体制的相关条件加以调整，如 1986 年，《关于变更市标准和市领导县条件的报告》颁布，设市条件提高；1999 年，《关于变更地区建制有关问题的通知》颁布，标准又有所降低。此后的市管县改革在不断的实践摸索中逐渐成形，并最终固定下来，截至 2003 年 10 月，全国共有地级市 277 个，“市管县”的政府管理体系形成。截至 2018 年 6 月，地级市已发展至 294 个。目前，地方政府“省（自治区）—市—县—乡（镇）”的四级管理体制已相当完善。当然，对于直辖市而言，是三级管理体制：直辖市—县（区）—乡（镇/街道）。不过，要强调的一点是，目前，在少数民族地区，二级、三级管理体制仍然存在，这和地理位置、人口、事权等因素不无关系。

14.2.2 中国当代地方政府行为的演化

总体而言，中国当代地方政府的行为随着大的时代背景的变化而不断演化，中央侧重集权还是放权、侧重计划还是市场、侧重政治斗争还是经济发展，诸如此类的因素都在影响着地方政府的行为。

历时性视角下，新中国成立以来，地方政府行为大致经历了如下几个阶段的变迁：

（1）1949—1978 年：计划经济体制与有限放权管理体制下的地方政府行为

新中国成立初期，1949—1956 年，新中国面临诸如稳定局势、巩固革命成果、发展经济等一系列迫切问题，为此，新中国采取了诸多措施：解放全中国、抗美援朝、土地改革运动、三反五反运动、肃清反革命势力等运动，以期巩固新生政权、稳定形势；对农业、手工业和资本主义工商业所进行的社会主义三大改造、第一个五年计划等措施，以期调整生产关系、发展生产力。这些措施的推进工作千头万绪，要想取得有效的成果，一个强有力的中央政权是不可或缺的。因此，这段时间新中国的中央与地方关系处于一个高度中央集权的行政管理体系之中。地方听命于中央，完成各项行政任务。在财政体系之中，从 1950 年开始，新中国实行“统收统支”的管理体制，财政收入统一交给中央，中央核定财政支出指标。1951—1957 年，“划分收入，分级管理”的体制开始实行，三级财政管理体制建立，即财政收支在中央、省、县三级中进行相应的划分。中央确定生产指标的高度集中的计划经济体制也是这一时期的显著特征。这种中央高度集权的体制使得国家财政收入占国民收入的比重迅速上升，1950 年这一比重接近 15.3%，“一五”期间是 32.7%。同时，中央强大的财政支配权使得中央财政收支占比较高，“一五”期间，中央财政收入占国民收入比重为 14.8%，中央财政支出占全国财政支出比重为 74.1%[①]。这种高度

① 毛泽东时代的央地关系变迁[EB/OL]. http://theory.people.com.cn/n/2014/0825/c388253-25532921.html.

集权的体制固然可以集中力量办大事，在短时间内集全国之力重点解决困扰社会主义新中国发展的重大问题，但这种高度集权的负面效果也很快显露出来，即包括行政、财政、经济等在内的各种管理权限高度集中于中央，而中央要高效处理所有问题显然力不从心，加之因为信息搜集成本，比起地方政府，中央不具备信息优势，这也会影响中央的办事效率。

基于以上情况，从1956开始，中央开始考虑“放权简政”。毛泽东在《论十大关系》中就特意指出：学习借鉴苏联经验要结合中国实际，不能片面僵化地学习苏联体制。显然，毛泽东注意到了当时中国所存在的央地关系中“条条”与“块块”不衔接的问题，他因此提出了给予地方政府更多机动权、树立与地方商量办事的工作作风等建议。陈云提出了“三个主体、三个补充”的观点，即个体经营是国家经营和集体经营的补充、自由生产是计划生产的补充、自由市场是国家市场的补充。1956年9月，刘少奇在中共八大所作的政治报告中，也用了较大的篇幅专门谈及央地关系的分权问题：“目前国家工作中另一个重要问题，是必须适当地调整中央和地方的行政管理职权……近几年来中央有些部门把过多的事务抓到自己手里，对地方限制得过多过死，忽视地方的特殊情况和特殊条件，应当同地方商量的事也不同地方商量；有些部门还发出许多形式主义的公文和表格，给地方压力很大。这样，既不利于地方的工作，也分散了中央的精力，发展了官僚主义。不可能设想：在我们这样大的国家中，中央能够把国家的各种事务都包揽起来，而且样样办好。把一部分行政管理职权分给地方，是完全必要的。”① 刘少奇主张在诸如农业、地方商业、中小学教育、地方财政等诸多领域，中央只负责提出一般大政方针与规划，具体工作交给地方因地制宜、因时制宜办理。包括省、市、县、乡在内的各级地方政府都应当有一定范围的行政管理职权。可见，党的八大已决定适当扩大各级地方政府的管理权限。

---

① 刘少奇在中共八大作政治报告[EB/OL]. http://www.gov.cn/test/2008-06/03/content_1004301_6.htm.

1956 年 10 月，《关于改进国家行政体制的决议（草案）》（以下简称《决议》）出台，央地之间的行政管理职权被明确划分，大致为四种类型：中央管理类型、地方管理类型、中央为主地方为辅类型、地方为主中央为辅类型。《决议》指明了划分职权的原则，其中比较重要的是："凡关系到整个国民经济而带有全局性、关键性、集中性的企业和事业，由中央管理；其他企业和事业，应该尽可能地多交给地方管理"[①]，各省、自治区在计划、财政、企业、事业、物资、人事等方面的管理权被中央明确界定，比起以前有了较大的自主权。《决议》的基本精神即是通过分权的方式"适当地扩大地方的行政管理权，充分发挥地方的积极性"，为此，《决议》非常详尽地规划了中央与地方在各领域的职权划分，涉及的领域如下：计划、财政、工业、基本建设、农业林业水利、运输邮电、商业、文教科学卫生、政法、劳动、机构编制、少数民族等。每一个领域的央地管理权皆被明确划分，以"运输邮电"为例，铁路与民用航空运输，因为集中性大、技术复杂、具有国防意义，归中央主管部门统一管理。而公路则细分为两部分，国防公路与重要经济干线公路，归交通部修建管理；其他一般性公路，交由地方修建管理。类似的细则遍布《决议》全文。

随后，一系列的相关放权改革持续推进，重点解决中央"管得过多，统得过死"的问题。1957 年，国务院相继推出《关于改进工业管理体制的规定》《关于改进商业管理体制的规定》《关于改进财政管理体制的规定》等文件，在工业、商业、财政等领域的管理体制上向地方分权。1958 年，中央将经济管理体制工作的重点确定为向地方政府的放权让利。也是在这一年，中央将全国分为东北、华北、华东、华南、华中、西南、西北七个协作区，旨在加强地方力量。同时，88% 的企事业单位被下放至地方政府，中央直属企业工业产值占整个工业产值的比重也随之大幅度下降，由 1957 年的 39.7% 下降至 1958 年的 13.8%。

很可惜，这种积极的探索很快被政治运动阻断。1958—1960 年的"大

① 关于改进国家行政体制的决议(草案)[EB/OL]. http://www.doc88.com/p-746868161468.html.

跃进”运动使集中统一的管理方式在农村地区稳稳扎根，“左倾”思想泛滥，在这样的背景下，分权运动赋予各个地方政府的有限管理权刺激着各个地方背离生产力发展常识，并竞相大放卫星，经济效益很是低下。1960—1965 年，国民经济进入调整时期，中央开始回收下放给地方的权力、恢复曾经被撤销的机构，经济体制与机构体制等方面的调整又使得局势回缩。以经济体制为例，扩大计划、强化集中管制、确定以生产队为基本单位的人民公社管理体制等措施相继推出。1966—1976 年，我国进入十年“文革”时期，“左”的做法对中央的积极探索冲击很大。但即使在这种背景下，相关的尝试仍在进行，如 1970 年中央进行了又一次经济体制改革。这次改革是对 1960—1965 年重新集权的一次再调整。1970 年 2 月召开的全国计划工作会议上，中央提出了削弱“条条专政”、加强“块块专政”的改革方案，体现了毛泽东“虚君共和”的想法，是对地方政府的又一次放权。大量的央属企事业单位被下放至地方，央属企业工业总产值占全国工业总产值的比重下降至 6%。但很快，在 20 世纪 70 年代中期，改革停滞，中央又一次回到集权道路。中国的放权简政改革似乎进入了“一统就死，一死就放，一放就乱，一乱就收”的恶性循环。

总之，不管是集权还是放权，1949—1978 年的地方政府行为都类似按照剧本进行的本色演出。这时期的大环境是计划体制，即使是放权，也是在大的计划体制下的有限放权，计划体制的根本特点是中央负责进行全方位的规划，地方政府负责贯彻执行中央的规划、落实中央的各项大政方针。即使地方政府在各个领域被赋予一定的管理权限，这也只是说明原来属于中央的管理权限部分转移给地方政府而已，不影响中央与地方的根本关系。在这种大环境下，即使原来属于中央管理的企业被下放至地方管理，企业仍不是具有自主决策权的主体，而地方政府虽然拥有管理权，但在生产指标等方面也必须与中央的大体规划一致，留给地方政府发挥自主性决策的空间很小，地方政府的积极性并没有被真正激发出来。因此，总体而言，这一时期的地方政府行为有着非常浓厚的配合性与服从性，而自主性比较欠缺。

从生产力与生产关系的角度来看，这段时期中国的生产力发展缓慢，将近 30 年的时间内，国内生产总值保持在 1000 亿 ~ 4000 亿元，人均 GDP 徘徊在 140 ~ 390 元范围之内。尽管发展缓慢，但是，在这段时期内，较为完备的工业化体系得以建立，工业化的基础初步夯实。且毋庸置疑的是，如表 14 – 1 所示，生产力的发展态势是向前的，从 1954 年 GDP 859.8 亿元、人均 GDP 144 元，发展至 1978 年 GDP 3678.7 亿元、人均 GDP 385 元，这种发展是切切实实的，除了 1960—1963 年、1967—1969 年这两个时间段的短暂调整，这种正向发展也是持续性的。从图 14 – 1 所体现的这段时间的全国、中央及地方财政收入来看，增长趋势也非常明显。但是，就财政收入结构而言，以 1958 年为界，变化较大。如图 14 – 2 所示，1958 年，中央财政收入占比为 80.4%，1959 年，这一数字锐减为 24.4%，而地方财政收入占比却从 1958 年的 19.6% 直接升至 75.6%，此后，这种趋势就一直在加强，1959—1970 年，中央财政收入占比一直徘徊在 20% ~ 30% 的水平，1971—1978 年则在 10% ~ 20% 波动，与之形成鲜明对比，地方财政收入占比却一直维持在高位，1975 年达到最高的 88.2%。这种结构在一定程度上可为地方经济发展提供助力，但过于明显的结构性失衡却不利于覆盖全国的整体性目标的实现。

生产关系方面，新中国成立后，很快进行了“三大改造”，此后，直至 1978 年，以“一大二公”为特征的生产资料公有制、高度集中的计划经济体制、高度集权的行政管理体制等构成了此阶段的制度环境。如前文所述，中间虽然也有过几次调整和放权，但总的制度环境大体没变。基于这样的制度环境，特别是高度集权的行政管理体制，各地的地方政府行为均体现出同质性的特征，以对上级负责为要义，主体性动力不足。同时，受制于对生产资料公有制的僵化理解，“一大二公”与高度计划亦成为指导地方政府行为的主流意识形态，地方政府难以有发挥主体作用的制度空间，更难以突破意识形态的束缚，进行探索性实践，因此，各地的生产力发展也受到制约，发展缓慢。

表 14－1　1954—1978 年 GDP 及人均 GDP 收入

年份	1954	1955	1956	1957	1958	1959	1960	1961	1962
GDP/亿元	859.8	911.6	1030.7	1071.4	1312.3	1447.5	1470.1	1232.3	1162.2
人均 GDP/元	144	150	166	168	201	217	220	187	175
年份	1963	1964	1965	1966	1967	1968	1969	1970	1971
GDP/亿元	1248.3	1469.9	1734.0	1888.7	1794.2	1744.1	1962.2	2279.7	2456.9
人均 GDP/元	183	210	242	257	238	225	247	279	292
年份	1972	1973	1974	1975	1976	1977	1978		
GDP/亿元	2552.4	2756.2	2827.7	3039.5	2988.6	3250.0	3678.7		
人均 GDP/元	296	313	314	332	321	344	385		

资料来源：国家统计局网站。

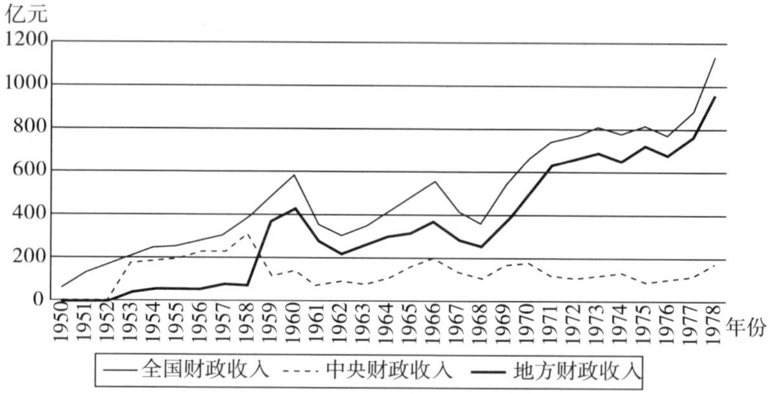

图 14－1　1950—1978 年全国、中央及地方财政收入

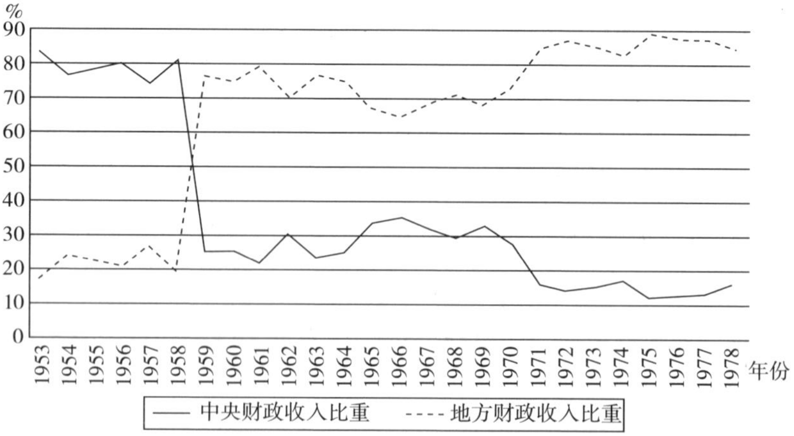

图 14－2　1953—1978 年中央及地方财政收入比重

（2）1978 年至今：不断开放的经济体制与制度激励机制下的地方政府行为

对于中国而言，1978 年是一个非常重要的年份。自这一年开始，中国实行改革开放。随着“实践是检验真理的唯一标准”重新被认可[①]，束缚着社会实践的意识形态出现了变化，对世界主题与国内矛盾的基本判断也随之改变。不同于第三次世界大战随时会爆发的判断，当时的中央认为未来的世界主题是“和平与发展”；不同于阶级斗争是主要矛盾的判断，中央认为当时中国的主要矛盾是“人民日益增长的物质文化需要同落后的社会生产之间的矛盾”，这些基本判断形成之后，中国的改革开放也随之展开。随着改革开放的力度不断加大，中国越来越融入世界的体系之中。在这样的大背景之下，中国的行政管理体系、财政管理体系、经济管理体系等各领域的改革也随之不断推进。

客观而论，任何改革，都是对当时社会、经济与政治等各方面发展的呼应，现实需求是改革的基本动力和出发点。1978 年之后，在中国改革开放历程中，行政管理、财政管理、经济管理这三个方面的改革是一个相辅相成的过程。中国政府当时的总体思路是以开放促改革、以改革促发展。经济体制的改革先行一步，当经济体制改革推动之后，政治体制不适应经济的地方逐渐显露，这会倒逼政治体制改革的跟进，随之，对地方放权、分权的行政管理与财政管理体制改革也势在必行，而后两者的改革又进一步促进经济体制的改革，从而促使中国的改革开放进入一个良性循环的过程之中。三者形成了一个闭环式的互动，且在互动中实现了适应性的调整与不断的扬弃，为中国社会主义事业的发展创造了一个动态调整的、良性发展的外围环境。

经济体制的调整是一个渐进的过程。第一阶段的主要成就是突破了传统的计划经济观念，提出了计划调节为主、市场调节为辅的观点。1979 年 11 月，邓小平在会见美国不列颠百科全书出版公司编委会副主席吉布尼等人时指出：“我们是计划经济为主，也结合市场经济。”1980 年 1 月，在中

---

① 毛泽东在 1963 年 11 月就曾提出“社会实践是检验真理的唯一标准”。

央召集的干部会议上，邓小平又提出了“计划调节和市场调节相结合”的主张。随之，这些观点被采纳，写入了1981年党的十一届六中全会通过的《关于建国以来党的若干历史问题的决议》和1982年召开的党的十二大报告之中。第二阶段，“社会主义经济是有计划的商品经济”的论断被认可。1984年10月，党的十二届三中全会通过了《关于经济体制改革的决定》（以下简称《决定》），《决定》提出了社会主义经济是建立在公有制基础上的有计划的商品经济的理论。第三阶段，建立社会主义市场经济体制被确立为我国经济体制改革的目标。但在此阶段，中间也有过小的波折。1987年10月，中国共产党第十三次全国代表大会召开，十三大报告明确提出：社会主义有计划商品经济的体制应该是计划与市场内在统一的体制。但1989年政治风波后，党的十三届四中全会又提出了建立“计划经济与市场调节相结合的经济体制和运行机制”，以开放的进程而言，这在某种程度上是一种回缩和倒退。在这样的背景下，邓小平在1992年南方谈话中强调：“计划多一点还是市场多一点，不是社会主义与资本主义的本质区别，计划经济不等于社会主义，资本主义也有计划；市场经济不等于资本主义，社会主义也有市场。计划和市场都是经济手段。”随后，1992年10月，党的十四大工作报告中正式确定：“我们要建立的社会主义市场经济体制，就是要使市场在社会主义国家宏观调控下对资源配置起基础性作用，使经济活动遵循价值规律的要求，适应供求关系的变化；通过价格杠杆和竞争机制的功能，把资源配置到效益较好的环节中去。”至此，社会主义市场经济体制的改革目标终被确定。之后，中国又在2001年12月正式成为WTO的一员，成为世贸组织的第143个成员国，中国经济深度融入世界贸易体系之中。

财政涉及收入与支出等各方主体高度关注的敏感内容，是改革的关键领域。1977年，财政部就已经引入了“分灶吃饭”的财政包干体系，但刚开始推行的时候非常谨慎，只在江苏等几个省份试行。试行效果被认可后，全国范围内的财政体制改革才得以后续推进。在1979年4月的中央工作会议上，中央决定财政管理体制改革要先行推进，为经济体制改革铺路。1980 年 2 月，《关于实行“划分收支、分级包干”的财政管理体制的暂行规定》出台，地方政府被赋予一定的财政自主权，“划分收支、分级包干”的财政管理体系在全国推行。之后，在“放权让利”的总体指导思想下，改革不断推进。1985 年，强调“划分税种、核定收支、分级包干”，1988 年，强调“大包干”，地方政府负责所在区域的收支平衡。中央对全国 37 个下辖单位采用六种形式的财政包干：收入递增包干、总额分成、总额分成加增长分成、上解递增包干、定额上解、定额补助。其基本精神是确定上解基数后，超收多留，故会激发地方的自主积极行为，但这种包干体制的行政成本较高，因为中央与地方要围绕基数与指标不停地进行谈判。总之，这一阶段的财政体制改革旨在激发地方政府发展经济的积极性。财政管理方面，财力分配由中央各部门管辖的“条条”为主变为各省地方管辖的“块块”为主，这体现了一定程度的分权特质，但产生了诸如恶性竞争、诸侯经济、太过关注地方经济发展、忽视地方公共服务供给、地方政府干预企业、区域经济差异扩大、中央宏观调控能力弱化等一系列问题。针对这些问题，中央进一步深化了财政体制改革。1993 年 12 月，《关于实行分税制财政管理体制的决定》出台。1994 年，分税制正式实行。此次改革的基本特征是“分税、分征、分管”，财政收入根据税种在中央与地方之间进行明确划分，分别由国税局与地税局征收，并分别由中央政府与地方政府支配。所有税种被分为三类：中央独征税、央地共享税、地方独征税。属于中央独征税的有消费税、中央国有企业所得税、进口关税等，属于央地共享的有增值税（地方与中央按照 25/75 分成）、印花税（地方与中央按照 3/97 分成）、企业所得税个人所得税（地方与中央按照 40/60 分成），属于地方独征税的有地方企业营业税与所得税、集市交易税、城市维护建设税、车船使用税、城市土地使用税、土地增值税、房产税等。为了确保地方政府的收入不低于分税制改革前，中央还推出了配套的税收返还与转移支付制度。税收返还以 1993 年为基数，将原属地方的增值税与消费税，按照分税制后地方上缴中央的数额，全额返还地方。转移支付旨在解决地方财政的突出问题，适度向民族地区倾斜，资金主要来源于中央的财政收入增量。值得注意的是，分税制只是对预算内的财政收入作了非常详尽的划分，对预算外与非预算收入并没有进行同步的管理改革。预算外资金是指行政事业单位的收费，非预算资金指的是农业上的提留统筹与土地开发相关的土地转让收入。分税制改革使得地方政府更为关注与地方财政紧密相关的税种，地方独征税与非预算资金进入地方政府视野，并深刻地影响了地方政府行为。与土地相关的产业因此得到快速发展，但产业间不均衡发展及地区间发展差异问题仍非常显著。1998 年 12 月，全国财政工作会议提出建立一整套转移支付制度，除了原来的税收返还以外，还有财力性转移支付与专项转移支付，中央财政的均衡功能进一步加强。2002 年，所得税收入分享改革推进，此项改革仍是在均衡功能上发力，围绕增加的税收，建立了一般性转移支付总量增长机制。

从表 14 - 2 中不难看出，财政体制改革的效果是明显的，1979—1999 年，GDP 及人均 GDP 呈现稳步增长态势，但是从图 14 - 3 中也可明显看出，1979—1999 年的增长幅度太小，增势比较缓慢，只有在 2000 年之后，增幅才比较明显起来。图 14 - 4 体现的是 1979—2017 年的财政收入结构，显然，1993 年是一个很重要的时间节点，之前地方财政收入占比过高而中央财政收入占比过低，之后渐趋合理。地方财政收入占比从 1979 年的 79.8% 慢慢下降，最低是 1994 年的 44.3%，随后稳定在 40% ~50% 的水平，2017 年是 53%，而中央财政收入占比从 1979 年的 20.2% 稳步上升，稳定在 50% 左右，最高是 1994 年的 55.7%，2017 年是 47%。从图 14 - 5 与图 14 - 6 所反映的财政支出情况来看，财政支出的结构也朝着比较理想的方向发展。水涨船高，随着收入的增加，支出也相应增加。但支出占比情况却有比较大的变化，中央财政支出占比从 1979 年的 51.1% 一路下降，最低是 2015 年的 14.5%，2017 年是 14.7%，而地方财政比重却从 1979 年的 48.9% 稳步增长，2009 年以后均在 80% 以上，2017 年是 85.3%。从这些图中不难看出，一方面，财政体制改革背景下，财政收入与支出皆稳步上涨。另一方面，中央通过体制改革加强了对财政的控制力度，但又通过税收返还及转移支付制度确保了地方的财政支出，使得地方财政支出稳步增加，从而有力地保证了地方经济的发展。

表 14－2　1979—1999 年 GDP 及人均 GDP

年份	1979	1980	1981	1982	1983	1984	1985
GDP/亿元	4100.5	4587.6	4935.8	5373.4	6020.9	7278.5	9098.9
人均 GDP/元	423	468	497	533	588	702	866
年份	1986	1987	1988	1989	1990	1991	1992
GDP/亿元	10376.2	12174.6	15180.4	17179.7	18872.9	22005.6	27194.5
人均 GDP/元	973	1123	1378	1536	1663	1912	2334
年份	1993	1994	1995	1996	1997	1998	1999
GDP/亿元	35673.2	48637.5	61339.9	71813.6	79715	85195.5	90564.4
人均 GDP/元	3027	4081	5091	5898	6481	6860	7229

资料来源：国家统计局网站。

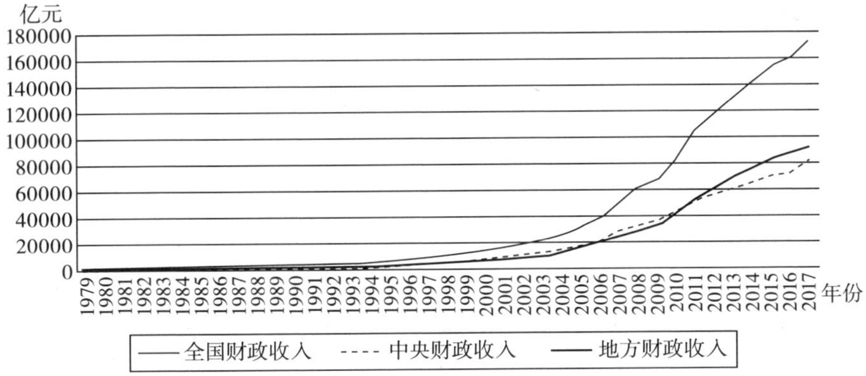

图 14－3　1979—2017 年全国、中央及地方财政收入增长

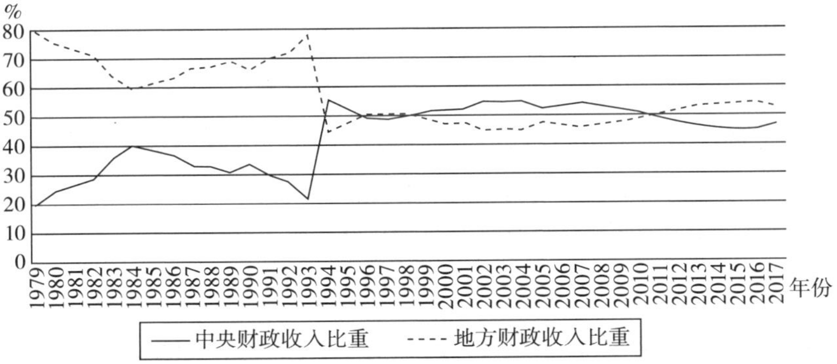

图 14－4　1979—2017 年中央及地方财政收入比重

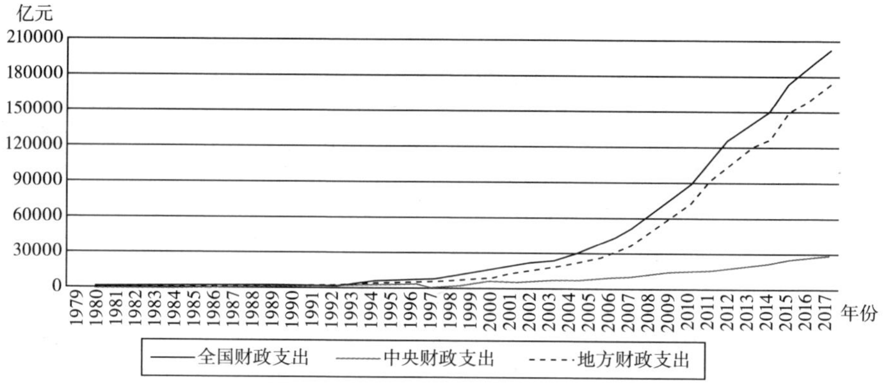

图 14－5　1979—2017 年全国、中央及地方财政支出

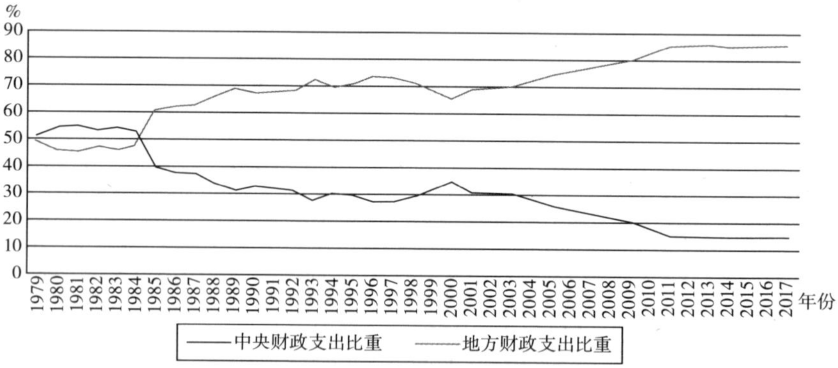

图 14－6　1979—2017 年中央及地方财政支出比例

随着经济体制与财政体制的不断改革，原有的行政管理体系已经不能与之相匹配，改革也势在必行。1978 年以来，中国共进行过六次政府机构改革，分别开展于 1982 年、1988 年、1993 年、1998 年、2003 年与 2008 年，这是一个渐进、从量变到质变的过程，学术界对这一过程的研究成果颇多。有学者认为，中国行政改革存在以下四个方面的发展趋势：从以精简机构人员为重点转向以科学配置政府职能为核心、从主导经济发展转向注重社会管理、从管制转向服务、从结构调整转向机制建构。这一观点大致梳理出了行政改革脉络的重点沿革，从历次改革的侧重点不难看出这一点。1982 年行政改革重点在改变机构臃肿、人浮于事、层次繁多等现象；1988 年改革首次提出转变政府职能的问题；1993 年改革重在适应社会主义

市场经济体制改革要求，强调要将政府职能转移到宏观调控领域；1998 年改革重在政企分开、大力转变政府职能，国务院组成部分有了大幅度裁减；2003 年改革重在调整体制、改变政府职能、改革政府管理方式等，以适应中国加入世贸之后的新要求。在这次改革中，政府的职能被明确界定为经济调控、市场监管、社会管理与公共服务。2008 年改革进一步明确了以上四种政府职能的工作重点，进一步合理配置了政府各部分职能，深化了政府机构改革。可以看出，每一次政府机构改革都是中国社会在面临新的社会经济发展需求、出现新的重大国际国内环境变化时推进的，都是对现实社会经济发展的呼应。并且，随着改革的推进，精简机构的数量型调整转向了合理配置各部门职能的质量调整；统摄性的全能政府让位于剥离企业管理职能后的现代政府；具体的微观管理转变为社会公共服务与宏观管理。这一点亦可被财政支出结构所印证，2003 年以后，经济建设费用所占比重逐年下降，而社会文教支出费用所占比重逐年上升，且在2006 年超过前者。一系列围绕教育、卫生、社会保障等民生领域的措施被积极推进，如2003 年，新型农村合作医疗制度试点工作展开，2008 年就已基本覆盖了农村居民。2006 年，农村义务教育实现全免费，2008 年，城市义务教育也做到了这一点。2007 年，旨在解决城乡二元结构矛盾的城乡统筹综合改革启动，这进一步推动了公共服务的均衡化发展。2009 年，农村社会养老保险制度也开始推行。从实践效果来看，1978 年以来的行政体制改革与经济体制改革相辅相成、在互动中不断发展，并很好地服务了中国的改革开放实践。

得益于制度环境的转变，生产关系在很大程度上得到调整，原来以“一大二公”为特征的生产资料所有制得以调整，“坚持公有制为主体、多种所有制经济共同发展”被确定为我国在社会主义初级阶段的基本经济制度，并被写入《中华人民共和国宪法》。原来高度集中的计划经济体制也以渐进的方式一步步得以调整，直至党的十四大明确地把建立社会主义市场经济体制定为我国经济体制改革的目标。与此同时，原来高度集权的行政管理体制也不断得以调整，以包干制、“分税制”为代表的财政管理体制改革也逐步推进，并将“分权”与“财权与事权相匹配”的理念落实到具体的实践操作之中。原来的行政管理体制也在调整，“政企不分”的全能型的政府转变为重在宏观调控、增强社会服务与管理的服务型政府，政府职能得以科学配置。生产关系的调整极大地促进了生产力的发展，自1979年开始，经济增长态势向好，2000年之后，增速加快，特别是中国在2001年加入WTO之后，增长趋势更是明显。如表14－3所示，在2007年之前，中国经济处于高速增长阶段，2008年，受金融危机的影响与冲击，经济增长速度有所下降，但下降幅度不是很大，2012年后，经济增长速度逐渐趋缓，中国经济发展进入新常态，经济增长方式也从数量型发展过渡到高质量发展的阶段。

表14－3　2000—2017年的GDP及人均GDP

年份	2000	2001	2002	2003	2004	2005
GDP/亿元	100280.1	110863.1	121717.4	137422.0	161840.2	187318.9
人均GDP/元	7942	8717	9506	10666	12587	14368
年份	2006	2007	2008	2009	2010	2011
GDP/亿元	219438.5	270092.3	319244.6	348517.7	412119.3	487940.2
人均GDP/元	16738	20494	24100	26180	30808	36302
年份	2012	2013	2014	2015	2016	2017
GDP/亿元	538580.0	592963.2	641280.6	685992.9	740060.8	820754.3
人均GDP/元	39874	43684	47005	50028	53680	59201

资料来源：国家统计局网站。

基于以上的改革背景，与1978年以前相比，地方政府行为出现了截然不同的特点。一方面，自主性行为大大增加。各地的地方政府都主动地发展当地经济，且地方政府间展开积极的竞争，虽然各地的经济发展速度不一，但均呈现出快速的增长态势。科斯对中国地方政府的评价非常高，谈及中国乡镇企业的成功时，他毫不吝啬对地方政府的溢美之词：“地方政府所扮演的活跃角色也常常被认为是乡镇企业得以成功的关键因素之一”；“乡镇企业的成功在很大程度上应归功于地方政府”①，这种观点代表了学

① ［英］罗纳德·哈里·科斯，王宁．变革中国：市场经济的中国之路［M］．北京：中信出版社，2013：82.

术界的主流观点。另一方面，随着国家行政管理体制的改革，地方政府也不断剥离微观经济行为，在发展经济的同时，也开始更多地注重社会管理与社会服务职能。各级地方政府更加注重地方公共产品的供给，教育、医疗、交通基础设施、社会保障等方面的财政支出逐步增加，大大优化了经济发展的环境。覆盖全国各个县市的行政服务机构推行更科学的运行模式，“一站式办公、一条龙服务、并联式审批、阳光下作业、规范化管理”的服务体系也大大提高了行政机构的办事效率。1998 年之后，中央逐步侧重社会公平问题，从 1999 的西部大开发、2002 年的城市低保政策、2003 年的税费改革、2006 年全面取消农业税、2007 年全面推行廉租房等措施不难看出这一点，且中央开始将地方政府在社会公平领域的政绩作为政绩考核的一大重要内容，这进一步促使地方政府在发展经济的同时，把服务民生、提高社会服务水平、促进社会公平等视为重要的工作方向，从而使其行为具备了既侧重经济发展又兼顾社会公平的双重特质。

14.3 中国特色发展经济学视角下的当代中国地方政府行为解析

西方各流派从财政分权、公共选择、制度经济学的激励机制等视角解释地方政府行为，与之不同，中国特色发展经济学是在马克思政治经济学的经济发展观、中国传统文化的经济发展观、当代中国在独特经济实践中所形成的社会主义经济发展观等思想的基础上形成的，是在中国独特的经济发展实践过程之中形成的，有着独特的国别性与民族性。因此，中国特色发展经济学视角下的中国当代地方政府行为既有着一般政府的普遍职能，又有着社会主义初级阶段中国政府机构的特殊职能，其行为逻辑也有着不同于西方政府的独特之处。

14.3.1 当代地方政府行为的主体及其职能

新中国成立后所确定的各个层级的地方政府是当代中国地方政府行为的主体。尽管在新中国的不同时期，中国地方政府的层级不一，但不管是多层级还是较为精简的层级，各个层级的地方政府被《中华人民共和国宪法》（以下简称《宪法》）赋予法律上的行为主体权力，《宪法》第一百零五条规定："地方各级人民政府是地方各级国家权力机关的执行机关，是地方各级国家行政机关。"[①] 作为行为主体，各级地方政府以具体的行为在中观层面切实影响着地方的社会经济发展。

中国特色发展经济学是马克思主义与中国发展实践相结合的产物，参照马克思主义的国家职能理论，当代地方政府的职能一目了然，即中国当代地方政府也存在服务特定目标群体、实行社会管理、发展社会经济等多方面的职能。中华人民共和国的性质、以人民为中心的根本立场决定了中国政府机构所服务的目标群体是最广大的人民群众，同理，各个层级的地方政府也是为机构所在地的最广大的人民群众服务的，维护最广大人民群众的根本利益，不断解决阻碍最广大人民群众实现其根本利益的各种问题，这是其基本职能之一。要维护地方最广大人民群众的根本利益，离不开一个稳定有序的发展环境，因此，维护地方社会治安、保证地方公共产品的供给、优化地方发展环境，这是地方政府的又一大职能。不断解放和发展生产力，这既是实现地方最广大人民群众利益的根本途径，又是衡量地方政府执政水平与能力的一个重要维度，因此，地方政府的另一个重要的职能就是发展当地的社会经济、促进当地社会生产力水平的提高。

14.3.2 当代地方政府的行为逻辑：多重约束下的自主理性行为

以中国特色发展经济学视角来审视，当代地方政府的行为具有经济理性。换言之，地方政府行为是理性的地方政府基于多重约束而采取的一种自主行为。多重约束表现为两个方面，一方面，从纵向维度来看，地方政府行为受中央政府和当地民众的双重约束。《宪法》第一百一十条规定："地方各级人民政府对本级人民代表大会负责并报告工作……地方各级人

① 中华人民共和国宪法[M]. 北京：中国法制出版社，2018：36.

民政府对上一级国家行政机关负责并报告工作。全国地方各级人民政府都是国务院统一领导下的国家行政机关，都服从国务院”，这意味着地方政府不仅要向国务院负责，听命于中央政府，还要向当地人民代表大会负责，接受人民的监督。另一方面，从横向维度来看，地方政府之间的模仿与竞争也会影响地方政府行为。

把地方政府置于这多重约束环境下，其行为逻辑也就很容易理解了。总体而言，要想在地方政府间的竞争中脱颖而出，各个地方政府既要考虑与效率紧密相关的当地经济发展的现实需要，又要考虑与公平紧密相关的公共产品需求，其行为是对以上两种需求的呼应，并具有应时而变的动态调试性特征。

(1) 地方经济发展的现实需要下的自主经济性行为

任何一个权力机关与行政机关，作为行为主体，都有促进行政管辖范围内区域经济发展的内在动力。经济发展水平的高低，通常也是衡量一个行政机关和权力机关效率高低的重要标准。作为国家权力机关的执行机关、作为具体的行政机关，各级地方政府当然也不例外，有着本能地发展地方经济的内在动力。只不过，这种内在动力有时候受某些因素所制约，无法转化为发展经济的实际措施。

新中国成立之初，经济社会发展的需要非常迫切，国家对国内主要矛盾的判断也非常准确，1956 年，党的八大报告中指出：“我们国内的主要矛盾，已经是人民对于建立先进的工业国的要求同落后的农业国的现实之间的矛盾，已经是人民对于经济文化迅速发展的需要同当前经济文化不能满足人民需要的状况之间的矛盾”，具体到各个地方，这样的主要矛盾同样存在，各地各层级的地方政府都面临着发展当地经济文化、助推先进工业生产体系建立的责任。在当时的行政管理体系下，地方政府的主要行为是配合中央推进国家的“一五”“二五”计划。后来，随着阶级斗争重新被强调，地方政府发展经济的行为大大弱化。

1978 年以来，随着改革开放的推进，社会主义经济体制、财政体制、行政管理体制等领域的改革也一步步深化，地方政府的主体性地位越发突出。并且，中央对国际国内形势的认识发生了变化，与以往时刻强调阶级斗争、第三次世界大战爆发的主调不同，中共中央认为和平与发展是未来国际社会的主题，这样一来，中国经济发展的现实需要再次凸显。1981年，在党的十一届六中全会上，我国社会的主要矛盾被界定为“人民日益增长的物质文化需要同落后的社会生产之间的矛盾”，解决此主要矛盾、不断解放与发展生产力、实现先进的社会生产等成为各个地方政府的当务之急。在包干制、分税制、分权式管理、开放的经济发展环境、政企分开的政府职能改革等因素的影响下，地方政府发展当地经济的自主性行为大大增强，地方政府间竞争进一步强化了地方政府的这种自主经济性行为。

随着经济发展的进程，新的现实需要再次产生。2013 年以来，我国经济增长速度放缓，经济发展进入了新常态，经济结构优化、经济的高质量增长成为当务之急。2017 年 10 月 18 日，党的十九大报告中指出，随着中国特色社会主义进入新时代，我国社会主要矛盾已经转化为“人民日益增长的美好生活需要和不平衡不充分的发展之间的矛盾”，其中，“不充分”着眼的是发展的数量问题，目前，尽管我国经济体量已发展至世界第二，但人均 GDP 仍然较低，与发达国家相比，还存在较大的发展空间。另外，社会生产力发展不充分还体现在很多方面，如随着生产力的发展，教育、医疗、社会保障等领域的发展也应该同步增长，但目前，我国在这些方面的增长滞后于经济领域的增长，我国百姓在这方面的需求得不到充分的呼应。“不均衡”着眼的则是发展的结构与质量问题。目前，我国仍存在着城乡发展不平衡、东西部发展不平衡、人与自然发展不平衡、物质文明与精神文明发展不平衡、积累与消费发展不平衡、一般商品与公共产品发展不平衡、经济建设与国防安全、食品安全、网络安全等安全生存环境发展不平衡等。宏观层面的发展问题是对各个地方发展问题的总体归纳，毫无疑问，各个地方政府在新的时代背景下面临同样的问题。为此，各个地方政府在调低预期发展速度的同时，也开始将地方经济结构优化、地方生态、城乡发展等发展问题纳入总体考量当中，着力解决所辖区域内部发展“不均衡不充分”的问题。

总之，随着宏观层面主要矛盾的转化、呼应地方经济的现实需要，地方政府在不同的历史阶段总是自主地、理性地发展地方经济，并一步步持续地解放和发展地方的生产力。如若把地方政府这一切呼应地方现实需要的行为与其作为权力机关与行政机关的角色联系起来，那么，地方政府行为的这种自主经济性行为并不难理解。

（2）人民立场与公平共享价值理念下的自主公共性行为

人民立场是中国共产党的根本政治立场，也是马克思主义政党与其他政党最显著的不同之处。2016 年 7 月 1 日，习近平总书记在庆祝中国共产党成立 95 周年的大会讲话中还特意强调了这一点："坚持不忘初心、继续前进，就要坚信党的根基在人民、党的力量在人民，坚持一切为了人民、一切依靠人民，充分发挥广大人民群众积极性、主动性、创造性，不断把为人民造福事业推向前进"[①]，结合中国传统文化中的"民本"思想，可以说，人民立场是中国共产党能够带领全国人民群众建立新中国的重要因素之一。这里的人民指的是全体国民，非特定地区特定人群。

在新中国，坚持人民立场就是要满足人民群众对美好生活的需求，就是要让人民群众共同分享发展的成果。因此，"共享"成为新发展理念中不可或缺的一部分。2016 年 1 月 18 日，习近平总书记在省部级主要领导干部学习贯彻党的十八届五中全会精神专题研讨班上讲话中强调："共享理念实质就是坚持以人民为中心的发展思想，体现的是逐步实现共同富裕的要求。"[②] 怎样实现共享？如何惠及最广大的人民群众？如何使百姓共享改革开放的成果？这实际上涉及效率之外的社会公平问题，做大蛋糕可以靠发展生产力、依靠市场的效率来解决，但如何分配蛋糕却只能依靠政府所供给的制度、靠公平的社会机制来解决，为此，政府部门必须不断完善税收、社会保障、转移支付的收入再分配调节机制，不断供给出更优质的公共产品。1989 年之后，中央特别重视这一点，西部大开发、东北振兴、

① 习近平．习近平谈治国理政：第二卷[M]．北京：外文出版社，2017：40.

② 习近平．习近平谈治国理政：第二卷[M]．北京：外文出版社，2017：214.

中部崛起等宏观战略就是全国范围内的优化分配调节机制的产物。目前，对“共享”的准确理解应该是：从覆盖面来说，是全民共享；从内容来说，是涉及经济、政治、文化、社会、生态等方面的全面共享；从建设途径来说，是群策群力的共建共享；从推进进程来说，是由低到高、由不均衡到均衡的渐进共享。

地方各级政府是在中国共产党领导下的地方行政机关，是贯彻党的人民立场、体现党的公平共享价值理念的重要平台与中介，因此，在供给地方公共产品、提升地方民生福利方面，地方政府责无旁贷，这是一种政治正确。但比起经济绩效，体现公平与共享价值理念的社会管理绩效具有投入大、见效慢、周期长的特点，如若没有相应的激励机制，地方政府在这一方面的自主行动力明显较弱。因此，在中央政府对地方政府的政绩考核中，民生发展水平也成为一个重要的考核依据。例如，2013 年中共中央组织部在针对干部的绩效考核通知中强调：“完善政绩考核评价指标……更加重视科技创新、教育文化、劳动就业、居民收入、社会保障、人民健康状况的考核。”① 再者，地方政府要接受地方人民群众的监督，要按期对人民代表报告工作，而地方人民群众最关心的无非是在本地生活的幸福感、获得感等，而这些体验的获得都与地方公共产品的水平高低密切相关。因此，在这样的激励机制与双重约束下，在所管辖区域内，地方政府自主供给诸如教育、医疗、基础设施等公共产品、解决收入差距过大、营造公平生产生活环境的动力较为强劲。2007—2017 年，地方政府持续性地增加一般公共服务支出、教育支出、医疗卫生支出，公共性行为倾向明显。图 14－7、图 14－8 与图 14－9 清晰地反映了这种增长趋势。

① 关于改进地方党政领导班子和领导干部政绩考核工作的通知[EB/OL]. http://www.gov.cn/jrzg/2013－12/09/content_2545183.htm.

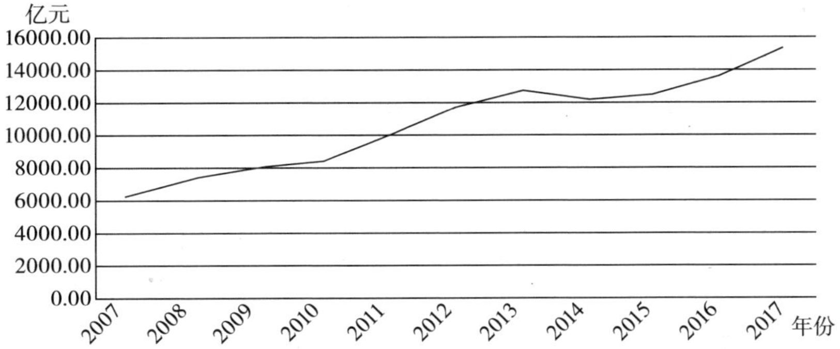

图 14－7　2007—2017 年地方财政一般公共服务支出

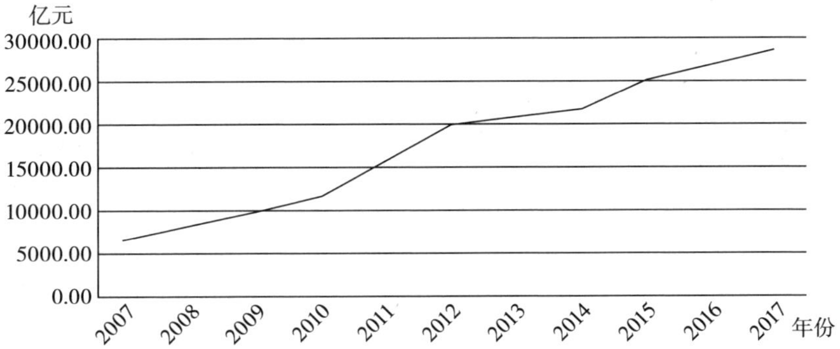

图 14－8　2007—2017 年地方财政教育支出

图 14－9　2007—2017 年地方财政医疗卫生支出

（3）应时而变的自主动态调试性行为

既要发展经济，做大蛋糕，又要关注民生，分好蛋糕；既要促进效率，又要确保公平；既要关注发展生产力的经济职能，又要践行社会管理职能，那么，该如何兼顾？有没有侧重？如果有，侧重抉择时的依据何在呢？

仔细分析不同历史时期的地方政府行为，不难看出，地方政府行为具有应时而变的权变色彩。地方政府总是根据所面临的多重约束、以理性的态度审慎地作出最有利于自己的决策，并由此展开一系列的行动。例如，改革开放前，中央有两次放权实验（1958 年及 20 世纪 70 年代初期），下放地方政府一定的权限，如计划决策权、物资分配权等，但在大的计划体系环境下，地方政府自主性行为的空间有限，更侧重于追求小而全的自给型经济，地方经济形态呈现出“蜂窝状经济”特征。改革开放初期，中央鼓励经济发展，采取分灶吃饭的财政包干制，因此，20 世纪 80 年代，地方政府行为企业化痕迹非常鲜明，表现为：地方政府直接成立公司，投资实业；地方政府通过各种行政与政策手段积极扶持、保护本地企业的发展；吸引资本流入本地等。但随着国企改革、国务院 20 世纪 80 年代末清理各类政府性公司，1994 年的分税制改革与转移支付制度的建立，2002 年的所得税改革等制度环境的变化，地方政府从经营企业转向经营城市，更为关注社会管理职能，企业型政府向服务型政府转变。学术界对地方政府行为的研究成果颇多、观点各异，但学者们大都注意到地方政府行为应时而变的特点。代表性观点如下：地方政府行为的转变有迹可循，其转变轨迹相对清晰：封闭性自主（改革前）—约束性自主（1978—1993 年）—嵌入式自主（1994 年之后）。基于经济利益、政治利益与公共利益，地方政府间会存在竞争与合作行为，但这种行为也会因历史环境的变化而变化，其历史演进颇为清晰：间接竞争与被动合作（新中国成立到改革开放前）—非理性竞争与试探性合作（改革开放到 20 世纪 90 年代初）—同质化竞争与单线合作（20 世纪 90 年代初到 21 世纪初）—错位竞争与网状合作（21 世纪初至今）（陈霞、王彩波，2015）。不断变化的财政政策是解释中国地方政府行为企业化变迁的一个视角，即财政包干制使地方政府开启了“企业财政”模式，而分税制又促使地方政府启动了“土地财政”模式，这是解释地方政府行为变化的一个财政逻辑（彭忠益、柯雪涛，2018）。不难看出，学者们普遍注意到地方政府行为的动态性特征，注意到地方政府行为是在一定的历史环境下、根据社会需要而履行政府责任的一系列活动，历史环境发生变化，地方政府的行为自然也随之而变。总之，地方政府会根据形势变化自主地、动态地调试其行为，从而使其行为具有应时而变的鲜明特征。

可见，理解地方政府的行为逻辑，必须将行为主体放在其所面临的多重约束之下进行考察，联系其所处的历史语境并对其行为进行同情之理解，如此，方能得出合理的结论，即作为行为的主体，地方政府总是对能搜集到的有限信息进行理性分析，进而根据不断变化的宏观形势，选择最佳的行动策略，其行为具有因时而变的特点，其行为逻辑具有自洽性。

14.3.3 中国特色发展经济学视角下当代地方政府行为的影响因素

新中国成立以来，影响地方政府行为的影响因素众多，但主要集中在以下几个方面：

（1）央地关系

最影响地方政府行为的因素当属央地关系。央地关系体现在很多方面，如中央对地方是集权还是放权，是注重管控还是注重激励；从中央到各级地方政府机构的组织结构是复杂多层级还是简单层级等。一般说来，中央如若对地方放权、采用激励制度、实行简单层级的组织结构，地方政府的自主性积极行为会多一些，否则，反之。前文所述的当代地方政府结构的演化与当代地方政府行为的演化已充分印证了这一点，此不赘述。

值得强调的是，新中国成立以来，对地方政府而言，中央政府始终是具有强把控力的威权中心，即使对地方放权、积极激励地方发展经济、改善民生，也有一个基本的前提，即地方政府无条件地服从中央政府、服从国务院。宪法第三条明确规定了这一点：“中央和地方的国家机构职权的划分，遵循在中央的统一领导下，充分发挥地方的主动性、积极性的原则。”因此，中央政府对地方政府的影响力最为巨大，中央政府对国际国内主要矛盾的判断、中央政府的发展理念、中央政府在特定阶段更注重效率还是公平、更注重特定地区的创新实验还是全国各地区的均衡发展、中央政府针对地方政府的考核机制等因素，皆会对地方政府行为产生重大影响（陶勇，2011）。中央判断国内主要矛盾是阶级矛盾，地方政府的工作重点就转向阶级斗争；中央认为主要矛盾是人民日益增长的物质文化需要同落后的社会生产之间的矛盾，地方政府的工作重点又转向经济发展领域。中央考核机制侧重经济效益时，各个地方政府唯经济指标马首是瞻；中央考核机制侧重社会效益时，各个地方政府又在公共投入上大做文章。

即使是公共投入，受考核机制影响，地方政府也比较偏爱将财政支出集中在容易被上层看出政绩的公共投入上。公共产品可分为两种：一种是可直接在短时间内促进经济发展的经营性公共产品，如电力、道路、水力、通信等；另一种是间接性的、在长时间段才能显示其效益的一般性公共产品，如教育、医疗、社会保障等。两种公共产品之间，地方政府显然更偏爱前者。傅勇、张晏（2007）利用1994—2004年的省级面板数据得出结论，他们认为中国的财政分权以及基于政绩考核的政府竞争，造就了地方政府公共支出结构“重基本建设、轻人力资本投资和公共服务”的明显扭曲，这种为增长而竞争的行为会使相应的成本上升。中央对地方政府绝对的影响力与定期的考核被视为一种压力型政治经济体制，此体制是地方政府行为的产生背景。曹胜（2010）研究了农地征用中的地方政府行为，他认为各地地方政府行为是压力型政治经济体制与地方政府谋求自身利益两种因素合力的结果。在既定的权威政府背景下，中央或上级的简单化做法也会产生负效应。李军杰、钟君（2004）基于公共选择视角研究了地方政府行为，他们认为，各级地方人大在公共选择中处于非主导地位，不能对同级政府构成有效的监督和约束。上级政府的监督与约束则非常有力，但在地方初级政治市场上，存在一种简单化倾向，即上级政府侧重通过单纯经济指标考核地方政府、通过直接左右地方政府首脑的任免以约束地方政府的经济行为。毋庸置疑的是，如若放任这种简单化倾向发展，地方的公共产品供给会很受影响。总之，中央政府的任何风吹草动的微小动作，皆会被地方政府所放大，并成为指导其行为的指向标，中央政府对地方政府的影响由此可见一斑。

（2）制度环境

根据马克思主义政治经济学的相关理论，制度隶属于上层建筑，反映的是人与人之间的关系。制度是由人来制定的，在每个具体的时代及国家，制度都是由这个时代这个国家的当权者或当权阶层来制定的，体现的是统治者的意志。根据中国特色社会主义政治经济学，中国当前的一切制度都是社会主义初级阶段的当代中国所需要的，是人民意志的体现，因为中华人民共和国的一切权力属于人民，此处的人民指的是全体社会主义劳动者、社会主义事业的建设者、拥护社会主义的爱国者、拥护祖国统一和致力于中华民族伟大复兴的爱国者。根据西方制度经济学理论，制度是有能力供给制度的权利中心在比较制度供给的成本与收益后的理性判断的产物。不管如何界定，毋庸置疑的是，每一种解释都在强调制度对经济行为主体的巨大影响。每个行为主体都在特定的制度环境中活动，制度是影响行为主体活动的内生力量，地方政府也不例外。

制度可大致分为两种：一种是以文字形式体现的正规制约；另一种是超越正规约束的，包括人民的行为规范、行为准则与习俗在内的非正规制约。这两种形式的制约构成了制度环境，形成了一系列影响生产、交换、流通与分配的基本的政治、经济、社会和法律的制度规则。新中国成立以来，随着宏观局势的变化，制度环境也一再变化，而每一次制度环境的变化都会引起地方政府行为的变化。以沿海地区的发展为例，1978 年之后，当隶属管理体制的经济、行政、财政等正规制约发生变化时，相关的政策开始向沿海地区倾斜，而沿海地区人民的经商传统、冒险精神、对新生事物敏锐的感受力等非正规制约也同时发力，两者的结合使得地方政府在推行一系列改革开放试点工作时如鱼得水，事半功倍，这反过来又进一步强化了地方政府的改革开放行为。同理，后来的西部大开发、中部崛起等区域发展战略，无不是制度环境变化后地方政府顺势而为的结果。刘骥等（2011）专门研究了制度环境对地方政府行为的影响，他们比较分析了环渤海、长三角、珠三角三地政府对 2008 年危机背景下停工事件的政策，得出了这样的结论：因为以下因素的存在，即长期得到国家的政策支持，有成熟的市场经济与各类企业、拥有相对开放思想与市场意识的当地人、政企关系松散、劳工组织发育程度较高等，珠三角地区政府倾向于以相对中立的立场和市场化、法制化的方式处理问题。而环渤海地区因为改革开放的时间较短，国企众多、思想保守，当地政府倾向于以偏袒资方的行政干预方式处理问题。长三角的制度环境介于两者之间，当地政府处理问题的方式是计划与市场兼备。此观点有力地印证了制度环境对地方政府行为的影响力。

好的制度环境可以产生正向激励；否则，反之。以“大跃进”与“文化大革命”时期为例，宏观制度环境要么浮夸、要么混乱，作为主体的地方政府即使有非常强烈的发展地方经济的自主需求，也很难有好的成效。具体制度对地方政府行为的影响更为直接，以分税制为例，学术界对此制度影响地方政府行为的研究成果已颇为丰硕，学者们普遍关注到分税制对地方政府行为的影响力，代表性观点有：税收分成比例和地方财政努力正相关，不同税种分成比例对财政努力影响具有差异性，预算外收入的大量存在抑制了地方政府筹集预算内收入的积极性（乔俊峰、张春雷，2018）；由于分税制只是规范了预算内的财政收入的运作方式，此制度产生了驱赶效应，使地方政府将财政收入重点由预算内转到预算外，从依靠企业转到依靠农民负担和土地征收，从侧重工业化转为侧重城市化，地方政府的行为模式大为改变（周飞舟，2016）；财政包干制赋予地方政府剩余占有者地位，因此，地方政府皆持“援助之手”，但分税制使预算内收入明显向中央政府集中，地方政府则转向预算外，导致贪污腐败严重，从而使地方政府由“援助之手”转为“攫取之手”（陈抗、Arye Hillman、顾清扬，2002）。制度对地方政府行为的影响力由此可见一斑。

地方政府行为受制度环境的影响，但同时，地方政府行为又可对制度环境产生能动的反作用。以家庭联产承包责任制的实施与推广为例，安徽小岗村——这个中国地方政府行政体系之中最基层的村级单位——贡献出了底层智慧，他们自主自愿的制度实践误打误撞地引领了中国农村的制度变迁，且因为其制度实践效果甚佳，被上层所认可，进而很快地推行至全国，改变了整个农村基层的制度环境。可以说，在家庭联产承包责任制推行方面，农村大的制度环境是自下而上的诱致性制度变迁与自上而下的强制性制度变迁相结合的产物，是基层地方行政组织行为与中央政府行为良性互动的结果。

（3）自然禀赋及劳动力、资本、技术等要素因素

中国幅员辽阔，各个地区的地理环境、气候土壤、人口数量与质量、资本、技术等要素禀赋各异，作为行为的主体，地方政府会在很大程度上受这些因素影响，其行为也呈现出迥异的特点。

根据比较优势原理，不同的地理环境在某种程度上锁定了地方经济的产业结构和发展模式。地处山区，适宜发展林业、采矿业等；地处平原，适宜发展种植业、加工业等；地处海边，适宜发展渔业、运输业等。一般来说，秉承着因地制宜原则，各个地方政府大都会顺应各地自然禀赋、因势利导地引导地方经济与社会发展。以陕西省为例，陕北煤炭、石油、天然气等资源丰富，陕南生态资源丰富，关中平原土壤、水利等资源丰富，虽然三者同样隶属陕西，但三者迥异的自然禀赋使得各地地方政府引导经济的着力点各异，陕北重视能源业发展，陕南重视旅游业服务业发展，而关中则重视农业工业高科技产业的发展，各地的产业政策也因此呈现出较大的差异性。

劳动力、资本与技术皆是可自由流动的要素，这些要素所流向的区域往往是经济发展活力十足、当地政府各种配套政策较好的地方。这在很大程度上会激励各个地方政府努力营造良好的经商、生活与工作环境，吸引这些要素聚集所辖区域。三者之中，劳动力首当其冲，因为，各地的经济与社会发展，说到底是围绕着人的发展。而各地在人口的数量与质量、人口的结构与水平等方面也呈现出较大的差异性，这种差异性也会在很大程度上影响地方政府行为。一般来说，人口密度较大的地区适宜发展劳动力密集型产业；人口文化素质水平较高的地区适宜发展高科技产业；人口结构方面，中青年占比较大的地区发展潜力较高，老龄化程度较高的地区发展乏力，面临着沉重的社会养老负担。地方政府在发展当地经济时，必须

将这些因素考虑在内，推出符合本地人口结构与素质的发展战略。如果人口结构与素质不甚理想，地方政府会想尽各种办法促使其朝着理想化的方向发展。当前，对人口数量与质量的焦虑甚至在很大程度上促使各地地方政府纷纷出台各种措施，上演“抢人大战”。2018 年，以西安、海南、武汉、南京、杭州、宁波、成都、天津等城市为代表，各地的抢人大战进入白热化阶段，围绕着年轻人最关心的房子、户口、工作等问题，各地纷纷给出最优惠的政策。如天津的“海河英才”计划规定：如本科生不超过 40 岁、硕士不超过 45 岁、博士不受年龄限制，均可直接落户。如是战略新兴产业所急需的人才，企业家可自主确定落户条件，政府照单全收。同时大力欢迎技能型人才，高等职业院校毕业并工作满一年，中等职业院校毕业并工作满 3 年，也可落户①。武汉推出了“大学生 8 折购房”政策。西安则推出了大学生仅凭学生证与身份证直接落户政策。类似政策密集出台的背后，折射的是各地地方政府对于地方发展活力的焦虑，毕竟，地方经济是要靠人来发展的，年轻人，特别是高素质的年轻人，意味着持续的消费力与创造力，在拉动地方经济与社会发展方面起着不可或缺的作用。

除了“抢人大战”，各地对资本与技术的争夺也是“八仙过海，各显神通”，不过大致的策略无非是通过提供各种各样的优惠政策吸引这些要素流入，如建立高新技术产业开发区与工业园、提供土地、实施税收优惠与低息贷款政策等。具体应用方面，各地地方政府纷纷出台了一系列可操作性的政策，力图为投资、技术要素的持有者创造一个公平竞争、平等准入的市场环境，吸引这些要素青睐并流入所辖区域。以吸引社会资本为例，为了吸引社会资本，各地政府纷纷聚焦民营企业最为关心的融资难、贷款难问题，出台了一系列政策。例如，陕西省西安市为了支持民营中小微企业发展，专门设立了西安合作发展基金，并出台了打造民间金融街、完善投资担保体系等政策；福建省注重“政银企对接”的做法，鼓励民间

---

① 抢人大战如火如荼，各地究竟在焦虑什么？[EB/OL]. https://news.china.com/socialgd/10000169/20180531/32470199.html.

资本入股地方法人银行业机构；山东省鼓励民间资本设立民间资本融资管理机构；广东省、四川省的做法与福建省相类似，致力于形成以中小企业为主体、政府引导、银行提供担保与再担保的新融资服务链；浙江省台州市设立小微企业信用保证基金；江西省为了加大对小微企业融资，搭建质押融资平台，鼓励股权登记托管和质押融资相结合的做法；江苏、福建、山东、天津等地建立风险分担机制；上海市出台了《上海市促进中小企业发展条例》，提出“两个不低于”要求，即用于企业的各类专项资金中，中小企业的支持比例不低于1/3，中小企业发展专项资金中，小微企业的支持比例不低于1/3，这是相对非常具体的条例了；江苏省苏州市则积极推进“两平台一中心一基金”机制，“两平台”，即综合金融服务平台与地方企业信用信息平台，“一中心”，即企业自主创新金融支持中心，“一基金”，指的是信用保证基金，这样的机制可将金融机构与企业更有效地连接在一起。诸如此类的地方政府行为不胜枚举，各地都试图通过积极的政府行为营造更好的生产投资环境，吸引优质资金与技术的加入，发展本地经济。各地方政府对资本的重视由此可见一斑。但亦有学者指出，资本流动约束下的地方政府行为可能会出现不符合民生发展的趋势。基于数值模拟与实证分析，尚铁力、王娜（2009）认为，1994 年分税制改革之后，资本要素流动性的增强影响了地方政府税收竞争的博弈策略并产生了负向效应，即各地方政府出现了重服务资本、轻民生发展的倾向，这会使辖区政府为当地居民提供公共服务的能力弱化，并对未来民生的改善带来不利影响。可见，不管是正向激励还是负向效应，资本、劳动力、技术等都是约束并影响地方政府行为的重要因素。

（4）其他地方政府行为

对每一个地方政府而言，其他地方政府都是潜在的参照物与竞争者。因为中央政府对地方政府有相应的考核机制，各个地方政府都唯恐落后，都欲围绕中央的考核指标交出一份满意的答卷。一般来说，中央对地方的考核大致可分为三个维度：政治忠诚度、经济绩效、辖区民意。各个地方政府都竭力围绕这三个指标做文章，在完成答卷的过程中，作为行为主体，地方政府最稳妥的做法是仔细观察其他地方政府行为、审慎判断并加以理性借鉴，以便在地方政府间竞争中脱颖而出，获得来自中央的更多政策支持。

学术界对政府间竞争行为研究颇多，视角各异。刘伟（2014）基于政策扩散理论，讨论了地方政府参考其他地方政府的两种模式，他认为在地方政府的政策行为中，有两种参考他人已有经验的行为模式：学习借鉴与跟风模仿，这两种行为模式所导致的结果不同，前者能提升本地政策，而后者会影响政策的有效性，并损害政策主体的合法性与公信力。周黎安（2007）探讨了地方经济增长与地方政府间竞争的关系。他认为，中国 20 世纪 80 年代开始的地方官员之间围绕 GDP 增长而展开竞争，这种“晋升锦标赛”模式是理解政府激励与地区经济增长的关键。唐睿、刘红芹（2012）则不认同“晋升锦标赛”理论所提出的地方政府间以 GDP 为主要目标的一元竞争模式，他们认为这种理论已经不能有效解释地方政府间的差异与竞争行为，特别是 1999 年以来中央政府作出政策调整后的地方竞争行为模式。因此，他们基于 1998—2006 年的中国的省级面板数据，认为地方政府间的竞争已经演变为二元竞争模式，即追求社会公平与经济发展的双重目标。彭忠益、柯雪涛（2018）研究了地方政府间竞争与合作的演进历史，他们认为，对经济利益、政治利益与公共利益等三种利益的追逐是地方政府间竞争与合作关系的催化剂，因此，地方政府间关系以利益为中轴，在竞争与合作中变迁。张军等（2007）在回答“中国为什么有了良好的基础设施”这个问题时，给出了这样的答案：地方政府之间在“招商引资”上的标尺竞争和政府治理的转型是解释中国基础设施投资决定的重要因素。他们认为，中国式财政分权模式成功的地方在于一个“向上负责”的政治体制与财政分权的结合，中央政府用“标尺竞争”取代了对地方政府的政治说教。地方经济发展的可度量的标尺（政绩）成为中央政治治理的重要信息。为了取得“政绩”，地方官员展开横向的竞争，花费大力气改善基础设施以便“招商引资”，从而实现更快的经济增长。即使经济增长乏力，显著改善的基础设施本身就是最容易度量的政绩。因此，各个地方政府有充分的动力在此领域做足功夫。

不管是学习借鉴还是跟风模仿，不管是一元竞争还是二元竞争，不管是侧重经济利益还是侧重政治与公共利益，一个不容忽视的事实是：各个地方政府所采取的任何措施都在不同程度上受到其他地方政府的影响，这使得中国各个地方政府间的行为呈现出动态调整性特点。上文所述的各个地方政府"抢人大战"与竞相创造优质环境吸引社会资本的做法皆很好地诠释了这一点，即作为理性的行为主体，地方政府总是尽可能地搜集到较完备的信息，并对这些信息进行理性分析，之后推出符合自身利益的一系列措施。在这些信息中，其他地方政府行为是最容易观察的对象，作为行政组织，任何地方政府的发展战略及谋篇布局总是通过一系列政策来体现的，而政策是面向公众的，无法也不可能以隐匿的方式推行，这使得搜集其他地方政府行为的相关信息的成本相对比较低，且由于先行采取行动的地方政府起着"蹚雷"性质的作用，对于一直暗中观察并后继采取行动的地方政府而言，先行地方政府为其节省了试错、走弯路等方面的成本。而一旦观察到先行采取行动的地方政府成效斐然，一直观察的地方政府会马上采取相应的行动，以期在地方政府间竞争中崭露头角。客观而言，基于本辖区现实情况，理性地学习借鉴其他地方政府行为，的确可以在一定程度上优化本地发展战略。但是，如果盲目模仿，就很可能事倍功半，对本辖区发展产生负面影响。且从全国范围而言，同质性的地方政府行为也会导致恶性竞争、重复建设、效率低下等问题，在中国现代化的进程中，此类现象并不鲜见。

14.3.4 中国特色发展经济学视角下当代中国地方政府行为效率提升的路径

厘清了当代中国地方政府行为的演化过程及其主要影响因素，提升当代地方政府行为效率的路径也就较为容易探寻了。在中国仍处于社会主义初级阶段的当前背景下，在坚持社会主义道路的前提下提升当代地方政府行为，可从以下几个方面突破。

（1）构建更有效率的央地关系

在当前中国的政治体系中，对于地方政府而言，中央政府是一种威权中心式的存在，地方政府要服从国务院，中央政府对地方政府有着强大的把控力与影响力。地方政府要想有所作为，离不开中央的支持。要提高地方政府行为的效率，必须构建更有效率的央地关系。同样，对于中央而言，地方政府是其下辖行政组织，有执行其各种政策的义务。但是，中国是一个由56个民族组成的、拥有14亿人口与960万平方千米领土的大国，中央仅仅靠威权无法有效地逐步落实由发展中国家迈向发达国家的发展战略，要想有效凝结全国的人力、物力，不断解放与发展生产力，消灭剥削、消除两极分化，并最终达到共同富裕，就必须不断构建更有效率的央地关系，不断采取措施激发地方政府的积极性、主动性。

从西方经济学的企业组织理论视角来看，中国的央地关系类似于“M”形企业组织结构，是一种以分权为特征、给予下级组织一定自主权的结构安排，可有效激活下层组织的积极性与主动性。从西方经济学的委托—代理理论来看，中央政府相当于委托人，地方政府相当于代理人，与中央相比，地方政府对所辖区域的基本情况要更为清楚，具有信息优势，这使其在处理地方相关事宜时更具有效率，这种效率就相当于代理人的专业性。因此，最有效率的央地关系应该具备合作共赢、有共同目标、利益指向相同、利益一体等特征。从新中国成立以来中国中央政府在不同历史阶段的分权实践来看，这实际上就是一种给予代理人一定剩余索取权的实践，这样的实践会将地方政府与中央政府紧密联系起来，一旦两者的利益一致，一旦被赋予独立财权与事权的地方政府意识到其行为惠及全体更有利于自身时，其自主性行为会被大大激发，其积极性、主动性行为也会更有效率。

但是，任何事情都会具备两面性，过度分权也会导致不利于中央政府的后果出现。20世纪80年代，中国的分权实践的确激发了地方政府发展经济的积极性，“分灶吃饭”的财政包干制经济效果斐然，但同时也导致了强地方、弱中央的局面，“七五”期间（1986—1990年），中央占财政收入的比例只有40%，地方则占了60%，这种弱干强枝的关系不利于中国整体目标的实现，中央没有足够的财力去解决区域不平衡、城乡不平衡、物质文明与精神文明发展不平衡等问题，因此才有了后续的分税制改革和所得税改革（刘华，2017）。此外，除了分权的“量”，还应考虑分权的“质”。中国疆域辽阔，地区异质性特征明显，全国统一使用单一标准分权会使政策效率大打折扣。以撤县设市、给予县级市更多诸如行政审批、城市规划等方面的自主权这一政策为例，政策的初衷是想通过分权激发地方发展经济的积极性，但政策在实施时没有考虑到各个地区的要素禀赋存在差异，导致各地的政策效应不一。唐为基于1992—2012年的县级面板数据及双重差分方法，指出：“行政审批权及土地使用权等经济管理权限的下放是政策效果的主要来源，但分权的效应取决于当地的发展潜力（本地集聚经济和外部发展机会），即在地区发展禀赋存在差异的背景下，经济分权只对那些发展潜力更高的地区产生积极作用”①，由此看来，要想使分权更有质量，还需充分考虑区域差异性，如此，方能在构建和谐央地关系时拥有更好的政策效果。

可见，构建更有效率的央地关系，适度分权、精确地差异化分权不失为一种有益的尝试。只是，何为适度？何为过度？何为精确？如何体现差异化？如何兼顾中央与地方？如何兼顾各地经济发展与全国整体文明的提升？这需要在实践中不断探索。

受中国政治体制的影响，在构建更有效率的央地关系中，中央政府往往起着主导者的角色，但是，地方政府也绝非单纯的配合者。影响中国农村改革的家庭联产承包责任制就来自地方基层，对此，前文所述颇多，此不赘述。因此，地方政府完全可发挥主动创造性，在基层实践中总结经验，并反馈给中央，以优化顶层设计，从而为构建更有效率的央地关系贡献智慧。

---

① 唐为．经济分权与小城市发展——基于撤县设市的政策效果分析[J]．经济学（季刊），2018(1)：146.

从中国以往的实践经验来看，央地关系总能在动态的调整中慢慢调整到位，并适应当时中国经济发展的大局。不过，值得强调的是，没有绝对的调整到位的央地关系，因为社会经济发展环境处于不断的变动之中，变化的环境会要求新的央地关系，从这一方面来说，构建更有效率的央地关系的确道阻且长。

（2）创造更有活力、更具可持续性、更包容、更和谐的制度环境

我国在坚持社会主义特色发展道路的前提下一步步把经济体量发展至世界第二的水平，对于一个拥有两位数亿级人口的大国来说，这相当不易。促成这一成就的因素众多，但不断的制度创新绝对是相当有分量的一个。上文所述的经济体制改革、行政体制改革、财政体制改革等皆是这种创新的体现。正是在这种制度创新的环境中，地方政府在宏观体制的变革中有了更开放的经济发展环境，得到了更多的自主权，有了更强劲的发展经济的内在动力。

目前，随着中国经济步入新常态，地方政府行为的宏观经济环境已经发生了明显的变化：经济发展速度放缓，粗放型经济发展方式的低效率与高生态成本不再适应经济发展要求，产业结构、经济结构亟待调整，经济发展处于增长速度换挡期、结构调整阵痛期、前期刺激政策消化期“三期叠加”阶段，国内主要矛盾发生变化，国际环境风云变幻等，这些变化在某种程度上重塑着地方政府行为。按照生产力与生产关系的互动发展规律，随着宏观经济环境的变化，原有体现着生产关系的制度体系已不再适应新常态下的生产力，必须进行相应的调整，而作为权力中心的政府是调整制度体系的最佳主体。在中国的政治体系中，在制度环境的塑造与制度体系的构建中，中央政府往往比地方政府有更大的权力与影响力，起着主导者的作用。以往的经济体制改革、财政体制改革、行政体制改革，无一不是在中央政府的主导下一步步推进的。因此，为了地方政府的行为更有效率，中央政府需要创造更有活力、更具可持续性、更有包容性、更和谐的制度环境。

现阶段，从政府所确立的创新、协调、绿色、开放、共享的发展理念

可以看出，未来的制度环境将会越来越优化。创新与开放对应着活力、绿色对应着可持续性，协调与共享对应着包容性与和谐，国家在现阶段的一系列举措也在落实着这种发展理念：“一带一路”、亚投行、人民币入篮等举措构建了一个更开放的国际发展空间；《中国制造 2025》《“互联网＋”行动指导意见》等政策出台，旨在鼓励人工智能、5G 等“高精尖缺”技术的发展，这些举措构建了一个更有活力、更具创新性的发展环境；实施京津冀协同发展、长江经济带发展的同时，加快革命老区、民族地区、边疆地区、贫困地区的发展，促进形成用工促农、以城带乡、工农互惠、城乡一体的工农城乡关系，这些举措构建了一个更有包容性、更协调的发展环境；改革环保管理体制、树立“绿水青山就是金山银山”的强烈意识、推动形成绿色发展方式和生活方式、实行耕地轮作休耕制度等，这些举措构建了一个更加具有可持续性特征的发展环境；推动全面小康社会目标的实现，落实精准扶贫，精准脱贫基本方略，坚持做好保障与改进民生工作，强调让广大百姓有获得感，重视教育、医疗、住房、社保等与民生紧密相关领域的问题等，这些措施构建了一个注重共享、更和谐的发展环境。

对于地方政府而言，这种制度环境创造了一个难得的发展机遇，凡是看到大环境变化趋势且对这种变化有敏锐感知力与捕捉力的地方政府皆采取了相应的行为调整，力图将地方的发展深深嵌入国家宏观的发展战略之中。以“一带一路”为例，西安、乌鲁木齐、连云港等与之高度相关的地方皆快速作出反应，依托历史文化遗产与地缘优势，利用国家的相关发展战略与制度支持，推出了一系列地方发展战略。有生态资源优势的地方政府则积极呼应了绿色发展观，在生态观光旅游、生态体验园等方向上下功夫，既保护了地方的生态资源，又有力地发展了地方经济。有技术资本优势的地方政府则积极响应政府的创新理念，出台措施鼓励“高精尖缺”技术的发展，如杭州、深圳等地。老少边穷地区的政府则借着国家强调共享，坚持精准扶贫、精准脱贫的基本方略，在民生工程上下功夫，这些乘势而为的地方政府行为亦可大大改善地方的发展环境。区域异质性之外，类似发展不充分、不均衡、产业结构不合理等问题在各个地方皆不同程度存在，这是各个地方政府面临的共同问题，如若抓住国家强调协调发展的机遇、利用国家类似转移支付这样的政策、积极探索有效具体产业政策去实现地方产业升级，使产业由低端向中高端发展，那么，地方经济与民生的发展也指日可待。

（3）充分利用自然禀赋、积极引入各种要素并使之达到最佳配置

“一方水土养一方人”，在中国辽阔的疆域上，各地的自然禀赋迥异，土壤、气候、河流、矿藏等皆存在较大区别，这就注定了适应于某地的发展战略无法全然复制到另一个地方。以土壤为例，土地是农业发展的重要生产要素，而不同的土地品质适用不同的种植作物，如陕西的黄土、黑龙江的黑土、云南湖南的红土等，不同的土壤对应不同的气候与灌溉条件，这使其所适应种植的作物也完全不同。农业的初级产品的不同也会影响后续的加工环节，其衍生产业也会出现大的分流。因此，自然禀赋不同，地方政府发展当地经济的具体策略也会大大不同。按照比较优势原理，理性的地方政府应该充分利用所辖区域的自然禀赋，制定适合本地比较优势的发展战略。

除了自然禀赋，各个地方经济的发展还离不开劳动力、资金、技术等要素。一般来说，这些要素的获得有两种情况：一为此地长久以来经济发展历程中的积淀，经济发展水平较高的地区资金较充足、技术水平较高、劳动力也较充足，否则，反之；二为现阶段地方政府的各种政策，地方基础设施较好、优惠政策力度较大的地区，其劳动力、资金与技术要素较为充足。对于地方政府而言，如果所辖地符合第一种因素，则此地毫无疑问拥有了先天的发展经济的要素优势，这是地方政府所乐见的。如果不是第一种情况，那么，地方政府要想拥有充足的劳动力、资金、技术等要素，就必须朝着第二种情况发力，这也是上文所述的各地“抢人大战”、竞相吸引社会资本等现象产生的原因。

值得强调的是，不管是先天优势，还是后天努力的结果，一旦拥有了这些要素，就应该尽量使之达到最佳配置。所谓最佳配置，即应使这些要

素的供给与需求实现高水平的均衡，没有无谓浪费与低效率使用等情况发生。要做到这一点也相当不容易，不过，地方政府可以采取多种措施尽可能朝着这一目标去努力。在当前的社会主义市场经济体制下，地方政府应将市场能解决的问题交给市场，让市场在资源配置中起基础性作用。要实现劳动力、资金与技术的最佳配置，各地的地方政府不适宜直接干预其配置，应把市场放在资源配置的主体地位。但是，地方政府可在很多方面助推这种配置的顺利进行，例如，打击破坏市场秩序的各种不法行为以维护良好的市场秩序、做好公共服务体系建设、精简行政审批事项、完善金融体系、为中小企业融资提供高效便捷的服务等。如此一来，各种要素才有可能达到最佳配置，如此，地方经济才可能更顺畅地快速发展。

（4）结合国家发展理念，厘清自主发展思路

国家也好，地方政府也罢，要想发展得较快较好，皆离不开发展理念的指导作用。正如习近平总书记在中共十八届五中全会第二次会议上所强调的："理念是行动的先导，一定的发展实践都是由一定的发展理念来引领的。"[①] 的确，任何行动都是有其行为主体的，行为主体的认知决定了其行动的方向与着力点，对于地方政府而言，发展理念是属于上层建筑的认知，发展理念清楚了，对地方经济与社会发展的引领才会切实发挥作用。根据中国经济目前发展态势，结合国内外发展经验教训，在《中共中央关于制定国民经济和社会发展第十三个五年规划的建议》中，"创新、协调、绿色、开放、共享"的发展理念被提出，此发展理念对地方经济同样适用，是引领地方发展实践的指导思想。因为，此发展理念并非凭空而来，而是中央在研判全国经济状况的基础上提出的，此处的"全国经济"自然是包括各个地方政府所辖地区的经济，换言之，这一发展理念是对各地经济共通性问题及突出矛盾的一种回应，是中央审慎分析后的集体智慧结晶，是具备战略性、纲领性、引领性特征的理论成果，当然可作为引领地方经济发展实践的指导思想。

---

① 习近平．习近平谈治国理政：第二卷[M]．北京：外文出版社，2017：197.

中央所提出的发展理念只是概括性地指出了中国经济未来发展的大致方向与着力点，地方政府想要发展好本地经济，在结合国家发展理念的同时，还必须有非常清晰的自主发展思路。现实实践中，每个地方政府不可避免地皆有自身的发展思路，但这种发展思路容易受其他政府的影响，上文所谈的地方政府间学习借鉴与跟风模仿皆是对这一现象的脚注。因此，对每一个地方政府而言，根据所在辖区的实际情况、洞悉国家发展趋势、自主地确定自身的发展思路，并根据形势的不断变化，对其自主发展思路进行不断的优化，这显得尤为重要。所谓“自主”的发展思路，是相对于“他主”而言的，在中国，地方政府间竞争被视为促进经济增长的一个主要因素，但是，对于一个地方政府而言，其他政府行为最多只是一个可供借鉴的参照而已，因为每一个地方政府所面对的辖区状况各异，适用于其他地方政府的经验不一定适合本地。因此，任何一个地方政府，要想提出契合当地经济实际状况的发展思路，就必须在客观评估当地实际情况与理性研判国内外发展经验的基础上，群策群力，找出制约当地发展的主要因素，找出解决这些制约因素的方法，如此，方能形成一个契合当地经济发展规律、针对当地主要问题的发展思路。

价值观是影响地方政府发展思路的一个重要因素，可以说，有什么样的价值观，就有什么样的发展思路。一般来说，发展思路是理性思维的结晶，隶属上层建筑，折射的是思维主体的价值观。当前的中国仍处于社会主义初级阶段，作为工人阶级领导的、以工农联盟为基础的人民民主专政的社会主义国家，从价值层面而言，效率与公正应是国家政权所追求的核心价值。对于地方政府而言，作为国家权力机关的执行机关，对效率与公正的追求自然也是其核心价值观的体现。但是，在现实实践中，地方政府的发展思路往往呈现出重效率、轻民生、重短期效益、轻长期效益、重经济效益、轻生态效益等特点，从长远来看，这并不符合经济学理性。以生态文明建设为例，比较常见的现象是，明明知道“先污染、后治理”的发展方式得不偿失，但为了在短期内创造政绩，地方政府往往对环境污染选择了熟视无睹或者高举轻放的态度，这是非常典型的重效率轻公正的做法。表面上看，发展了地方经济，但实际上损害了地方环境，使生态效益受损，有很大的外部性，损害了交易双方之外的其他人的利益，不符合公正的精神。此外，这种做法对于下一代人的发展也构成了侵害，不符合代际公平，很是得不偿失。

因此，理性的地方政府应该着眼于长时段的发展，在保证社会公正的基础上，动态地在效率与公正中寻找合理平衡。地方政府如能基于这样的价值观去确定发展思路，就会发现关注民生、在社会公正方面投入公共资金是非常理性的，其回报会超过只盯住经济效益的发展思路。以神木县的“免费医疗”政策为例，时任县委书记的郭宝成比较重视民生，这样的发展理念使其提出了包括教育、医疗、文化、就业、社保、住房、扶贫、交通、人居、安全在内的“十大民生体系”政策。在其支持下，2009 年 3 月 1 日起，免费医疗在神木县正式实施。自这一政策实施以来，引发了来自各界的热议，学术界也见仁见智。批评的声音多集中在“超前”“拍脑袋”的“大跃进”“政治秀”“乌托邦”等判断上（黄哲雯，2009），但亦有不少人看到了这一举措的积极意义（储国强、李柯勇、梁娟，2009）。如有人看到了在空间限制与存在一定政治风险前提下，这一政策体现出了政策创导者“民生”执政理念下个人英雄主义的道德情怀（吴明华，2010）；有人看到了这一政策的实施不同于传统“政绩导向型”政策创新之处，认为这是以解决实际问题为基本动因的“问题导向型”政策创新（朱光喜，2013）；有人关注到神木经济实力在全国百强县处于靠后位置的事实，认为在这样的情况下，神木县政府敢于实施免费医疗，体现了当地政府着力于解决群众医疗问题的强大政治意愿（陈雪莲、杨雪冬，2009）。其实，综合各方面的信息，应该肯定的是，这起码是神木县地方政府基于清晰价值观指导下的一次探索性行为，是侧重民生与公正的一种自主行为，体现了其非常清晰的发展思路，就这一点来说，就值得为这一地方政府行为点赞（黎成等，2011）。

15 中国当代地方政府行为的实践价值、理论贡献及其世界影响

中国当代地方政府行为是中国特色社会主义发展实践的有机组成，随着中国特色社会主义发展实践所取得的成绩逐渐为世界所瞩目，对以地方政府行为为代表的这种实践的价值、理论贡献与世界影响的探讨就变得尤为必要。

15.1 中国当代地方政府行为的实践价值

新中国成立至1978年，受苏联模式及僵化意识形态的影响，在中国的整个制度环境中，计划与集权的痕迹非常浓厚。这种背景下，地方政府的主动性行为空间不足，大多是配合中央政府的响应性行为。但是，这段时期，中央政府却进行了两次分权实践，地方政府获取了一定的管理权、分配权等权限，这使得中国的行政组织结构呈现出不同于苏联的特点，亦是一种中国特色的创新。因此，虽然这段时间的两次实践成效不大，但也为后期的分权及地方政府高效自主行为积累了一定的经验。

改革开放以后，中国特色的社会主义发展实践就完全是“摸着石头过河”了，没有任何现成的经验可借鉴，没有任何以往的实践可参照。中央如此，地方政府更是如此。中央的态度很明确，我们肯定是要过河的，但怎么过？没有现成的方法。方法只能来源于实践，来源于试错中的不断试验。因此，中央鼓励各地地方政府大胆创新。也正是在这样的大环境中，中国当代地方政府行为的实践价值产生了，即地方政府的政策实验与创新是中国当代地方政府行为的实践价值之所在。

地方政府的政策试验与创新是在中央的鼓励中进行的。周黎安对 Qian 和 Xu（1993）及 Cai 和 Triesman（2007）有关地方政策创新的观点进行了分析，认为两种观点都有可取之处，前者指出了行政分权和“M”形经济结构有助于地方进行局部政策实验，局部实验成功，则向全国推广，而后者看到了，局部实验的设计、部署和推广，只有在一个中央集权的结构下才是可能的。但同时，周黎安（2007）认为，这两种观点没有回答一个关键性问题：地方自主推行政策试验的激励何在？他给出的答案是：中央政府对绩效观的隐性承诺。即在迫切需要发展的大环境之下，地方政府的创新与试验行为是被鼓励的，成功则被鼓励，失败也不太会被处罚。这会大大激励地方政府通过“打擦边球”或在“灰色地带”与中央博弈，尽可能进行政策创新与试验。现实实践中不乏这样的地方政府行为，神木的免费医疗就是通过先搞起来、再利用舆论力量而成功得到上级肯定的。

各地地方政府的大胆创新很快打开了改革开放的局面，产生了非常良好的实践效果。科斯、王宁在《变革中国：市场经济的中国之路》（2013）一书中从制度的层面介绍了中国各地在制度创新方面的案例，深圳模式、山东省诸城的国有企业股份合作制改革、上海设立国资委对国有企业的改革、苏州工业园区、昆山高新技术产业开发区等新兴试验，皆是对邓小平的“不争论，大胆地试，大胆地闯”之态度的呼应。在这样的观察维度中，他们眼中的中国变成了这样：“由于各级政府（从省市到乡镇级别）都在尝试寻找最适合自身经济发展的方法，整个中国变成了一个大实验室，各种不同的经济试验遍地开花。各地城镇因此发展出了许多以地名命名的发展模式。”① 以乡镇企业发展为例，在中国这个大实验室里就产生了三种发展模式：苏南模式、珠江三角洲模式与温州模式。苏南模式属于集体经济，但以市场调节为主要手段；珠江三角洲模式的主体为中外合资企业，通过市场导向落实进口替代发展战略；温州模式以个体经济家庭经营为主，产品以小商品为主，主体为股份合作制企业。在这三种模式的形成

① ［英］科斯，王宁．变革中国：市场经济的中国之路，中信出版社，2013：198.

过程中，其所在区域的地方政府功不可没。没有地方政府对创新的支持，这几种模式不可能顺利形成。邵传林根据1994—2011年中国30个省级单位的面板数据进行了实证研究，发现：地方政府财政能力是实现地区经济创新驱动发展的重要物质条件，对地区经济创新驱动发展的影响最大。地方政府市场支持能力是地区经济创新驱动发展的制度保障和法律基础，对地区经济创新驱动发展的影响次之。而地方政府公共服务能力有助于为地区经济创新驱动发展提供高效的公共产品服务。这一研究有力印证了地方政府行为的实践价值。

总之，不管是为了政治晋升，还是为了发展地方经济抑或其他动机，中国地方政府所进行的大胆的政策试验与创新一步步地推动了中国的改革开放，这些凝聚着“底层智慧”的实践是中央的“顶层设计”的依据之一，为中国特色社会主义的发展做出了伟大的贡献。从这个角度来说，中国地方政府行为的实践价值再怎么肯定也不为过。

15.2　中国当代地方政府行为的理论贡献

学界在总结中国改革开放的成功经验与特点时提出了多种说法，如可逆性实验性改革、增量改革、双轨制改革、初始条件说、市场进入说、改革顺序说、边缘革命等，这些说法皆有一定的道理，但都没有说到要点，没有看到中国改革的本质。中国的改革开放是在坚持中国共产党的领导、坚持社会主义道路、坚持人民民主专政的政体、坚持社会主义宪法制度的基础上进行的，换言之，中国是在保持社会主义特色的基础上建立了社会主义市场经济体制，并取得了丰硕的成果，这是以往任何理论没办法解释的。20世纪的二三十年代，围绕社会主义经济的运行，在西方理论界曾经产生过一次著名的争论，争论的一方是奥地利学派、伦敦学派的米塞斯、哈耶克和罗宾斯，另一方是迪金森、多布、泰勒、勒纳以及兰格等。前者否定社会主义与计划经济，认为社会主义与中央计划无法取代私有制与自由市场所起的经济作用。后者则看到了资本主义自由市场存在的诸多弊端，认为中央计划的方法有其存在合理性。在诸多理论中，兰格的市场社会主义和哈耶克的新自由主义理论是其中有名的代表。但是，这些理论中所说的社会主义经济发展模式与中国改革开放中所探索出来的经济发展模式完全不一样，同样，西方的其他任何理论也没办法对中国社会主义特色实践进行充分阐释，即西方理论在中国实践面前统统失灵了。

在西方理论失灵的背景下，中国当代地方政府行为的理论意义凸显。正如前文所述，中国特色社会主义的发展实践是在中央主导下，以地方政府为主体单位推进的。在中国改革开放一路高歌猛进的每一个发展阶段，中国各个地方政府的创新性、试验性行为既是对以往理论的一种挑战，又是对理论创造的一种贡献。习近平总书记指出，当代中国“正在进行着人类历史上最为宏大而独特的实践创新。这种前无古人的伟大实践，必将给理论创造、学术繁荣提供强大动力与广阔空间”①，中国当代地方政府行为的理论贡献也在于此。

随着中国改革开放所取得的成就为世人所瞩目，对这种成就进行相应的理论阐释就显得尤为必要。既然现有的理论没有办法解释中国的发展，那么理论创新就势在必行。林毅夫的“新结构主义经济学”可视为这种理论创新的一个典型代表。林毅夫认为，“理论应该能够用来解释和预测现象，若不能如此，则说明这个理论有根本的缺陷”②，他本人也是在现实观察中发现西方理论对中国实践解释乏力，因此才有了理论构建的想法。林毅夫以“有效市场”与“有为政府”来解释中国特色社会主义的发展实践，他看到了被其他理论家所忽视的政府的作用，也看到了中国发展实践不同于西方之处。的确，现实经济从来不是在既定前提假设条件中发展的，制度不是既定的也不是外生变量，而是对实体经济有着强大影响的重要因素，政府是供给制度的主体，政府的作用自然不容忽视，而中国的行政分权与“M”形经济结构使得地方政府成为实践的“排头兵”，因此，地方政府的实践为理论创新提供了鲜活的素材与理论证实或证伪的第一手材料，林毅夫的理论构建中就大量采用了各地地方政府的实践材料。

---

① 习近平．在哲学社会科学工作座谈会上的讲话[M]．北京：人民出版社，2016：8.

② 林毅夫．中国经济专题[M]．北京：北京大学出版社，2012：215－216.

社会主义现代化建设实践及中国特色社会主义发展实践开展至今，我们需要加强对这些实践的系统总结，提炼出有价值的经验，得出创新性的理论。中国当代地方政府行为正是这种理论创新的主要现实材料来源，为有中国特色的经济学理论创新做出了重大贡献。

15.3 中国当代地方政府行为的世界影响

2008 年 7 月 18 日，在芝加哥举办的以“中国市场转型”为主题的研讨会闭幕演讲中，科斯感慨道：“中国的奋斗，就是世界的奋斗。”[①] 2008 年 12 月 10 日，在《时代周刊》的一篇有关中国市场化改革的文章结尾处亦有这样的评论：“这是我们时代的伟大故事。它是我们所有人的故事，不仅仅属于中国。”[②] 这两个论断积极肯定了中国社会主义现代化实践及市场转型在世界范围内所产生的伟大意义。的确，中国正在进行着一次伟大的行为试验，这种试验是其他任何国家所不具备的，对于人类文明而言，这相当于一次路径尝试，其意义不言而喻。

同样，不同于西方的地方政府行为，中国当代地方政府行为亦为全世界提供了另一种行为模式。中国地方政府行为的这种异质性取决于其所面临的独特历史语境，即由制度环境、文化传承、国家发展阶段等因素组成的大环境。不同于西方的三权分立、君主立宪等政治制度，中国实行的是中国共产党领导的多党合作与政治协商制度；不同于西方相对松散的中央地方关系，中国的各级地方政府都是国务院统一领导下的国家行政机关，都服从国务院，但行政分权又使地方政府拥有了一定的行政自主权，激励了其自主行为；不同于西方的生产资料私有制，中华人民共和国的社会主义经济制度的基础是生产资料的社会主义公有制，即全民所有制和劳动群众集体所有制。现在我国正处于社会主义初级阶段，因此要坚持以公有制为主体、多种所有制经济共同发展的基本经济制度。中国各地地方政府也

---

① ［英］科斯，王宁．变革中国：市场经济的中国之路［M］．北京：中信出版社，2013：205.

② ［英］科斯，王宁．变革中国：市场经济的中国之路［M］．北京：中信出版社，2013：205.

是在这样的经济制度环境中发展经济的，这注定地方政府要受到多重约束，要面对更复杂的市场环境，因此，其行为也就具备了不同于西方地方政府的多种特质；不同于西方原子论、主客二分的行为范式，中国文化坚持天人合一的整体论与主客一体的行为范式，这种行为范式在中国地方政府行为中也可管窥一二，如中国地方政府间竞争过程中会经常出现学习借鉴与合作行为，且这种行为往往呈现出动态调试性特征，这一特征是作为主体的每一个地方政府与作为客体的其他地方政府、中央政府以及整个改革大环境不断动态适应的产物，不同于西方发达国家已实现了现代化，中国正处于社会主义现代化的漫漫征途之上，作为后发国家，后发优势与后发劣势并存，中国地方政府作为实现社会主义现代化的试验先锋，更是面临着众多西方地方政府所不曾面临的实际问题，这些都在考验着中国地方政府的智慧，并使其行为呈现出与西方地方政府完全不一样的特质。

独特的历史语境自然造就了独特的中国当代地方政府行为。如前文所述，中国当代地方政府行为的独特之处在于：第一，基于地方经济发展的现实需要与国家发展生产力与解放生产力的发展目标，地方政府会产生促进当地经济发展的自主性经济行为。第二，基于地方百姓对公共产品的需求与国家政体所坚持的人民立场与公平共享价值理念，地方政府会产生促进当地民生发展的自主公共性行为。第三，基于政府间竞争、中央平衡区域经济与城乡经济等整体发展战略、中央对地方绩效考核标准的动态调整等因素，地方政府会产生应时而变的自主动态调试性行为。总之，中国当代地方政府行为是一种多重约束下的自主理性行为，正是这种在中央鼓励下的自主的、试验性的、探索性的理性行为给中国的发展实践蹚出了一条独特的发展之路，这既是对中国的贡献，又是对世界文明发展的贡献。

世界文明演化至今，其发展路径从来不是单一、线性的，而是呈现出多样性与非线性特征，这也符合事物发展的规律，和而不同，方能建构一个多彩而充满无限可能性的世界。从这个意义上来说，中国当代地方政府行为的确有着非凡的世界影响。

参考文献

[1]王慎之. 中观经济学的研究和进展[J]. 生产力研究,1992(5).

[2]饶会林,崔卫华,张明贵. 试论中观经济学的基本范畴[J]. 财经问题研究,2002(10).

[3]干春晖,郑若谷,余典范. 中国产业结构变迁对经济增长和波动的影响[J]. 经济研究,2011,46(5):4-16,31.

[4]刘颖,张淼,潘博. 新常态经济下 FDI 对全要素生产率的影响——基于中国省际面板数据的实证分析[J]. 东北财经大学学报,2018(3):79-88.

[5]中共中央文献研究室,编. 习近平关于社会主义经济建设论述摘编[M]. 北京:中央文献出版社,2017:21.

[6]王章豹,魏多多. 中国技术创新与产业结构升级的耦合协调关系研究[J]. 科技和产业,2018(6):3-4.

[7] 钱丽,陈忠卫,肖仁桥. 中国区域工业化、城镇化与农业现代化耦合协调度及其影响因素研究[J]. 经济问题探索,2012(11):12.

[8] 魏庆文,杨蕙馨,王军. 创新驱动对现代产业发展新体系演进的作用机理——基于生产函数的视角[J]. 现代财经,2018(7):106-108.

[9]任保平. 中国经济增长质量发展报告(2015)——中国产业与行业发展质量评价[M]. 北京:中国经济出版社,2015:36-38.

[10] 马丽,金凤君,刘毅. 中国经济与环境污染耦合度格局及工业结构解析[J]. 地理学报,2012,10(10):1303.

[11] 黄征学,王旭阳. 协调发展的内容与内涵[J]. 全球化,2018(3):

69 – 70.

［12］庞玉萍，陈玉杰．区域协调发展内涵及其测度研究进展［J］．发展研究，2018（9）：75 – 77.

［13］王淑芹．正确理解五大发展理念的内涵和要求［J］．思想理论教育导刊，2016（1）：77.

［14］刘耀彬，李仁东，张守忠．城市化与生态环境协调标准及其评价模型研究［J］．中国软科学，2005（5）：144.

［15］杨永聪，申明浩．粤港澳大湾区对外开放水平的测度和比较［J］．城市观察，2017（6）：15 – 16.

［16］褚福灵．共享发展的内涵及衡量标准研究［J］．中国社会保障，2016（6）：30 – 32.

［17］毕吉耀，李慰．创新完善我国全方位开放格局［J］．中国特色社会主义研究，2018（1）：42 – 49.

［18］刘志彪．从全球价值链转向全球创新链：新常态下中国产业发展新动力［J］．学术月刊，2015，47（2）：5 – 14.

［19］乌小花，艾易斯．“一带一路”在中华民族共同体与人类命运共同体之间：理念、价值与实现路径［J］．西北民族研究，2018（4）：21 – 29.

［20］张八五．关于发展内陆开放型经济的思考［J］．中国经贸导刊，2015（4）：24 – 26.

［21］叶辅靖．推动形成全面开放新格局：重大意义、科学内涵、主要难点及举措［J］．前沿，2018（1）：52 – 59，66.

［22］郭周明．新时代推动形成全面开放新格局思考［J］．中国高校社会科学，2018（5）：19 – 25，157.

［23］韩亚峰，付芸嘉．自主研发、中间品进口与制造业出口技术复杂度［J］．经济经纬，2018，35（6）：73 – 79.

［24］姜荣春，江涛．新时代全面开放新格局思想的逻辑关系研究［J］．国际贸易，2018（7）：11 – 15.

[25]史本叶,马晓丽．中国特色对外开放道路研究——中国对外开放40年回顾与展望[J]．学习与探索,2018(10):118－125.

[26]闫兴．中国互利共赢开放战略演进分析[J]．福建农林大学学报(哲学社会科学版),2018,21(3):75－80.

[27]张健丰．产业升级要主动对接"一带一路"[J]．人民论坛,2018(30):90－91.

[28]盛斌,高疆．中国与全球经济治理:从规则接受者到规则参与者[J]．南开学报(哲学社会科学版),2018(5):18－27.

[29]邢丽菊．习近平外交思想的中华传统文化内涵[J]．东北亚论坛,2018,27(6):3－18,125.

[30]戴翔,张二震,王原雪．全面开放新格局:内涵、路径及方略[J]．贵州社会科学,2018(3):104－110.

[31]全毅．改革开放40年中国对外开放理论创新与发展[J]．经济学家,2018, 11(11):5－12.

[32]洪银兴．参与全球经济治理:攀升全球价值链中高端[J]．南京大学学报(哲学・人文科学・社会科学),2017,54(4):13－23,157.

[33]王蕾．"一带一路":中国全面开放的新进展、新动力和新平台[J]．当代中国史研究,2017,24(6):24－28.

[34]安树伟．"一带一路"对中国区域经济发展的影响及格局重塑[J]．经济问题,2015(4):1－4.

[35]吴志成,袁婷．互利共赢开放战略的历史演进与理论探索[J]．南开学报(哲学社会科学版),2015(2):158.

[36]吴志成,袁婷．互利共赢的开放战略论析[J]．外交评论(外交学院学报),2014,31(3):30－42.

[37]程健,韦寅蕾,邢珺．内陆地区扩大开放的问题与对策[J]．经济纵横,2014(4):16－19.

[38]汪洋．推动形成全面开放新格局[N]．人民日报,2017－11－10.

[39]张辉．全球价值链理论与我国产业发展研究[J]．中国工业经济，2004(5):38－46.

[40]简兆权，伍卓深．制造业服务化的路径选择研究——基于微笑曲线理论的观点[J]．科学学与科学技术管理，2011,32(12):137－143.

[41]吴红雨．价值链高端化与地方产业升级[M]．北京:中国经济出版社，2015.

[42]刘志彪．"一带一路"倡议下全球价值链重构与中国制造业振兴[J]．中国工业经济，2017(6):37－43,61.

[43]黄启才．我国战略性新兴产业的国际地位及升级策略[J]．经济纵横，2013(8):55－59.

[44]黄先海，余骁．以"一带一路"建设重塑全球价值链[J]．经济学家，2017(3):32－39.

[45]刘志彪．新时代实现创新引领性发展:关键问题和运行机制——学习十九大报告关于建设创新型国家的体会[J]．中国地质大学学报(社会科学版)，2018,18(2):1－7.

[46]洪银兴．参与全球经济治理:攀升全球价值链中高端[J]．南京大学学报(哲学·人文科学·社会科学)，2017,54(4):13－23,157.

[47]黄斌，鲁旭．产业高端化的几个重要评价指标及国际参照[J]．科技进步与对策，2014,31(12):124－129.

[48]倪红福．全球价值链测度理论及应用研究新进展[J]．中南财经政法大学学报，2018(3):115－126,160.

[49]彭说龙，许少卓．中国服务业出口贸易结构与趋势解析——基于全球价值链和世界投入产出表的考察[J]．湖南农业大学学报(社会科学版)，2018,19(4):92－98.

[50]闫云凤．中日韩服务业在全球价值链中的竞争力比较[J]．现代日本经济，2018(1):48－59.

[51]张杰，陈志远，刘元春．中国出口国内附加值的测算与变化机制

[J]. 经济研究,2013,48(10):124－137.

[52]杨明月,肖宇. 技术性贸易壁垒与全球价值链——来自中国制造业微观数据的证据[J]. 价格月刊,2018(9):25－31.

[53]薛莲,张新. 是什么阻碍中国向全球价值链高端发展[J]. 人民论坛,2017(20):78－79.

[54]洪银兴. 创新驱动攀升全球价值链中高端[J]. 经济学家,2017(12):6－9.

[55]姜超. 中国不同行业全球价值链位置对创新效率的影响[J]. 科技进步与对策,2018,35(11):69－76.

[56]赵瑾. 全面认识全球价值链的十大特点及其政策含义[J]. 国际贸易,2014(12):20－28.

[57]尹伟华. 中国制造业产品全球价值链的分解分析——基于世界投入产出表视角[J]. 世界经济研究,2016(1):66－75,136.

[58]仲志源,张梦,马野青. 生产性服务来对中国制造业全球价值链地位的影响研究[J]. 统计与决策,2018,34(15):146－150.

[59]安虎森. 新区域经济学[M]. 大连:东北财经大学出版社,2008.

[60]安树伟,李瑞鹏. 高质量发展背景下东北振兴的战略选择[J]. 改革,2018(7).

[61]薄文广,安虎森,李杰. 主体功能区建设与区域协调发展:促进抑或冒进[J]. 中国人口·资源与环境,2011,21(10).

[62]蔡之兵. 改革开放以来中国区域发展战略演变的十个特征[J]. 区域经济评论,2018(4).

[63]常瑞祥,安树伟. 中国区域发展空间的格局演变与新拓展[J]. 区域经济评论,2019(3).

[64]陈亮,哈战荣. 新时代创新引领绿色发展的内在逻辑、现实基础与实施路径[J]. 马克思主义研究,2018(6).

[65]陈耀. 新一轮东北振兴战略要思考的几个关键问题[J]. 经济纵

横,2017(1).

[66]陈勇江．长江三角洲区域产业结构趋同及其治理建议[J]. 中国发展,2010,10(2).

[67]付晓东,王静田,崔晓雨．新中国成立以来的区域经济政策实践与理论研究[J]. 区域经济评论,2019(4).

[68]傅勇．中国的分权为何不同:一个考虑政治激励与财政激励的分析框架[J]. 世界经济,2008(11).

[69]高国力．新时代背景下我国实施区域协调发展战略的重大问题研究[J]. 国家行政学院学报,2018(3).

[70]后小仙,郑田丹．财政激励、政府偏好与地区经济增长[J]. 经济学家,2017(2).

[71]胡向婷,张璐．地方保护主义对地区产业结构的影响——理论与实证分析[J]. 经济研究,2005(2).

[72] 黄泰岩．中国经济发展的速度、道路及矛盾化解[J]. 经济学动态,2008(12).

[73]黄征学,王旭阳．协调发展的内容与内涵[J]. 全球化,2018(3).

[74] 姜四清,王姣娥,金凤君．全面推进东北地区等老工业基地振兴的战略思路研究[J]. 经济地理,2010,30(4).

[75]姜文仙,覃成林．区域协调发展研究的进展与方向[J]. 经济与管理研究,2009(10).

[76]金碚,陈耀,张可云,喻新安．建立更加有效的区域协调发展新机制[J/OL]. 区域经济评论,2019(1).

[77]李兰冰,刘秉镰．中国区域经济增长绩效、源泉与演化:基于要素分解视角[J]. 经济研究,2015,50(8).

[78]李正图．中国区域经济发展战略问题研究[J]. 学习与探索,2008(5).

[79]刘洪愧,刘霞辉．构建开放型经济新空间布局:理论基础、历史实

践与可行路径[J]. 改革,2019(1).

[80]刘合光. 乡村振兴战略的关键点、发展路径与风险规避[J]. 新疆师范大学学报(哲学社会科学版),2018,39(3).

[81]刘竞文. 绿色发展与田园综合体建设:模式、经验与路径[J]. 世界农业,2018(2).

[82]刘瑞明,白永秀. 晋升激励与经济发展[J]. 南方经济,2010(1).

[83]刘小勇,李真. 财政分权与地区市场分割实证研究[J]. 财经研究,2008(2).

[84]刘彦随. 中国新时代城乡融合与乡村振兴[J]. 地理学报,2018,73(4).

[85]柳天恩,曹洋. 区域发展战略与主体功能区建设的互动研究——以京津冀为例[J]. 新疆财经,2017(5).

[86]马建堂. 伟大的实践 深邃的理论——学习习近平新时代中国特色社会主义经济思想的体会[J]. 管理世界,2019,(35).

[87]毛泽东. 毛泽东文集:第7卷[M]. 北京:人民出版社,1999.

[88]庞瑞芝,李鹏. 中国新型工业化增长绩效的区域差异及动态演进[J]. 经济研究,2011,46(11).

[89]沈坤荣,金刚. 中国经济增长40年的动力——地方政府行为的视角[J]. 经济与管理研究,2018,39(12).

[90]石淑华. 区域经济发展:新理念、新战略、新格局[J]. 江苏社会科学,2017(5).

[91]孙斌栋,郑燕. 我国区域发展战略的回顾、评价与启示[J]. 人文地理,2014,29(5).

[92]孙久文. 论新时代区域协调发展战略的发展与创新[J]. 国家行政学院学报,2018(4).

[93]孙久文. 论新时代区域协调发展战略的发展与创新[J]. 企业家日报,2018-09-10(A02).

[94]孙久文,石林. 我国区域经济发展不平衡的表现、原因及治理对策[J]. 治理现代化研究,2018(5).

[95]苏昌贵,魏晓. 中部崛起战略的若干思考[J]. 经济地理,2006(2).

[96]宋学明. 中国区域经济发展及其收敛性[J]. 经济研究,1996(9).

[97]滕飞,张庆杰,申红艳."新十年"推动中部地区产业转型升级的思路与路径[J]. 经济纵横,2017(3).

[98]田伟,田红云. 晋升博弈、地方官员行为与中国区域经济差异[J]. 南开经济研究,2009(1).

[99]王佳宁,罗重谱. 新时代中国区域协调发展战略论纲[J]. 改革,2017(12).

[100]王梅婷,余航. 国有企业并购重组的趋势、模式和挑战[J]. 经济学家,2017(8).

[101]王琴梅. 区域协调发展内涵新解[J]. 甘肃社会科学,2007(6).

[102]王贤彬,徐现祥. 官员主导发展的得失[J]. 经济社会体制比较,2014(5).

[103]魏后凯,高春亮. 新时期区域协调发展的内涵和机制[J]. 福建论坛(人文社会科学版),2011(10).

[104]魏后凯,邬晓霞."十二五"时期中国区域政策的基本框架[J]. 经济与管理研究,2010(12).

[105]吴殿廷. 区域经济学:第二版[J]. 北京:科学出版社,2009:290.

[106]肖金成,安树伟. 从区域非均衡发展到区域协调发展——中国区域发展40年[J]. 区域经济评论,2019(1).

[107]肖金成. 实施主体功能区战略 建立空间规划体系[J]. 区域经济评论,2018(5).

[108]徐现祥,李郇,王美今. 区域一体化、经济增长与政治晋升[J]. 经济学(季刊),2007(4).

[109]徐现祥,王贤彬,高元骅. 中国区域发展的政治经济学[J]. 世界

经济文汇,2011(3).

[110]杨伟民. 地区间收入差距变动的实证分析[J]. 经济研究,1992(1).

[111]姚鹏. 区域的比较新优势及区域的协调联动路径[J]. 区域经济评论,2018(6).

[112]严汉平,白永秀. 我国区域协调发展的困境和路径[J]. 经济学家,2007(5).

[113]尹虹潘. 国家级战略平台布局视野的中国区域发展战略演变[J]. 改革,2018(8).

[114]尹俊芳. 论毛泽东的区域经济均衡发展战略——纪念毛泽东诞辰120周年[J]. 山西高等学校社会科学学报,2014,26(1).

[115]俞建群. 论中国特色区域经济新发展[D]. 福州:福建师范大学,2012.

[116]张军,高远,傅勇,张弘. 中国为什么拥有了良好的基础设施?[J]. 经济研究,2007(3).

[117]张军,周黎安. 为增长而竞争:中国增长的政治经济学[M]. 上海:上海人民出版社,2008.

[118]张可云. 新时代的中国区域经济新常态与区域协调发展[J]. 国家行政学院学报,2018(3).

[119]张可云. 区域经济政策[M]. 北京:商务印书馆,2005:6.

[120]张莉. "一带一路"倡议应关注的问题及实施路径[J]. 中国经贸导刊,2014(27).

[121]赵宏波. 吉林省中部地区经济差异与协调发展研究[D]. 北京:中国科学院研究生院,2014.

[122] 赵曦. 21世纪中国西部发展探索[J]. 北京:科学出版社,2002.

[123]中华人民共和国国土资源部. 2011中国矿产资源报告[M]. 北京:地质出版社,2011.

[124]周黎安. 晋升博弈中政府官员的激励与合作——兼论我国地方

保护主义和重复建设问题长期存在的原因[J]. 经济研究,2004(6).

[125]周黎安. 中国地方官员的晋升锦标赛模式研究[J]. 经济研究,2007(7).

[126]卓玛草. 新时代乡村振兴与新型城镇化融合发展的理论依据与实现路径[J]. 经济学家,2019(1).

[127]尚铁力,王娜. 资本流动约束下的地方政府行为研究——基于税收竞争理论的数值模拟与实证分析[J]. 中国软科学,2009(2).

[128]臧雷震,瞿晓荣. 政府行为偏好与约束机制的政治学解释——评户籍改革中的地方政府行为逻辑:基于地方案例的比较研究[J]. 公共行政评论,2018(4).

[129]罗植. 财政体制改革与中国地方政府行为演进的历史考量[J]. 河南社会科学,2014(4).

[130]谢芬,肖育才. 财政分权、地方政府行为与基本公共服务均等化[J]. 财经研究,2013(11).

[131]崔宝玉,张忠根. 经济增长、政府行为与农村公共产品供给:一个理论模拟[J]. 经济问题探索,2007(10).

[132]周黎安. 中国地方官员的晋升锦标赛模式研究[J]. 经济研究,2007(7).

[133]张军,高远,傅勇,张弘. 中国为什么拥有了良好的基础设施[J]. 经济研究,2007(3).

[134]唐睿,刘红芳. 从GDP竞标赛到二元竞争:中国地方政府行为变迁的逻辑[J]. 公共管理学报,2012(1).

[135]Qian Y. ,Barry. Weingast China's Transition to Market: Market Preserving Federalism, Chinese Style[J]. Journal of Policy Reform, 1996.

[136]张军,高远,傅勇张弘. 中国为什么拥有了良好的基础设施[J]. 经济研究,2007(3).

[137]傅勇,张晏. 中国式分权与财政支出结构偏向:为增长而竞争的

代价[J]. 2007(3).

[138]陶勇．中国地方政府行为企业化变迁的财政逻辑[J]. 上海财经大学学报,2011(1).

[139]刘承礼．当代中国地方政府行为的新制度经济学分析[J]. 天津社会科学,2009(1).

[140]何一鸣,罗必良．分税制、政府博弈与制度创新——一个佃农理论的分析框架[J]. 河南社会科学,2012(4).

[141]林毅夫．关于制度变迁的经济学理论:诱致性制度变迁与强制性适度变迁[M]//陈昕．财产权利与制度变迁——产权学派与新制度经济学派译文集．上海:上海三联书店,上海人民出版社,1994.

[142]杨瑞龙,杨其静．阶梯式的渐进制度变迁模型——再论地方政府在我国制度变迁中的作用[J]. 经济研究,2000(3).

[143]黄少安．制度变迁主体角色转换假说及其对中国制度变革的解释——兼评杨瑞龙的"中间扩散型假说"和"三阶段论"[J]. 经济研究,1999(1).

[144]洪银兴．地方政府行为和中国市场经济的发展[J]. 经济学家,1997(1).

[145]周业安．中国制度变迁的演进论解释[J]. 经济研究,2000(5).

[146]王玉明．论政府的制度创新职能——从新制度经济学的视角分析[J]. 中国行政管理, 2001(5).

[147]陈天祥．中国地方政府与制度创新[J]. 中山大学学报,2000(6).

[148]陈天祥．中国地方政府制度创新的动因[J]. 管理世界, 2000(6).

[149]郭小聪．中国地方政府制度创新的理论:作用与地位[J]. 政治学研究,2000(1).

[150]傅大友,芮国强．地方政府制度创新的动因分析[J]. 江海学刊,

2003(4).

[151]何显明. 市场化进程中的地方政府角色及其行为逻辑——基于地方政府自主性的视角[J]. 2007.

[152]陈霞,王彩波. 嵌入式自主:中国经济发展中的地方政府治理转型——以国家自主性理论为视角[J]. 2015(4).

[153]李军杰,钟君. 中国地方政府经济行为分析——基于公共选择视角[J]. 中国工业经济,2004(4).

[154]董少林. 公共选择理论视角下地方政府利益研究[D]. 上海:复旦大学,2009.

[155]杨佳. 公共产品供给视角下政府间财政竞争研究[D]. 太原:山西财经大学,2018.

[156]王天维. 公共需求偏好导向下的地方政府治理变革研究——基于地方公共支出结构演进的实证分析[D]. 南宁:广西大学,2018.

[157][美]曼瑟尔·奥尔森. 集体行动的逻辑[M]. 陈郁,郭宇峰,李崇新,译. 北京:上海人民出版社,1995:192.

[158]陈抗,Arye L. Hillman,顾清扬. 财政集权与地方政府行为变化——从援助之手到攫取之手[J]. 经济学季刊,2002(1).

[159]姚金伟,孟庆国. 地方政府职能转型的行为逻辑分析[J]. 中国特色社会主义研究,2014(6).

[160]丁煌,汪霞. 地方政府政策执行力的动力机制及其模型构建——以协同学理论为视角[J]. 中国行政管理,2014(3).

[161]张振华. 公共产品供给过程中的地方政府合作与竞争——印第安纳学派的多中心治理理论视角述评,2011,(4).

[162]贾芳芳. 马克思主义国家职能理论视域职能观的地方政府能力建设研究[D]. 苏州:苏州大学,2011.

[163]王永霞. 马克思主义政权观指导下民族地区政府治理能力研究[D]. 吉林:吉首大学,2016.

[164]谢晓红. 基于马克思主义国家职能理论基础上的现代政府职能转变研究——以我国县级政府为例[D]. 合肥:安徽大学,2013.

[165]胡海峰. 对法国调节学派及其理论的分析[J]. 教学与研究,2005(3).

[166]李其庆. 法国调节学派评析[J]. 经济社会体制比较,2004(2).

[167]唐正东. 法国调节学派的后马克思主义经济哲学方法[J]. 南京社会科学,2003(12).

[168]周振鹤. 中央与地方关系史的一个侧面——两千年地方政府层级变迁的分析[J]. 复旦学报,1995(3)-(4).

[169]陈庆海. 我国历史上九个朝代的地方政府层级变迁及管辖情况研究[J]. 大庆师范学院学报,2011(3).

[170]刘非. 我国古代中央与地方关系的研究——基于柳宗元的《封建论》[D]. 中央北京市委党校,2010.

[171]李琪. 中国古代行政中枢的沿革与中央集权制的关系研究[J]. 史学理论研究,1997(4).

[172]孙文学,等. 中国财政史[M]. 北京:东北财经大学出版社,2008.

[173]翁礼华. 大道之行——中国财政史(上)[M]. 北京:经济科学出版社,2009.

[174]谢康. 中国地方政府治理结构的历史变迁[J]. 青岛农业大学学报,2010(1).

[175]蒋震. 理解地方政府行为逻辑:基于经济发展阶段视角[J]. 宏观经济研究,2018(2).

[176]张丙宣. 我国地方政府行为逻辑研究述评[J]. 浙江工商大学学报,2016(4).

[177]朱庆. 地方政府控制信贷资金的历史演进、原因及对策[J]. 南方金融,2005(11).

[178]罗植. 财政体制改革与中国地方政府行为演进的历史考量[J].

河南社会科学,2014(4).

[179]周飞舟. 分税制十年:制度及其影响[J]. 中国社会科学,2006(6).

[180]彭忠益,柯雪涛. 中国地方政府间竞争与合作关系演进及其影响机制[J]. 行政论坛,2018(5).

[181]刘伟. 学习借鉴与跟风模仿——基于政策扩散理论的地方政府行为辨析[J]. 国家行政学院学报,2014(1).

[182]王珺. 增长取向的适应性调整:对地方政府行为演变的一种理论解释[J]. 管理世界,2004(8).

[183]刘华. 国家治理现代化视域下的中央与地方关系[J]. 江苏社会科学,2017(2).

[184]陈抗,Arye L. Hillman,顾清扬. 财政集权与地方政府行为变化——从援助之手到攫取之手[J]. 经济学季刊,2002(1).

[185]潘小娟,吕芳. 改革开放以来中国行政体制改革发展趋势研究[J]. 国家行政学院学报,2011(5).

[186]陈霞,王彩波. 嵌入式自主:中国经济发展中的地方政府治理转型——以国家自主性理论为视角[J]. 江汉论坛,2015(4).

[187]彭忠益,柯雪涛. 中国地方政府间竞争与合作关系演进及其影响机制[J]. 行政论坛,2018(5).

[188]陶勇. 中国地方政府行为企业化变迁的财政逻辑[J]. 上海财经大学学报,2011(1).

[189]傅勇,张晏,中国式分权与财政支出结构偏向:为增长而竞争的代价[J]. 管理世界,2007(3).

[190]曹胜. 政绩压力与利益谋取——对农地征用中地方政府行为的理论分析[J]. 科学决策,2010(8).

[191]李军杰,钟君. 中国地方政府经济行为分析——基于公共选择视角[J]. 中国工业经济,2004(4).

[192]刘骥,刘秀江,陈子恪. 历史制度影响地方政府当下决策——以黄渤海、长三角、珠三角三地劳工政策为例[J]. 甘肃行政学院学报,2011(4).

[193]乔俊峰,张春雷. 分税制改革提高了地方财政努力吗?——基于税收分成、转移支付和预算外收入三元视角[J]. 财政论丛,2018(15).

[194]周飞舟. 分税制十年:制度及其影响[J]. 中国社会科学,2016(6).

[195]陈抗,Arye L Hillman,顾清扬. 财政集权与地方政府行为变化——从援助之手到攫取之手[J]. 经济学季刊,2002(1).

[196]从各地政府吸引社会投资的做法看新型政商关系[EB/OL]. http://www.sohu.com/a/112720119_479765.

[197]尚铁力,王娜. 资本流动约束下的地方政府行为研究——基于税收竞争理论的数值模拟与实证分析[J]. 中国软科学,2009(2).

[198]刘伟. 学习借鉴与跟风模仿——基于政策扩散理论的地方政府行为辨析[J]. 国家行政学院学报,2014(1).

[199]周黎安. 中国地方官员的晋升锦标赛模式研究[J]. 经济研究,2007(7).

[200]唐睿,刘红芹. 从GDP竞标赛到二元竞争:中国地方政府行为变迁的逻辑——基于1998—2006年中国省级面板数据的实证研究[J]. 公共管理学报,2012(1).

[201]彭忠益,柯雪涛. 中国地方政府间竞争与合作关系演进及其影响机制[J]. 行政论坛,2018(5).

[202]张军,等. 中国为什么有了良好的基础设施?[J]. 经济研究,2007(3).

[203]刘华. 国家治理现代化视阈下的中央与地方关系[J]. 江苏社会科学,2017(2).

[204]黄哲雯. "全面免费医疗"也许"超前"了些[N]. 工人日报,2009 -

05－19(3).

［205］储国强,李柯勇,梁娟. 神木免费医疗:宗旨可学模式难复制［N］. 新华每日电讯,2009－06－05(4).

［206］吴明华. 郭宝成与神木医改［J］. 决策,2010(10).

［207］朱光喜."嵌入型"富裕地区政策创新:空间限制与行动策略——以神木"免费医疗"政策为例［J］. 公共管理学报,2013(2).

［208］陈雪莲,杨雪冬. 地方政府创新的驱动模式——地方政府干部视角的考察［J］. 公共管理学报,2009(3).

［209］黎成,等. 神木"免费医疗"对我国医疗保障制度改革的启示［J］. 中国卫生经济,2011(4).

［210］周黎安. 中国地方官员的晋升锦标赛模式研究［J］. 经济研究,2007(7).

［211］邵传林. 政府能力与创新驱动发展——理论机制与中国实证［J］. 社会科学,2015(8).

索　引

E

F

G

Y

Z

后　记

本书是教育部长江学者特聘教授、西北大学研究生院院长、西北大学中国西部经济发展研究中心主任任保平教授主持组织的“发展的政治经济学与新中国70年”系列丛书中的一部。在明确本书的写作安排之后，我们就相关研究思路、研究问题、研究框架等展开了多次讨论，并最终确定了相关内容。为了本书的写作，我们推掉了一些事务，当然，在写作过程中也被一些事务打断。历经近一年的研究与写作，现在将这本书呈现给大家。

本书的写作分工如下：第一章：高煜，林建华，赵麦茹；第二章：高煜，闫丽文；第三章：高煜，许冬冬；第四章～第五章：高煜，许钊；第六章～第十一章：林建华、金琳、李琳、张钰；第十二章～第十五章：赵麦茹。

感谢任保平院长的支持与鼓励；感谢西北大学经济管理学院吴振磊院长的支持；感谢西北大学经济管理学院师博副院长辛苦的协调工作；感谢给予我们大力支持的西北大学经济管理学院杜勇书记、马莉莉副院长、李辉副院长、李一凡副院长、赵金哲副书记；感谢给予我们大力帮助的何爱平教授、茹少峰教授、宋宇教授、钞小静教授、王聪副教授、吴丰华副教授、郭晗副教授、魏婕副教授等；感谢西北大学经济管理学院经济学系、数理经济与统计学系给予我们大力支持与帮助的各位老师；感谢西北大学经济管理学院给予我们大力支持与帮助的各位老师。

在写作过程中，我们参考了大量文献，向这些研究的作者们表示真诚感谢。

我们的研究还存在很多不足，恳请各位专家批评指正。

本书谨代表我们对于中国中观经济发展的政治经济学领域的研究与思考，中国的发展实践与理论、学说发展推动着我们继续沿着这一领域展开更深入的研究。

著者

2019 年 4 月

于西北大学长安校区